MINERVA
世界史叢書
4

人々がつなぐ世界史

永原陽子
[責任編集]

ミネルヴァ書房

「MINERVA世界史叢書」の刊行によせて

このほど私たちは、ミネルヴァ書房より「MINERVA世界史叢書」を刊行することになりました。これは、これまでのわが国における世界史を反省して、新たな世界史を構築することを目指すものです。これまでの世界史が、世界の国民国家史や地域史の寄せ集めであったり、自国史を除いた外国史であったり、欧米やなんらかの「中心」から見た世界史であったりしたことへの反省を踏まえて、また、近年の歴史研究の成果を取り入れて、それらの限界を突き破ることを目指しています。

本叢書は、全体として以下のような構成を取ります。

総　論　「世界史」の世界史
第Ⅰ期　世界史を組み立てる
第Ⅱ期　つながる世界史
第Ⅲ期　人と科学の世界史
第Ⅳ期　文化の世界史
第Ⅴ期　闘争と共生の世界史

このような構成を通じて、私たちは新たな世界史を構想するためのヒントないしは切り口を提示したいと考えております。読者のみなさまの建設的なご批判を頂ければ幸いです。

二〇一六年四月

「MINERVA世界史叢書」編集委員
秋田　茂、永原陽子、羽田　正
南塚信吾、三宅明正、桃木至朗
（五十音順）

人々がつなぐ世界史　**目次**

第Ⅱ部　信仰のための移動

第Ⅳ部　移　民

序章　人々がつなぐ世界史

永原陽子

本書『人々がつなぐ世界史』は、既刊の「情報がつなぐ」（第六巻）および後続の「ものがつなぐ」（第五巻）の巻と並び、世界史を構成する地域や時代のつながり方について、それを媒介する要素に注目して考察するものである。地域と地域をつなぎ、歴史を形成するのが「人々」であるのは当然ではあるが、本書で取り上げるのは、人間自身が「移動すること」である。ここでは、様々な時代・地域の人の移動の背景や仕組み、その作用について考察することを通じて、世界史の結ばれ方をその主体に即して考えてみることを目指している。

そもそも人類の歴史は移動の歴史だともいえる。約二〇〇万年前にアフリカ大陸で生まれた現生人類が世界各地へ広がったとする考え方は今日では広く支持されており、この「出アフリカ」の移動なしには人類の歴史自体がない。また、時間のスケールをかなり落としても、たとえば世界史の教科書で例外なく言及される「フン人」や「ゲルマン人」の移動をはじめ、オーストロネシア系の人々のマダガスカル島への移動、アフリカ大陸における「バンツー」の移動などの大規模な「民族移動」があり、それらは鉄器の製造や稲作といった技術伝播の問題とも密接に結びつき、各地の社会の編成を左右してきた。

ＤＮＡレベルの人類研究や気候変動の研究、また考古学研究を大幅に取り入れた人類史を構想することは本叢書の基本的な考え方ともなっており、第七巻や第九巻ではそのような歴史を扱う。とはいえ、それらの「大移動」においては、個々の具体的な人間についてみれば、一生の間で「移動」していないことも少なからずあるだろう。それに対し、本巻では集団や個人が移動の意図をもち、その意思や行動を史料に基づいてある程度具体的に知ることのできるような時代の人の移動を扱っている。

伝統的な歴史学は、「移動する人間」を歴史の「本流」をつくる主体とは見てこなかった。啓蒙主義的な歴史観あるいは進歩史観といわれるもの（マルクス主義的な発展段階論を含む）においては、人間社会は移動を旨とする狩猟採集の段階から定住を基本とする農耕段階に進歩発展したものと捉えられている。両者の間には遊牧・遊牧社会のような移動的ないし半移動的な「中間形態・段階」も措定されているものの、全体的な道筋は、移動から定住へという生産・生業の様式に応じた、富を蓄積しない社会から蓄積する社会への発展、小規模で平準的な集団から大きな集権的な政体への発展、つまるところ国家の形成に至る道程とされた。国家を形成することこそが「世界史」の主体たることであるという認識は、ヘーゲルを持ち出すまでもなく、近代ヨーロッパの世界史観の中核であった。さらに、民族学は同時代の「未開社会」に関心を寄せ、狩猟採集民や牧畜民などの社会を観察し、「農耕以前」の生産様式とそれに対応する社会集団の規模や特質を「国家」と対比して論じ、国家中心の世界史観を補強した。

歴史研究がこうした理解を前提に、国家を歴史像の中心に据え、国家をつくりそこに属す人々を歴史の主体と見てきたこと、さらには近代国民国家を歴史の主体とし、その枠を逆投影させて過去を捉えてきたことは、国家に掌握されない人々や国家の枠を超えて移動する人々の歴史についての理解を根本的に妨げてきた。それゆえ、近代歴史学と国民国家そのものが批判にさらされる一九七〇年代頃から、社会の中のマイノリティやマージナルなものに社会史的な関心が向けられ、諸国家内部の非定住民や、国家をもたない民、国家をまたいで移動する人々の存在に光が当てられるようになったのだった。たとえば「ディアスポラ」としての「ユダヤ人」、移動する民としての「ロマ（ジプシー）」などについての研究が盛んになり、また「移動する人々の国家」としての「遊牧民国家」や「交易民」など近代以前の移動への関心も高まった。日本の歴史に関して、非農耕民に着目する網野善彦の仕事が大きなインパクトを与えたのも、こうした流れの中でのことだった。

移動民に関する研究の進展が明らかにしたのは、まず、国家というものがその移動性のゆえに容易に掌握・管理できない人々をいかに「まつろわぬ者」、つまりは「逸脱者」「犯罪者」として扱ってきたかである。たとえば、中世以来のヨーロッパで「ジプシー」として差別されてしばしば「定住」を強いられきたシンティ・ロマについて、第二次世界大戦後の西ドイツでは「犯罪者」の法的地位を与え続ける州があった。ヨーロッパによるインドやアフリカの植民地化の過程では、「原住民」全般が「未開」とされただけでなく、その中でも狩猟採集などの移動民が「原住民」の最下位に位置づけられ、しばしば絶滅の対象とされた。近代日本のアイヌに対する定住政策も同じ考え方によるものと言えよう。

一方、諸社会での移動民の実態に関する研究の進展は、定住民の形成する国家と移動民とが結んだ共存的・互恵的な関係や、移動する人々のつくる国家についての興味深い事実も明らかにしている。移動する人々の生業とそれに呼応した社会組織や世界観を固有のものとして理解し、移動と定住との相互関係を考察することは、世界史理解の「中心性」批判として有効な方法である（本叢書総論『「世界史」の世界史』には関連論文が収められている）。

一九九〇年代以降のグローバルヒストリーの隆盛は、移動する人々への関心を新たに高めている。それは、「中心性」批判であるとともに、現代における人の移動の急拡大、移民をめぐる各地での政治的・経済的諸問題を直接の背景に、人々の移動によって形成される文字通り地球大のネットワークの歴史に関心が向けられていることによるだろう。発展段階論に代わる資本主義世界システム論的な理解では、人の流れは「中心」＝「周縁」間の経済構造によって説明されるが、グローバルヒストリーの諸潮流においては、いくつもの「中心」＝「周縁」関係の複合や、多様な方向性をもった関係の結ばれ方が問われている。現代の移民や難民のシティズンシップをめぐる政治的関係、出身地と移動先との間でのエスニックなあるいは民族的な紐帯の形成や変容、アイデンティティの問題などへの関心が、歴史を過去に遡り、移動が人々と社会にもたらす多様な次元の変化を問い、移動におけるミクロとマクロの分析を結びつけようとしているのである。

＊　　＊　　＊

「人の移動」をめぐる以上のような歴史観と史学史の展開を念頭においた上で、本書では、紀元前後から現代までの世界で、何らかの目的のために自らの意思をもって移動した人々（またある意思のために移動させられた人々）に光を当て、その移動のあり方を動機・目的別にいくつかのカテゴリーに分けて具体的な事例から考察している。第Ⅰ部から第Ⅲ部では、世界の構造を予め時代や地域を区切って想定することをせず、目的をもって移動した「人」そのものに注目して、その行動とそれを取り巻く状況を跡づけることを通じて、様々な時代の地域間のつながり方とそれによって作りだされる構造を浮かび上がらせることを企図している。ここでは、移動の目的を交易・商業、信仰、学び、の三つに分けているが、移動の「地域」の規模は、比較的小さなものから世界大にまたがるものまでを含んでいる。性格と内容を変化させつつ通時代的に見られるそれらの移動の考察の上に、第Ⅳ部では、近代に現れた「移民」という現象を取り上げる。ここでは「近代」をそれ以前の時代と画然と区別された時代とするのではなくプロセスとして捉え、いくつかの代表的な集団について長期的な視野から取り上げている。程度の差はあれ自らの意思を前提とする以上の移動に対して、最後の第Ⅴ部では「強いられた移動」を扱う。

以上のカテゴリーは、いずれも便宜的なものに過ぎない。たとえば、商人たちの地域を越えた移動は、モノを運ぶだけでなく、情報や思想を伝えるものでもあったが、交易は宗教の布教者によっても行われた、というように、ある人物が複数の役割や目的をもって移動するのは現実にはごく当たり前のことだった。また、「旅行」などここでとくにカテゴリー化していない移動も人々の接触と文化の変容を考える上では欠かせない。

さらに、のちに触れるように、人々の移動における「自発性」と「強制性」の境目は単純なものではなく、「状況によって強いられた」移動をそのいずれかに分類しようとすることにさほど意味はないだろう。むしろそれぞれのカテゴリーの重なり合いを本書では重視したい。それに関連し、「移民」と「強いられた移動」とにまたがる問題領域である「植民」について本書で独自のカテゴリーとしていないことについて一言しておこう。植民地あるいは可能性としての植民地に移動する人々と「移民」とは分かちがたく（たとえばヨーロッパから南北アメリカ大陸やオーストラリアへの初期移民）、一方、植民地支配下におかれた人々は、戦時・平時を問わずしばしば「強いられた移動」を経験した。第Ⅰ部から第Ⅲ部で扱った主題の中で「植民」の問題と深く関係しているものも少なくない。近年の「植民地」研究に、植民者と被植民者の間の「グレーゾーン」の問題に関心を寄せるものが多いとはいえ、「植民」は何よりもまず支配の構造に関わるものである。「移動する人々」それ自体に光を当て、そのことから世界のつながり方を問い、構造の問題にアプローチするという方法をとった本書の各項と並べるには無理があり独自に取り出すことをしなかった。しかし、第Ⅰ部から第Ⅴ部までに扱ったあらゆる領域において（近代以前のものも含めて）「植民」との関係が問われるべきことを念頭においておきたい。

なお、各部に配置されたコラムは緩やかにその部の主題に対応しているが、章の内容と同様、部を越境し、また全体に関わるものも多い。

＊　＊　＊

人間が生きていく上で欠かせない、物の交換すなわち「交易」は、最も古くからあった移動のかたちである（第Ⅰ部）。東アジアから地中海に至る広大な地域がすでに紀元前の時代からつながっていたのはまさに交易という営みによるものであった。第1章（荒川正晴）は、ユーラシア大の交易ネットワークについて、紀元前から八世紀頃までの中央アジアの「ソグド人」商人に焦点を当てて扱っている。オアシス国家出身の商人と他のオアシス諸国家、遊牧民国家との関係、またそれらと対照的な唐帝国による移動の管理とそれに対する商人たちの主体的対応から、遠隔の地域間が交易を通じて結びつけられる仕組みが明かされる。そこでは、イスラーム帝国の商人に対する姿勢との対比も示唆される。ユーラシアの陸上交易のルートは海上交易のルートとも接続していたが、第2章（橋本雄）は、一四〜一六世紀頃の東アジア海域を「倭寇」や「偽使」の重要性に注目して分析している。それらのいわば「境界人」による活動が、中国や朝鮮の王朝による海禁政策と「反面鏡」のような関係」の中で、モノとヒト（奴隷）の活発な取引を生み出し、さらには一六世紀に現れるポルトガル人というもう一つのアクターとともに、海域を取り巻く国際秩序を形成し、またそれを変容させた様子が描かれる。海域をまたぐ商業活動については、コラム1（堀井優）、コラム2（伏見岳志）も、それぞれレヴァント＝ヴェネツィア関係、カリブ＝スペイン関係を取り上げて論じている。一方、コラム3（三島禎子）は、西アフリカの「ソニンケ」を取り上げ、八〜一二世紀の「ガーナ王国」の時代から現在までの長い時間軸の中で、商業民としての活動の意味の変遷を跡づけている。

以上のように「商人」に注目してその超領域的な活動を見る場合、「商人」は「個人」から「民族」まで、またときとしてほぼ「国家」にも等しいものまでを含意し得る。近代になれば商業活動は会社に組織され、資本の活動に転じていくが、それでも、個人のレベルの「商人」の活動が姿を消すわけではない。たとえば、本書では取り上げることができなかったが、近代化の過程で「行商人」が都市と農村をつないだ役割などは、経済面だけでなく情報や経験の交換の問題として検討できる。前近代の商人の越境的な活動や「密貿易」における国家との関係（国家による規制と、それと一見矛盾するように見える両者の相補的な関係など）からは、今日の世界のつながり方にも多くの示唆が与えられる（たとえば武器取引や麻薬取引）。

＊　＊　＊

第Ⅱ部で扱う「信仰」が人の移動と結びつくのは、自然崇拝や祖先崇拝のように人々の生活の場そのものと深く結びついた信仰に対し、特定の地域や集団を越えた一神教型の大宗教が生まれたことと不可分である。交易をはじめあらゆる理由による人の移動は、とりわけ前近代において、その信仰を広げる結果をもたらしたが、ここでは、個々の人間や集団が宗教的な目的を第一義として移動する場合について考える。一つは宗教の起源の地としての「聖地」を巡礼するという営みであり、もう一つは信仰をより広い地域や人々に普及させる「布教」という営みである。

「巡礼」はいずれの大宗教にも見られるものであるが、それを「五行」の一つとするイスラームのメッカ（マッカ）巡礼はその世界的規模において突出している。第3章（苅谷康太）によれば、たとえば一六世紀にエジプト経由でメッカに向かった人が五万人にのぼるというから、そのような規模の人の移動が、信仰上の問題以前に巨大な社会経済的影響を及ぼしたことは想像にかたくない。それはまた移動する人の管理という問題も生み出す。そうした付随する諸側面にも触れつつ、第三章はイスラームの思想そのものに入り込み、巡礼という義務とその現実の営みが社会に変容をもたらしただけでなく、イスラームの思想そのものを変容させたことを示している。

一方、宗教を他へ普及する「布教」のための移動を、近代以降のキリスト教の場合について見渡したのが第4章（大澤広晃）であり、一七世紀のフランスのカトリック宣教について紹介したのがコラム5（坂野正則）である。布教・宣教は、ともすれば宣教師という人（およびそれが運ぶモノや思想、情報）の「中心」から「周辺」への一方向的な移動によって特徴づけられるものと理解されがちだが、決してそうではない。宣教師が布教の地において新たな宣教師を育て、その宣教師がさらに遠隔の地に（たとえばアフリカからインドへと）移動するというように、時として「水平的」ともいえる移動を含めて、各地の文化を結びつけ、また新たな権力関係を築いていった。キリスト教の布教が聖書をはじめとする「ことば」の翻訳の問題と密接不可分であることが第4章で触れられているが、「翻訳」は言語のみでなく、文化そのものの交渉であり、その点にこそ、信仰のみでなくすべての動機による「移動」に通底する根本的な問題があると言ってもよいかもしれない。「人の移動」に着目して世界史を考えることは、権力や支配の構造についての問いを等閑視することではないかとの懸念が昨今のグローバルヒストリーの問題として指摘されることもあるが、本巻の諸論考は、人の移動が生み出す諸文化の「交渉」や「翻訳」が、いかなる状況下で権力的な関係をつくるものとなるのかを考えさせるものである。

＊　　＊　　＊

第Ⅲ部では「学ぶ」ことを目的とした移動、すなわち留学を取り上げる。まず第5章（榎本渉）で中世日本の仏教僧の中国への旅を取り上げる（コラム4では中国の仏教僧のインドへの旅を取り上げているが、すでに述べたとおり、「信仰」や「学び」は便宜的な区分に過ぎない）。第5章が示す僧侶の移動と海域を舞台とする商人（海商）の活動との密接不可分な関係は、旅を可能にする物理的な条件と人脈の重要性を物語っている。第6章（長谷部圭彦）では、各地の国家と社会の近代化の中で、「学び」のための移動においても目的地や内容が変わっていく様子を、オスマン帝国と西欧諸国、東アジア諸国と日本との関係を例に示している。聖俗の関係の変化が、誰が、どこに行くのかを左右するとともに、「好ましくない」思想の流入への対処という留学送り出し国家にとっての新たな問題も生み出したのである。

留学は、往々にして国家や集団の期待を担っているが、ある傑出した人物の具体的な経験を跡づけるとき、まさに「世界のつながり方」を知ることができる。コラム6（髙橋裕子）の津田梅子やコラム7（栗原浩英）のホー・チ・ミンの例がそれである。それぞれ日本国家の近代化や共産主義運動のミッションを背負いつつ国外に滞在したこれらの人物の人生の軌跡は、言語の習得というきわめて重要な要素を含めて、世界のつながり方の中でどのように個人のエイジェンシーが発揮されたかを浮かび上がらせる。

第Ⅰ部から第Ⅲ部までの各章とコラムで取り上げた以上のような人の移動が、近代化という世界の大きな流れの中でどのように条件づけられ変化することになるのかを、移動の管理の制度に注目して描いたのがコラム8（守川知子）である。ここでは、オスマン帝国国境の町において「検問所」が設置され、「検疫」が実施されるようになり、それが通行許可証（査証）の発行および関税の徴収とあいまって、国家が移動する個人を管理することになるとともに、人々が「国境」とそれに関わる自らの帰属を意識するようになっていく様子が興味深く描きだされている。近代国民国家の形成の意味は、個人の移動の管理という点において最も凝縮された形で表れたとも言えよう。国家による移動の管理は、一九世紀末から二〇世紀に入る頃までには、（「犯罪者」や植民地における「移動民」の管理の中で開発された技術に負うところの大きい）指紋や写真を利用したより精緻な個人の掌握へと発展し、さらには今日の「生体認証」による管理へとつながっている。「グローバル化」の中で人の移動がかつてない規模になるとともに、「テロリズム」をめぐる議論とも結びつけられて国境を越える人の管理が先端技術の導入とあいまって先鋭化し、移動をめぐる自由の拡大と管理の強化とがコインの両面として進行するのが今日の状況である。そのような国家による個人の監視（そこにはフーコーの言うような社会の中での「相互監視」も含まれる）という今日的な問題は、冒頭で触れた移動と定住をめぐる歴史観の問題を改めて想起させる。

＊　＊　＊

産業化と国民国家の形成に特徴づけられる近代は、第Ⅳ部の扱う「移民」の時代である。国民国家が成立するからこそ、そこを出て別の国家へと移り住む人々が「移民」と呼ばれる、という素朴な理解からすれば、国民国家の成立が「移民」の前提ということになるが、先にコラム8を紹介しつつ述べたように、移動する人の存在が、「国境」を画定させ「国民」を作る、というように、両者は同時進行であり相互に作用し合う現象であった。むしろ、移民の出現が国民国家の内実を作っていく場合が多かったのである。一方、家族を挙げて生活の場を新天地に移す、という意味での「移民」現象自体は、決して近代に限られることでもない。ここでは、一九世紀以降大きな「移民」の波を作り、現在の世界においてもその存在が顕著に見られるような人々の移動を、それ以前の域内・域外の移動との連続性を含めて比較的長い時間軸の中で跡づけることとし、第7章（園田節子）で華人、第8章（黒木英充）でレバノン・シリア移民、コラム9（新井和広）でハドラミーを取り上げている。これらの例を通じて、移動する人々自身と、それを受け入れたり排除したりする側の対応との複雑な関係を多面的に考察している。

かつての移民研究は、送り出し側の事情（「プッシュ要因」）と受け入れ側の事情（「プル要因」）それぞれから移動を説明しようとしたが、両者の構造上の関係が無視されていることが批判され、送り出し側と受け入れ側の事情を資本主義世界システム論的な観点から相関的・構造的に捉えることが主流になった。労働力移動という面からの大づかみな説明としては今日も有効な議論であるが、個々の移民集団を長期的に分析したこれらの論考からは、政治や宗教、また戦争などの状況に加え、エスニックなネットワークが生み出す相互扶助の仕組みや社会資本のあり方、また世代を超えた期待と記憶の継承などが果たす役割に注目することの重要性も浮かび上がってくる。移動する人のエイジェンシーの要素を重視した研究が盛んになっているゆえんである。個人の選択と政治的・経済的・社会的諸条件との関係を考える上では、コラム10（嘉本伊都子）の扱う「国際結婚」も、一筋縄でいかない現実の人の移動を考察する切り口を提供している。

＊　　　＊　　　＊

「移民」において、その選択がどれほど自発的・主体的であるかは多様である。「食い詰めて」移民を選ぶというような「状況に強いられた」者もあれば、「新たな商機を求めて」国外へ飛び出す者もあった。たとえば同じ「華人」の移動と言っても、その事情は様々であった。「状況に強いられた」移民は、コラム11（古屋博子）がベトナムの場合について取り上げる「難民」とも紙一重である。国際機関や国家による「難民」の定義はさておき、歴史的分析の対象として人々の移動を考えるときには、自発性と強制性、経済的事情と政治的・社会的事情の複合的な関係をいかにダイナミックに捉えるかが問われることになる。

第V部が扱う「強いられた移動」はそうした問題を考察するものである。ここでは大別して、「ユダヤ人」やそれに関連した主題と、性搾取をめぐる主題とを取り上げている。前者に関しては、第10章（黒川知文）がロシアにおけるポグロムの様相と、それによって追われた人々がアメリカに渡り、独自のネットワークを築くとともにアメリカ社会に同化していく様子を描いている。それに対し、コラム12（宮武志郎）は長期的な視野から、イベリア半島を追われたセファルディムの活動を追っている。いずれも、ポグロムや「追放」という形でまさに移動を「強いられ」ながら、その人々が宗教的紐帯や社会的相互扶助の体制などを通じていわば「再生」を図る様子を描いている。一方、コラム13（矢野久）は、ドイツという場を舞台に、強制的移動と強制労働とを戦後の（「自由な」）労働移民の問題に接続させる新しい視点を提供する。

「強いられた移動」としては、本来、戦争捕虜や奴隷、奴隷貿易の問題についても取り上げられるべきかもしれないが、それらは前述の「植民」と同様、それ自体として検討すべき対象であるため、本書の「移動」の項目としては扱っていない。

第Ⅴ部の第9章（宋連玉）とコラム14（永原陽子）では、性的搾取・性の売買にかかわって移動を強いられた女性たちを扱っているが、ここでは「植民」や「帝国」と人の移動との不可分性がジェンダーの観点から論じられている。第9章は、東アジアから東南アジアを舞台に、日本から出て行った「からゆきさん」といわゆる「慰安婦」とを一つながりの歴史の中で捉え、帝国の拡大と性の売買や性奴隷の拡大との相関関係を浮き彫りにしている。一方、コラム14は、「帝国」のみに限定されない、ヨーロッパ出身女性の性の搾取における世界的ネットワークの形成が各地の人種的秩序と結びつき、またその秩序を作り出していくという問題を扱っている。

「人の移動」を問うときに、「人」のジェンダーが問われなかったことは、従来の「移動」研究やグローバルヒストリーの大きな弱点である。近代以前の歴史にかんしてはとくに、無意識のうちに「男」が「人」と等置されている。たしかに、実際に移動した人々は男である場合が圧倒的であったと推測されるが、まず本当にそうであったのか自体が問われなくてはならないし、それ以上に重要なこととして、男が移動することは、その出身地においても移動先においても、ジェンダー関係の変容をもたらさずにはいなかった点を忘れるわけにいかない。第9章とコラム14は女性の性の搾取という観点からこの問題を扱っているが、本書では他にも、第4章、コラム6、10が、女たち自身の移動について扱い、それを通じて移動の背景としての、また結果としてのジェンダー関係に光を当て、従来の研究の弱点を乗り越えようとしている。世界の「結ばれ方」をより深く捉えるためには、今後さらに、女性自身が移動しなかった場合も含めてジェンダーの視点を大幅に取り込んだ研究が求められよう。

参考文献

印東道子編『人類の移動誌』臨川書店、二〇一三年。

貴堂嘉之『移民国家アメリカの歴史』岩波書店、二〇一八年。

高野麻子『指紋と近代――移動する身体の管理と統治の技法』みすず書房、二〇一六年。

Gosch, Stephen S. and Peter N. Stearns, *Premodern Travel in World History*, London : Routledge, 2007.

Hoerder, Dirk, *Cultures in Contact : World Migrations in the Second Millennium*, Durham : Duke University Press, 2002.

Manning, Patrick, *Migration in World History*, 2. ed., London : Routledge, 2013.

第Ⅰ部　交易・商業のための移動

第1章　シルクロードの交易と商人

荒川正晴

1　本章の時空設定とシルクロードをめぐる議論

ユーラシアや北アフリカの地域は、早くよりユーラシア中央部に広がる乾燥地帯地域を中心に置いて、東アジア世界から西アジア・地中海世界に至るまで交易路により結ばれていた。陸上部分では、草原地帯を通る「草原の道」と、沙漠・オアシス地帯を結ぶ「オアシスの道」がはしり、人のほか絹をはじめとした様々な物産や文化が相互に伝わった。とくに前者のルートが走る場は、騎馬遊牧民が台頭した舞台であり、彼らは遊牧国家を建設すると、オアシス民と共生関係を構築するとともに、後者のルートをも支配下に組み込んで国際交易を掌握した。いわゆるシルクロードとは、こうした草原の道とオアシスの道が、西方に運ばれる中国産の生糸や絹を代表的な商品とすることにちなんだ呼び名である。ただし、それは同時にユーラシア中央部を中心に東西南北に張りめぐらされた交易・交流ネットワークの全体を指す語としても用いられている。本章は、こうしたシルクロードにおける交易と商人の活動について検討するものである。

時代的にも空間的にもシルクロード全体を網羅することは不可能なので、ここでは時代としては中央アジアにイスラーム勢力が及んでくる以前、すなわち八世紀以前に限ることにしたい。つまりはイスラーム商人による交易が本格的に始まる以前ということになる。ちなみにここで言う中央アジアとは、ユーラシア中央部の中でも乾燥度が著しい地域、具体的には現在、東西トルキスタンと呼ばれる地域にほぼ相当している。

また、この時期、シルクロード陸上交易の主要ルートは、オアシス伝いに進む場合、単純に東は中国から西はイラン本土に延びていたわけではない。イスラーム帝国が勃興する八世紀以前では、本文に述べるように、中国から中央アジアに延びた当該交易路はイラン方面と結びつくと同時に、アフガニスタンあたりで南下してインド西海岸に通じ、海上交易ルートと接続していた。当時の交易状況から見れば、後者のアフガニスタンあたりで南下するルートの方がメインとなっていたとさえ考えられる。そのため、地理的な空間としてここでは主に、中央アジアの東西トルキスタンから中国の華北・モンゴル高原に及ぶ地域を扱うことにしたい。

なおユーラシア地域は、二・三世紀以来、遊牧民の移動を契機に政治的にも社会的にも大きく変動していったが、それが五世紀を迎えると漸く再編に向けて動き始めることになる。そしてシルクロードの隆盛期とも言われる六～八世紀には、まずはトルコ系遊牧民による突厥帝国が成立し、続いて東に鮮卑族の流れをくむ唐帝国が、さらに西にアラブ族などによるイスラーム帝国が勃興した。こうした時代的な変遷に応じて、シルクロード交易のあり方も変容しており、ここでもそうした変化に焦点を合わせて概観することになる。

ところで、本章ではシルクロードという語をあえて選び取っているが、それにはこの語をめぐる日本での論議と深く関係する部分がある。この論議というのは、日本においてシルクロードがきわめて一般受けするネーミングということから、それを冠した一般向け書籍が数多く出版され、しかもそこで語られた内容が、シルクロードの主要舞台となるはずの中央アジア地域をあたかも単なる通過点にしか過ぎないように印象づけるものであったことに対する疑義から始まった（間野、一九七七、一九七八）。そして、こうした中央アジアに対する見方を「シルクロード史観」として批判した。さすがに中央アジア史を専門とする研究者で、中央アジア地域を単なる通過点に過ぎないと考えて研究している者はいないと思うが、一般向けに出されたシルクロード関係書籍について言えば、この批判自体は、きわめてまっとうな異議申し立てであった。ただこれを主張する際、「シルクロードの交易は、交易上の拠点を提供する中央アジアのオアシスにとってはさほどの関心事ではなく、それよりも北方にいた遊牧民の存在こそが重要であったのではないか」「そもそもオアシスの社会は、交易よりも農業を中心とする産業により深く依存していたのではないか」という提言がともなわれていた。これについては、すぐさま大きな反論を呼ぶことになり（護、一九七八a・b；内藤、一九七八）、その後もこの問題については論争が継続している（森安、一九九五、一一～一二頁；二〇〇四、五～七頁；二〇〇七、七二～八六頁；間野、二〇〇八）。詳しくここで紹介する余裕はないが、これらの問題が中央アジア史にとって重要な論点を含みながらも、残念ながら十分に議論が進展しないまま現在にいたっている。

現段階にあっては、シルクロード交易を単に東西交易と同義と解する見方を排し、後節で触れるように、遊牧勢力の国家形成と同交易の隆盛とが深く関わっていたことを考えなくてはならない。また、オアシスを基盤とする国家にとっても、シルクロード交易がその盛衰を決する重要なファクターであったことも明らかである。ただし、農業と交易を独立的に並べてその重要性を単純に比較するのではなく、性質の異なる両者の連関や相互作用を明らかにすべきである。具体的に検討できる地域が限定されていることは否めないが、トゥルファンから出土した文書群は、この問題を考えてゆく上で有力な手がかりとなることは疑いない。

2　シルクロードのキャラヴァン交易

（1）　シルクロードとソグド商人

シルクロードの商人といえば、ソグド人の名がすぐに思い起こされよう。もちろん、ユダヤ教徒やアルメニア人の商人なども有名ではあるが、陸のシルクロード主要部を抱える前近代の中央アジアにおいて、彼らの国際商人としての存在感は他を圧倒している。

ソグド人とは、シル河とアム河に挟まれたソグディアナの地に点在したオアシス諸国の出身者を指し、その名はアケメネス朝ペルシアのダレイオス王の時代にすでに確認できる。ただし、彼らが本格的に国際交易をはじめるのは、クシャーン帝国が勃興した紀元後一世紀のことであった。ソグド人は、こうした新たな時代の幕開けとともに、後にも触れるようにインド人やバクトリア人とともに東方に向かって交易を推進していったと見られる。またこの時期は、ちょうどガンダーラ地域において新たな仏教教派である大乗仏教が出現するころにあたるが、その教えが彼ら商人らとともに中央アジアを経て東アジア世界に伝播した。

ではなぜ、彼らは東方に向かったのか。もちろん、西方でも交易活動をしていた痕跡（コーカサス地域など）は残されているが（イエルサリムスカヤ、一九八五）、東方世界での活躍とはおよそ比較にならない。これは、一つには当時のシルクロード交易のメインルートがどのように延びていたかということと関係があろう。当時の交易ルートについては、一世紀後半頃に書かれたエジプト在住のギリシア人商人の見聞録である『エリュトゥラー海案内記』（第六十四節）（村川、一九九三、一四二頁；蔀、二〇一六、三二頁）に、「ティーナ」と呼ばれる非常に大きな内陸の都市があり、ここから真綿と絹糸と絹布が、バクトゥラを通じてバリュガザまで陸路で運ばれていたことが記録されている。また「ティーナ」へは容易には到達することができないこと、またここからは稀にわずかの人たちが来るに過ぎないことも記録されている。

ここに見える「ティーナ」は、今日の China という語の起源となる語と同系統のもので、前二二一年に中国を統一した「秦」に由来すると解する説が有力である。すなわち、この記述から、当時、中国方面からの主要交易ルートが、バクトリアの都である「バクトゥラ（バクトラ）（現 アフガニスタンのバルフ）」を経て、インドの西海岸にある港町バリュガザ（現 インド西部グジャラート州南東部の港市、ブローチ）に延びていたことが知られる。ちょうどこの頃、クシャーン帝国がバクトゥラ辺りで勃興してインドに進出してゆき、ローマ帝国や漢帝国との中継交易で栄えていたが、この記事はこの事実とよく符合する。またインド西海岸よりインド洋を通じてローマ帝国と海上交易で結ばれているが、この交易ルートはすでに前三千年紀の「四大文明」の時代に認められるものであった。実は、ユーラシアの東西を貫通するイラン本土経由の陸上交易路が活性化してゆくのは、イスラーム帝国（アッバース朝）の都バグダードとソグディアナ方面が公用交通路（ホラーサーン街道）で結ばれる八世紀後半以降の話であった。したがって、ソグド人たちが、当時の陸上シルクロードの幹線ルートに沿って東方に進出するのは当然の成り行きであったのである。

これに関連して、ソグド人たちが話していた母語はイラン語の一派であるにもかかわらず、彼らはイラン語起源のキャラヴァン kārvān を使わずに、キャラヴァン隊のことをサルト sart、またそのリーダーのことをサルトポウ sārtpāw と呼んでいた。実はこの語はソグド語本来の単語ではなく、インド語のサールタ sārtha やサールタバーハ sārthavāha が、バクトリア語経由でソグド語に入ってきた借用語であった。このことは、当時、ソグド人やバクトリア人らがインド人に先導されて、もしくは彼らと一緒になって東方世界に乗り出していったことを示している（吉田、一九九七、二二九～二三〇頁）。

本章で主に扱う紀元後より八世紀以前の時代にあっては、陸上シルクロードにおける東方からの幹線ルートは、そのままイラン本土方面にしっかり延びていたわけではなかったのである。もちろんイラン本土から交通路が東方に延びていなかったとか、あるいは商人が往来しなかったなどということではないが、ソグド人の交易を考えるに際しては、イラン本土以東がその主要な活動域であったことを明確に認識すべきである。

（2）キャラヴァン隊による交易とは

ソグド商人らの東方進出は唐代まで継続しており、その間、彼らは各地の主要都市にコロニーを構築し、それを拠点に交易を推進していった。八世紀ぐらいまでには、ソグディアナ以東のユーラシア東部地域に点在する主要都市には、彼らの移住コロニーが認められると言っても過言ではない（図1-1参照）。

また、こうした移住先のソグド人とソグディアナ本土のソグド人との関係については、四世紀初めに作成された彼らの手紙から、ある程度の状況をうかがうことができる。

この手紙は、一般に「古代書簡 Ancient Letters」と呼ばれているもので、中国と中央アジアをつなぐ河西地域の西端に位置する、敦煌オアシス西郊の烽火台跡で発見された。全部で八通の手紙が確認されているが、そのうちの一通に、ナナイ・バンダク Nanai-vandak という名のソグド人から、サマルカンドにいるナナイ・スバール Nanai-thvār とその息子であるバルザック Varzakk に宛てたものがあった（具体的な文面については、吉田・荒川、二〇〇九：エチエンヌ・ドゥ・ラ・ヴェシエール、二〇一九、三二一～三二四頁参照）。

手紙そのものは河西東端のオアシスである「姑蔵（武威・涼州）」で作成されたと推測されるが、その他の手紙も含めて、

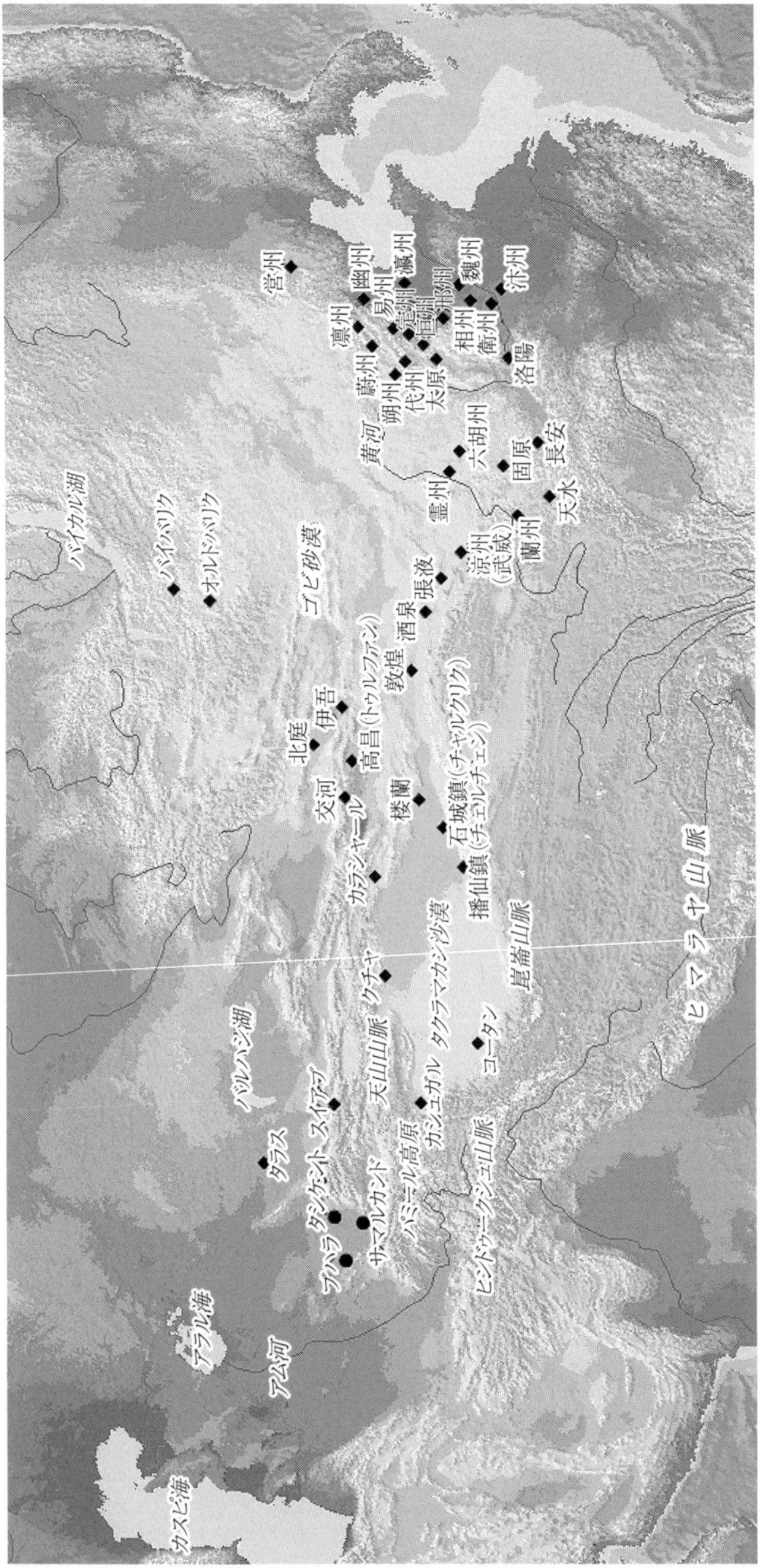

図1－1　ソグド人コロニー分布図

敦煌近郊、おそらくは烽火台を併設した軍事施設で手紙を運んでいた者が検問に遭い、そこで手紙は不幸にも没収されたと考えられる。

この手紙の前半部には、洛陽がフン（匈奴）によって陥落したことが書き記されている。この事件は、種々議論はあったが、現在では、三一一年に起こった「永嘉の乱」のことと考えられている。手紙は、その直後ぐらいに書かれたものであろう。また手紙では、中国内地で活動している者たちの動静がまったくうかがえないことが強調され、中国内地との交易を維持することがいかに困難であるのかを切々と訴えているが、ここから当時、彼らソグド人が河西地域に点在するオアシスにコロニーを作り、それを拠点にして中国内地、とりわけ華北にまで人を派遣しながら交易を推進していたことがうかがえる。

また手紙の後半部分においては、ソグディアナのサマルカンド本国にいる先の親子に資金の運用について依頼し、さらには現地で購入したであろう商品の麝香《じゃこう》について、本国への送付とその分け前の割合について具体的に書き記している。これは本国の人たちと河西地域の現地に在留する商人たちとが、資金運用・商品調達・利益分配などの面で活動を共にしていたことをうかがわせる。

キャラヴァン交易の基本的な性格については、アッバース朝時代に関するものではあるが、商人たちによる遠隔地貿易のあり方について、イスラームの学者（ディマシュキー）が「直接的に商業活動をおこなう商人と、投機的利潤を目的として参加する出資者（国家＝王・王族・官僚・軍人・両替商・富裕地主など）とが、相互に経営する会社組織の事業」（家島、一九九一、二五九頁）と規定する見解が参考になろう。つまり遠隔地交易の最も基本的なかたちは、商人が様々な人々から資本を集めて、それで商品を購入し、貿易を終えて帰還すると出資者に元金を返し、利益を配分するものであった。この基本的な性格はソグド人が推進した交易活動にも適用できよう。先の手紙に見えた麝香のように、現地で買い付けた商品を遠い本国へ直接送るのは、西アジア以西で売却する方が高額で売れる、麝香という商品の特異性からくるものであり（荒川、二〇一九）、通常は現地で商品の買い付け・転売を繰り返すことで利益を上げていたと思われる。

現地の集落ソグド人は、まずはソグド本国をはじめ他所からやってくる同族の商人の活動をサポートしていたことが出土資料などからうかがえるが、決してそれだけではない。本国にいる貴人もしくは商人らと直接提携していたことが、ソグド

表１－１　ソグド商人のキャラヴァン隊

キャラヴァン主	構成員	奴隷	家畜
①　石染典	作人［雇傭人］２人（ソグド人）	奴１人	驢10頭
②　米巡職（30歳）		奴１人（15歳） 婢１人（12歳）	駝１頭 羊15口
③　康尾義羅施（30歳）	作人１人（ソグド人）	婢１人	驢３頭 馬１疋
④　吐火羅拂延（30歳）		奴２人	驢３頭
⑤　吐火羅磨色多		奴１人 婢２人	駝２頭 驢５頭
⑥　何胡数剌	作人１人（ソグド人）		驢３頭
⑦　康紇槎	息子２人・作人３人（ソグド人）	婢１人	驢12頭

人の手紙から知れるのである。先に見た手紙の前半部などは、中国内地との交易に関する業務報告とも受け取れる内容となっている。そこには、経済活動の提携相手となっていた本国の人のために、現地で商品買い付けをする河西在留のソグド人の姿がうかがえる。ソグディアナ本国の大商人ともなると、交易のための拠点を現地に設けることもあったことは十分に考えられ、ナナイ・バンダクなども、中国との交易展開の足場となる河西地域に置かれた代理店的な場を仕切る商人であった可能性もあろう。

（3）　キャラヴァン隊の基本構成と規模

キャラヴァン隊の構成については、国家が派遣するレベルから、個々の商人で作るものまで、その規模が様々であったことはすでに指摘されている（榎、一九七九、三七頁）。最も小規模なもので見てみれば、短距離間では単身で往来する者が認められる。ただ遠距離を移動するとなると、だいたいは家族を基本にして、それに従者を加えて、数人～一〇人ほどの規模で隊を組んでいた（吉田、二〇一一、六七頁）。具体的に、天山山脈と崑崙山脈にはさまれたタリム盆地（中国新疆ウイグル自治区の南疆、東トルキスタン南部）において、八世紀に活動した個々のソグド商人のキャラヴァン隊を見てみると、表１－１のようである。

これで見ると、それぞれのグループは、キャラヴァンの代表以外では、息子や雇用人を多い場合は五人も引き連れてゆくこともあるが、大方は一人もしくは二人程度であったことがうかがえる。ただし、実際には③の康尾義羅施～⑦の康紇槎のグループは一団で移動していたが、それでも全体で一二人ほどの規模にしかならない。

またそれぞれに、商品となる奴（男奴隷）婢（女奴隷）と、家畜として馬・ロバ（驢）・ラクダ（駝）・羊などを連れて移動していたことがわかる。このうち商品などの荷物運搬には、トゥルファンなどのタリム盆地北縁あたりでは主にロバが使用されていた。ただ、遠距離を移動する場合、こうした小規模な陣容で中央アジアの沙磧地帯を往来するのは危険きわまりない。そのことは、後に述べる玄奘が残した中央アジアの旅に関する記録が明瞭に伝えている。

では、どのように移動することが安全策として選ばれたのか、シルクロード交易のあり方とも密接に関わる問題として、次に節を改めて考えてみたい。

3　遊牧国家のシルクロード支配とキャラヴァン交易

（1）遊牧国家とソグド人

第一節でも述べたように、二・三世紀以来ユーラシア地域が大きく変動する中、五世紀には再編に向けた新たな動きが芽生えていた。西トルキスタンにはエフタルが、モンゴル高原には柔然が、また青海方面には吐谷渾《とよくこん》が、そして華北には鮮卑族の北魏が活動を活発化させていたのである。これと並行して、再びソグド人たちの活動も勢いづくようになり、この時期には彼らのコロニーは中華本土だけに留まらず、北方のステップ地域にまで広がりを見せた（タラス、スイアブなど。図1－1参照）。この背景には、先に述べたエフタルという強力な遊牧国家が、ソグディアナ・アフガニスタン方面に成立したことがある。ちょうど、同じような時期に勃興した北魏は、このエフタルと使節のやり取りをしており、こうした新たな時代状況の中で、ソグド商人の活動が再び活発化したのである。

続く六世紀にも、トルコ系の遊牧国家である突厥が新たに興り、エフタルをササン朝ペルシアと挟撃して破ると、その勢力は、東はモンゴリアから西はソグディアナを越えて、現アフガニスタンにまで拡大した。五世紀より続く、こうした遊牧勢力の台頭が、ソグド人を北方の草原地域に誘導した。

(2)　トルコ系遊牧国家(突厥)の交通体制

強大な遊牧国家の成立は、ソグド商人にしてみれば、交易の推進にとって必須となる往来の安全確保や治安の維持という点から歓迎すべきものであったと考えられる。とくにトップリーダーによる逓送の命令書は、遠距離の往来にあたり最高の移動の便宜を商人らにもたらすものであった。たとえば商人ではないが、玄奘のために高昌国の王が突厥 Türk のトップリーダーたる可汗に宛てた書簡には次のように見える。

(高昌国王は)書簡を作成して(可汗に)申し上げることには、「法師(玄奘)は、私めの弟(のような近しい存在)であります。仏法をインド国に求めようとしております。願わくは可汗様、法師を憐れむこと、私めを憐れむようにしてください。そこで(可汗様に)お願い申し上げますことには、(可汗の宮廷)以西の諸国に敕命を下して、(諸国が法師に)鄔落馬を支給し、遞送してそれぞれの国境を越えるようにさせてください」と(『大慈恩寺三蔵法師伝』巻一)。

ここに見えている「鄔落馬」の「鄔落」というのはトルコ語のウラク ulay のことであり、駅伝用の駄獣を意味している。つまり、突厥では可汗よりウラク供出の命令を受けると、その支配下にあるオアシス国家などではその提供を保証せねばならなかったのである。これは単に移動手段である馬畜だけの問題ではなく、ウラクの供出にはそのほか宿食の便宜の提供も含まれていた。つまりは遊牧国家の成立とともに、交通体制としてウラクのシステムが整備・施行され、遊牧国家の君長である可汗による交通保障、すなわち移動に際して支配圏内での交通手段や食糧の逓給体制が整ったことになろう(荒川、二〇一〇)。商人にすれば、可汗および可汗にウラク供出の要請ができるもの、つまりは遊牧国家の支配層を構成する人々といかに関係をもつか、ということがその交易活動を優位に導いたのである。

(3)　オアシス国家による交通体制の整備

他方、遊牧国家は、遊牧民だけで構成されていたわけではなく、オアシスや農耕地帯の定住民をも支配していた。タリム盆地には、多くのオアシスがその周縁部に点在しているが、中でも規模の大きなオアシスには、その中心部に大きな都市が築かれている。図1－1に見える、クチャ・カシュガル・コータンなどのオアシス都市がそれであり、その都市を都としてオアシス国家が建てられていた。

全体を眺めて見ると、一定の距離を置いてオアシス国家が成立しており、そこがシルクロードの往来にとって重要な交易拠点となっていたことがわかる。またこうしたオアシス国家は、可汗の支配に従属しながらも、それぞれに独自の交通体制を境域内に整備していた。したがって、ウラクの交通の便宜などを得られない大半のソグド商人たちは、交易のためにシルクロード上のオアシス国家に滞在・通過するにあたり、各国でそれぞれにチェックを受けていたことは容易に想像される。

では、具体的には彼らはオアシス国家をどのように出入りしていたのか。この問題については、この突厥支配時期にクチャ・オアシスに建国していた亀茲王国が発給していた木簡の通行証が参考になろう。これは彼らの母語であるトカラ語で書かれ、内容は以下のようなものである（慶、二〇一三、一二一頁：Pinault, 1987, p. 86）。

LP5

内側：本文

ワールタシュ Ywārttaś が記録し、塩水地区のオルシャ官セマテウ Kṣematewe-orśa（関所の官吏）に与える。汝は私の命令に従って（行動せよ。今某が某所より）行く。彼とともに、人一〇人、馬五疋、牛一頭。これを通過させよ。それ以上は通過させるな。治世二十年七月十四日（スヴァルナデーヴァ王の治世に。この木簡を布告した）。

この通行証が、亀茲王国管内の「塩水地区」（慶、二〇一三、一二〇頁）に置かれた関所の通過を許可する通行手形であったことは明らかで、しかもそれは関所の「外」に出て行くものであったことがうかがえる。おそらくは出国に関わる通行チェックであったと見られる。これにより、亀茲国では関所を通じてキャラヴァン隊の通行を管理していたことがわかる。ただし、亀茲国内に入り、滞在して交易するのに厳しい制限や管理があったことはうかがえず、出国に際してのみ関所でチェックを受けることを基本としていたと見られる。当時、オアシス国家同士が、キャラヴァン隊の流れを左右するキャラヴァン交易ルートをめぐって武力的に衝突していたことを考えれば、オアシス国家にとっては、キャラヴァン隊をいかに誘致するかが、その国家の繁栄に直結するものであった。このことからも、オアシス国家では、基本的にはキャラヴァン隊を広く遮ることなく受け入れていたと見てよく、出入国管理という意味では、主に自らの支配領域を出国する際に、関所でその通行をチェックしていた体制であったと考えられる。しかも、そのチェックも、細々とした商品・産品などではなく、キャラヴァン隊が率いている人や家畜の数や素性を検査するだけであった。オアシス国家にとっては、何よりも国の基本財産でもある人や家畜の不当な流出に目を光らせていたことを明示していよう。

またトゥルファンの高昌国では王の命令があれば、領内にあるオアシスは領外への輸送のための馬牛（遠行車牛）を供出していた（荒川、二〇一〇）。さらに後述するように、高昌国では王に近侍するソグド人の姿が認められ、そうしたソグド人たちが、王の使いとして先に述べた交通体制のもとに遊牧国家や他のオアシス国家へ派遣されていた。彼らが王との間に互恵的な関係を構築していたであろうことは容易に考えられよう。

（4）　遊牧国家の使節とオアシス国家

先に見たように、六世紀中葉に一般に突厥と呼ばれる遊牧国家が勃興したが、そこでは「ウラク」制度とも言うべき交通体制が整えられていた。ただし、この体制を利用できたのは、基本的にトップリーダーである可汗の権威に与かれるものに限定されていたと見られる。実は遊牧国家は、可汗がすべての「領土」「領民」を支配していたのではない。後に述べるように、可汗をはじめとする多くの遊牧集団の連合体であり、各集団のリーダーの周りにソグド人が側近官として仕えていた。そして、そうした彼らが可汗らの派遣する使節の代表ないしは随行人として派遣されていた。以下、そのことについてトゥルファンから出土した文書から知られることを紹介しておきたい（荒川、二〇一〇）。

突厥が勃興後にいち早く支配下に置いたのが、このトゥルファンであり、そこでは既出の高昌国、あるいは王室の姓を冠して麹氏高昌国と一般に呼ばれるオアシス国家が建国されていた。この国では、東西に分裂（五八三年）後の西方の突厥

（いわゆる西突厥）から派遣された使節団を多く迎え入れていたことが、トゥルファン文書より知られる。「食糧支出帳簿」とも呼ぶべき一連の文書群（文書の多くは、五八四〜五八七年のある時点における「一カ月半」の穀物支出記録）がそれである。これを分析してみると、一カ月半の間に西突厥側より四〇組余りの使節を迎えていたことが知られる。これに基づいて、ごく単純に試算してみれば、高昌国はこの時期、年間で三二〇組以上にも及ぶ使節団を迎え入れていたことになる（呉、一九九〇、八〇頁）。

また、この帳簿文書を見ると、半月あたりの支出で麺《ムギコ》一三八石余り・粟《アワ》二石余り・床《キビ》一五石余り・麨《ムギコガシ》二石余りが断片的に記録され、さらに糧食を供出するにあたっては、麺と床、麨と粟がセットで使節に提供されることが多かったことがわかる。これに基づいて計算すれば、参考程度の数字でしかないが、年間額は麺三三三〇石・粟五〇石・床三七〇石・麨五〇石ほどにのぼることになる。もちろんこうした穀物類だけでなく、ブドウ酒、棗《なつめ》、餅《パン》・肉・油や燃料として刺薪（草・灌木の類）なども供出されていた。さらには、これに使節の旅行時の食糧分と、使節団への手みやげとして、棉布・錦・絹などが贈られてもいた。以上に挙げた多くの穀物や諸物品は、国家ないし国王がオアシス住民への課税や買い上げなどを通じて工面したが、こうした負担のある遊牧国家からの使節が、わずか一カ月半の間に四〇組余りも到来したのである。

ところで、これだけの多くの使節を西突厥国の誰が派遣していたのだろうか。この問題については、以下に示すように、上記「帳簿」より、西突厥の大可汗をはじめとする多様なグループ（（A）〜（H）グループ）が使節を派遣していたことがわかる。

（A）大可汗
（B）可敦 qatun（公主 quncuy）
（C）提懃 tegin
（D）大官 tarqan
（E）小可汗（貪浑珂寒-*qaγan*, 北庯珂寒、南庯珂寒）

（F）移浮孤（葉護）yabyu

（G）拙（設）šad

（H）希瑾 irkin

このうち（A）の大可汗は、実態は不明瞭ながらも、とりあえず西突厥のトップリーダーとされるもので、当時はアパ・カガン（阿博珂寒 Apa qaγan）がその位に就いていた。続く（B）のカトゥン（可敦）は、可汗の妻であり、（C）のテギン（提懃）は、可汗の子弟であった。とくにこの「帳簿」には、西突厥に嫁いだ第六代王の麹宝茂の娘（高昌公主）の子供（外甥提懃と呼ばれる）が使節を派遣してきていたことが記録されている。また（D）タルカン（大官）は、基本的には可汗の側近官であると見られている。とくに、西突厥においては、可汗の使者として遣わされる際に、臨時的に任命される官ともなっていた。中でも有名なのは、突厥のディザブロス（シルジブール。伊利可汗の弟にあたるか）可汗が、ペルシアに派遣したマニアクというソグド人や、マニアク亡き後にローマに派遣された使者やそれに従ったマニアクの息子が、いずれもタルカンの官職を帯びて派遣されていた。ただしタルカンは、必ずしも大可汗の周りだけに居たわけではないと見た方がよい。

これに対して、続く（E）〜（H）の集団は、いずれも遊牧国家を構成する主要な遊牧集団であった。突厥国家では、大可汗を中心としながらも、こうした集団が自らの「領土」「領民」をそれぞれに所有し、それらが緩やかに連合する体制にあったのである。（E）〜（G）は、可汗一族が就くハイレベルの官であったが、（H）のイルキン（希瑾）については被支配部族のトップが就く官となっており、「帳簿」に見えるそれは、トゥルファン北方の天山山間・北麓に遊牧するトルコ系部族であった。このことは、高昌国にとっては、使節として受け入れた遊牧集団が、大規模なものだけでなく、ごく身近に接する遊牧集団にまで及んでいたことを示している。

要するに、突厥国家から派遣された使節と言っても、（A）〜（H）にわたる多種多様なグループがそれぞれに使節団を設《しつら》えて、それらを高昌国に派遣していたのである。とりわけ、これらの中でも派遣の頻度が高かったのは、（A）・（E）の大・小可汗が派遣する使節団で、それらは半月の間に都合六グループを重複して派遣していた。

（5）使節団とソグド人の交易活動

では、こうした使節はどのような人々により担われていたのであろうか。使節団全体を通じて見ると、使節を構成する人員の多くがソグド語名をもつソグド人であったことが認められる。中には、「呼典枯合振」（呼典はxwt’yn、枯合振はxwrx’p-cyntというトルコ語の漢字音写）などのように、トルコ遊牧民風の名をもつソグド人と見られるものも含まれている。このほか少数ながら「鉄師の居（織）（クチーク’kwcyk「クチャ人」の意）」や「金師の莫畔陁（マフバンダクm’x βntk「月神の下僕」の意）」などの名が見えており、これらについては、可汗直属の「鉄師（鍛造鉄器の工匠）」や「金師（金銀器の工匠）」であることが推測されている（呉、一九九一、五七頁）。

つまりは、こうした遊牧国家における多様な遊牧集団のリーダーたちは、周辺に侍るソグド人らを代表もしくは随行人に充てた使節をオアシス国家に派遣し、そこで宿食の便宜および贈与品をオアシス国家に強要し確保すると同時に、他方でオアシスに集積される様々な奢侈品（金・銀・麝香など）を購入し、併せて自らの産品あるいは中継交易品を売りさばくこともしていたのではないかと推測できる。事実、高昌国では派遣されてきた使節団の一員が、市場で取引をしていたことが認められる。このように、遊牧国家がオアシス国家に使節団を派遣するのは、主に交易目的であったと見てよい。

他方、オアシス国家としても、多くのキャラヴァン交易商人を引き連れてきてくれる使節団は、接待の負担面はあるものの、経済的な繁栄をもたらす存在として積極的に誘致する対象であった。遊牧国家とオアシス国家は、まさに共生的な関係を構築していたと言えよう。

また、遊牧勢力側だけでなく、先に述べたようにオアシス国家の権力者の周辺にもソグド人は仕えていたことを見逃してはならない。麹氏高昌国では、ソグド人の中でも「史」を姓として持つ多くの人々が、麹氏王に近侍する官職に就任していたことが知られる。とくに有名なのは、玄奘が高昌国を出て、天山北方の突厥可汗の宮廷に向かった際に、王命により玄奘に付き従った側近官（侍郎）の「史歓信」である。このようにソグド人は、王のために使者として派遣されることが多かったが、やはり遊牧国家を構成する諸集団の使節と同じように、これも交易目的で派遣されることが主だったとみられる。そしてその行き先は、他のオアシス国家や、遊牧国家を構成した可汗を筆頭とした遊牧諸集団であったと考えられる。

さらに注目されるのは、麹氏高昌国では対外交易用の「市場」での取引において、「称価銭」と呼ばれる税金が課されていたが、その納税者のほとんどはソグド人であり、その銭はすべて「内蔵」に納められていたことである。「内蔵」とは、国家財政を掌る「官蔵」に対置する語とみられ、王室財政を掌る役所であった可能性が高い。そして王に近侍する官員がそれを管理していたらしいこともうかがえる。オアシス国家においてもソグド人は、王室と密接な関係を構築していたのである。

実は、こうした遊牧集団やオアシス国王らが頻繁に派遣していた使節団に、個々の商人が作る小規模なキャラヴァン隊が便乗して同行することが多かったと見られる。たとえば『慈恩伝』巻二には、玄奘が麹氏高昌国王の手厚い保護をうけて、国家がかりでキャラヴァン隊を組んで西突厥可汗の宮庭に向かう際に、高昌国の西の隣国であるカラシャール国に到着する前に起きた事件を次のように伝えている。

時に〔玄奘とともにキャラヴァンに〕同伴していたソグド商人ら数十人は、利益を貪って〔キャラヴァン隊の本隊より離れて〕先に〔カラシャール城内に入って〕取引しようとし、夜中に密かに出発したが、十里〔約五キロ〕余り進んだところで盗賊に遭遇して強奪のうえ殺害されてしまい、誰もその難を逃れたものはいなかった。

本記事にある「同伴のソグド商人」とは、玄奘のために麹氏高昌国王が組織したキャラヴァン隊に便乗して行動をともにしていたソグド商人であり、その数も数十人に上るものであったことが知られる。目先のわずかな利益を追求するために、キャラヴァン隊を離れて、いち早くカラシャールに到着しようとする彼らの行動からして、彼ら自身はトゥルファンとカラシャールを往復して商いをする近距離交易主体の商人であった可能性が高く、この事件はそうした彼らにとっても長距離を移動するキャラヴァン隊と同行することが、いかに略奪等のリスクを減らすものであったのかを如実に伝えている。こうした個々に展開される局地的な交易活動にとっても、国家・集団レベルで組織される大規模なキャラヴァン隊の派遣が、沙漠をわたる上で不可避的な略奪等のリスクを軽減する貴重な移動の機会を提供していたことは疑いない。まさに中央アジアのキャラヴァン交易を支えたのは、遊牧国家をはじめとする諸国家・集団の使節団と言えるのである。

強力な遊牧政治権力がステップ地域に勃興すると、オアシス地域に点在するオアシス国家との間に、可汗と各国の王との支配―従属関係のもと両者は共生的な関係を構築した。またオアシス国家間においても、時にキャラヴァン隊の誘致を左右する交易ルートの変更をめぐって鋭く対立することもあるが、相互の利益を目指す提携関係を構築することが多かった。こうした諸国家の関係の中で、国家・集団レベルで頻繁に組織される使節団が、沙磧・草原を比較的安全に移動する手段を日常的に提供していたのである。それは、それまでの不安定かつ危険な移動環境を一掃するとともに、個々の商人は、必要に応じてこうした使節に加わり移動することが日常化していたとみられる。このように、多種多様な使節団の往来は、個々の商人レベルでの交易活動を誘引しながら、遠隔地間の交易と域内諸地点間での中・小規模の交易を重層的に展開させたのである。

以上に見てきたように、シルクロードのキャラヴァン交易活動は、遊牧国家やオアシス国家による使節の派遣が、その隆盛を支えていたと言えよう。ただし、それは一般に考えられているような、中央アジア諸国による周辺諸大国への使節の派遣ばかりではない。中央アジア域内にあって、遊牧諸集団から重要な交易拠点となっていたオアシス国家へ、使節がひっきりなしに重複するかたちで派遣されたり、さらにはオアシス国家間でも使節の「交換」が頻繁に行われていたと見られる。こうした域内で生み出される数多くの使節こそ、小規模な個々のキャラヴァン商人に、その往来に便乗するかたちで安全な移動の機会を日常的に提供してきたのであり、活発化するシルクロード交易を根底で支えていたのである。

4　唐帝国の中央アジア支配によるキャラヴァン交易

（1）ヒトの管理体制

七世紀前半、唐は中央アジア地域を軍事的に侵略・占領し、さらにはモンゴル高原をも一時的ながらも帝国領に組み込んでいった。この結果、シルクロード交易に依って繁栄してきた遊牧国家の突厥を衰亡させることになり、唐はユーラシア東部地域をほぼ掌握することになった。そうした中、シルクロードに活躍したソグド商人たちの交易活動も、大きな変化を被らざるを得なかったことは言うまでもない。

　何よりも注目されるのは、中央アジア地域が唐帝国の軍隊が駐留する前線地帯となり、唐の支配が強く及んだことである。とくに直轄支配に組み込まれた天山東部のトゥルファンなどにそれは顕著であり、支配の根幹を成す律令制の施行というものが、単に理念だけでなく実際にもかなり徹底して行われた。

　たとえば直轄支配を被った場合、そこには州県が設置され、そのもとで基本的には住民は「百姓」として戸籍に登録されて管理された。この時、それまで間接的な支配しか及んでいなかったとみられるソグド人の集落なども、完全に州県管下の郷《きょう》として組み込まれた。トゥルファンで見れば、ここには西州の中に五県が設置され、ソグド人集落は西州高昌県管下の崇化郷となった。ちなみに敦煌でも唐の支配のもと、そのオアシスには沙州が設置され、同じように当地のソグド人集落は、沙州敦煌県管下の従化郷となっている。

　また他のカラシャール・クチャ・カシュガル・コータンなどのオアシス国家は、間接支配の地となったが、これらにもやはり擬似的ながらも都督府のもとに複数の州が置かれ（これを羈縻都督府・州という）、その住民はやはり「百姓」として戸籍簿に編入された。なお直轄地と異なり、州のもとには県は設置されず、州のもと直接に郷・村が配されたが、それはたとえばコータンであれば、同地の自然集落である au や biśa に郷や村という漢語を与えたものに過ぎない。ちなみに、同じくコータン・オアシスでも、「sūli biśa（Sogdian village）ソグド人の村」の存在が確認できる（Yoshida, 2013, p. 158）。

　ところで、課税の徴収を確保する必要性から、「百姓」にはいわゆる本貫主義が採用されており、本貫（戸籍が造られた場所）となっていた州県からの厳しい移動制限があった。ただし、すべての住民を「百姓」として戸籍に登録するのも現実的でないことも明らかで、最初より本貫からの移動を許された人々を認めていた。そうした人々は、「百姓」とは区別して「行客」という肩書きが与えられていた。この中には、商人だけとは限らず、行軍兵士が駐留先で定住化したようなものも含まれていた。彼らもまた州県の「百姓」戸籍とは別枠の戸籍に編入された上、一定の銭を課されていた。

　また、唐帝国領外から新たに流入するソグド人については、個別に流入し交易商人として活動するものは、「興胡」としてこれを管掌した。つまり帝国領外からの新来ソグド人に付与される公的な肩書きである。これも、「行客」と同じように、州県の「百姓」戸籍とは別枠の簿籍に編入され、「行客」と同額の銭が課されていた。ただし、彼らは唐帝国領外にも出たようであり、その際には「漢地の興胡」と呼ばれることがあった。このほか、モンゴル高原からは、遊牧文化を身につけたソグド人たちが新たに流入した。彼らについては、他のソグド人と区別して、「ソグド系突厥」と括って理解されているが、広義には遊牧民の中で、ソグドの影響を受け、その結果ソグド姓を冠するようになった者を含んでいる。また中にはウイグル・奚《けい》（モンゴル系の遊牧民）の出身であることを自称する者もいた。こうした者は羈縻府州体制のもとに、六胡州の「百姓」として戸籍に編入されたと見られる。

このように、帝国領内のあらゆる人間を戸籍簿で管理・把握することを原則とする支配体制が中央アジア地域を覆ったのである。そして、さらに商人にとって大きな影響を被ったのが、唐による交通と交易環境の激変である。

（2）公用交通路の設置

中央アジア地域が唐の支配下に置かれ交通面で大きく変化したのは、支配のための公道である駅道が設置されたことであろう。同時にこの駅道は、地方から都が置かれた長安へ上る道ともなっており、皇帝に貢物を献上するための道、いわゆる貢道でもあった。この道が「中国」内地のみならず、中央アジアをも貫通しており、遊牧民はこれを「漢道」と呼んで他の道と区別していた。また、この駅道は中央アジア方面においては駐留軍により管理・維持されており、そのルートの往来や途上に配置された交通施設や交通手段の利用は、あくまでも公務が優先された。そして公務以外の「私」的な通行についても、官員の利用を原則としていた。ただし、実際にはソグド人をはじめとする多くの商人らは、この駅道を利用して往来していた。実は、ソグド人の移住集落が置かれていた都市は、こうした駅道上に位置しており（図1－2参照）、ソグド人が集落を拠点に構築していた交易ネットワークが、唐の駅道整備により一層強化された側面がある。とくに中央アジアにおいては、唐の支配のもと唐の軍隊に守られた駅道が、唐内地の主要都市につながる安定した交易ルートを提供していたのである。

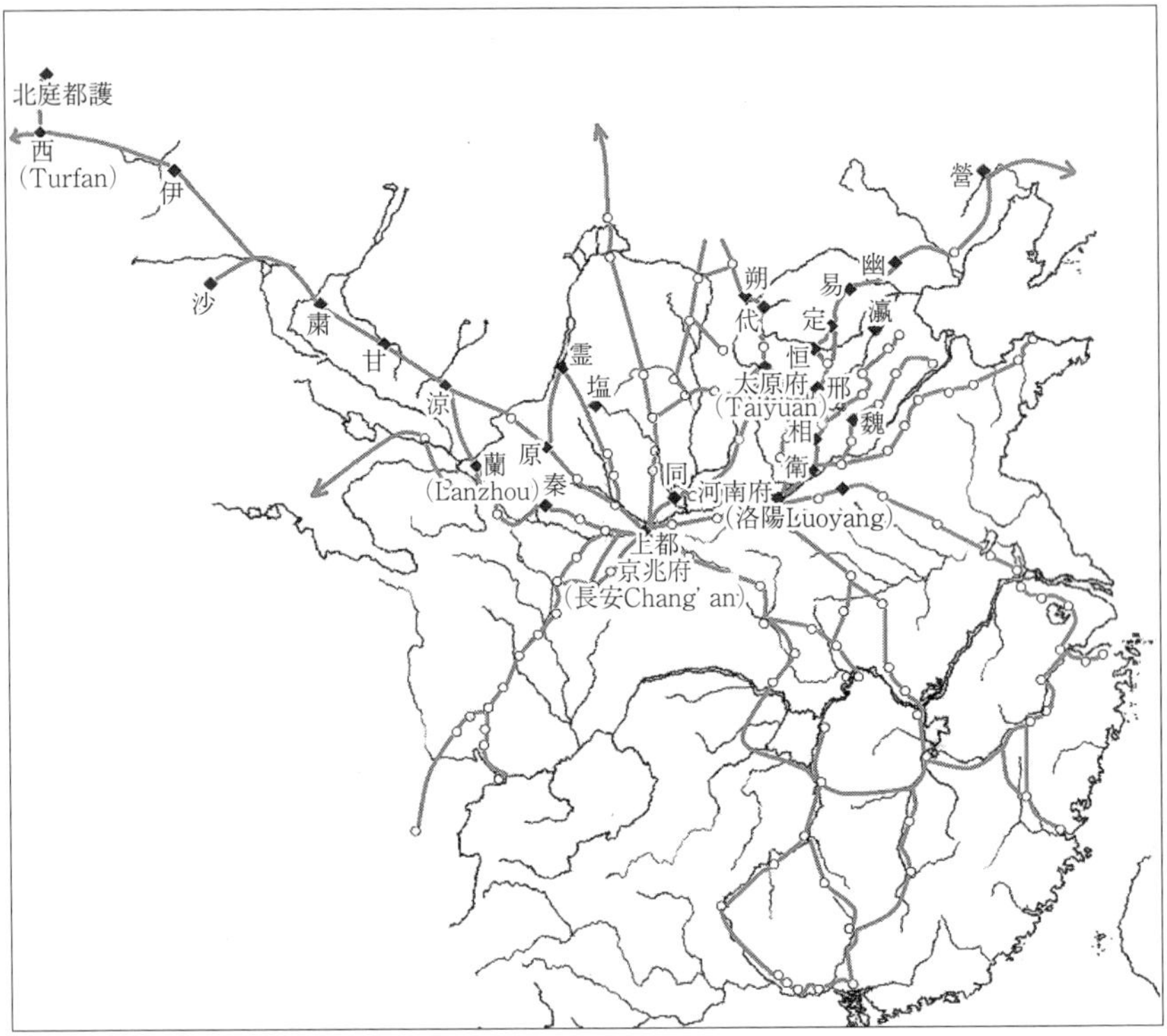

図1−2　駅道とソグド人コロニー

(3) 通行証による交通管理

沙磧中のメインルートに、こうした駅道が設置され管理・維持されるようになると、戸籍によるヒトの管理と併せて、交通・交易に関しても種々厳しい唐の管理が及ぶようになった。まず交通に関しては、すべての移動は、原則、公的に発給される通行証を通じて、国家管理のもとに置かれた。通行証によらない移動は、すべて非合法な移動となったのである。この通行証は、原則、官員・軍兵・公的な使者のためのものであったが、もちろん先に述べたように、私的な移動についても認められていた。

さらに交易に関しても、唐の支配により大きく変質を迫られた。質的な転換という意味では、大きいのはキャラヴァン交易のあり方であろう。それまではキャラヴァン隊を作るのに基本的には何ら制約などはなかったが、唐の支配下では交通と交易は強く管理された結果、キャラヴァン隊を組んで移動するには、唐が設定した交通の管理制度に従わざるを得ず、私的な移動に関しても、唐の官憲の許可が必要となったのである。つまりは、唐の通行許可書をもらってはじめて、キャラヴァン隊を組むことができたのである。

唐の通行許可書には、大まかに分けると二種類あり、それをこれまでの研究者は、過所と公験（公験は証明書一般を指すが、ここでは通行の許可証明書を指す語として限定的に用いている）と呼んでいる。

まず過所であるが、この通行証は基本的には、関所（関津）を通過するような遠距離にわたる通行のためのものである。過所には目的地が明記され、途中で経過する関所は決められているものの、それさえ守れば目的地までのルート設定は自ら選択できた。また目的地まで途中の地点で長期滞在することも不可能ではなく、時間的に制限が加えられていた形跡はまったくないことも大きな特徴である。

先にも述べたように、唐の交通に関する基本的な方針として官の交通を優先させ、また戸籍に登録されている「百姓」の移動は、建前としては許されていなかった。もちろん、「百姓」が移動しなかったはずもないのであるが、それでも単なる「百姓」が、過所を取得することは大変に厳しかったと思われる。こうした状況に対してソグド商人側では、金銭などで名誉称号的な官号を取得し、過所を請求していたと見られる。トゥルファン文書の中には、こうしたソグド商人が取得した過所の実物が残されている（具体的な内容については、荒川、二〇一〇、二〇一一b、一八〇〜一八三頁参照）。

ただし、州から隣の州のような短距離間の往来については、単なる「百姓」であっても、唐の通行証を獲得できた。それが、これまで公験と一般的に呼ばれてきたものである。ただし、これには実は二種類のかたちがあり、一つは州牒（行牒とも呼ばれる）と呼ばれるものである。これは、州の権限により発給され、牒式の書式をもって作成し、それを通行証としたものであった。過所と異なり、厳しい時間的な制限が設けられており、トゥルファンの西州や敦煌の沙州と隣接する州の間では、一カ月が往来の限度であったことがわかる。ただこの通行証は、公的な使者の往来に準ずるものとして扱われており、この点では過所と同様に、基本的には単なる「百姓」に対して発給するものではなかったと考えられる。

ところが、もう一つの通行証は、「百姓」に対して容易かつ簡便なかたちで発給されていた。これは州と州あるいは県と県との間を往来する通行証に見られたもので、それは「百姓」が「辞」と呼ばれる特定の書式で作成した上申書そのものに、官員が一筆、通行を許可する文言を添えるきわめて簡便なものであった。官人であれば、役所には「牒」と呼ばれる形式で申請書を役所に提出する決まりになっていたが、百姓の場合にはそれが許されず「辞」を提出することを求められていたからである。州の発給としては、実例はきわめて少ないが、トゥルファンから一通発見されている（荒川、二〇一〇、四三七頁参照）。

つまり、無位無官の「百姓」が、遠距離にわたるキャラヴァン隊を組むことは困難であったが、このような近距離間を往来して交易する場合には許されていたことがわかる。それを越えて遠距離にわたる移動を実現しようと思えば、過所を取得できる商人のキャラヴァン隊か、官営のそれに従者として雇用され、それに付随して交易活動を展開するしかない体制が否応なく構築されていたのである。

（4）唐の「官」とソグド人

実は、唐の支配時代にはシルクロードを多くの官営キャラヴァン隊が往来していた。というのも、唐の駐留軍をオアシス地帯に配置し、それを安定的に運営するために、軍需物資となる莫大な絹織物や糧食を毎年、輸送する必要があったからである。これは、毎年膨大な出費を唐政府に課すことになると同時に、その輸送をソグド商人などに依存していたのである。たとえば絹織物については、税金（庸調）として徴収された絹織物（練り絹・生絹が中心）を遠く中央アジアに送付したが、当初は駅伝体制で運用されていたものが、やがてその量の増大とともに、実質的にはソグド人などの遠距離商人らに請け負わせるかたちを取った。このとき遠距離商人らは運搬人として「百姓」を雇用したが、そのような「百姓」でも絹織物の遠距離輸送に参加すると、輸送目的地で解散した後、帰途に際しては過所が発給される体制となっていたのである。こうした絹織物の大量の輸送は、西アジアのササン朝銀貨が流通していた中央アジア地域を、絹織物が商品貨幣として流通する中華の経済圏に替えてゆくことになったほどである。

さらに軍糧となる穀物についても、穀倉オアシスより穀物不足のオアシスへの流入を促すために、官による穀物買い上げにより、その流通がはかられたが、この官の買い上げに応じたのが、こうしたオアシスとオアシスを往来し交易をしていた者たちであった。彼らを誘導するために、穀物輸送を担うインセンティブとして、高額での買い上げのほか、穀物納入前の代価としての絹織物の支払いや、さらには過所の発給が約束されたのである。そのほか、駐留軍が必要とする物資の輸送などでも、こうした商人たちを活用したものと見られる（荒川、二〇一一 a）。

また先に見たように、唐の支配時代にあっては、キャラヴァン隊を自ら組織するのに過所の取得を必須としたため、商人たちは何とか唐の「官」の世界に入り込む必要があった。西州府百姓となっていたソグド人が、先に述べたように名誉称号的な官号を金銭などで獲得していたのも、過所の申請にあたり有利であったからに他ならない。

さらに、こうした商人に加えて、トゥルファンの西州では、ソグド人たちには名誉称号的な官を除くと、「典」と呼ばれる職に就いている者が多いことに気づく。典には、各部署において書記として働く者が多かったが、これは直轄州府だけでなく羈縻州となっていた周辺のトルコ系部落にも配置されており、ソグド人がこれを担っていた。さらに、こうした典の中には、公務を担う「使」とともに他所に派遣され、使いに出ることも多かった。たとえば、近年出土した漢文文書には、龍朔年間（六六一～六六三年）に発生したカルルク Qarluq 部落の故地への送還に関わる一連の案件が残されているが、この問題処理にあたって、現場となっている天山北方の地に派遣され、処理のためのいろいろな情報を収集する役割を担ったのがソグド人の典であった。これこそ、地域を越え情報のネットワークを張りめぐらせていたソグド人たちの存在を利用したものであったと見られよう（荒川、二〇一一 c）。

さらにソグド人には、軍人や別奏となっていたものがいた。別奏とは、軍鎮の高官に仕える従者のことであり、軍鎮の高官が自ら召し抱えたものである。彼ら別奏は仕える主人のために使いに派遣されたことが知られるが、こうした別奏が、外来のソグド人である「興胡」と一緒になって活動していたことも確認できる。

このように、商人ではなくとも、ソグド人らの中には官や軍の世界の下層部分に食い込み、そこで様々な機会を捉えて移動を果たしていた者があった。移動に際しては、商人とも協力しながら、蓄財をはかっていた可能性が高い。

以上に見てきたように、シルクロードの交易は、それまで遊牧国家の支配下に置かれていた中央アジアが、唐の直接統治下に置かれることにより激変した。すなわち、キャラヴァン交易のあり方は「官」が主導するかたちに大きく変わったのである。中でも、唐のトゥルファンを含む中央アジアに対する支配は、主要オアシスに駐留する軍隊を維持するために、軍需物資として絹織物や穀物などを大量に運搬させる必要があり、そのために頻繁に官営輸送隊あるいは官の肩代わりをしていた民間の遠距離商人などによるキャラヴァン隊に中央アジアを行き来させていた。唐の支配以前には、西突厥の遊牧諸集団やオアシス国家が派遣した使節団が頻繁に行き来し、それに添うかたちで個々の商人たちは移動していたが、唐支配以降はその使節団が公私の軍需物資輸送隊に替わった部分があった。まさにソグド人は、唐の下層とはいえ官界に食い込み、交易活動を有利に展開していたのである。唐代のシルクロード交易は、すぐれて政治・軍事的な要因により活発化したものであった。

5　シルクロード交易の基本構図とその時代的変化

本章で扱った時代と地域のシルクロード交易は、海上交易が次第に優勢になってくる九・一〇世紀までの一〇〇〇年間が最も隆盛した時期であった。当該期は、またソグディアナ出身のソグド人が国際商人として活躍した時期とほぼ重なっており、とりわけ唐帝国やイスラーム帝国が台頭してくる七・八世紀までの当該域のシルクロード交易は、彼らの独壇場であった。近年の研究では、ソグド人がインド以東の海上交易に乗り出していたとする見解も出てきているが、それが目立ってくるのは八世紀以降のことであろう。

またソグド人は、シルクロード交易を展開するにあたり、交易ルート上に位置する主要都市に移住コロニーを置き、そこを拠点に自前の交流・交易のネットワークを張り巡らせていた。すなわち、ソグディアナのオアシス諸都市のソグド人たちには、互いに同族としての意識が認められ、移住コロニーとそれらを結ぶネットワークは、彼らが交易活動を進めるうえで重要な拠り所となっていたのである。

これに加えて、彼らは移住先で政治的な権力者と共生的な関係を構築したが、中央アジア地域では遊牧国家、オアシス国家との政治的リーダーとの共生関係を保持した。そもそも当該地域のシルクロード交易のあり方については、次のような特徴を指摘できる。

①　中央アジア地域には、ステップ・オアシスルート上に、数多くの国家や集団が形成されたが、これらはそれぞれの間で交易などを目的とした使節を頻繁に派遣し、いわば互恵的な関係を構築していた。

②　シルクロード交易において日常的に展開する大小様々な規模のキャラヴァン隊は、移動の安全を保証するものとして、こうした国家、集団が派遣する数多くの使節に同行、もしくはその往来に便乗するのを常としていた。シルクロードのキャラヴァン交易は、中央アジアにあっては国家・集団間をひっきりなしに往来する使節が強力に牽引していた。

本章での検討を踏まえれば、とくに強大な遊牧国家が成立した時代には、遊牧国家を構成する各集団を中心に、こうした基本的な性格がより強まってゆくと言えよう。

ところが、中央アジア地域は時に、遊牧国家ではなく域外の周辺国家により直接的な支配を受けることがあった。中央アジア地域、中でも東半部分については、それは清朝から現在に至るまでの時代を除けば、唐帝国の時代であった。中央アジア地域が遊牧国家の支配を離れ、同帝国の直接支配下に置かれることにより、ソグド人たちの諸活動は激変した。とくにキャラヴァン交易のあり方は大きく変わったと言える。それはまた、遊牧国家からシルクロード交易の富を取り上げるとともに、ソグド人のコロニーとそれに拠る交易活動を唐帝国の管理下に置き、シルクロード交易における彼らの独占的な状況に終止符を打ったことを意味している。

なお、こうした突厥から唐帝国への変化を、国家と交通・交易の関わりという観点から巨視的に捉えるならば、これをアジアの諸帝国の三つの系譜という側面からも説明できよう。というのも、帝国支配の要となる中央と地方を結ぶ制度面から見ると、諸帝国をアジアの東部・中部・西部に大きく分けて見ることが可能であるからである。すなわち、以下のようである。

①アジア東部……駅伝制度
②アジア中部……ウラク ulay 制度

③アジア西部……バリード barīd 制度

アジア東部では秦漢帝国以来の駅伝制度が受け継がれ、また乾燥地帯が広がる中部においては匈奴・突厥以来の遊牧国家による逓送制度の伝統があった。第三節に述べたトルコ系遊牧国家のウラクはその一つであり、君長の命令により使者を逓送する体制が作られていたのである。これに対して西部においては、アッシリア帝国・ペルシア帝国以来のバリード制度が受け継がれている。バリードは駅逓を意味するペルシア語から借用されたアラビア語であり、古くアッシリア語にまで遡るといわれる。駅伝制度と同じように宿駅を幹線路に配置してヒトやモノの移動を支えたが、地方の監視と情報収集を重んじた。

これに照らして見ると、唐帝国はアジア東部世界の駅伝制度を中心に中部のウラク制度を一部併せた交通体制を取ったのに対して、イスラーム帝国は西部のバリード制度を踏襲した。こうした交通体制のもと、両帝国の国家統合のあり方の基本的な相違は、人の移動に関する姿勢にあった。

まず唐帝国は、当初の太宗時代を除き、基本的には通行証による交通管理を徹底させた。すべての移動は、原則、公的に発給される通行証を通じて、国家管理のもとに置かれる体制を作り、通行証によらない移動は、すべて非合法な移動とした。通行証は、あくまでも公的な任務を帯びた官員・軍人や使者のためのものであったからである。それに対して、イスラーム帝国の交通体制は、アッバース朝における交通政策を見ると、唐帝国と異なり公権力による通行証の発給はない。それどころか、商人の自由な往来を保障し、公的な交通サーヴィスを国家として積極的に提供した。このことからもうかがえるように、両帝国における商人あるいは商業の社会的なステータスの相違は明らかであり、とりわけイスラームにおけるその地位の高さは注目される。西アジア世界と東アジア世界において、それぞれの社会で形成されてきた伝統的な価値観に基づくものであり、以降の時代においてもこの姿勢は基本的に継承された。

こうした状況下で捉えてみると、唐代のシルクロード交易の隆盛は、唐帝国が遊牧集団とソグド人との共生関係を封じ込め、中央アジア地域を唐帝国の一部に組み込んで中国と結びつけたことにより惹起された、特殊状況下での現象であると言えよう。

参考文献

＊略号
『図文』＝唐長孺主編、中国文物研究所・新疆維吾爾自治区博物館・武漢大学歴史系編『吐魯番出土文書』全四巻、文物出版社、一九九二～九六年。


荒川正晴『ユーラシアの交通・交易と唐帝国』名古屋大学出版会、二〇一〇年。

荒川正晴「唐の西北軍事支配と敦煌社会」『唐代史研究』一四、二〇一一年a、七一～九八頁。

荒川正晴「唐代の交通と商人の交易活動」鈴木靖民・荒井秀規編『古代東アジアの道路と交通』勉誠出版、二〇一一年b、一七九～一九〇頁。

荒川正晴「唐代天山東部州府の典とソグド人」森安孝夫編『ソグドからウイグルへ――シルクロード東部の民族と文化の交流』汲古書院、二〇一一年c、四七～六六頁。

荒川正晴「ソグド人の交易活動と香料の流通」『専修大学 古代東ユーラシア研究センター年報』五、二〇一九年、二九～四八頁。

イエルサリムスカヤ、A・A著、雪嶋宏一訳註「「シルクロード」途上のアラン世界――八・九世紀の文化的複合モシチェヴァヤ・バルカ」『ユーラシア』新二号、新時代社、一九八五年、七三～九〇頁。

エチエンヌ・ドゥ・ラ・ヴェシエール著、影山悦子訳『ソグド商人の歴史』岩波書店、二〇一九年。

榎一雄「キャラヴァン貿易」『シルクロードの歴史から』研文出版、一九七九年、二四～六一頁（再録：「シルクロードの国際貿易――キャラヴァン貿易」『榎一雄著作集』五〈東西交渉史Ⅱ〉汲古書院、一九九三年、五三～八八頁）。

蔀勇造訳註『エリュトラー海案内記二』東洋文庫、平凡社、二〇一六年。

内藤みどり「シルクロード論」『歴史公論』〈シルクロードと日本〉四―一二、雄山閣、一九七八年、一五八～一六五頁。

間野英二『中央アジアの歴史――草原とオアシスの世界』講談社現代新書、一九七七年。

間野英二「中央アジア史とシルクロード――シルクロード史観との決別」『朝日アジアレビュー』三三、春季号、一九七八年、三〇～三六頁。

間野英二「『シルクロード史観』再考――森安孝夫氏の批判に関連して」『史林』九一―二、二〇〇八年、四〇二～四二二頁。

村川堅太郎訳註『エリュトゥラー海案内記（復刊）』中公文庫、一九九三年。

護雅夫『古代トルコ民族史研究』一、山川出版社、一九六七年。

護雅夫「ソグド人と中央アジア史――間野英二氏の見解について」『月刊シルクロード』四―二、一九七八年a、五七～六二頁。

護雅夫「遊牧民とシルクロード」『歴史公論』四―一二、一九七八年b、五四～六五頁。

森安孝夫「日本における内陸アジア史並びに東西交渉史研究の歩み――イスラム化以前を中心に」『内陸アジア史研究』一〇、一九九五年、一～二六頁（特に、一一～一二頁）。

森安孝夫「序文――シルクロード史観論争の回顧と展望」『中央アジア出土文物論叢』朋友書店、二〇〇四年、一～七頁。

森安孝夫『シルクロードと唐帝国』（興亡の世界史五）講談社、二〇〇七年。

家島彦一『イスラム世界の成立と国際商業』岩波書店、一九九一年。

吉田豊「ソグド文字で表記された漢字音」『東方学報』六六、三八〇―二七一、一九九四年、一～一一〇頁。

吉田豊「ソグド語資料から見たソグド人の活動」『中央ユーラシアの統合』（岩波講座世界歴史一一）岩波書店、一九九七年、二二七～二四八頁。

吉田豊「ソグド人とソグドの歴史」曽布川寛・吉田豊共編『ソグド人の美術と言語』臨川書店、二〇一一年、七～七八頁。

吉田豊・荒川正晴「ソグド人の商業」歴史学研究会編『世界史史料』三、東アジア・内陸アジア・東南アジアⅠ、岩波書店、二〇〇九年、三四二～三四五頁。

慶昭蓉「吐火羅語官文書――亀茲語通行許可證與其他」国際ワークショップ（ユーラシア東部地域における公文書の史的展開――胡漢文書の相互関係を視野に入れて）予稿集、大阪大学、二〇一三年、一一三～一三五頁。

呉玉貴「試論両件高昌供食文書」『中国史研究』一九九〇―一、一九九〇年、七〇～八〇頁。

呉玉貴「高昌供食文書中的突厥」『西北民族史研究』一、一九九一年、五七～五九頁。

Harmatta, J., "Sogdian Sources for the History of Pre-Islamic Central Asia," *Plolegomena to the Sources on the History of Pre-Islamic Central Asia*, Budapest, 1979, pp. 153–165.

Sims-Williams, N., "The Sogdian Ancient Letter V," *Bulletin of the Asia Institute*, Vol. 12, 1998, pp. 91–104.

Sims-Williams, N., "The Sogdian Ancient Letter II," *Festschrift für Helmut Humbach* zum 80. Geburstag am 4. Dezember. 2001, pp. 267–

280.

Pinault, G., Épigraphie Koutchéenne, Sites divers de la région de Koutcha（Mission Paul Pelliot documents archéologiques Ⅷ）Paris, 1987.

Yoshida, Y. 2013 "（Book Review）SIMS-WILLIAMS, *Bactrian Documents from Northern Afghanistan* 1, 3," *Bulletin of the School of Oriental and African Studies*, Volume 76, Issue 01, February 2013, pp. 156–159.

第2章　倭寇と偽使
——東アジア海域の媒介者たち——

橋本　雄

1　交流の担い手を探し求めて

東アジア海域は、それ自体が広大な境界領域である。日本、韓国・朝鮮、中国、琉球・沖縄・台湾、東南アジア島嶼部などによって囲繞され、それぞれに生成した王権や国家権力の相互接触・交流の場として位置づいてきた。古来、様々な民族や人間類型がこの地域を行き交ったが、中でも著名なものは倭寇であろう。倭寇とは、字義からすれば「倭」(日本に対する蔑称・通称)が「寇《あだ》」する行為、あるいはその集団を意味する。拉致・強奪・放火などの暴力行為のみならず、しばしば密貿易を行って、当該海域の架け橋の役割を果たした。

ところが、一四世紀後半に生まれた中国明朝や朝鮮王朝の海禁政策によって、前期倭寇はいったん封じ込められる。とくに日朝関係では、「倭寇から平和的通交者へ」と表現されるような転身を遂げた(田中、一九五九、二〇一二)。では、そうして生まれた通交者が、本当に「平和的」で朝鮮政府に従順な存在となりかわったのだろうか。果たして、倭寇は根絶されたのか?

もちろん、そんなことはない。一見、倭寇の跳梁が海禁政策を生んだことと矛盾するようだが、海禁政策が厳しくなるにつれ、かえって倭寇の存在は浮かび上がってしまう。このジレンマを乗り越えるべく、あるいは海禁政策を合法的にかいくぐるために、倭寇的勢力はしばしば朝貢（的）使節の躰を装った。まさしくこれこそが「平和的通交者」の実体である。彼らの中に、誠心誠意、朝貢しようなどという気持ちがどれほどあったのか、実に疑わしい。

そして彼らは、使節団や船員の渡航費や滞在粮など、多額の接待費を朝鮮王朝からむしり取ろうとして、船隻や船員の水増し行為を繰り返した。しかも、倭寇の記憶が消え去っていないことを良いことに、交易を有利に進めようと朝鮮側を威嚇したり恫喝する。さらには、通交貿易の機会そのものを増やせ、と駄々をこねる始末である（村井、一九九三）。それでも埒があかなければ、日本国王使や王城大臣使、琉球国王使などを偽造して朝鮮に渡し、利益率の高い貿易を期待した。これが、学界で一般に「偽使問題」と呼ばれる現象である（橋本、二〇一二）。そして、偽使の通交が次第に目につくようになると、これを禁遏すべく、国家権力は種々の勘合・符験、つまり査照手段を創出したのだった。

なお、しばしば誤解されているのだが、明朝の設定した勘合は、倭寇と正式な外交使節とを区別するために設けられたものではない。偽使と真使とを見分けるために導入された証明制度である。すなわち、日明勘合によって倭寇を排除しようとした、という通説的理解は、要するに日本史（せいぜい日中二国間関係史）の枠内での説明に過ぎない。東・東南アジア海域に覆いかぶさった明朝の海禁＝朝貢システムにおいては、「海禁に対する倭寇」、「朝貢使節（真使）に対する偽使」、という対偶関係が存在しており、勘合は基本的に後者を律する制度であった。明朝は、朝鮮・琉球・安南などを除く朝貢国とのあいだに勘合による査証制度を導入し、それをパスした者のみと互市（貿易）を行う仕組みを作り上げた（いわゆる「朝貢一元体制」〔岩井、二〇〇五〕）。

もちろん、中には旧倭寇勢力が偽使となった例も存在したであろう。だが、それはほんらい別次元の性質のものである。倭寇が交易を行えば海禁違反の密貿易となるが、偽使が無事に通交しえたならば、形式上それは合法的な互市となる。倭寇と偽使とは紙一重であるが、原理的には同一視できない。ましてや、先述の通り、勘合制度導入の契機が倭寇ではなく、東南アジア方面の「蕃夷」による偽使であったことに照らせば、倭寇と勘合とを対と見なすのは、あまりに日本史の枠に囚われすぎた見方だと言わざるを得ない。

ただいずれにせよ、近世前期（一四〜一六世紀。日本史の時期区分では中世後期）の東アジア海域の史的事象は、倭寇というファクターによって芋づる式に深いところでつながっていた。つまり、うわべの倭寇の活動だけを切り取ってこの海域の交流を描いたとしても、それは実態のごく一部分しか捉えたことに過ぎない。あるいは逆に、倭寇だけを見ていても、彼らのもつ特質――たとえば倭寇は何を運んで何を運ばなかったか――も理解できないだろう。本章の論題を「倭寇と偽使」としたのは、こうした問題意識に基づいている。そして、アジア海域という境界領域に棲む媒介者たちの商人としての立場、交易の中味、そして世界史上、彼らが果たした役割について、以下に概観してみたい。

2 倭寇とは何か

（1）「倭寇」の定義

そもそも、「倭寇」という言葉の定義が難しい。倭寇の語は、基本的に中国・朝鮮側の史料にしか登場しない。このことが、倭寇の実体を捉えにくくしている。いわゆる倭寇は、一四～一五世紀に活動した前期倭寇と、一六世紀にあらわれた後期倭寇との二つに大別される。ここではまず前者について論じることとしよう。

前期倭寇は、一三五〇年を皮切りに、おもに朝鮮半島南岸域や中国の山東半島域などを襲ったものである。この年の干支を採って、「庚寅以来の倭寇」と呼ぶこともある。この倭寇の正体については、かつて日本人主体説が有力だったが、高麗人説や済州島人説などが出されるに至り（田中、一九九七：高橋、一九八七）、諸説並立の状態に陥った。

その中で最近、村井章介は、両親ともに朝鮮人なのに史料上「倭人」として登場する朝鮮系倭人などに注目しながら、「平時には、国家のはざまを生活の場とし、異なる国家領域を媒介することで生きる人々が、戦乱、飢饉、政変、貿易途絶などの特定の状況下で、海賊行為に走ったとき、朝鮮（高麗）や中国の官憲は、その主体を「倭寇」の名で呼んだ」と明快に論じた（村井、二〇一三）。そして、「倭寇」のことを、日本にも朝鮮にも完全には属しきらない存在、いわゆる「境界人《マージナルマン》」と定義し（村井、一九九三）、九州西北地域を中心とする境界空間を「倭」と見なして、「日本」とは相対的に区別する。こうした村井の主張は、倭寇主体論争に近代的な民族概念や国境観念を安易に持ち込むことへの警鐘でもある。なお、ここに戦乱や飢饉、政変と記されるのは、前期倭寇が始まった一三五〇年に、日本国内で観応擾乱が起こり、兵粮米の獲得が倭寇活動につながったと考えられるためである（李領、一九九九）。

ところで、村井が注意深く「倭」について「しばしば日本と等置される」と附言したように、そして「倭」と「日本」とを相対的に区別する、と論じたように、当時の史料中の「倭」に、「日本（国）」のニュアンスが残っていたことも事実である（たとえば、室町幕府の遣わした日本国王使などがソウルに向かう経路は「倭人上京道路」と名づけられていた（中村、一九六五））。こうした点に、「倭」ないし「倭寇」を定義する難しさがある。つまり、村井は境界人の生き場に引きつけて「倭」なるものを理解するが、それ以前（以外）の研究者の多くは、「倭」イコール日本だと素朴に解釈してしまう。もちろんこれは、史料用語から学術用語を作り出そうとする際、つねに付きまとう難問である。だが、「倭」という言葉に包含される多元的な意味内容を弁えないと、ふたたび民族的出自（エトノス）という論点ばかりに目を奪われ、不毛な水掛け論に陥りかねない。そもそも民族なるものは虚構に満ちていて排他的な概念である（小坂井、二〇一一）。前近代の倭寇に近代的な民族の網を素朴にかぶせてしまうのは、やはり無理のある議論だというほかない。

（2）倭寇の多元性・多様性

とはいえ、前期倭寇構成員の主要な部分が、対馬・壱岐・松浦半島（あるいは博多）といった「三島」の人々（李泰勳、二〇一二）によって占められていたことは、その後の史的展開をみれば明白である。高麗王朝を倒して一三九二年に建国成った朝鮮王朝は、倭寇を懐柔するため、様々な通交貿易権をこれらの地域の人々に与えていった（前述、「平和的通交者」の創出）。実際、一四一九年に朝鮮軍が対馬を襲撃した応永外寇（己亥東征）の直前期を例外として、一五世紀の末まで倭寇の活動は沈静化していたから、彼らが前期倭寇の主体の大きな部分を構成していたことはほぼ間違いない。

ただし、数え方によっては百数十件から六〇〇件にも及ぶ前期倭寇を、すべて同じような構成員で捉えられる保証はまったくない。境界性や流動性の強い倭寇を、むやみに一括りにすること自体、慎むべきであろう。ある倭寇事件の首班が対馬島人であったにせよ、それを他の倭寇集団に当てはめられるとは限らない。メンバーに、他地域出身の人間が混じっていた

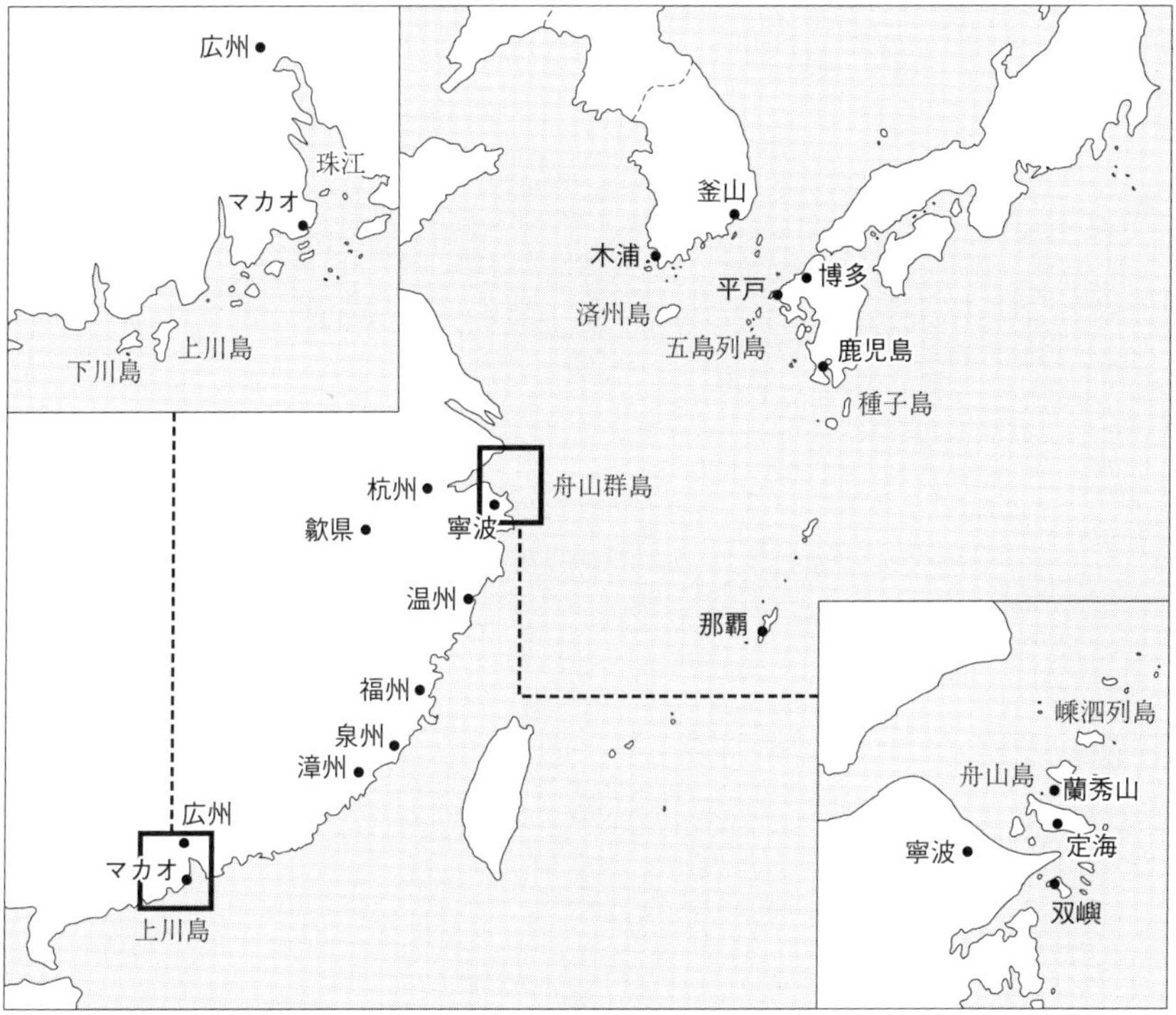

図2－1　環シナ海地域図

出典：村井章介『世界史のなかの戦国日本』ちくま学芸文庫，2012年，125頁に加筆。

としても不思議はない。またたとえば、昨日までは農民だった人間が、倭寇集団に身を投じた瞬間に倭寇となるのか、というアイデンティティのゆらぎも当然問題となろう。これは、われわれの倭寇認定基準にも関わる難題である。

つまり、「倭寇」と一口に言っても、時期や地域によって多様な集団が存在していた点を忘れてはなるまい（田中、二〇一二；村井、一九九三、二〇一三；関、二〇一二；橋本・米谷、二〇〇八）。倭寇集団ごとの色分け、あるいはその集団内部の多様性・多元性の解析が、今後も粘り強く続けられねばならないと考える。

こうした倭寇の多様性・多元性という点に関して、中国江南方面の沿岸地域を襲った前期倭寇も、実に有意な史的情報を提供してくれる。とくに注目すべきは、一三六八年の舟山列島の蘭山・秀山（一つの島なのに呼び名が二つある）における朱元璋政権に対する叛乱、「蘭秀山の乱」であろう（藤田、一九九七）。明軍による捕縛者の供述によると、蜂起した海上勢力は、済州島や高麗沿岸を自由に往き来していたという

（第一回海禁令はこの乱の前後に施行されたか〔檀上、二〇一三〕）。実はこの前年、浙江のみならず山東半島でも倭寇事件が頻繁に起こっていた。いずれも、朱元璋（明の太祖洪武帝）のライバルである「海賊」方国珍の残党が「倭寇」とともに蜂起したものらしい。方国珍自身、高麗に遣使通交しており、済州島や朝鮮半島へのルートはすでに出来上がっていたと見て良い（その後、方国珍は朱元璋に投降する）〔山崎、二〇一一〕。つまり、蘭秀山の乱においても、浙東―舟山地域の海民たちが当該倭寇勢力の構成員であった可能性はいちじるしく高い。逆に言えば、日本人や高麗人、済州島人がどれほど含まれていたのかは未知数だが、まったくいなかったとも言い切れないだろう。

同様に、高麗王朝との窓口であった太倉は、やはり朱元璋と争った「塩徒（塩の売人）」張士誠の本拠地であり、高麗とのあいだに独自な通交関係を持つに便利な場所だった〔山崎、二〇一一〕。高麗王朝が張士誠や倭寇勢力と通謀しているのではないかという朱元璋の猜疑心は強まり、朱元璋は牽制のための詔書を高麗に送るが、やがて一三七四年、太倉のみならず、すべての市舶司を廃止してしまう（第二回海禁令）。

このように、倭寇問題に対して明朝の海禁が徹底強化されていった背景には、間違いなく元末明初という特殊な史的状況が存在していた。新たに勃興した朱元璋政権（明朝）が、自身に対抗する勢力や残党に倭寇というラベルを貼りつけ、討伐していったのである。そうなると、中国江南海域での倭寇集団は、いわゆる「日本人」などではなく、むしろ浙江地方の在地勢力・海民集団が中心であったと捉えるべきだろう。そして前述したとおり、彼らが済州島の牧胡たちや蘇州に集う高麗海商などとつながっていた可能性も高い。

3　前期倭寇の活動

（1）朝鮮半島西南海域から済州島へ

一三五〇年頃の倭寇の活動範囲は、基本的に朝鮮半島の南岸域を襲撃するものだった〔関、二〇一二〕。同年二月に、慶尚道の固城・竹林・巨済等が倭寇に襲われた。『高麗史』に「倭寇の侵は此れより始まる」と記される通りである。四月には一〇〇艘規模の集団で倭寇が全羅道の順天府を襲い、朝鮮側の漕船を掠奪している。六月に合浦を襲った倭寇は、水軍の営所や固城・会原の諸郡を焼いており、先月の順天における倭寇の斬首刑に対する報復行為とも見なされる。巨済島の対岸地域を中心に、その後も倭寇は猖獗を極めた。

こうした典型的な倭寇の活動内容に、五〇年代末頃から、新たな様相が加わってくる。一三五一年八月、首都開京（現朝鮮開城市）に程近い紫燕島（現在の仁川国際空港の敷地）が倭寇に襲われるのだが（『高麗史』忠定王三年八月丙戌条）、隣の三木島は当時の流刑地であり、単なる侵略・掠奪行為だとは考えがたい。何らかの政治的・社会的要素を認めるべきだろう。またその三日後にはやはり同地域の船運の要所、南陽府・双阜県が襲撃されており（同己丑条）、倭寇集団の狙いが在来船や船員、操船術の収奪にあったことは疑いない。世界的にも潮汐差の大きいことで著名な韓国西岸域（仁川付近が最大）は、朝鮮時代の遭運船も海難事故に遭うほどの難所であり、日本人海賊が自由に船を操って接近できたとは考えがたいからである。となれば、こうした海事情報や遭運能力を知悉していた高麗人が当該倭寇の中核的存在であった蓋然性が高いのではないか。

また、一三五七年には、海から開城への西側入り口にあたる昇天府（現 朝鮮開豊郡）の興天寺（現在地不詳）に侵入し、忠宣王および韓国公主（忠宣王妃の宝塔実憐《ブッダシュリ》、薊国大長公主、元の皇族出身）の肖像画を奪い去る事件が起こった（『高麗史』恭愍王六年九月戊戌条）。一三六五年には昌陵（太祖の父、世祖の陵墓）に倭寇があり、高麗国王世祖の肖像が持ち去られている（『高麗史』恭愍王一四年三月己巳条）。この「倭寇」集団に、反権力・反国家的な性格を看取することはさほど難しくあるまい（村井、二〇〇三）。その他、倭寇最盛期の一三七七～七八年になると、開京やその周辺（喬桐・江華など）を狙い脅かす動きも見られるようになった。つまり、穀粮や人間の強奪を目的としていた「三島の倭寇」とは明瞭に異なる段階に、「倭寇」は突入したのである（関、二〇一二）。

ところで、これまでの倭寇の襲撃回数、あるいは倭寇事件の数え方は、基本的に『高麗史』や『高麗史節要』の記事をそのまま拾うものであった。つまり、個々の倭寇記事を、それぞれ独立した倭寇活動の痕跡と見なしてきた。これに対して、複数の記事を、ある倭寇集団の一連の動きとして捉えうる蓋然性を指摘したのが、李領である（李領、一九九九）。実はこうした視点による検討結果は、戦前にある程度示されていたのだが（津田、一九一三、図2－2参看）、個別的な検討は深められ

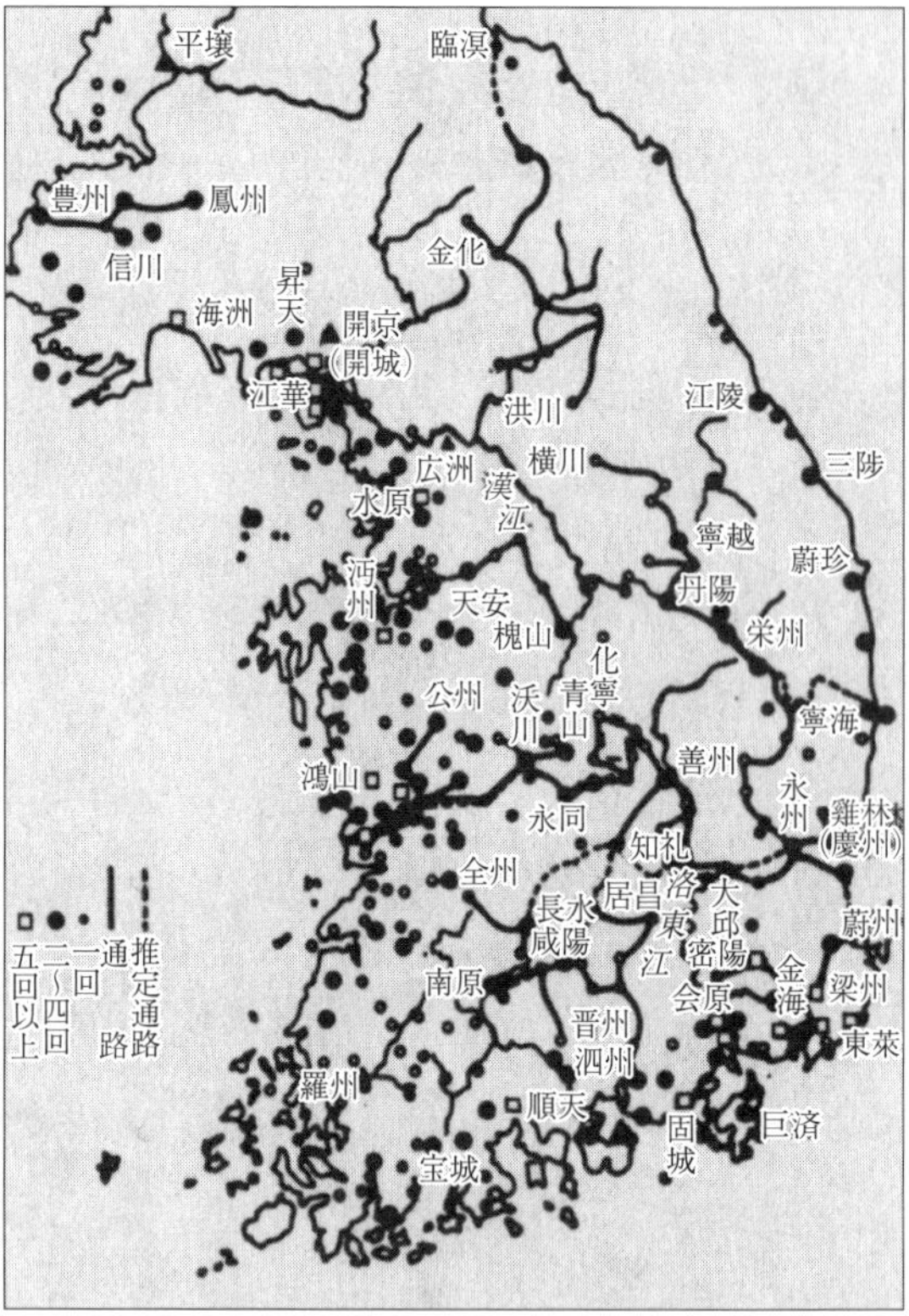

図2－2　前期倭寇活動推定図

原図：津田（1913）。
出典：田中（2012）。一部，地名の表記を改めた。

てこなかった。李領の検討によれば、従来、倭寇の侵攻回数約三〇〇件、侵攻地域数約五九〇件とされていたものが、一三六件の倭寇集団の活動に集約できるという。

ただし、こうした李領の労作を多としつつも、倭寇集団のすべてが「日本人」のみだと見なす彼の結論には、やはり承伏しがたい。一六世紀中葉の後期倭寇についてそれは顕著だが（山崎、二〇〇七：三木、二〇一五）、核となる倭寇集団に、襲撃された現地の人間や船隻などが引き込まれ、雪だるま式に膨れあがっていくのが常であったと考えられる。

さて、前期倭寇に済州島人が深く関わっていたであろう、いま一つの徴証が、大量の馬匹の駆動と半島内陸部への侵入とである（高橋、一九八七：村井、二〇一三）。一三七〇年代後半から多くの馬が徴発され、八〇年の李成桂（朝鮮王朝の建国者、太祖）の大捷《たいしょう》（大勝利）で著名な荒山の戦いでは、一六〇〇余りもの馬匹が動員された（『高麗史節要』辛禑六年九月条、荒山大捷碑文）。これだけの数の馬を、日本の対馬島から朝鮮半島の多島海域まで和船で運んでくることは容易ではない。それゆえ、モンゴル時代以来の放牧地、済州島（旧名＝耽羅）がその供給地と目されるわけである。

実際、明朝への馬匹貢納のため、高麗王朝が済州島の「耽羅牧使」を通じて「牧胡」らに馬二〇〇〇疋の献上を命じたところ、一三七四年、「吾等何ぞ敢えて世祖皇帝《クビライ》放畜の馬を以て諸《これ》を大明に献ぜんや」と言って、三〇〇疋しか供出しなかった（その後、高麗政府は戦艦三一四艘、兵卒二万五六〇名を派遣して耽羅を討ったという――『高麗史』恭愍王二十三年七月乙亥・己丑条）。つまり、元明交替期特有の事情も手伝って、済州島に根づいた牧胡らを中心に、反高麗戦線が張られていたらしい。モンゴルに親近感をもつ済州島勢力と、明朝への接近を図る高麗政権との対立が顕在化したわけである。済州島が最終的に帰順するのは星主（旧耽羅王家高氏）が子息を開京に差し出した一三八六年のことであり（『高麗史』辛禑王十二年七月条）、それ以前の半島への「倭寇」が彼ら済州島人を主体としたものであった蓋然性はきわめて高い。

なお、先述の一三八〇年荒山の戦いで李成桂ら高麗軍が手を焼いたという若武者の渾名《あだな》「阿只《アキ》跋都《バツ》」は、「子どもaki（朝鮮語）」+「勇敢無敵の士batur（モンゴル語）」の成語であるという（田中、二〇一二）。伮が牧胡の一類であったか、あるいは少なくともごく自然にそう見えた、ということなのであろう。

（2）　中国江南沿海域から済州島へ

先述した通り、一三六八年の「蘭秀山の乱」で垣間見られた済州島―中国江南沿岸域のつながりは、倭寇のネットワークと言い換えられよう。しかも、これらの倭寇ネットワークと、朝鮮南岸域を攻めた「三島の倭寇」たちとがまったく無縁であったかといえば、おそらくそうではない。少し後の史料であるが、一四三九年、対馬の海賊早田六郎次郎が「中原《ちゅうげん》」（中国）を侵略して唐人一〇〇人余りを攫ってきた、と語る記事に注目してみたい。

それによれば、早田六郎次郎が「中原」で城邑を攻略し、多くの民衆を殺して強奪の限りを尽くしてきたことが、対馬島主宗貞盛の使いによって朝鮮に通報されている。のみならず、六郎次郎の攫ってきた被擄唐人の弁として、「朝鮮王朝から明廷に対し、辺境・縁海の防禦を固めるべきだと奏上してほしい」と申し出たことが伝えられ、（もし疑わしければ、その）被擄唐人を朝鮮に進上する用意もある、と言うのである（『朝鮮世宗実録』二一年五月乙亥条）。ただし、実際にこれと符合する倭寇事件は『明実録』には見いだせないし、洪武～永楽時代に比べて倭寇現象は下火になっていたため、この「事件」の真実味は薄い。おそらくこれは、朝鮮に恩を売るために対馬宗氏が仕組んだ狂言ではなかったか。

それでは、ここで人攫行為がなされたという場所（「中原」）はいったいどこだったのだろうか？　おそらく上記史料は対馬の脚色著しいため、考えても詮無いことかもしれないが、異民族の人身売買に関する高橋公明の研究を参看すると、浙江、すなわち江南地域が第一候補として浮上してくる（高橋、一九九二）。高橋は、①朝鮮から日本への回礼使、宋希璟《そうきけい》の『老松堂日本行録』に見える被擄唐人が江南の台州（浙江省臨海市）の下級軍人であったこと、②一五世紀後半の対明・朝鮮交流の通訳として活躍した柴江・林従傑ら、そして一五二三年の「寧波の乱」時の細川船綱司宋素卿《そうそけい》はいずれも元《もと》被擄人で浙江省の出身者であること、③謡曲「唐船」では「明州の津」（浙江省寧波）で被擄人となり、筑前の筥崎殿に使役される祖慶官人という人物が登場することなどを紹介し、文献史上判明する被擄唐人のほとんどが江南地域出身であったことを突き止めた。

そしてこの推論は、高橋自身が引用・参照するように、有井智徳の研究（有井、一九八五）で示された、一三七二～一四六六年の間に朝鮮半島を経由して中国に送還された被擄唐人の事例五九例のうち、被擄地点が判明するもの一七例、うち一四例が浙江省であるという事実とも符合する。被擄唐人の具体的な移動経路は不明だが、中国江南から済州島、朝鮮半島西南岸を介して対馬・博多方面へ運ばれてきた可能性が高いのではないか。

そして改めて留意すべきは、相当数の被擄唐人が中世西日本地域に存在したと思われる点である。おそらくは高橋の推測通り、被擄人の安定的な供給ルートが存在したこと、つまり人身売買の営みが環シナ海域で日常的に遍在していたことを想定すべきであろう。

なお、被擄人は中国人だけではなく、朝鮮人も多数存在していた。そして、東アジア海域における被擄人の集散港《エンポウリアム》として忘れてならないのが、琉球（沖縄）の那覇である。琉球国中山王察度は、一四世紀末、四回にわたり被擄朝鮮人を送還し、一四一六年には、朝鮮国王太宗が逆に琉球に遣使して被擄朝鮮人を連れ戻している。一四二〇年代までは対馬に拠点をもつ金元珍や早田六郎次郎ら、数名の倭人が往き来していたことも確認でき、彼らが被擄朝鮮人たちを対馬や博多あたりから那覇に運んでいたとも考えられよう。もちろん、その逆方向の移転も、当然存在したはずである。

(3) 前期倭寇が運んだモノ

前期倭寇は、もっぱら朝鮮半島西南岸域や中国江南沿岸・山東半島などを掠略し、場合によっては陸地奥深くまで侵入を繰り返した。右にも見たとおり、さかんに船隻や人間、銭穀を掠奪し、密貿易などを行っていた様子がうかがえる。それでは、倭寇はこのほかにどのようなものを運んでいたのだろうか。

やや後の出来事となるが、一四〇九年、慶尚道国正島に至った二隻の倭船が朝鮮水軍に捕まったときの様子を見ておこう(関、二〇一二)。その倭船に乗っていた倭人たちは、「我々は掠奪のためではなく、貿易のために(国正島に)来たのだ」と証言し、宗貞茂が発行した行状(証明書)一張を提示したが、積み荷のほとんどが中国のもの(唐物)であり、「大明靖海衛」(山東省登州府の衛所)の印信が捺してあるので、「賊倭」と判断され全員殺害されてしまった(『朝鮮太宗実録』九年三月己未条)。中国を侵略した倭寇は誅戮しても問題ない、という判断であろう(実際には軍用品の横流し・転売であった可能性あり)。ここで興味深いのは、おそらく中国から掠奪したり、裏ルートで入手してきた唐物を、慶尚道の海島で販売するルートが存在していた事実である。

この唐物=中国産品が具体的にいったいいかなるものであったかは史料上判然としない。だが、①「いかに名手の朝鮮の技能者でも、「唐物」同様の製糸と染織とを作ることはできない、よって有能な者を北京に派遣し伝習させよう」という尚衣院や戸曹の意見(『朝鮮世祖実録』七年〔一四六一〕五月丁卯条)、②「今、富豪の家では競うように「青画器」(青花=染付)を使っているが、こんな唐物がひとりでに来るわけがなく、必ずや(慶尚道辺を行き交う「倭奴」によって)密輸されてきたに違いない」という、ある官僚の意見(『朝鮮成宗実録』八年〔一四七七〕閏二月戊申条)などを見れば、朝鮮で「唐物」と呼ばれたものは、日本におけるそれとほぼ同じであったとおぼしい。すなわち、中国江南産の良質な生糸や絹織物、唐宋代ないしそれに仮託された書画・金属器・漆器・陶磁器などが該当する。

そして、上例②からは、朝鮮国内の権門勢家が中国産品にむらがる様子が明瞭にうかがえる。実は一五世紀初頭において、すでにこれと同様の傾向が存在していた(田中、一九五九)。一四一六年、日本の客人(使節)や興利倭人(商人)が朝鮮に中国物品を運んでくることを禁止すべきだと礼曹が国王に啓上し、国王もこれに同意した(『朝鮮太宗実録』一六年九月乙未条)。

図2－3　水月観音像（佐賀・鏡神社蔵）

出典：山口県立美術館編『高麗・李朝の仏教美術展』1997年。

にもかかわらず、早くも二年後には慶尚道水軍の司令官から承政院（国王秘書官庁）に進言がなされ、この決定は覆される。すなわち、「中国からの盗品の売買を禁ずれば倭人たちが暴動を起こしかねない」、というので、「外方」あるいは「南界」における倭人との唐物売買を認可する方向に、廟議は落ち着いたのである（『朝鮮世宗実録』十月己卯条）。

以上の経緯から容易に察せられるように、慶尚道の島嶼部において、朝鮮水軍の黙認のもとに倭人たちによる唐物交易が展開していたことはほぼ間違いない。また、それを容易かつ可能にするだけの唐物需要が、朝鮮の貴顕高官の世界に存在した点も重要だろう。

さて、こうした唐物＝中国産品のほかに、朝鮮半島で作られた仏教文物も、相当数、倭寇勢力によって「三島」地域、つまり日本にもたらされた。ただし、急いで補足しておきたいのは、現在の日本に伝存している高麗の文物が倭寇の略奪品ばかりとは限らない、という点である。交易により将来されたとおぼしき例も少なくないし（楠井、一九九七）、そもそも、仮に倭寇が掠奪したにせよ、その倭寇自体、これまで見てきたように日本人のみの構成とは限らない。高麗・朝鮮文物の移転の歴史に関しては、その構成主体もさることながら、略奪・盗難・転売・交易など、様々な契機を想定しなくてはならないのである。これは、過去の日本人に免罪符を渡そうという趣意の発言ではない。冷静にモノの動きを検討すべきだ、という当然の主張である。以下では、何らかの点で「倭寇」が関わった可能性のある文物移転の例を二つほど挙げ、詳しく見てみることとしよう。

その第一は、佐賀県の鏡神社に現蔵される、水月観音像（「楊柳観音像」）である（図2－3）。縦四二九・五センチ、横二五四・二センチもの巨幅で知られ、半跏する身体の向きが通常の水月観音像とは逆（画面向かって右下方を睥睨する）、という特徴を持つ。画絹は一枚で接ぎがなく、「その流麗さにおいても、熟達した画師の技量においても、高麗仏画の代表作」と見なされる（井手、二〇〇一）。かつて存在していた銘文（伊能忠敬『壬申　測量日記』所引）によれば、製作年代は一三一〇年、発願主体は王淑妃（忠宣王の第二妃、もと高麗の官僚金良鑑の娘）であった（王と淑妃との二人とする見解もある［李泰勲、二〇一二］）。

その発願理由としては、種々の仮説があり、①当時、元朝燕京に滞在していた夫、忠宣王の無事・栄達を祈るため、②自身の先夫でもあった故忠烈王の三回忌のため、あるいは③熱心な仏教信仰から衆生救済の願いを込めて作られた、などと想定されている（李泰勲、二〇一一）。忠宣王は、元朝において一三〇七年の武宗擁立のクーデタで活躍した功臣の一人であり、積極的に元朝の内政外交に関わって生涯のほとんどを中国で過ごすなど、特異な経歴を持つ人物である（北村、一九八五）。その背景には、父忠烈王とのわだかまりが存在した。忠宣王は、忠烈王の愛妻を殺害したあとにこの淑妃金氏を押し込み、忠烈王歿後には彼女を自身の妻として迎えたという（『高麗史』巻八九―列伝二―后妃二）。もしこの経緯が事実なら、のちに王淑妃となる金氏は、父忠烈王を籠絡させるべく放った女間諜のごとき存在であった可能性もあろう。二代の国王の寵愛を受けた彼女の評判は、史書の中では芳しくない。ただ、すでに指摘されているように、願主が「王淑妃」であったことからして、この水月観音像は彼女や国王ゆかりの寺刹に納められたことだろう。残念ながら何処の寺刹かは特定できない。

さて、この水月観音像が作られた翌一三一一年に、前出の昇天府興天寺が、晋王ウェスン・テムル（のちの泰定帝）の「願刹」（御願寺）に指定されている（森平、二〇一三）。忠宣王の公主、第一妃宝塔実憐（前年に元朝より「韓国長公主」に封ぜられる）は甘麻剌《カマラ》（前晋王、ウェスン・テムルの父）の娘であり、つまりウェスン・テムルと忠宣王とは義兄弟の間柄となる。忠宣王とウェスンとの間で、武宗擁立計画がすでに進められていたとすれば、この頃、晋王ウェスン―忠宣王のはたらきかけで高麗王朝内の仏教興隆が一層図られた蓋然性は高いのではないか。すると、水月観音像は発願理由①によって制作されたとも考えられよう。

もちろん、以上はすべて推測に過ぎないが、本作品が高麗王室と深い関係にあったことは明白であり、簡単に払い下げられたり下賜されたりすることは考えがたい。すなわち、いずれかの段階で寺から持ち出された可能性が高いとみられる（李泰勲、二〇一一）。ただ、繰り返しになるが、その窃盗主が、民族的な意味で日本人であったという保障はない。

倭寇勢力が日本に将来した可能性のある第二の例は、現在、鍋島報效会に所蔵される紺紙金字妙法蓮華経である。一三四〇年に高麗で施財主にして高麗朝の高官、劉成吉の発願により写成され、早くも五七年には少弐頼尚が太宰府天満宮に寄進したことがその奥書から判明する（権、一九七七）。奇しくもこの五七年は、本章でもたびたび登場した、倭寇の興天寺襲撃（九月）のあった年である。こうした事実から李領は、同経典を前期倭寇の略奪品と捉え、その主導者を少弐氏であったと主張する（李領、二〇〇四）。

しかし、少弐氏がこの経典を現地の高麗人や対馬あたりの倭寇勢力から買得した可能性も否定できない。また、奥書の内容からは、少弐氏が倭寇の頭目であったとする根拠も得られない。全般的な情況から判断して、倭寇的勢力（民族・出自等は不明）が対馬に同経典をもたらしたことは想像できても、少弐氏の手中に収まるまでの経緯全体の詳細は不明なのである。

4　符験・勘合と偽使通交

（1）朝鮮への偽琉球国王使と漂流民送還

ついで、対馬や博多の商人・中小領主が関係した偽使について本節で論及しておきたい。彼らは、倭寇的勢力と重なる部分も小さくないからである。たとえば、海賊衆・土豪クラスの倭寇勢力が転じた「平和的通交者（使節）」では、朝鮮からの回賜品もたかが知れている。せいぜい、輸出品の対価として渡された正布（麻布）や木綿、あるいは綿紬（絹織物）が金になる程度であろう。過海粮（渡航時用の食糧）として提供される米・大豆も、所詮は日常の足しに過ぎない。そうなると、大蔵経（一切経とも。漢訳仏教経典の集大成で、約五〇〇〇～七〇〇〇巻から成る）のような、より希少価値の高い物品を手に入れるには、それ相応の格式の使節を仕立てる必要が出てくる。そこで繰り出されたのが、日本国王使や琉球国王使、大臣級名義の使節であった（橋本、二〇〇五）。大蔵経を日本に将来した日本人名義の偽使の問題や、請経の対価や費用については、小著（橋本、二〇一二）で詳しく述べたので、本章では偽琉球国王使の事例を取り上げることとしよう。なおかつ、大蔵経な

表2－1　15世紀後半における朝鮮への「琉球国王使」一覧

年　次		実在の王名	『朝鮮王朝実録』に登場する通交名義（王名）と使者名	
1467	世祖13	尚　徳	琉球国王（尚徳）	同照・**東渾（自端？）**
1471	成宗2	尚　円	琉球国王尚徳	自端西堂・**平左衛門尉信重**ら
1477	成宗8	尚宣威	琉球国王尚徳	内原里主・新右衛門尉
1479	成宗10	尚　真	琉球国王尚徳	**新時羅・三未三甫羅・也而羅**ら
1480	成宗11	尚　真	琉球国王尚徳	敬宗・（同照）
1483	成宗14	尚　真	琉球国王尚円	**新四郎・耶次郎**
1491	成宗22	尚　真	琉球国王尚円	**耶次郎**・五郎三郎
1493	成宗24	尚　真	琉球国王尚円	**梵慶・也次郎**
1494	成宗25	尚　真	琉球国中山府主	天章・**皮古三甫羅**
1500	燕山君6	尚　真	琉球中山王尚真	梁広・梁椿

注：(1)第一尚氏①尚徳王（1469没），第二尚氏①尚円王（1476没），③尚真王（在位1477～1526）。
(2)ゴチック太字の人名は博多あるいは対馬の商人・禅僧であることを示す（ただし自称）。
出典：橋本（2005）より作成。

どの対価を引き出すための特徴的な携行品として、朝鮮人漂流民に焦点を当ててみたい。

これまでの研究によると、一五～一六世紀、海難事故などの理由で琉球列島に漂流した朝鮮人は、約一〇例が知られている。もちろん、これは運良く記録に残った例なので、これ以上の漂流・漂没件数があったことは疑いない。これらの事例は、（漂流者全員ではないにせよ）無事に保護・送還されたから史料に残ったのであり、それは東アジア各国のあいだで緩やかに合意されていた「漂流民送還体制（制度）」（荒野、一九八八）の賜物であった。

そして、琉球列島に漂着した朝鮮人が送還される場合、その送還を請け負った約半数が博多商人であった。日朝関係史では頻繁に現れる博多商人道安らが、一五世紀中葉ころ琉球―朝鮮ルートにも乗り出し、国王の使命を奉ずるまでに王府の信頼を獲得するに至った。だが、信頼は容易に裏切りに転ずる。勝手に使節の回数や船数を水増ししたり、さらにエスカレートして使命もないのに「琉球国王使」を騙ったりする例も生じてくる。偽使の登場である。

このことを如実に示すのが、一五世紀後半段階にうかがえる一見不可思議な状況、すなわち琉球国王名のズレという現象だ。表２－１を見ればわかる通り、琉球に実在する王の名と、朝鮮側史料に見られる琉球王の名とが、どういうわけかズレている。しかも、そのズレの現象は、表中の二本の一点鎖線（-・-・-）で挟んだ一四七一～九四年の間に限られ、しかも使者の大半が博多商人か博多・対馬あたりの禅僧なのだった。つまり、この一四七一～九四年の「琉球国王使」は、もっぱら博多商人の経営によるニセモノの使節――少なくとも国書すり替え型ないし使者なりすまし型の偽使――と見るのが妥当と言えよう。

それではなぜ、朝鮮王朝はこうした怪しげな博多商人の「琉球国王使」を連綿と受け入れ続けたのだろうか？　答えは簡単である。一四七一年、博多の禅僧自端西堂と商人平左衛門尉（佐藤とも）信重とが朝鮮に到着した際、彼らは「今後、「書契」（書簡型外交文書）に半印（印そのものを半切したもの）二顆を捺すことにするので、それを真偽判定の基準にして欲しい」と訴えた。この提案を、朝鮮政府があっさりと受け入れてしまったのである。当時、日本（の対馬）から、畠山殿だの左武衛殿（斯波氏のこと）だのといった有力幕閣を名乗る怪しげな「王城大臣使」――実際にほぼすべて真っ黒な偽使――が多数、朝鮮に押し寄せていたため、朝鮮側にはホンモノの通交相手を確保したいという焦りがあったのかもしれない。

なお、この外交文書（書契）に二つの半印を捺す、という方式のモデルが何かというと、日明勘合であったと思われる。当時、大内氏は、日明成化勘合を含む明朝からの回賜品を、京都の幕府に届けず手元に抑留していた（応仁・文明の乱の影響）。日本から中国へ渡るときに携行を義務づけられていた日明勘合（「本字勘合」）については次項で詳しく取り上げるが、割印・割書が二つ施されていたことがわかっている。おそらく、手元の日明勘合の形状にヒントを得た、大内氏膝下の博多商人らが、書契―半印制を考案したのであろう。

ともあれ、以上のように、博多商人たちは「琉球国王使」のニセモノを恒常的に朝鮮に通交させる工夫を重ねた。その際、偽使の有する胡散臭さを拭うために、是非とも必要なのが、胡椒や蘇木といった「琉球使節らしさ」であった。もちろん、文字通り最も雄弁な手土産が朝鮮人漂流民だったことは想像に易い。博多や対馬の偽使派遣勢力は、一見、人道的な漂流民送還という国際的慣習を逆手に取って、偽使通交に真実味を持たせようとしたわけである。

（2）明朝の海禁＝朝貢システムと勘合制度

次に、日中関係の推移に話を戻そう。華夷意識をふりかざす明朝は、個々の倭寇集団に対して逐一懐柔策を打ち出すことはなかった。明朝は、一方で倭寇を討伐しうる権力者の出現を日本側に期待し、他方で厳格な海禁政策を施行して、倭寇禁遏に臨んだのである。

明の太祖洪武帝（朱元璋）が最初に「日本国王」として認定し、倭寇の討伐を期待したのが、「良懐」（南朝方の征西将軍懐良親王）であった（一三七一年。ただし冊封そのものは未遂に終わる）。ところがその後、足利義満の名代、九州探題今川了俊によって懐良親王は追い落とされ、約二〇年の国交空白期をはさみ、一四〇二年、義満がようやく明朝との関係構築に成功する。明朝は、「日本国王」から派遣される朝貢使節のみを受け容れ、その他あやしげな使節や密貿易集団は排除する、という朝貢システムを日本に適用したわけである。

また前述した通り、明朝の海禁とは、軍事・治安維持政策にほかならない。前節でも触れたとおり、明初の段階では、倭寇討伐の掛け声のもと、反乱者を「倭寇」に仕立て上げることすら見られた。一三七一年、明朝は沿海住民の出海を禁止し、倭寇や密貿易への関与を阻止する内容の海禁令（第二回）を発した。さらに、一三八一年には第三回目の海禁令を発布し、八三年には暹羅（シャム）・真臘（カンボジア）・占城（南ベトナム）を対象として、勘合の制度を導入することとした。ここに、〝海禁─朝貢─勘合〟を三位一体とする、明朝の東・東南アジア国際体系が出現した。いわゆる「海禁＝朝貢システム」である（檀上、二〇一三）。

冒頭にも述べた通り、朝貢用勘合の第一義的な目的は、偽使の封殺にこそあった（檀上、二〇一三：橋本、二〇一三）。倭寇や海賊勢力と区別するための徴憑だという説明は、原理的にナンセンスである。勘合制導入時の一三八三年頃、占城国以下の某国王使節や明朝の勅使を騙って、不当な貿易活動や不正行為を行う者が頻出しており、明朝はこれに対処せねばならなかった（『皇明祖訓』首章、『明太祖実録』洪武一六年四月乙未条、『戊子入明記』収載礼部文書）。

その後、永楽帝の時代の一四〇三年に市舶司が復活するのだが、その主たる任務はもはやかつての貿易管理業務に特化されたものではなかった。中央の礼部とともに勘合を点検し、朝貢使節を接遇することが中心的役割となったのである。ここに至って市舶司は、中国明朝の華夷秩序・礼制覇権主義の末端に位置づけられたと評価できよう。

さて、ここで外交上の符験（査照手段）として登場する勘合は、いったいいかなる形状・大きさのもので、どのように機

図2-4　日明勘合想像復元品
明朝礼部から室町幕府に発給された段階の宣徳本字壹號勘合。いずれも文面等はフィクション。割印は「禮部之印」朱方印を想定。

能したのであろうか？　こうした文書学的な関心に基づく研究は、従来おおむね下火であった。ここでは関連史料が数多く残り、近年研究が進んできた日明勘合を例にとって紹介することとしたい（橋本、二〇一三）。

日明貿易を行う遣明使船は、船一隻につき一枚の「本」字勘合を中国に携行するのが通例であった（本来は使節一グループに一枚だったようだが、日本ではこのように解釈して運用された）。逆に、「日」字勘合は明使が来日する際などに使用する決まりだった。日本の遣明船が並べて勘合を携えたことから、日明貿易を一般に「勘合貿易」と呼んでいる。

そして、しばしば合い札とか割り符などと説かれる勘合だが、これもまたまったくの誤りである（「勘合符」という呼び名も江戸時代の造語に過ぎない）。当時の関連史料や清代中国国内の勘合の実例などをつきあわせると、日明勘合とは、図2－4のような形状の、かなり大判の公文書であったと推測される（以下、「本」字勘合を例にとって説明する）。

おもに清代勘合の実例から想像される料紙の大きさは、縦八一センチ×横一〇八センチ程度（横幅はさらに広かった可能性あり）。紙面には、①最低でも明朝の元号を含む文章が印刷されており、②二カ所の割書・割印（「本字幾號」の墨書、「禮部之印」の朱印）が施され、③余白部分に日本側文書（遣明使節団や進貢品・交易品のリストなど）を書き込む決まりであった。この①～③は、勘合の特徴の説明でもあるが、それと同時に、勘合を運用するための機能をも示している。以下、補足説明をしておこう。

勘合は、明皇帝の代替わりごとに一〇〇枚ずつ賜給されたので、いつの代の勘合かを区別するために永楽・宣徳・弘治などの元号入りの文面（ほぼ間違いなく木板刷りの文章）が存在したと見られる（①）。また、遣明船のもたらす「本」字勘合は、北京の礼部、および杭州の浙江布政司に置かれた「本」字勘合底簿により、それぞれ突き合わせてチェックした。二カ所で点検するから、割書・割印が紙面に二カ所（『戊子入明記』参照）必要なのであった（②）。逆に、「日」字勘合は、明使の来日時などに、北京の礼部と日本の京都とでチェックするように作製された。そして、日明勘合は、使節団の身分証明書であると同時に、携行品証明書・貿易許可証の性格もあわせ持っていた。日本からの進貢品や貿易品、明朝からの回賜品なども記載される原則だったからである。それゆえ、日本国からのリストが書き込まれる、十分な余白が必要であった（③）。なお、この勘合紙に書き込まれたリスト（別幅ないし咨文）は、後日の照会や保証のため、おそらくは点検時において底簿の該当ページに全文が筆写される決まりであったと思われる（オラー、二〇一一：橋本、二〇一九）。

こうした形状・機能からもわかるように、日明勘合は絶対に偽造が不可能であった。これこそが、「日本国王」室町殿に対明外交貿易権を集中させる最大の要因であったとみて間違いない。そして、日本のある勢力が勘合をうまく入手できたとしても、そこにどのような文面（別幅・咨文等）を書くのか、どの箇所に「日本国王之印」を捺すのか、といった外交上のノウハウの点で難関が待っていた。これをクリアできたのは、一六世紀初頭、将軍足利義材（のち義稙）の時代に正式に遣明船派遣の差配を許された周防大内氏にほぼ限られると言ってよい。実際、大内氏は天文年間に、毛利博物館に現存する偽造木印「日本国王之印」を用いて遣明表を完成させている（「天文十二年後　遣唐方進貢物諸色註文」・「妙智院文書」参照〔橋本、一九九八〕）。その他の勢力は勘合の利用に失敗し、結果的に偽使として明朝から足蹴にされるのだが、それについては次節にて概観することとしよう。

5　後期倭寇の活動

（1）ポスト遣明船時代と嘉靖大倭寇

通説のごとく、一五五一年、大内義隆の滅亡によって、正式な勘合貿易船の通交は終焉を迎える。ただし、一五四〇～五〇年代には、豊後大友氏や肥後相良氏らがすでに無効となった旧い勘合を用いて独自に遣明船を仕立てていた。これらの通交が明朝から公認されれば、まったく別の流れが生ずる可能性もあったわけである。しかし歴史はそのようにならなかった。

それでは、公認されなかった遣明船はどうしたのか。手ぶらで帰国するはずもなく、密貿易を行って帰ったとおぼしい。このように、一六世紀半ばの遣明船は後期倭寇と紙一重の存在であった（橋本、一九九八：鹿毛、二〇〇六：岡本真、二〇一三、二〇一五ａ）。

一五四四〜四六年に寧波に順次現れた遣明船は、細川氏が中心となって、大友氏とともに派遣したものと見られる（岡本真、二〇一五ａ・ｂ）。大友氏の用いた勘合は、一五〇三年頃、当時の将軍足利義澄から貰い受けた弘治勘合（橋本、二〇〇五）であったかもしれない（旧くてすでに無効）。しかしながらこの使節団は、結局、「貢期に合わない」ことを理由に、明朝から入貢を拒否されてしまう。とはいえ、二号船も三号船も、寧波の至近に位置する密貿易の拠点、舟山列島内の双嶼付近で商取引を行って帰国している。二号船には、かの王直が同乗していたから（『籌海図編』巻八「寇踪分合始末図譜」）、彼が密貿易の手引きをしたのだろう。こうして双嶼の密貿易集団に加わることになった王直は、さらに種子島に来ていた倭人（博多商人助才門）を引き込み、「直浙（直隷・浙江）の倭患」（『日本一鑑』巻六）を招くに至った。――こうした経緯に照らせば、この一五四四〜四六年の遣明船団は、公的な通交から華人中心・諸民族混在型の密貿易への転換点をみずから演じたと見なすことができよう（村井、二〇一〇）。そしてその接点に、かの王直が存在したことはいかにも象徴的である。

一五四八年、浙江巡撫朱紈の双嶼勦滅作戦（片山、一九五三：山崎、二〇〇三）の結果、王直は、日本の五島や平戸に拠点を構えて密貿易を行い、やがて倭寇の頭目となり、五一年から明朝官憲の黙認のもと、王直は瀝港に拠点を移してさらに貿易活動を活発化させていった（山崎、二〇一〇）。後期倭寇の民族的構成は、「真倭」（日本人の倭寇）が三割程度だとか（『嘉靖東南平倭通録』嘉靖三二（一五五三）年十月条等）、甚だしい場合は「夷人」一割とする史料もあり、そのほかは流人二割、寧波・紹興（浙江省）五割、漳州・泉州・福州（福建省）九割等の中国人が多数を占めたという（『明世宗実録』嘉靖三四年五月壬寅条。数字の「五」を「二」、「九」を「五」の誤写とみれば〔それぞれの草書体に「乙」字に近いものが存在する〕、合計一〇割となる）。そしてこれに、後述の通りポルトガル人私貿易商人が雑じってくる。いわゆる「倭寇的状況」の出現であるが（荒野、一九八七）、いわゆる中国出身者以外の人間の混入率を過度に多く見積もるのは実態にそぐわない。

一五五二年には、参将俞大猷の王直攻撃をきっかけに、倭寇勢力は明朝官憲と鋭く対立するようになる。嘉靖大倭寇の時代の到来である。ただし、倭寇集団の内部分裂や総督胡宗憲の甘言により王直は五七年に明朝に投降し、捕縛されてしまう。

こうした倭寇跳梁のさなかの一五五六年、大友氏の使僧清授が、五七年、同使僧徳陽・善妙が、五八年、「日本国属周防国」（前年死去の大内義長カ）使僧熙春龍喜《きしゅんりゅうき》（臨済宗聖一派）が寧波に現れた。ところが、いずれも貢期に違うとして入貢を拒否される。五六年の清授は四川に流刑され、五七年の使僧徳陽は、王直を詔諭するために派遣されてきた明人蒋洲《しょうしゅう》および王直本人とともに渡航したにもかかわらず、正式な咨文勘合がなく真使と認めがたいとして入貢を拒否されたのである。のみならず、蒋洲は獄に落とされ、王直も五九年に斬首された（須田、二〇一六）。徳陽ら大友氏遣明船は舟山において明軍の総攻撃を受け、船を焼失するも、奇跡的に船を再建し、福建方面へ逃げ延びたという（鹿毛、二〇〇六）。華人を中心とする倭寇勢力の支援があったとみて間違いなかろう。

ところで、一五五〇年には、前年のイエズス会宣教師フランシスコ・ザビエル来日を機に、ポルトガル商人が対日交易を本格化する。いわゆる南蛮貿易の始まりである。ポルトガル勢力は、上川島《じょうせんとう》・浪白澳《ランパカウ》など中国南海沿岸に定住し、五五年以降、中国―日本間の交易活動に本格的に乗り出していった（岡、二〇一〇）。つまるところ南蛮貿易とは、日明貿易の代替通交なのであった。一五四〇年代にはジャンク船が九州各地に来航してさかんに日本銀を持ち出すようになっていたが（中島、二〇一二）、貿易の実態に照らせば、中国船かポルトガル船かという区別は本質的な問題ではない。実際、ポルトガル人私貿易商人が中国のジャンク船を乗組員ごとチャーターしたり、逆に後期倭寇に「仏郎機夷《フランキ》」と呼ばれるポルトガル人が混在したりと、この時代の後期倭寇は、前期倭寇以上に諸勢力・多民族が入り混じる、混沌とした世界であった。そして日本側にとってみれば、黙っていてもジャンク船やポルトガル船が唐物・南蛮物をもたらしてくれるのだから、苦労して格式張った遣明勘合船を仕立てる必要性などなかったのである。

なお、後期倭寇の活動を描いた図像史料としては、『倭寇図巻』（東京大学史料編纂所蔵）や『抗倭図巻』（中国国家博物館蔵）が現存し、近年、須田牧子を中心に精力的な検討がなされている。これらが一五五〇年代後半頃の状況をモチーフに描いた作品であること、宋元明代の書画の大家の作品を模した「蘇州片」の一種と見なすべきことなど、新たな事実が判明してきた（東京大学史料編纂所、二〇一四：須田、二〇一六）。

（2）後期倭寇が運んだモノ

最後に、後期倭寇や偽使が運んだモノについて瞥見しておくこととしよう。

当時さかんに日本から輸出されていたものの代表格が、日本銀、とりわけ石見銀である。一五二六年に博多商人神屋寿禎により、純度の高く浅い位置に眠っている福石鉱床が「発見」され、三〇年代に朝鮮半島（端川銀山）由来の灰吹法《はいふきほう》を導入することで、石見銀山の操業が活発化した（遠藤、二〇一三）。一五四二年には、博多聖福寺僧にして臨済宗幻住派の安心が偽の「日本国王使」となって朝鮮に渡り、総額八万両もの銀を持ち込んでいる（田中、一九五九；村井、一九九三）。ただしこれも、琱中《ほうちゅう》や湖心《こしん》ら聖福寺幻住派僧と博多の豪商神屋氏との密接な関係から考えれば実に自然なことである（橋本、二〇〇五）。朝鮮へ輸出された銀は、遼東経由で中国へ流入したので、結局、日本銀はほぼすべて、慢性的な銀不足に苦しむ中国に呑み込まれていった（岸本、一九九八）。

もう一つ、日本から輸出された主要貿易品の一つが、ヒトであった。要するに、人身売買である。戦国期の日本社会において、人取りや乱取り（乱妨取り）といった人攫いや奉公人・渡世人の横行がしばしば見られたが、それが一六世紀中葉以後、国境を越えて展開するに至った（岡本良知、一九七四；藤木、二〇〇五）。現在は、中南米にまで日本人奴隷が渡っていた事例がいくつも報告されている（ソウザ・岡、二〇一七）。

近年、ポルトガル勢力による東アジア奴隷貿易の詳細に迫ったルシオ＝デ・ソウザによると、一五五七年以降ポルトガル人が定住することを許されたマカオが、東アジア海域における奴隷貿易の中心地点となっていたという。彼の整理に従えば、①当初、中国沿岸地域で倭寇により被擄となった中国人が日本（平戸・五島など）や中国（広州・マカオなど）で交易活動を行うポルトガル人により買い集められていたが、②マカオ―長崎航路が開かれた一五七〇～八〇年代になると、もっぱら日本人奴隷が売買され、③一五九二年以降の日本の朝鮮侵略（文禄・慶長の役、壬辰・丁酉倭乱）を境に、朝鮮人奴隷が日本人奴隷に取って替わるようになる（ソウザ、二〇一三）。

また、イエズス会が奴隷交易に積極的に関与していたことを忘れてはならない。奴隷が取引される際には、必ず洗礼を授けられ、「文明」人の仲間入りをさせられた。「日本人の欲深さが、同胞を外国人に売る最大の原因である」（『デ・サンデ天正遣欧使節記』）、という辛辣な評言もあるが、ザビエルやフロイスらは日本人の優秀性を褒め称えていたし、永久買売たることを伏せて年季奉公として売られていった者も少なくなかった（ソウザ・岡、二〇一七）。概して、日本人奴隷の評判は悪く、好戦的で粗野だと見なされたらしいが（藤木、二〇〇五）、騙されていたのがわかればそういう態度に出てもおかしくはないだろう。

次に、後期倭寇が中国大陸から日本へもたらしたものについては、その名もずばり「倭好」という著名な史料がある（『日本図纂』・『籌海図編』等所載）。これによると、当時、需要の高かったものとして、下記のものが確認できる（適宜、筆者が補足説明を加えた）（田中、一九九七、二〇一二）。

【染織類】糸（生糸）・絲綿《しめん》（まわた〔絹の綿〕）・布（麻布、衣服用）・綿紬《めんちゅう》（絹布、外装用）・錦繡（芸能装束用）・紅線《べにいと》（紐用）・氈毯（とくに青色）・馬背氈（「王家」は青、「官府」は紅）

【金属類】水銀（銅メッキ用）・針・鉄練《くさり》（茶釜懸け用）・鉄鍋（とくに大物）・磁器（とくに花様〔青花カ〕、香炉・皿・碗）・古文銭（中国の古銭、私鋳銭も含む）

【骨董品】古名画（床飾り用）・古名字（床飾り用）・古書（儒・仏・医、ただし『孟子』『易経』『詩経』『春秋』は好まれない）

【薬種類】薬材（川芎《せんきゅう》〔おんなかずら〕）・甘草）・醋《す》

【漆器類】小食籮（竹作りの漆塗り食籠〔籃胎《らんたい》漆器〕）・漆器（文机《ふづくえ》・古盒《こばこ》〔盒子〕・硯箱）

なお、右の「倭好」リストには見えないが、福建地方や暹羅《シャム》などからは、鉄炮本体や銃弾となる鉄・鉛（銀精錬の灰吹法にも必須）、火薬となる鉛などがもたらされていた（田中、二〇一二：飯沼、二〇一三）。また、こうした交易活動と密接に関係する、南蛮貿易やそれを取り巻く同時代の世界史像については、本叢書第一巻の岡美穂子論稿を参照されたい（岡、二〇一九）。

6　倭寇と偽使の世界史的意義

　本章では、前期・後期の倭寇、およびそれに連なる存在である偽使のいくつかについて、媒介者としての役割を中心に、典型的な事例を紹介してきた。抽象的なまとめにそれほどの意味はないだろうが、あえて総括すれば、前期倭寇も後期倭寇も、そして偽使勢力も単色で塗りつぶせるようなものではなく、時代・時期・地域によって性格や構成員に差異があったということである。実際には、まだまだ倭寇や偽使の個別事例研究は喫緊の課題だと言えよう。

　とはいえ、まず倭寇を一瞥すれば、中国沿岸域や朝鮮半島西・南部において米穀・銭貨・人身の掠奪や密貿易等を行い、日本の商人と渡り合い、様々な商品を各地に融通する役割を彼らが担っていたことは間違いない。

　しかし、その倭寇にしても得られない、大蔵経のような高価な品々については、偽使を創出して獲得する方途が編み出された。倭寇ないし倭寇的勢力、偽使などは、東アジア海域における商業や流通、文物交流において、実に大きな役割を果たしていたといえよう。

　だが、それ以上に倭寇や偽使が果たした世界史的意義とは、これらが中国明朝の「海禁＝朝貢システム」の登場を招いたばかりでなく、それがさらに東・東南アジアの国際秩序を掘り崩していった、という事実である。近世前半（一四～一六世紀）の東アジア海域世界の歴史は、倭寇と偽使とを抜きにしては語れないのではなかろうか。

　一六世紀なかばにピークをむかえた後期倭寇や日中間の密貿易の波は、隆慶初年、一五六七年頃の中国明朝の海禁政策の緩和（佐久間、一九九二）、あるいは再構築（檀上、二〇一三）によって小康状態に入っていく。華人海商の日本以外の「東西両洋」（東南アジア方面）への往市（渡海・交易）が許可され、南海貿易が容易となったからである（中島、二〇一一）。海商らは漳州府月港で文引（パス）を受け取り、かわりに引税（手数料）や餉税（関税）を納めた（文引は権利証として売買の対象にすらなった〔彭、二〇一九〕）。こうした改革が断行された背景には、海禁こそが倭寇を誘発している、という世論の高まりが存在していた。

だがこののち、華人商人は、中国官憲の目の届かない東南アジア海域で日本人商人と落ち合って行う、出会《であい》貿易に積極的に乗り出した。あるいは、ポルトガル私貿易商人が日中間の交易ルートを代替的に開拓していった（南蛮貿易）。こうして、明清交替および日本銅減産を経験する一七世紀中葉まで、東アジア海上交易は未曾有の活況を呈することとなる。

参考文献

荒野泰典「日本型華夷秩序の形成」網野善彦ほか編『列島内外の交通と国家』（日本の社会史一）岩波書店、一九八七年。

荒野泰典『近世日本と東アジア』東京大学出版会、一九八八年。

石原道博『倭寇』（日本歴史叢書）吉川弘文館、一九六四年。

飯沼賢司「鉛を食らう「銀の島」」竹田和夫編『歴史のなかの金・銀・銅――鉱山文化の所産』（アジア遊学一六六）勉誠出版、二〇一三年。

井手誠之輔『日本の宋元仏画』（日本の美術四一八）至文堂、二〇〇一年。

岩井茂樹「明代中国の礼制覇権主義と東アジアの秩序」『東洋文化』八五号、二〇〇五年。

遠藤浩巳『銀鉱山王国　石見銀山』（シリーズ「遺跡を学ぶ」）新泉社、二〇一三年。

岡美穂子『商人と宣教師　南蛮貿易の世界』東京大学出版会、二〇一〇年。

岡美穂子「一六世紀「大航海」時代とアジア」秋田茂編『グローバル化の世界史』（MINERVA世界史叢書第二巻）ミネルヴァ書房、二〇一九年。

岡本真「堺商人日比屋と一六世紀半ばの対外貿易」中島楽章編『南蛮・紅毛・唐人――一六・一七世紀の東アジア海域』思文閣出版、二〇一三年。

岡本真「「堺渡唐船」と戦国期の遣明船派遣」『史学雑誌』一二四編四号、二〇一五年a。

岡本真「天文年間の種子島を経由した遣明船」『日本史研究』六三八号、二〇一五年b。

岡本良知『十六世紀日欧交通史の研究』原書房、一九七四年（底本・改訂増補版一九四二年）。

鹿毛敏夫『戦国大名の外交と都市・流通――豊後大友氏と東アジア世界』思文閣出版、二〇〇六年。

片山誠二郎「明代海上密貿易と沿海地方郷紳層」『歴史学研究』一六四号、一九五三年。

岸本美緒『東アジアの「近世」』（世界史リブレット）山川出版社、一九九八年。

北村高「高麗王王璋の崇仏」『東洋史苑』二四・二五合併号、一九八五年。

楠井隆志「高麗朝鮮仏教美術伝来考」山口県立美術館編『高麗・李朝の仏教美術展』（展覧会図録）一九九七年。

小坂井敏晶『増補：民族という虚構』ちくま学芸文庫、二〇一一年。

権熹耕「至元六年銘紺紙金字法華経について」『仏教芸術』一一三号、一九七七年。

佐久間重男『日明関係史の研究』吉川弘文館、一九九二年。

須田牧子編『「倭寇図巻」「抗倭図巻」をよむ』勉誠出版、二〇一六年。

関周一『対馬と倭寇――境界に生きる中世びと』高志書院、二〇一二年。

ソウザ、ルシオ・デ「一六～一七世紀のポルトガル人によるアジア奴隷貿易」中島楽章編『南蛮・紅毛・唐人――一六・一七世紀の東アジア海域』思文閣出版、二〇一三年。

ソウザ、ルシオ・デ／岡美穂子『大航海時代の日本人奴隷――アジア・新大陸・ヨーロッパ』中公叢書、二〇一七年。

高橋公明「中世東アジア海域における海民と交流」『名古屋大学文学部研究論集』史学三三、一九八七年。

高橋公明「異民族の人身売買」荒野泰典・石井正敏・村井章介編『アジアのなかの日本史Ⅲ　海上の道』東京大学出版会、一九九二年。

田中健夫『中世海外交渉史の研究』東京大学出版会、一九五九年。

田中健夫『東アジア通交圏と国際認識』吉川弘文館、一九九七年。

田中健夫『倭寇――海の歴史』講談社学術文庫、二〇一二年。

檀上寛『明代海禁＝朝貢システムと華夷秩序』京都大学学術出版会、二〇一三年。

オラー、チャバ「浙江巡撫朱紈の遣明使節保護・統制策と「信票」の導入」『史学雑誌』一二〇編九号、二〇一一年。

津田左右吉『朝鮮歴史地理』（第二巻）南満洲鉄道株式会社／丸善、一九一三年。

東京大学史料編纂所編『描かれた倭寇――「倭寇図巻」と「抗倭図巻」』吉川弘文館、二〇一五年。

中島楽章「一四―一六世紀、東アジア貿易秩序の変容と再編」『社会経済史学』七六巻四号、二〇一一年。

中村榮孝『日鮮関係史の研究』（上）吉川弘文館、一九六五年。

橋本雄「遣明船と遣朝鮮船の経営構造」『遥かなる中世』一七号、一九九八年。

橋本雄『中世日本の国際関係――東アジア通交圏と偽使問題』吉川弘文館、二〇〇五年。

橋本雄『偽りの外交使節――室町時代の日朝関係』（歴史文化ライブラリー）吉川弘文館、二〇一二年。

橋本雄『〝日本国王〟と勘合貿易』（NHKさかのぼり日本史　外交篇⑦室町）NHK出版、二〇一三年。

橋本雄「日明勘合底簿の手がかりを発見！」松方冬子編『国書がむすぶ外交』東京大学出版会、二〇一九年。

橋本雄・米谷均「倭寇論のゆくえ」桃木至朗編『海域アジア史研究入門』岩波書店、二〇〇八年。

藤木久志『新版：雑兵たちの戦場――中世の傭兵と奴隷狩り』朝日選書、二〇〇五年。

藤田明良「「蘭秀山の乱」と東アジアの海域世界」『歴史学研究』六九八号、一九九七年。

彭浩「明代後期の渡海「文引」」松方冬子編『国書がむすぶ外交』東京大学出版会、二〇一九年。

三木聰「裁かれた海賊たち」『伝統中国と福建社会』汲古書院、二〇一五年。

村井章介『中世倭人伝』岩波新書、一九九三年。

村井章介『分裂する王権と社会』（日本の中世一〇）中央公論新社、二〇〇三年。

村井章介「一五世紀から一六世紀の東アジア国際秩序と日中関係」日中歴史共同研究委員会編『日中歴史共同研究　第一期報告書』外務省、二〇一〇年（勉誠出版、二〇一四年）。

村井章介「倭寇とはだれか」『日本中世境界史論』岩波書店、二〇一三年。

森平雅彦『モンゴル覇権下の高麗――帝国秩序と王国の対応』名古屋大学出版会、二〇一三年。

山崎岳「巡撫朱紈の見た海」『東洋史研究』六二巻一号、二〇〇三年。

山崎岳「江海の賊から蘇松の寇へ」『東方学報』（京都）八一冊、二〇〇七年。

山崎岳「舶主王直功罪考」（前・後篇）『東方学報』（京都）八五冊・九〇冊、二〇一〇年・一〇一五年。

山崎岳「方国珍と張士誠」井上徹編『海域交流と政治権力の対応』（東アジア海域叢書二）汲古書院、二〇一一年。

米谷均「豊臣政権期における海賊の引き渡しと日朝関係」『日本歴史』六五〇号、二〇〇二年。

李泰勲「鏡神社所蔵高麗仏画『楊柳観音像』の発願者と日本将来について」『福岡大学人文論叢』四二巻四号、二〇一一年。

李泰勲「〈三島倭寇〉の〈三島〉に対する李領説の再検討」『九州産業大学国際文化学部紀要』五五号、二〇一三年。

李領『倭寇と日麗関係史』東京大学出版会、一九九九年。

李領「庚寅年以降の倭寇は専門的戦闘集団であった」村井章介（研究代表）『八―一七世紀の東アジア地域における人・物・情報の交流』（下）（科学研究費研究成果報告書）東京大学文学部、二〇〇四年。

コラム1　東地中海（レヴァント）とヴェネツィア

堀井　優

イスラーム勢力圏とヨーロッパ商業圏

アジア、アフリカ、ヨーロッパの三大陸をつなぐ主要な海上・陸上交易路が結節する東地中海（レヴァント）では、長期にわたるイスラーム圏の拡大およびビザンツ圏の縮小の過程が見られた。七世紀のアラブ人ムスリムによるシリアとエジプトの征服が、その端緒となった。シリア沿岸部では一一世紀末に十字軍国家が成立するが、一三世紀末までに全て再イスラーム化された。また一一世紀後半からトルコ系ムスリムがアナトリアに進出し、その延長線上に現れたオスマン帝国（一二九九～一九二二）は、一五世紀後半にアナトリアとバルカンをおさえ、一五一六～一七年にはマムルーク朝（一二五〇～一五一七）の領域だったシリアとエジプトを併合して、東地中海の大半を支配下におくに至る。

　このイスラーム圏の動向は、一一世紀に本格化するヨーロッパ人の東方進出と関連していた。北イラクのザンギー朝（一一二七～一二五〇）は、十字軍勢力に対抗しつつシリア内陸部の支配を確立した。次いでアイユーブ朝（一一六九～一二五〇）は、エジプトとシリア内陸部を統合して対十字軍戦争の態勢を整えたのち、一一八七年にエルサレム奪回を実現した。マムルーク朝もエジプトとシリアの支配を固めたのち、一二九一年のアッカー征服をもってシリア沿岸部の解放を完了した。そしてオスマン帝国は、当初から西方に対して攻勢に立ち、一六世紀には東地中海の周辺に領域を拡大させつつ、ヨーロッパ全体に対峙するようになる。

　これらイスラーム国家は、ヨーロッパ人に対して、軍事的には対抗しつつも、商業面では協調した。香辛料を主とするアジアの物産を求める、ヴェネツィアやジェノヴァ等のイタリア商人は、ビザンツ圏および十字軍支配下のシリア沿岸部に進出し、さらにシリア内陸部のダマスクスやアレッポ、そしてエジプトの地中海沿岸部のアレクサンドリアでも受容され、継続的に居留と活動を許された。一六世紀からはフランスとイギリス、一七世紀からはオランダの商人も東方に本格的に来訪するようになり、ヨーロッパのレヴァント貿易は、オスマン帝国支配下で持続することになる。

　こうした東地中海史の展開の中で、ヴェネツィア共和国は独自の位置を占めていた。ヴェネツィアが、一〇八二年にビザンツ帝国から与えられた金印勅書によって、軍事支援の見返りに免税特権を享受したこと、次いで第四回十字軍（一二〇二～〇四）を主導し、ラテン帝国（一二〇四～六一）の下で得たクレタやエーゲ海諸島を属領化し、かつ海上商業の拠点としたこと、さらに領土獲得と商圏拡大をめぐってジェノヴァと競合し、一四世紀末には優位に立ったことに見られるように、その活動では軍事と商業が結びついていた。そしてその東方における属領と貿易は、比較的長く維持された。ヴェネツィアは、勢力を拡大させるオスマン帝国との数次の戦争によって、属領を段階的に喪失していき、その過程は一六四五～六九年のクレタ戦争まで続くことになる。とはいえ概してオスマン帝国とヴェネツィアは、オスマン君主が与えるアフドナーメ（条約の書）によって秩序づけられる友好・貿易関係を維持していた。要するにヴェネツィアは、中世のみならず近世にも外交・商業上の一定の重要性を有し、それゆえ東地中海における異文化世界間接触の変容過程と持続条件を長期的に理解する上で、きわめて興味深い事例を提供する。

中世エジプトのヴェネツィア人

イスラーム勢力圏とヨーロッパ商業圏との間の恒常的な接触は、前者を来訪するヨーロッパ人と、彼らを受容する現地の政権および社会との間の関係を前提に成立していた。ここでは、インド洋・紅海と地中海をつなぐ位置にあり、七世紀以降イスラーム圏の一部だったエジプトにおけるヴェネツィア人の事例を見てみたい。

ヴェネツィア人は、一二世紀初頭にアイユーブ朝スルタンからアレクサンドリアの商館を与えられ、同じ頃に彼らの領事が同地での駐在を開始した。これ以降、領事の駐在地は、一六世紀中葉にカイロに移るまでアレクサンドリアにあり、それゆえ同地が、中世エジプトにおけるヴェネツィア人の主要な居留地だった。現地のヴェネツィア人集団は、本国政府と現地政権との間をつなぐ外交・行政上の枠組みの中に位置づけられていた。集団を代表する領事は、本国の大議会で選出されて派遣され、現地では本国の元老院からの命令と、集団内の十二人会の決議によりつつ集団の行政と裁判を行い、また同国人の権利や利益のためにスルタン政権と交渉した。ヴェネツィア人の居留と活動の条件は、本国が必要に応じて派遣する使節とマムルーク朝スルタンとの交渉をつうじて規定され、スルタンが発布する勅令によって示された。こうした規定の多くは、商人が円滑に活動しうる条件を整備することを主旨とし、領事裁判権や個人間の連帯責任の禁止のような原則的なものから、貿易管理上の具体的な内容まで多岐にわたっていた。

ヴェネツィア人の主要な取引相手は、香辛料貿易を営むムスリム商人だった。ただし後者の性格は、マムルーク朝後半期に変化した。アイユーブ朝期から一五世紀初頭にかけて、インド洋からシリア・エジプトに至る香辛料の流通を主導し、ヨーロッパ商人と取引した人々はカーリミー商人と呼ばれ、彼らはスルタン政権とは一線を画した立場で貿易を営んでいた。しかし財政難に直面するスルタン政権は、一四世紀末から御用商人をつうじて香辛料貿易を直接営むようになり、一五世紀前半には香辛料専売制が施行されてカーリミー商人は没落し、御用商人がヨーロッパ商人の主な取引相手となった。この専売制は一五世紀中葉に廃止されるが、以後もヴェネツィア人は、御用商人が扱う一定量の胡椒を、市場価格より高い公定価格で購入することを強制された。こうして一五世紀に、ヴェネツィア人とスルタン政権との間の商業上の利害の相違が深まっていった。そして一六世紀初頭にインド洋に進出したポルトガル人の活動によって香辛料の東地中海への供給量が減少し、その価格が高騰すると、従来の両者間の取引を支えていた仕組みは破綻し、貿易は一時的に停滞することになる。

近世の多様な商人

マムルーク朝末期のエジプトで一時的に停滞したヴェネツィア商業は、オスマン支配期（一五一七〜一七九八）に入って、ムスリム商人の活動とともに回復した。この回復にともなう変容について、ここでは二つの点を指摘しておきたい。第一に、オスマン帝国の拡大にともなって広域的な行政網が形成されたことである。オスマン支配体制の旧マムルーク朝領への拡大は、東地中海におけるイスタンブルの中心性を高め、それにともなってヴェネツィアの本国と東方の居留集団をつなぐ行政機構も、イスタンブルの領事職であるバイロを要としつつ再編成された。それゆえエジプトで発生する、ヴェネツィア人に関わる問題は、現地の領事とオスマン朝総督との交渉のみならず、イスタンブルにおけるバイロと宮廷との交渉をつうじて解決を図ることが可能となった。これは、マムルーク朝政権とヴェネツィア人との利害対立が深刻化し、解決を見ないまま貿易が停滞したことと対照的である。

第二に、オスマン帝国の内外をつなぐ貿易の担い手が多様化したことである。ヨーロッパからは、旧来のヴェネツィアにくわえ、一六世紀以降フランス、イギリス、オランダが貿易に参入した。その一方で一五世紀後半から、イスタンブルおよびその周辺では、ユダヤ教徒やギリシア正教徒などのオスマン臣民が、オスマン財政に関与しつつ経済的に台頭し、国際商業に進出するようになる。ヴェネツィアは、これら多様な商人と競合し、部分的には協調しつつ、レヴァント貿易を維持した。エジプトでもオスマン支配下でユダヤ教徒が経済的に台頭し、ヴェネツィア人と競合するようになる。こうして東地中海は、多様な商人の活動圏が広範に重複しあう空間となった。オスマン権力の立場は、諸集団間の利害を調整しつつ、貿易の維持と振興を図るところにあったといえよう。

こうした変化にともなって、東地中海のヴェネツィア人集団そのものも多様化した。近年の研究は、もともと商人貴族からなっていたイスタンブルのヴェネツィア人集団の構成が、一六世紀末には変化し、非貴族の市民権所有者、非市民権者、さらにはオスマン臣民のキリスト教徒すら含む場合があったことを明らかにしている。一七世紀前半にエジプトに駐在した領事の報告書でも、カイロのヴェネツィア人集団が、本国および本土領出身者のみならず、クレタを中心に活発な日用品交易を営む、多数のギリシア人を含んでいたことを伝えている。近世の東地中海において、ヴェネツィア商業の継続と変容とは不可分だったといえよう。

参考文献

川分圭子・玉木俊明編『商業と異文化の接触——中世後期から近代におけるヨーロッパ国際商業の生成と展開』吉田書店、二〇一七年。

深沢克己編『国際商業』（近代ヨーロッパの探究九）ミネルヴァ書房、二〇〇二年。

Dursteler, Eric R., *Venetians in Constantinople : Nation, Identity, and Coexistence in the Early Modern Mediterranean*, Baltimore, 2006.

コラム2　カリブ海の密貿易を支える人間関係

伏見岳志

密貿易の背景

コロンブスの探検以来、ヨーロッパの商人は、スペイン領アメリカとの貿易を望んでいた。一六世紀半ばにアンデス高地のポトシやメキシコ北部のサカテカスで銀山が開発され、新大陸の植民者が高い購買力を身につけると、彼らが渇望する繊維製品などのヨーロッパ商品を供給する貿易の魅力はさらに強まる。しかし、スペイン人以外の商人にとっては、その実現は容易ではなかった。原因は、スペイン王室が作った貿易の枠組みにある。

スペイン王室は、ブラジルを除く新大陸の占有権を主張し、大きな税収をもたらす新大陸との貿易を、自らの管理下におこうとした。そこで、新大陸との貿易窓口をセビリアやカディスなどのスペイン南西部の港町に限定する。さらに、新大陸への渡航、あるいは船や商品を送る際は、セビリアに設置した商務院での許可申請と納税を義務づけた。

こうして、南西部の諸港は、王室公認の新大陸への玄関口としての地位を確立する。おかげで、貿易を望むスペイン各地の商人は、南西部に移住せざるをえない。一六世紀の間にセビリアの人口は倍増し、じつに一二万人を超えるに至った（Dominguez Ortiz, 1991, pp. 42-45）。

南西部に集った貿易商は、商務院の許可を得て、自分の息子や親類を旅商人として新大陸各地へ派遣した。その中には、新大陸に貿易商として定住する者も現れる。新大陸貿易は、こうして築かれた大西洋両岸にまたがる縁戚関係に支えられていた。

では、外国人はどうだろうか。彼らの多くもまた、セビリアを目指す。一六四二年には全住民の一八・七パーセントを外国人が占めていた（Dominguez Ortiz, 1996, p. 47）。けれども、彼らが新大陸に渡航したり、自分の商品を送ることは、そう簡単ではない。スペイン王室が、新大陸貿易を原則としてスペイン人に制限していたからだ。外国人に認められたのは、セビリアでスペイン人の新大陸貿易商と取引することだけである。スペインに帰化すれば、この制約はなくなるが、それにはスペインに最低二〇年は住み、一〇年間も不動産を所有し、妻がスペイン人であることが必要だ。そんな厳しい条件を満たせたのは、一五七〇年から一六五〇年の八〇年間で二八六人しかいなかった。しかも、その約八割は、ポルトガルや南ネーデルラント、ジェノヴァといったスペイン王室の支配下や協力関係にある地域の出身だ（Crailsheim, 2011, pp. 184-188）。スペイン王室と敵対したり、カトリックを信仰しないオランダのような地域の商人は、どうすれば新大陸と取引ができるのだろう。その答えの一つが密貿易だった。

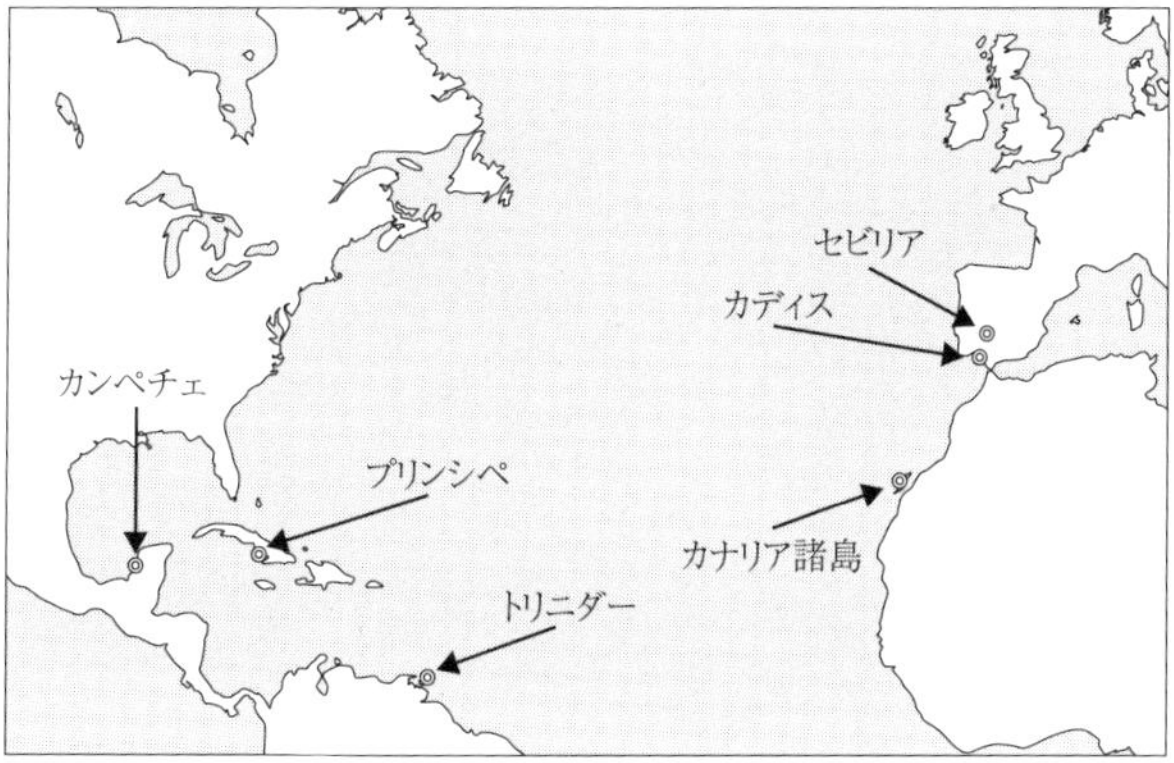

図１　スペイン大西洋貿易と関連諸港

スペイン側での密貿易の仕組み

密貿易の方法は様々だ。スペイン南西部の商人の名義を借りるのも、その一つだ。オランダ商人は、自分の商品をスペイン人に売却したかのように偽装する。そうして、商務院に提出する書類には、スペイン人を荷主として記載する。しかし、実際の所有者はオランダ人のまま、という仕組みだ。大がかりになると、船を積荷ごとスペイン人に偽装売却して、このスペイン人の名義で新大陸まで航海させることもあった（Stein, 2000, pp. 3-39）。

もちろん、偽装するためには、名義を借りられるだけの信頼関係をスペイン人との間に構築しておくことが必要だ。この点で、一七世紀前半に大きな役割を果たしたのは、イベリア半島出身のユダヤ人、いわゆるセファルディムだ。一四九二年のスペイン追放以来ポルトガルを一大拠点としていたセファルディムは、一六世紀末からスペインに戻ったり、オランダに移住したりする動きを活発化させる。その中にはセビリアやカディスで帰化し、自らが新大陸貿易商として活躍するだけでなく、ヨーロッパ各地の親類や知人の偽装貿易の手助けをする人物も多くいた（Israel, 2002, pp. 185-244）。

一六四八年にスペインとオランダがミュンスター講和条約を結ぶと、セファルディム以外のオランダ人も、スペイン南西部に移住して地元民と協力関係を構築するようになる。たとえば、オランダ商人バルドビーノ・アベハ（スペイン語名、原語名は不明）は、移住先のカディスでスペイン人アントニオ・イスキエルドと六〇年代に貿易会社を設立し、親交を結ぶ。そしてバルドビーノはアントニオに、オランダ船を積荷ごと偽装売却し、彼の名義でカリブ海キューバ島のハバナ港へと向かわせている。他のオランダ人もアントニオと関係を深め、中には不在時に自分の家族の面倒まで見てもらう者もいた。こうした人間関係が偽装取引を支えたのである（Carrasco González, 1997, pp. 101-103）。

カナリア諸島もまた密輸の拠点となった。当時のカナリアはカリブ海各地の小さな港に貿易船を派遣する権利をスペイン王室から与えられていたから、オランダ人はこの貿易枠に自船を潜り込ませたかったのだ。ただし、セビリアの場合と同じく、オランダ船はこの貿易枠を利用できないので、スペイン人の仲間が必要だ。ミュンスター条約以降、カナリアに移住するオランダ人は増加し、現地の商人や役人と親交を結んでいく。たとえば、フェデリコ・ファルコネロは現地スペイン人と会社を立ち上げて貿易仲間を作るだけでなく、貿易担当役人とも親しくし、オランダ船をスペイン船として認定してもらい、派遣許可をとりつけている。役人が交代した際には、新任の役人とはまだ親しくないので、派遣が許可されるかどうか不明で時間もかかりそうだ、と仲間へ報告していた（伏見、二〇二一、一〇〜一二頁）。

カリブ海での密貿易

同じ頃には、新大陸側、とくにカリブ海での密貿易も増加していた。先述のミュンスター講和条約は、オランダ船によるスペイン領の港での補給や修理を認めていた。これがオランダ人が貿易を試みる口実になった。たとえば、悪天候で船が損傷したので修理が必要だ、という名目で入港する。その後、修理代が払えないので、積荷を売却したいと交渉する。成功すれば、銀などの現地産品を積んでオランダへと帰還するのだ（Klooster, 1998, pp. 52-58）。

もちろん、現地の役人が入港を認めないこともある。その時は、役人に贈り物をしよう。一六六四年にキューバ島プリンシペ港に現れたオランダ船ロマノ号の船長は、黒人女性の奴隷を現地の役人に贈り、貿易を実現させた。五七年にトリニダー島に到来したオランダ船の事務長は、役人に織物や賄賂を渡し、現地の有力者たちを饗宴でもてなすことで、入港を達成し、他の港へ向かう許可証をも獲得した。

それでも入港できない場合はどうすればよいだろうか。港から離れて沖合に停泊してみよう。すると、住民たちが小舟で近づいてきて、密かに取引が行われる。あるいは入港を交渉するあいだに、隣のスペイン船に積荷を移しかえるのも一案だ。

どうしても上手くいかない時は、別の港に向かえばよい。カリブ海には、スペイン領の港がいくつもある。その多くはスペイン南西部からの貿易船がめったに来ない小さな港だったから、住民はどんな貿易船でも歓迎した。港の役人も、赴任時には頑なかもしれないが、やがて現地の事情を汲むし、自分の副収入も欲しいので、外国船が入港して多少の取引をすることには目をつぶるようになる。いくつかの港をまわれば、どこかで必ず住民や役人の協力が得られた。こうして、一七世紀後半のカリブ海の各地では、密貿易が行われるようになった（Fushimi, 2003）。

密貿易を支える人のつながり

けれども、この時期のカリブ海での密貿易には、大きな制約があったのも確かだ。スペイン南西部やカナリアの例が示すとおり、密輸にはオランダ人と現地スペイン人との信頼関係の構築が重要だ。しかし、新大陸には原則としてオランダ人は居住できない。一七世紀前半にオランダと新大陸との関係をとりもったセファルディムも、ポルトガルがスペイン王権から離脱する一六四〇年頃には、異端審問所による大弾圧で影を潜めてしまう（Studnicki-Gizbert, 2007, pp. 151-174）。では、どうしたら現地のスペイン人と関係をとりむすべるのだろうか。

　オランダ貿易商が選んだ解決策は、船にスペイン人を乗り組ませ、スペイン船であるように見せかけてカリブ海に派遣することだ。スペイン人がいれば、現地に同郷出身者や共通の知人がいることも多いので、入港の交渉はしやすくなる。たとえば、カンペチェ港では、オランダ船に乗ったスペイン・バスク人が、この港に住む同郷人にバスク語で密貿易を持ちかけた事例が報告されている（Fushimi, 2003）。

　しかし、船に乗り組むスペイン人協力者はどうやってみつけるのか。密貿易には当事者間の結束が必要だから、イベリア半島やカナリアに在住するオランダ人が現地で親交のあるスペイン人に頼むことになる。中でも、新大陸に縁者を持ち、貿易の仕組みに通じたスペイン南西部の出身者の割合は多かった。こうしてみると、カリブ海での密貿易は、最初に述べたスペイン南西部でのやり方と同じ人間関係に依拠していた。

　つまるところ、外国人がスペイン領アメリカに直接おもむいて、見知らぬスペイン人と取引するのはまだまだ容易ではなかったのである。一七世紀後半の大西洋貿易は、合法であろうがなかろうが、一六世紀以来スペイン人がつちかってきた大西洋両岸にまたがる人的つながりに支えられていた面が大きい、といえよう。

参考文献

伏見岳志「密輸が成功するには何が必要か」『人文科学』第二七号、二〇一二年、一～二一頁。

Crailsheim, Eberhard, "Extranjeros entre dos mundos: una aproximación proporcional a las coloniasde mercaderes extranjeros en Sevilla, 1570-1650", *Jahrbuch für Geschichte Lateinamerikas*, vol. 48, 2011, pp. 179-202.

Carrasco González, Ma. Guadalupe, *Comerciantes y casas de negocios en Cádiz, 1650-1700*, Cádiz: Universidad de Cádiz, 1997.

Dominguez Ortiz, Antonio, *Orto y ocaso de Sevilla*, Sevilla: Universidad de Sevilla, 1991.

Dominguez Ortiz, Antonio, *Los extranjeros en la vida española durante el siglo XVII*, Sevilla: Diputación de Sevilla, 1996.

Fushimi, Takeshi, "El comercio ilegal en Campeche en

el siglo XVII" en *América a Debate*, núm. 4, 2003, pp. 31–50.

Israel, Jonathan, *Diasporas within a Diaspora : Jews, Crypto-Jews, and the World of Maritime Empires (1540–1740)*, Boston : Brill, 2002.

Klooster, Wim, *Illicit Riches : Dutch Trade in the Caribbean, 1648–1795*, Leiden : KITLV Press, 1998.

Stein, Stanley J. and Barbara H. Stein, *Silver, Trade, and War : Spain and America in the Making of Early Modern Europe*, Baltimore : Johns Hopkins University Press, 2000.

Studnicki-Gizbert, Daviken, *A Nation upon the Ocean Sea : Portugal's Atlantic Diaspora and the Crisis of the Spanish Empire, 1492–1640*, Oxford University Press, 2007.

コラム3　商業民ソニンケがつくる経済ネットワーク

三島禎子

イスラームと交易

西アフリカ最初の王国として知られるガーナ王国は、アラブ世界との交易によって八～一二世紀ころ繁栄を極めた。今日のマリ、モーリタニア、セネガルにまたがった王国からは金を産出し、サハラ沙漠の北側のアラブ世界からは塩がもたらされた。王国の政治・経済的基盤を担ったソニンケ民族は、一一～一二世紀、この地を訪れたアラブ人の旅行記に記される名高い大商人であった。ソニンケはイスラームに改宗してアラブ人との交渉を有利に運びながら、北のサハラ交易とサハラ以南の南南交易を掌握した。その後、諸王国が興亡したが、ソニンケはイスラームと商業の発展によって経済力を発揮した。

ヨーロッパ人がアフリカに進出するまで、ソニンケにとって遠隔地交易は支配者階級が富を蓄積し、権力を保持するために不可欠な手段であった。支配者階級は土地を保有し、一般農民からは租税を徴収し、牧畜民が南下してくると収穫後の畑を牛や羊に開放し、穀物と引き換えに岩塩や家畜などを入手した。ソニンケの領域から産出される金は、北との交易において重要な商品であった。さらに、乾季には北から仕入れた岩塩や家畜、工芸品をロバに背負わせて隊商を組んで南方へ商いに出かけ、コーラなどの希少な商品を入手した。この南南交易はサバンナから森林地帯までを移動範囲として、ソニンケは西アフリカ一帯にわたって経済力をのばしていた。

遠隔地交易にたずさわるのは、支配者階級の貴族とイスラームの導師であった。サハラ交易の時代にムスリムのアラブ商人と接触したソニンケは、多民族に先駆けてイスラームに改宗し、ムスリムの自治都市を形成しながら西アフリカ全域にわたって商業を展開した。イスラームでは預言者ムハンマドの人生を模範として、神を信じて地の果てまで商いにでることも重要な宗教的実践とされるからである。すなわち、イスラームのネットワークの拡大に商業ネットワークが重なって、ソニンケの経済圏は発展していった。

ソニンケ社会には多民族との戦闘によってとらえられた捕虜や奴隷が存在する。かれらは農産物や織布などの交易品を生産し、貴族や宗教家は遠隔地交易によって資本を得て、奢侈品やあらたな奴隷を購入した。このように、前植民地時代のソニンケ社会における経済はたんなる商品の交換にとどまらず、奴隷の労働によって支えられた交易品の生産と売買という循環から成り立っていた。

西欧との接触

その後、西欧列強がアフリカに進出すると、ソニンケ社会は新しい経済構造に組み込まれていった。ソニンケの居住地域であるセネガル河上流域は、大西洋から内陸へ侵攻するための重要な拠点であった。ソニンケは従来の交易ネットワークを利用して、アメリカ大陸で労働力を必要とするヨーロッパ人に奴隷を供給する商人として、また奴隷船に食糧を供給するために、沿岸部の農地を開拓して農業経営を手掛ける資本家として活躍した。

植民地経済においては、農業プランテーションや鉱山開発、鉄道建設で働く契約労働者として、アフリカ各地のフランス植民地へ移動した。その結果、今日のコートジボアール周辺や中央アフリカ地域などにもソニンケのネットワークが広がった。とくに現在のガンビアやセネガルでは、植民地経済の中心となった落花生生産に従事する季節労働者となる一方で、現金収入を元手にヨーロッパ人から仕入れた舶来品を持ち帰り商いを展開した。またフランス商船会社に雇用されて私設軍隊の一員となったり、フランス商社に出入りする認可商人の地位を獲得して富を蓄えた。フランス軍に従軍し、世界大戦に参戦する者もいた。二〇世紀になって植民地政府によってアフリカ諸社会の奴隷制が廃止されると、移動は支配者階級の特権ではなくなり、あらゆる階層の人々が富を求めて自由に移動するようになった。

第二次世界大戦後のヨーロッパの復興とアフリカ諸国の独立にあいまって宗主国への労働移動が盛んになり、工場や港湾の作業に従事したり、船員としてフランス商船に乗り込んだりする者もいた。一九六〇年代、セネガルやマリ、モーリタニアなど西アフリカ出身のソニンケは、サハラ以南アフリカからの労働移民としてはフランスで最多数を占めていた。フランスへの労働移動は今日まで続いており、ソニンケはフランスの移民社会において際立つ存在となっている。

商人から移民へ

西アフリカに独立した地域経済が成立していた時代、ソニンケは「大商人」であった。その後、奴隷交易ではヨーロッパ人との「仲介商人」となり、植民地時代には「契約労働者」として移動し、戦後にはヨーロッパへの「労働移民」となった。このような捉え方は、アフリカが世界資本主義に巻き込まれる過程において、ソニンケはかつての経済力を失い、自らの労働力を売る労働者となったという視点に基づいている。西欧中心主義の経済思想と歴史観からみれば、ソニンケは「南」の貧しい地域から「北」へ生活の糧を求めて移動する典型的な移民にほかならない。しかし、視点を一転すればこのような評価の変化は、ソニンケが西アフリカからアフリカ大陸中へ、さらにヨーロッパまで移動範囲を広げ、つねに異文化世界と接触を求めたゆえに生まれたといってよい。

振り返ってみれば、ソニンケの古来の経済形態は、他地域から奢侈品を運び、イスラームのネットワークとともに交易圏を拡大し、各地に拠点を形成し、商業都市を発展させてゆく遠隔地交易であった。そこには商品の交換だけではなく、奴隷の労働に支えられた交易品の生産という資本家としての側面もあった。実はこの伝統は、「労働移動」の時代になっても失われたわけではなく、かたちを変えて受け継がれていた。移動とイスラームのネットワーク、そしてそれに付随した経済活動に注目すると、そのことが見えてくる。

離散と回帰の連関

ソニンケの移動は還流型であり「故郷」へもどることによって完結する。しかし異郷での滞在が長く、かならずしも定期的に帰還するわけではない。また人生の大半を異郷で過ごしたり、異郷で生まれて結婚して初めて「故郷」に赴くこともある。次の世代が帰還を達成することもある。ソニンケにとっての「故郷」とは、かつてガーナ王国が存在した先祖伝来の土地と記憶が残る場所である。人々は家族の系譜と歴史を語り継ぎ、「故郷」には同じ出自をもつ血縁者が暮らし、年月や場所の隔たりによって一時的に関係が途絶えても、婚姻関係や里子制度などの人の交流によって強いつながりを維持している。

移動して経済活動に従事するのはほとんどが男性である。フランスへの労働移動が盛んなセネガル河上流域では、男性の八〇パーセント以上が平均一四年間の移動を経験し、村人口の二〇パーセントがつねに不在で、働き盛りの年齢（三五〜三九歳）の男性の九〇パーセントが移動中であった（一九九七年）。

移動は古来ソニンケにとってきわめて日常的な営みである。ソニンケは外界への強い憧れと関心をもつ「冒険者」であると自称し、商人としての歴史上の栄光に自負心をもっている。またイスラームの預言者ムハンマドになぞらえて、商人としての成功に宗教上の理想を抱いている。男性は冒険を成し遂げて、富を獲得することで一人前として認められる。移動は経済的行為である以前に、社会と家族、そして個人が希求する文化的な営みであるといえる。すなわち、ソニンケの移動は地理的な拡散と回帰の反復のみならず、イスラームの宗教的実践をともなった民族文化への意識的な回帰によって完結する。今日、ソニンケは世界中に離散しているが、離散と回帰の連関によって、歴史を通じて民族のネットワークを維持し、経済活動の基盤を作ってきたのである。

アジアでの商業活動

一九九〇年代以降、アジアへの移動が急激に増加した。日本の円経済圏を中心とするアジア経済の成長が吸引要因となり、安い工業製品を求めてつぎつぎとアフリカから買い付けに訪れる人々が増えた。それに目を付けたのはソニンケばかりではないが、民族単位で移動現象がみられる点は注目に値する。九〇年代末のタイのバンコクには九〇〇人以上のソニンケ商人が滞在し、香港やベトナム、インドネシア、マレーシア、シンガポールで商品を購入し、アフリカへ輸出していた。勉学のためにエジプトやアラブ首長国連邦などイスラーム世界に生計の拠点を築いた者も、アジアまで移動範囲を広げていた。輸出品は衣類や電化製品などの日用生活品をはじめ、バイクや建築資材など多岐にわたっている。これらが民族ネットワークをとおして、アフリカ諸都市の市場に出回っている。その後、タイの移民政策が厳しくなったのと並行して、中国の経済が目覚ましく発展し、対アフリカ政策が強化されたことで、二〇〇〇年以降広州がビジネスの中心になった。バンコクからはほとんどのソニンケ商人が広州へ移動し、かれらを頼って訪れる者もあとを絶たない。

このような「アジア・アフリカ間貿易」をソニンケ商人は「ビジネス」とよぶ。この表現には、賃金労働とは異なる、自由で独立した経済活動であることを自負する気持ちが表れている。「ビジネス」は自らの移動にともなって荷物を運ぶ行商的な規模から、コンテナを動かす貿易商レベルまで様々である。輸出代理業や仲介業を営む者もいる。個々人は様々な仕事を経験して、「ビジネス」を始める元手を築いてきた。ある日突然に「ビジネス」を始められる人はいない。人生の一時期に「労働移民」となって働くこともある。ソニンケにとって賃金労働は、決して名誉ある経済活動とはみなされないが、目的達成のためには厭わない覚悟がある。

ここで注目すべきことは、ソニンケは民族ネットワークを利用して「ビジネス」を展開している点である。イスラームの実践によって、古来、中東地域にまたがるネットワークを持ち、植民地間やフランスへの労働移動によってアフリカからヨーロッパへのネットワークを形成した。今日、民族のつながりが全地球的になり、ソニンケの野心はアジアにまで広がった。そこから考えると、ソニンケは経済が活性化した地域に移動し、歴史をつうじて商業を営んできたといえよう。

参考文献

坂井信三『イスラームと商業の歴史人類学――西アフリカの交易と知識のネットワーク』世界思想社、二〇〇三年。
三島禎子「ソニンケ商人の歴史――砂漠を超え海を渡る人びと」池谷和信・佐藤廉也・武内進一編『朝倉世界地理講座――大地と人間の物語　一一　アフリカⅠ』朝倉書店、二〇〇七年、二八六～三〇〇頁。
三島禎子「民族の離散と回帰――ソニンケ商人の移動の歴史と現在」駒井洋監修・編、小倉充夫編『グローバル・ディアスポラ』明石書店、二〇一一年、一〇五～一三〇頁。

第Ⅱ部　信仰のための移動

第3章　メッカ巡礼にまつわる思想
――イスラーム圏の東西の端で――

苅谷康太

1　メッカ巡礼

(1)　本章の目的

アラビア半島西部に位置するメッカ（マッカ）は、イスラームの最も重要な聖地として知られている。ムスリム（イスラーム教徒）には礼拝や断食をはじめとした五つの宗教的義務（五行）が課されるが、メッカへの巡礼もその一つに数えられ、ムスリムであれば、原則として一生のうち少なくとも一度はこの聖地に詣でなければならない。

アラビア語で「ハッジ」と呼ばれ、日本語ではしばしば「大巡礼」などと訳されるこの巡礼は、毎年イスラームの暦（ヒジュラ暦）の第一二月（ズー・アル＝ヒッジャ）八日目から一〇日目を中心に遂行される[1]。イスラームの最後の預言者ムハンマド（六三二年歿）が死の直前に行った「別離の巡礼」と呼ばれる巡礼を範とし、この期間、巡礼者は様々な儀礼を行うのであるが、これはつまり、わずか数日間の儀礼のために、毎年膨大な数のムスリムが世界各地からこの聖地に集まってきたことを意味している。現在、メッカを抱えるサウジアラビアの政府が毎年の巡礼者数を管理・制限しているが、それでも、たとえば二〇一二年のそれは、実に三一六万人を数えている。

今日のイスラーム圏の広がりを考えた時、これだけの数の人間の移動を促す巡礼が広域の政治・経済・社会に大きな影響を及ぼすことは容易に想像できるであろう。もちろん、巡礼者の数そのものは、一九世紀以降の蒸気船の普及や二〇世紀における自動車や飛行機の普及などによって飛躍的に増加したのであるが、それ以前の時代においても、巡礼は、「ヒト」の移動のみならず、彼らの移動にともなう「モノ」、そして知識や思想を含む「情報」の移動を世界規模で実現する稀有な現象であった。換言すれば、巡礼が創出するヒト・モノ・情報の回路は、メッカが位置するアラビア半島もしくは西アジアに収まらず、巡礼に関わった人々がつなぐ世界の隅々にまで張りめぐらされていたのである。

そこで本章では、一八世紀後半から一九世紀前半を時間的射程とし、巡礼にまつわる思想が、メッカという「中心」から遠く離れたイスラーム圏の東の端――東南アジア――と西の端――西アフリカ――の社会に及ぼした影響を検討する。以下、本節第二項では、本論への導入として、メッカを中心とする西アジアに視座を置き、一九世紀前半頃までの巡礼の歴史的諸側面を短く記す。続く第二節では、東南アジアのインドネシア・スマトラ島西部を地域的射程とし、巡礼者を媒介とした思想の伝播が現地の社会に大きな変動をもたらした事例を紹介する。そして第三節では、西アフリカのナイジェリア北部を地域的射程とし、現地のイスラーム国家権力が巡礼という宗教的義務の問題を統治の問題に結びつけて展開した思想を紹介する。以上の構成からもわかるように、本章が目指すのは、「メッカ巡礼にまつわる思想」を議論の軸に据えながら広大なイスラーム圏の東の端と西の端の事例を並べて提示することによって、メッカ巡礼という現象が、そしてそれに関わった人々が、聖地を抱えるアラビア半島や西アジアに収まらない、より広い世界の歴史の生成に関与してきた事実を浮かび上がらせることである。

（2）ヒト・モノ・情報を運ぶ巡礼

一九世紀前半頃までの巡礼者の移動手段は、陸路であれば自らの足や乗用動物、海路であればインド洋や地中海、紅海などを航行する帆船などに限られていた。蒸気船や自動車、飛行機のないこうした時代の旅がきわめて困難であったことは想像に難くない。長い旅路には様々な危険がつきまとい、巡礼者は、酷暑や荒天、砂嵐などといった自然の猛威に晒されることもあったであろうし、賊に襲撃されることもあったであろう。また、方角を失い、聖地に辿り着く前に、もしくは聖地から故郷に帰り着く前に行き倒れてしまうこともあった[2]。

複数の人間が一団となって旅路を進むことは、こうした種々の危険を回避するための一つの手段となる。そのため、世界各地から集まる巡礼者の多くは、故郷の町から次の町へと進む中で、同じ目的でメッカへと向かう人々や、目的は異にしながらも同じ方向へ進む人々と合流しながら聖地を目指したと考えられる。実際、イスラーム圏の各地には巡礼者の「集合場所」として機能した町があり、たとえば、サハラ沙漠西部のシンキート（シンゲッティ）などは、サハラ沙漠西部や西アフリカから聖地へと向かう人々が集う町として広く知られていた。そのため、シンキートを含むサハラ沙漠西部一帯の人々は、巡礼先の西アジアで、「シンキートの人々」とも呼ばれていた（ʿAbd Allāh bn al-Ḥājj Ibrāhīm, n.d., p. 3：英訳＝p. 400）。

聖地へ向かう巡礼者の流れは、こうした各地の結節点で合流を繰り返し、太くなっていくのだが、メッカを囲むように存在したいくつかの大都市は、大規模な巡礼隊（キャラバン）が編成される場所として、またアラビア半島を通る主要な巡礼路の起点として、とくに重要な結節点であった。世界各地からやってくる巡礼者の多くは、まずこれらの大都市に赴き、そこで巡礼長（アミール・アル＝ハッジ）と呼ばれる人物を中心に編成される巡礼隊に合流し、メッカへと向かったのである。

たとえば、アッバース朝（七四九〜一二五八）の首都バグダードやクーファなどは、イラク道と呼ばれる巡礼路の起点であり、イラクやイラン、中央アジアからの巡礼者を集める場所であった。マムルーク朝（一二五〇〜一五一七）の首都カイロは、エジプト道の起点として、エジプトのみならずマグリブ（北アフリカ西部）やアンダルス（イベリア半島）、サハラ沙漠、サハラ以南アフリカ北部の人々が集まる巡礼隊編成都市であった。シリア道の起点はダマスカスであり、とくにオスマン朝（一二九九〜一九二二）期に巡礼隊編成都市として栄え、シリアやトルコなどからの巡礼者を集めた。さらに、イエメン道の起点となるアデンやタイッズなどは、インド洋を越えてアラビア半島の南に到着する巡礼者が集う場所であった（Peters, 1994, pp. 71–108：坂本、二〇〇〇、六二〜六三頁）。巡礼隊の規模は、時代や場所によって差はあるものの、一六世紀のエジプトの巡礼隊を例に取れば、一五八〇年の隊には実に五万人もの人が参加したとされ、また、一五〇三年の隊がメッカに到着した際には駱駝をはじめとする動物を六万四〇〇〇頭も率いていたという記録がある（Faroqhi, 1994, p. 46）。

こうした巡礼隊は、基本的に各都市を支配するイスラーム国家の負担で編成された。これに加えて、巡礼路上の宿駅や砦の整備、巡礼隊の道行を守る護衛隊の編成なども国家の役割であり、政治権力は、時代を通じて巡礼に積極的に関与していたと言える。一一世紀のペルシアの詩人ナースィル・フスラウ（Nāṣir Khusraw，一〇七二～七八年頃もしくは八八年歿。ナーセル・ホスロー）の著名な旅行記によると、カイロでは、巡礼の時期が近づいてくると、政治権力者であるスルターンの代理人が繰り返しモスクに現れ、スルターンが兵士や馬、駱駝、食料を巡礼隊のために準備したことを人々に宣示していたようである（Nāṣir Khusraw, [1956/7?], p. 73：英訳＝pp. 58–59）。もちろん、以上のような国家の積極的な関与の背景には、支配域内を通る大規模なヒト・モノ・情報の流れを統制し、さらには、その権力の大きさを人々に喧伝しようとする為政者の意図があったと考えられるが、とくに巡礼の場合、そうした喧伝の効果は大きく、メッカで目的を果たした後に世界各地の故郷へと戻っていく膨大な数の巡礼者を通じて、イスラーム圏全域にその威勢が伝わったはずである。

また、大量かつ多様な物品を運ぶ巡礼隊は、ヒトとモノの大規模な移動を生み出し、アラビア半島を中心に、巡礼路周辺地域の経済活動も刺激した。たとえば、一三二六年にシリアの巡礼隊に参加したイブン・バットゥータ（Ibn Baṭṭūṭa，一三六八／六九／七七年歿）の記述からは、巡礼隊の人々と巡礼路沿いの町や村の人々との間で様々な品の売買が活発になされていたとわかる（Ibn Baṭṭūṭa, 1922–1949, vol. 1, pp. 254–261：日本語訳＝第一巻、一四～二一頁）。また、移動する巡礼隊の内部でも商売がなされていたようで、イブン・バットゥータは、水を運搬する権利を有した人々から一般の巡礼者が一定の金額で水を購入しなければならず、旅路で水が枯渇してくると、その値段が高騰すると記している（Ibn Baṭṭūṭa, 1922–1949, vol. 1, pp. 258–259：日本語訳＝第一巻、一八～一九頁）。さらには、最終的にヒトとモノが流れ込む先である聖地メッカも、世界各地の多様な品々が集積し、交換される巨大な市場であった。アンダルス出身のイブン・ジュバイル（Ibn Jubayr，一二一七年歿）という人物が一二世紀後半に著した巡礼記には、メッカの市場で世界各地から集まった品々が売買されている様子が描かれており、「（巡礼の）時期のメッカには、地上にあるあらゆる商品や食料が存在する」（Ibn Jubayr, n.d., p. 96：日本語訳＝一五二頁）とさえ記されている。また、メッカにおける取引のみならず、巡礼隊は、アラビア半島や紅海周辺域を中継地とする香辛料やコーヒー、綿織物などといった商品の遠隔地交易にも関わっていたと言われる（坂本、二〇〇〇、一一二～一一四頁）。

さらに、巡礼は、イスラーム圏における思想や言説といった情報の伝播や、学問的な知の連関網の構築にも深く関与してきた現象である。世界各地のイスラーム知識人にとって、巡礼の旅は、イスラーム諸学の中心地である西アジアの優れた師の許で学び、師弟関係を築き、他の知識人と情報を交換し、故郷では入手できない様々な書物を蒐集・渉猟する機会となる。次節で見るように、そこで獲得した知識や思想、人的関係は、巡礼者の帰郷によってイスラーム圏の広域に広まっていく。また、第三節で紹介するように、巡礼は、他の四つの宗教的義務と異なる性質を帯びているゆえに、その存在自体がイスラーム知識人たちの議論の対象となり、彼らの思想形成に少なからぬ影響を及ぼしてきたのである。

2　巡礼が伝える思想——東南アジアの事例

(1)　ミナンカバウ社会

インドネシアのスマトラ島には、今日、世界最大規模の母系制社会を形成している民族集団ミナンカバウが住んでいる。二〇〇〇年の国勢調査に基づく報告によると、彼らはインドネシア全体でおよそ五五〇万人、そのうち約三七〇万人がスマトラ島西部の西スマトラ州に住んでおり（PCGN, 2003, pp. 4-6）、伝承では、このスマトラ島の西部（以下、西スマトラ）の内陸高地ダレックが彼らの起源の地とされている。ダレックは、タナ・ダタール、アガム、リマプル・コタという三つの主要地域からなっており、さらに、ダレックを囲む地域はランタウと呼ばれ、西スマトラの主要港として機能してきたパダンなどが位置する西海岸地域もそこに含まれる（加藤、一九八〇、二二三頁）[3]。

ダレックとランタウからなる地域一帯は、ミナンカバウ人の文化圏たる「ミナンカバウ世界」（アラム・ミナンカバウ）と呼ばれ、その中心であるダレックの中でも、とくにタナ・ダタールは、一四世紀頃に現れたと考えられる王とその一族の居所として重要な地域であった（Josselin de Jong, 1952, pp. 7-8, 95-96：Abdullah, 1972, pp. 183-190：加藤、一九八〇、二四一～二四二頁）。一六世紀のポルトガル人の記録によると、当時、ミナンカバウには三人の王が存在していたとわかるが（Cortesão, 1967, p. 411：日本語訳＝二九〇～二九一頁）、こうしたミナンカバウの伝統的な王は、ミナンカバウ世界全体に対する統治権はおろか、ダレックの村々に対する徴税権や経済的基盤となる領地、軍隊も有していなかったようである。ミナンカバウ社会は、全体として見ると、ナガリと呼ばれる独立性の高い村落の集合体として成り立っており、王は、こうしたナガリ間を緩やかに結びつける象徴的な存在であった（Loeb, 1972, p. 102 : Abdullah, 1966, pp. 4-5 : 加藤、一九八〇、二四二〜二四三頁）。

このナガリはミナンカバウ社会を分析するための基本的な単位の一つとなるが、その自律性の高さゆえに、ある研究者は、ナガリを単なる村落ではなく「村落共和国」と呼んでいる（Abdullah, 1966, p. 5）。そして、この村落共和国――王族ではない一般のミナンカバウ人の共同体――の社会は、母系制を基盤としており、各ナガリはそれぞれ、同一の母系出自を辿ることのできる人々からなる階層的な構造を有した母系親族集団の集合体として存立する。これらの集団には、農地や家屋などの共同世襲財産が存在し、その所有権ないし使用権は、母から娘、そして孫娘へと継承される。親族集団は、プンフルやトゥンガネィなどと呼ばれる男性によって司られるが、こうした集団の長であっても、共同世襲財産を自由に処分することは許されない。また、ある男性が何らかの方法で自ら取得した財産でさえ、その男性の死後は、彼の母親の家の共同世襲財産へと吸収されてしまうため、原則として、父から子への財産の相続は存在しない（加藤、一九八〇、二二五〜二二八頁：Kato, 1982, pp. 43-62 : Loeb, 1972, pp. 102-120 : Graves, 1981, pp. 5-12）。

ナガリの機制に見られるこうした母系制は、一般に「アダット」と呼ばれるミナンカバウ社会の「慣習」の一部とされる(4)。アダットは説明の容易な語ではないものの、ある先行研究は、「社会の成員間の相互行為を律する地域的慣習」、より広義には「社会の構造的体系全体」と説明しており、後者の場合、地域的諸慣習はその一部をなしていることになる（Abdullah, 1966, p. 1）。アダットはしばしば「慣習法」とも呼ばれるが、これは、始点の定かでない過去からの習慣や伝統が堆積した総体としてのアダットを一九世紀後半からオランダ人学者らが法として体系化しようとしたためである。それゆえ、一八世紀後半から一九世紀前半のアダットは、強固な体系性を有した法というよりも、ある種の曖昧さを含みこんだ、ミナンカバウ人にとっての「理想的な振る舞いの様式」（Abdullah, 1966, p. 1）であったと考えられる。

時代を通じた慣習や伝統の蓄積として存在したアダットは、当然、膨大な量の情報から構成されることになる。母系制を含むアダットに範を求めるミナンカバウ社会にあって、この情報群に精通する人間に政治的・社会的権力が発生することは容易に想像できるが、そうした権力者の代表的な存在は、母系親族集団を統率する男性、すなわちプンフルであった。アダットに関する知の独占は、彼らが母系親族集団やナガリにおける政治権力を要求する根拠の一部となっていたようで（Kato, 1982, p. 66）、実際、各ナガリの政治は、プンフルたちの合議に基づいていた（Graves, 1981, pp. 14–16）。

ミナンカバウ社会における女性の優位は、たとえば上述の共同世襲財産の相続などに明確に見られ、そうした制度は、まさにここまでに述べてきたアダットによって保証されるものである。しかし、その一方で、社会の範となるアダットの知を独占し、母系親族集団や「村落共和国」としてのナガリの諸事項を最終的に決定するのは――その背後に女性の存在があったとしても――男性のプンフルである。[5] したがって、彼らプンフルは、アダットに依拠するミナンカバウ社会の「伝統的政治権力者」の代表的な存在であり、それゆえに、次項以降で述べる宗教・社会改革運動勢力やパドリ派――しばしばアダットと齟齬をきたしたもう一つの規範であるイスラーム法に依拠して社会改革を進めようとした勢力――は、時に彼らを攻撃の対象としたのである。

（2）西スマトラにおける宗教・社会改革運動

西スマトラへのイスラームの伝播は、一六世紀前後であると考えられている。一六世紀初めの資料には、上述のミナンカバウの三人の王のうちの一人がムスリムであったと記されている（Cortesão, 1967, p. 411：日本語訳＝二九一頁）。また、一七世紀には、西スマトラ西岸部に位置するウラカンという町が、シャッターリー教団という東南アジアに広く伝播したスーフィー教団[6]の拠点になったと言われる。この拠点を築いたのは一七〇四年に歿したブルハヌッディン（Burhanuddin）というイスラーム知識人で、彼は、メッカで学んだアブドゥッラウフ（Abdurrauf, 一六九三年頃歿）という人物に師事し、スマトラ島北部のアチェで研鑽を積んだ。ブルハヌッディンの許には、海岸部のみならず、内陸のダレックからも多くの弟子が集まり、彼らが、ウラカンでの修行・修学の後、故郷へと戻り、そこに新たな学問と布教の拠点を築いていくことで、西スマトラの広域にイスラームが根づいていったと考えられている（Abdullah, 1966, pp. 8–9：Dobbin, 1972, pp. 5–6：Dobbin, 1983, pp. 123–124：Hadler, 2008, p. 19）。

ただ、西スマトラにおける布教に関してブルハヌッディンの担った役割が大きかったと言われる一方で、彼がアチェでの修学を終えてウラカンに拠点を定める以前、すでにダレックにはイスラーム諸学を教えるイスラーム知識人が複数存在していたとも言われており（Dobbin, 1974, p. 326）、この時期の西スマトラ内陸部へのイスラーム伝播の詳細ははっきりしない。また、一七世紀以降のミナンカバウ社会へのイスラームの伝播は、シャッタ―リー教団に加え、中央アジア起源のナクシュバンディー教団や、西アジア起源のカーディリー教団といった複数のスーフィー教団の存在によって促されており、こうした教団間には、それぞれの教説などをめぐる対立もあった（Dobbin, 1974, p. 326 : Dobbin, 1983, pp. 121–125）。

しかし、いずれにせよ、以上のような諸スーフィー教団の活動が一八世紀後半までのミナンカバウ社会におけるイスラームの浸透やムスリムの増加を促したことは確かである。そして、以下に述べる一八世紀後半からのムスリムによる宗教・社会改革運動の口火を切ったのも、こうした教団の指導者たちであった[7]。その中でも、シャッタ―リー教団のトゥアンク・ナン・トゥオ（Tuanku nan Tuo, 一八三〇年歿）という人物は、運動を推進した代表的な存在である。

一八世紀後半、ヨーロッパとアメリカでコーヒーやカシア（香味料や薬として使われる植物）などの需要が高まったことを受け、こうした換金作物の生産を進めたダレックでは、経済・商業活動が活発化した。しかし、外部の需要が生み出したこの好景気は、それまでに築かれていた西スマトラの商業網や市場に少なからぬ混乱をもたらし、同時に、従来の社会秩序の弛緩や種々の社会問題を表面化させた（Dobbin, 1995, pp. 237–238 : Hadler, 2008, p. 19）。トゥアンク・ナン・トゥオが活動の拠点としていたアガムでも、この時期、強盗、殺人、強姦、人身売買、賭博、阿片の使用、飲酒などが横行し、さらには、商業活動を支える商人が襲撃されて商品が強奪される事件や、商人自身が奴隷として売り飛ばされる事件も起きていた（Dobbin, 1974, pp. 328–329 : Dobbin, 1983, pp. 125–126 : Hadler, 2008, p. 21）。

トゥアンク・ナン・トゥオをはじめとしたスーフィー教団の指導者たちがこの時期に遂行した宗教・社会改革運動は、こうした一八世紀後半の経済変動が一つの要因となってもたらされた混乱の収拾と、彼らがイスラーム法に準じないと考えたミナンカバウ社会の諸慣習の廃絶を成し遂げようとするものであったと言える。改革の基本的な原理は、イスラーム法に適うこととそうでないことの弁別――あくまで彼らの観点からの弁別であるが――であり、彼らは、宗教的義務の履行といった基本的な事項に加え、アダットに則ってなされてきた相続や婚姻、家族扶養、商取引などといった領野においても、広くイスラーム法の規定が適用されることを求め、それによってミナンカバウ社会が内部から改革されると考えたのである（Dobbin, 1974, pp. 328–330）。

一七八〇年代頃に始まったこうした改革運動は、時に暴力の行使を伴うこともあったが、全体として見ると、説教活動や教育活動を中心とした比較的穏健なものであったと考えられる。しかし、この運動は、一九世紀初頭、アラビア半島で展開していた急進的な宗教・社会改革運動に触れて西スマトラに帰郷した三人の巡礼者の登場によって、苛烈な暴力をともなった運動へと変質していく。

（3）巡礼者の帰郷とパドリ運動

一七〇三年にアラビア半島の内陸地域ナジュドに生まれたイスラーム知識人ムハンマド・ブン・アブド・アル＝ワッハーブ（Muhammad bn ʻAbd al-Wahhāb, 一七九二年歿）は、一三～一四世紀のイスラーム知識人イブン・タイミーヤ（Ibn Taymiya, 一三二六年歿）などの思想に影響を受け、『クルアーン』（『コーラン』）とスンナ（預言者ムハンマドの慣行）の重視、厳格なイスラーム法の適用、聖者廟参詣や聖木信仰の否定、イスラームの初期世代（サラフ）の状態への回帰、イスラームの「正しい道」から逸脱した諸要素（ビドア）の排斥などを唱えた。このムハンマド・ブン・アブド・アル＝ワッハーブの思想を核としたイスラーム改革思想は一般にワッハーブ主義と呼ばれ、それに基づく宗教・社会改革運動はワッハーブ運動と呼ばれる。一七四四／四五年、ナジュド南部のディルイーヤを支配していたムハンマド・ブン・サウード（Muhammad bn Saʻūd, 一七六五年歿）という人物がムハンマド・ブン・アブド・アル＝ワッハーブの教説を受け入れ、両者の間で盟約が交わされたことを機に、ワッハーブ運動は、それまでの説教活動などから、サウード家の武力を背景とした軍事ジハード[8]へとその軸を移し、短期間のうちにアラビア半島一帯を席巻した。そして、一八〇三年四月からおよそ二カ月半、ワッハーブ主義勢力は、聖地メッカをも支配下に収めたのである（DeLong-Bas, 2004, pp. 7–121；Peskes, 2002, pp. 39–45）。

一八〇三年もしくは一八〇四年に西スマトラに帰郷したとされるミナンカバウの三人の巡礼者は、その巡礼の旅において、このようなワッハーブ主義者が席巻するアラビア半島に身を置き、暴力をともなったその激しい運動の様相を目の当たりにしたと考えられる。そして、彼らの帰郷が契機となって、西スマトラでもワッハーブ運動のような急進的な宗教・社会改革を希求する運動が巻き起こった。この運動は、一般にパドリ運動と呼ばれ、運動を推進した勢力はパドリ派と呼ばれる。(9) 三人の巡礼者のうち最もよく知られているハジ・ミスキン（Haji Miskin）という人物は、巡礼に旅立つ前からすでにトゥアンク・ナン・トゥオの許で改革運動に勤しんでいた。アガムに帰郷すると、彼は、『クルアーン』やスンナに反すると見なしたミナンカバウ社会の諸慣習、つまり、賭博、阿片の使用、闘鶏、飲酒、シリと呼ばれる清涼剤の使用などを非難する説教を開始し、こうした「悪習」の駆逐によって社会から強盗や殺人をはじめとした暴力を排除し、社会の安全と安定を実現しようとした（Dobbin, 1974, pp. 332–333：Dobbin, 1983, p. 130）。

そして、この帰郷者と合流してアガムを中心にパドリ運動を推進したのが、トゥアンク・ナン・リンチェ（Tuanku nan Rinceh）という人物である。彼ももともとはトゥアンク・ナン・トゥオの弟子として師とともに改革運動を展開していたが、両者の間には改革にともなう武力の行使について見解の相違があったようである。つまり、トゥアンク・ナン・トゥオが比較的穏健な改革運動を希求したのに対し、トゥアンク・ナン・リンチェ、そしてハジ・ミスキンらは、その行動を見る限り、武力行使に何ら疑問を抱いていなかったと考えられる。こうしたことから、次第にトゥアンク・ナン・リンチェやハジ・ミスキンをはじめとしたパドリ派は、武力行使に消極的なトゥアンク・ナン・トゥオを中心とする旧来の改革勢力と距離を置くようになっていった（Dobbin, 1974, pp. 333–335：Dobbin, 1983, pp. 131–134）。

パドリ派は、その軍事力を背景に複数のナガリに服属を要求し、したがわないナガリに対してはプンフルの殺害や村の焼き打ちなどによる攻撃を仕掛け、統制下に入ったナガリには、賭博、喫煙、阿片の使用、闘鶏、飲酒の禁止や、礼拝時刻の厳守、白装束の着用などを義務づけ、定められた諸事項に違反した者に対しては死刑や財産の没収といった厳しい罰を科した。さらに、こうしたパドリ派の村の中には、プンフルの合議制に基づいたそれまでの行政の仕組みが廃止され、イスラームの宗教指導者であるイマームが村内の諸事を差配する統治の仕組みが導入されるところもあったようである。加えて、パドリ派の攻撃の矛先は、パドリ運動以前に改革運動の中心にいたスーフィー教団にも向けられ、トゥアンク・ナン・トゥオの帰属したシャッターリー教団の教説に対する批判や、この教団の拠点となった複数のナガリに対する焼き打ちも行われたと言われる（Dobbin, 1974, pp. 335–338：Dobbin, 1983, pp. 132–133：Hadler, 2008, p. 24）。

アガムに隣接するタナ・ダタールでも、ハジ・ミスキンの教説を受容した人物に影響を受けたトゥアンク・リンタウ（Tuanku Lintau）という人物が中心となって改革運動が展開した。トゥアンク・リンタウは、一八一三年にタナ・ダタールで運動を開始すると、殺人、焼き打ち、略奪といった暴力行為をともなって瞬く間にその勢力を拡大していったが、その結果、過激な運動の拡大を警戒したミナンカバウの王たちと彼との間の緊張が徐々に高まっていった。そうした状況下で、一八一五年、トゥアンク・リンタウは、和平のための話し合いと称して、緊張関係にあった王族や複数のプンフルをコタ・トゥンガという村に呼び出し、その話し合いの席で彼らの大半を殺害してしまう。さらにその後、王の娘と婚姻関係を結ぶことで王族の権威を手中に収めると、タナ・ダタール全域に、アガム同様、パドリ派の統治体制を敷いていったのである（Dobbin, 1974, pp. 339–340：Dobbin, 1983, pp. 136–138：Hadler, 2008, p. 24）。

しかし、激しい暴力をともなって各地で展開したパドリ運動は、一八二一年、反パドリ派のプンフルや王族らが西スマトラ海岸部を支配していたオランダに援軍を要請したことによって、新たな段階、すなわち一般にパドリ戦争と呼ばれるオランダを巻き込んだ大規模な戦争へと突入する。この戦争におけるパドリ派の最も有名な指導者は一八六四年に歿したトゥアンク・イマム・ボンジョル（Tuanku Imam Bonjol）という人物で、今日ではオランダ植民地主義勢力に抗したインドネシアの「国民的英雄」と認識されており、同国の五〇〇〇ルピア紙幣（旧紙幣）にもその肖像が描かれている。彼はすでに一九世紀初頭には改革運動を開始していたが、ハジ・ミスキンら巡礼者の教説に触れたことでパドリ運動に身を投じていったと言われる（Dobbin, 1983, pp. 142–143：Dobbin, 1995, p. 238：Hadler, 2008, pp. 25–26）。

もともと西スマトラ北部を拠点としていた彼は、高地や山岳地帯での戦闘に精通しており、開戦当初、オランダ軍に対して有利に戦いを進めていたようである。しかし、戦争が始まって暫くした一八三二年、彼は、メッカから帰郷した四人の弟子たちから、聖地においてワッハーブ主義勢力が倒れ、ハジ・ミスキンらが学んだ『クルアーン』に基づいた法が無効化していたことを聞かされると、それまで敵対していたプンフルをはじめとするアダットの権力者たちとの和平交渉を進め、さらに、軍事拠点としていた町ボンジョルを離れてオランダとの和平を望むようになったという（Hadler, 2008, pp. 26–29）。ところが、侵攻してきたオランダ兵とジャワ兵がボンジョルの砦とモスクを占拠し、さらにはミナンカバウ人の労働者を酷使したため、パドリ派のみならず、プンフルをはじめとしたアダットの権力者たちもオランダに対する敵意を増大させることとなった。そして、一八三三年、ボンジョルに駐屯していたオランダ兵やジャワ兵が彼らによって殺戮されるという事件が起こった。先行研究の中には、これを機にパドリ戦争がオランダに対するミナンカバウの統一抵抗運動へと変化したという見解を示すものもある（Hadler, 2008, pp. 29–30）。その後、トゥアンク・イマム・ボンジョルは戦線に戻り、再びパドリ派の指導者となるが、一八三七年、再度オランダ軍によってボンジョルが攻め落とされると、彼は流刑に処され、翌一八三八年、パドリ戦争は、オランダの勝利でその幕を閉じたのである。これによって西スマトラはオランダ領東インドの行政単位の一つとなり、ミナンカバウ世界は、新たな支配者の下での社会編成を余儀なくされることになる。

以上、パドリ運動の流れを大まかに追ったが、最後にこの運動の性質について三点だけ確認し、本節を終えたい。第一に、ここまで、一八〇三年の巡礼者の帰郷に端を発する宗教・社会改革運動を「パドリ運動」と呼び、この運動を担った人々を「パドリ派」と称してきた。しかし、パドリ派と言っても、この「派」が運動の推進において単一の命令系統を有した一枚岩の組織として存在していたわけではない。巡礼からの帰郷者が運動の推進に影響を与えていた点や、『クルアーン』とスンナに厳格に依拠しようとする思想のあり方、そうした思想を核として苛烈な暴力に訴える姿勢など、一八〇三年以降の西スマトラ各地で展開した改革運動にはいくつかの共通点が見られ、それゆえに、この運動は「パドリ運動」という一つの名で呼ばれ、運動の推進者も「パドリ派」という一群の人々として認識されてきたのであろう。しかし、たとえばダレックの中でもリマプル・コタでは、アガムやタナ・ダタールにおけるほどの暴力が行使されることなく多くのナガリがパドリ派にしたがったと言われており、運動の内情については小さからぬ地域差が観察される（Dobbin, 1974, p. 341）。また、一八二〇年代には、メッカから帰郷した新しい世代がパドリ運動の変革を求めたことで、パドリ派内の分裂がさらに進んだようである（Dobbin, 1974, pp. 342–343）。こうした勢力内部の不統一は、パドリ派と対立したアダットの権力者たちにも当てはまり、各ナガリの強い独立性は、ある種の伝統的な対立構造をナガリ間に醸成し、それがパドリ派の拡大に対する複数のナガリの共闘を妨げる一つの要因になったと考えられている（Dobbin, 1974, pp. 336–337：Dobbin, 1983, p. 133）。

第二に，『クルアーン』とスンナに依拠しない諸慣習を廃絶しようとしたパドリ運動は，そうした慣習の一つである母系制や，母系制を含むアダット，そしてアダットに権力の源を求めたプンフルなどを攻撃の対象とした。しかし，プンフルをはじめとした伝統的権力者の中にはパドリ運動の推進に積極的に関与した者も少なからずおり（Abdullah, 1966, p. 14），ハジ・ミスキンやトゥアンク・イマム・ボンジョルも，運動の推進においてプンフルからの支援を受けていた（Dobbin, 1974, p. 343 : Dobbin, 1983, p. 130）。つまり，パドリ派がイスラーム法に適合しないと考えたアダットの諸慣習やアダットに与する勢力の駆逐を理想としていたことは確かだが，実際の運動は，必ずしもその理想を地で行く形では展開していなかったのである。

第三に，パドリ運動に対するワッハーブ運動の影響は，一八〇三年の三人の帰郷者の登場を根拠に，先行研究において繰り返し言及されてきた。ただ，ハジ・ミスキンらがメッカにおいてワッハーブ主義者から実際に教えを施され，それに基づいて西スマトラでの運動を展開したのかは詳らかになっていないため，この影響関係は，あくまで状況証拠の束によって説明される。たとえば，三人の帰郷者の登場によって，西スマトラの宗教・社会改革運動は，『クルアーン』とスンナの重視や，厳格なイスラーム法の適用，イスラーム法に適わない既存の慣習の排除などといったワッハーブ運動に通底する動きを先鋭化させ，同時に，軍事ジハードによってアラビア半島一帯を制圧したワッハーブ運動さながらに，苛烈な暴力の行使によって複数のナガリを統制下に置いていった。また，トゥアンク・イマム・ボンジョルは，ハジ・ミスキンらの教説に影響を受けてパドリ運動に加わっただけでなく，メッカにおけるワッハーブ主義勢力の瓦解の報を受けて，それまで敵対していたアダットの権力者との融和を望むようになったと言われている。こうしたことから，巡礼者を介して伝えられたワッハーブ運動にまつわる情報は，パドリ運動の成立と展開を支える一つの基盤になっていたと推察され，パドリ派の多くが，ムハンマド・ブン・アブド・アル＝ワッハーブの思想を核とする運動に範を求めて――ワッハーブ運動の実態をどこまで理解していたかは別としても――，「理想の社会」を構築しようとしていたと考えられるのである。そして，巡礼という現象が一つの要因となって生じたこの運動は，上述のような過程を経て，最終的には，植民地主義勢力の侵攻と，それにともなう大きな社会変動を西スマトラの地にもたらすこととなったのである。

3　巡礼をめぐる思想——西アフリカの事例

（1）巡礼という義務の性質

『クルアーン』第三章第九七節の「その館への巡礼は、神に対して人間——そこへ至ることができる者に限るが——に課されたことである」という文言は、メッカ巡礼がムスリムにとっての義務であることを示す根拠としてしばしば言及される。「館」は、メッカにあるカァバ聖殿を指しているが、ここで注目すべきは、ムスリムであっても巡礼という義務を免除される者がいるという事実である。

巡礼は、原則として、健康な自由身分の成人ムスリムに等しく課される義務であるが、翻ると、健全な身体や精神を持たない者や、奴隷、子供にとっては義務とならない。この点は、イスラームの多数派であるスンナ派の四つの正統法学派のいずれもが認めている。これに加え、巡礼者には巡礼を遂行する「能力」が求められ、それを備えていない者には巡礼遂行の義務が課されない。この能力は、おおよそ、巡礼の旅に必要な食料と移動手段を賄う財力の有無を軸に検討されるが、その定義については、四法学派間に見解の相違が見られる。たとえばハナフィー学派は、メッカから徒歩で三日以内の場所に住んでいて、歩くことができ、かつ旅に必要な食料を確保できる者は、仮に乗用動物を利用できなくても、巡礼を遂行しなければならないとしているが、それよりも遠い場所に住み、かつ乗用動物を利用できない者は、巡礼の義務を負わないとしている。しかし、マグリブや西アフリカで支配的な法学派であるマーリク学派は、少なくとも移動手段に関しては、徒歩であれ、乗用動物を利用してであれ、聖地へ到着することができる者には能力があると見なす。したがって、原則としては、メッカからどれほど離れた地域に住んでいても、歩くことができる者は皆、巡礼遂行の義務を負うことになる。ところが、その一方で、マーリク学派もその他の法学派も、巡礼遂行の条件として、巡礼路が安全であることを挙げている（al-Jaziri, n.d., pp. 631–638：英訳＝pp. 853–862）。これは、過酷な自然環境や戦争、盗賊集団の跋扈、疫病の蔓延などによって、メッカへの道程が巡礼者の生命や財産に危険を及ぼすような状態にある場合を想定した条件であり、たとえば一六世紀のマーリク学派の法学書には、「能力とは、大きな苦難なく、本人および財産が安全な状態でメッカへと至る力のことである」(al-Ḥaṭṭāb al-Ruʻaynī, 1995, p. 448) と端的に記されている。つまり、メッカへの道程の安全が保証されないような地域に住む人々には巡礼遂行に必要な能力が備わっていないと見なされ、巡礼遂行の義務が免除されるということである。

巡礼以外の四つの義務は、世界のどこに住んでいる者にとっても、基本的には居住地において履行可能で、同時に、その履行に附随する負担が居住地によって著しく変化することはない。しかし、巡礼は、世界のどこに住んでいるかによってその負担に著しい差が生じる義務であり、上記のような諸法学派の見解の多様性は、巡礼が帯びるこうした特殊性と向き合ったイスラーム知識人たちの知的営為の結果として生じたものであるとも言えよう。そして、歴史的なイスラーム圏の中で、西アフリカは、この義務の負担がきわめて大きい地域の一つであった。何故なら、この地域から陸路でメッカに赴くには、北に広がるサハラ沙漠を越えなければならなかったからである。サハラ沙漠には、時代によって盛衰はあるものの、複数の交易路が存在しており、聖地へ向かう巡礼路は、基本的にこの交易路と重なっていた。したがって、まったくの荒野を進むわけではないが、それでも、単純に聖地への距離が遠いということに加え、酷暑と極度の乾燥に苛まれる環境や、沙漠を居住地として旅人を襲撃する諸集団の存在などは、巡礼者の旅を過酷なものにしたはずである。また、イスラームは遅くとも一一世紀までには西アフリカに伝播していたと考えられているが、その時代以降のサハラ沙漠南西部からサヴァンナ北西部に至る地域の広い部分は、ガーナ、マリ、ソンガイといった巨大な王国もしくは帝国が統治していたため、相対的にではあるものの、長期に亘って交易路や巡礼路の安全が確保されていたと考えられる。しかし、一六世紀末以降、ソンガイ帝国がマグリブのサァド朝（一五四九～一六五九）の侵攻で実質的に崩壊し、複数の権力が擡頭・乱立したことによって、そうした旅路の安全は著しく損なわれることとなった。

こうした状況下で、一七世紀頃から、サハラ沙漠西部や西アフリカの著名なイスラーム知識人の中には、危険や困難がともなう巡礼がこの地域のムスリムにとって義務とはならないという見解を提示する者が登場する。たとえばシンキート出身のイブン・アル＝アァマシュ（Ibn al-Aʻmash, 一六九五／九六年歿）という著名な学者は、マグリブやサハラ沙漠西部のムスリムが苦労をして聖地に詣でる必要は必ずしもないという法学的見解（ファトワー）を示している（al-Naqar, 1972, p. 47)。また、一八世紀後半から一九世紀初め頃にかけてサハラ沙漠西部と西アフリカで大きな政治的・社会的影響力を有した、カーディリー教団のスィーディー・アル＝ムフタール・アル＝クンティー（Sīdī al-Mukhtār al-Kuntī，一八一一年歿）という人物も、自らの健康、道中の安全、往復に必要な十分な食料などを確保できる者以外は巡礼の義務を負わないという見解を提示している（al-Kuntī, n.d., pp. 207–208；al-Naqar, 1972, pp. 47–48）。そして、こうした巡礼遂行の免除をめぐる思想は、一九世紀前半、今日のナイジェリア北部とその周辺に相当する地域に築かれたソコト・カリフ国と呼ばれる強大なイスラーム国家にも現れた。

（2）ハウサランドにおける宗教・社会改革運動

ナイジェリア北部からニジェール南部に至る一帯は、ハウサと呼ばれる民族集団の集住地であることから、一般にハウサランドと呼ばれる。ハウサランドにイスラームが伝播したのは一四世紀頃と考えられているが、西アフリカの他の地域と同様、これによって即座にハウサランドの住民の多くがイスラームに改宗したわけではない。おそらく一八世紀後半頃まで、この地域のムスリムは、長距離交易に携わる商人や、イスラーム知識人、政治権力者などが主であったと考えられる。また、たとえばイスラーム知識人の中には、ハウサのみならず、フルベやトゥアレグなどといった他の民族集団の人間も数多く存在していた。中でも、フルベのイスラーム知識人集団は、一五世紀頃に現在のセネガル北部に位置するフータ・トーロという地域から移住してきた人々が核となっており、彼らは、その出身地の名称からトーロンカーワー（トーランカーワー）と呼ばれた。そして、一八世紀後半、すなわち、イスラーム圏の東の端のミナンカバウ社会で宗教・社会改革運動が始まった頃、西の端では、このトーロンカーワーのイスラーム知識人であり、カーディリー教団のスーフィーでもあるウスマーン・ブン・フーディー（ʿUthmān bn Fūdī，一八一七年歿。ウスマン・ダン・フォディオ）という人物が改革運動を開始した（Last, 1967, pp. lxiv-lxxx；Hiskett, 1994, pp. 3–9, 15–17）。

ウスマーンは、その著作の中で、同時代のハウサランドの人々を「ムスリム」、「生来の不信仰者」、「混淆者」の三種類に分類している。前二者については説明を要しないと思われるが、三種類目の混淆者に関しては解説が必要であろう。ウスマーンの定義によれば、混淆者とは、イスラームの諸行とイスラーム以外の現地の宗教の諸行を同時に行う人々、つまり両者を「混淆」する人々であり、ウスマーンらは、後述する彼らの軍事ジハードにおいて主要な「敵」と認識したハウサ諸国の支配者とその支持者たちがこの種類に属する人々であると論じた（ʿUthmān bn Fūdī, n.d.b, p. 141 : ʿUthmān bn Fūdī, n.d.c. f. 1r : ʿUthmān bn Fūdī, n.d.d. ff. 226r–226v）。イスラーム法では原則として不信仰者のみがジハードの攻撃対象として認められるが、ウスマーンは、この混淆者も不信仰者の一類型であると定義することでハウサ諸国に対する自らのジハードの正当性を主張したのである。

ウスマーンは一七七四／七五年頃に改革運動を開始したが、当初は、こうした混淆者や生来の不信仰者を「正しい」ムスリムにするため、各地での説教・教育活動や、アラビア語や現地語での著述活動、イスラーム法に反する諸慣習の廃絶に専念していた。後に展開される軍事ジハードにおいて、ハウサランド一帯を比較的短期間で制圧したことを考慮すると、この時期の説教活動を主体とした穏健な改革運動を通じて、ウスマーンは、少なからぬ数の支持者の獲得に成功していたと考えられる。

しかし、こうした動きは、ハウサの支配者たちの警戒心と敵対心を煽ることとなった。当時、ウスマーンを中心とする共同体は、ハウサランドのゴビルという国に位置する町デゲルを拠点としていたが、ゴビル政権は、男性のターバン着用や女性のヴェール着用を禁止するなど、彼らの行動に圧力をかけ始めた。さらにはウスマーンの殺害を試み、それに失敗すると、今度は軍を派遣してウスマーンの共同体を襲撃したのである（ʿAbd Allāh bn Fūdī, 1963, pp. 54–55）。ゴビルの支配層とその支持者たちを混淆者と見なし、不信仰者と断じたウスマーンは、一八〇三年に著した著作の中で、ムスリムには、そうした不信仰者の支配する土地からの移住の義務や、不信仰者に対するジハード遂行の義務が課されると論じている（ʿUthmān bn Fūdī, n.d.a, pp. 3–6, 10–12）。そして翌年、彼は、実際にゴビルの最縁部に位置するグドゥという町へと移住し、「正しい」イスラームを広めるためのジハードを開始した（ʿAbd Allāh bn Fūdī, 1963, pp. 55–56 : Last, 1967, p. 23 : Hiskett, 1994, p. 73）。

ウスマーンは、ジハードを展開するムスリム共同体の最高指導者であったが、実際に前線で軍事行動の指揮を執ったのは、彼の弟や息子など、ウスマーンに近しい共同体内の有力者たちであった。彼らの軍は、ハウサ諸国に対して次々に攻撃を仕掛け、征服した土地にはそれまでの支配者に代えてウスマーンの代理人を配置し、彼らに統治を委任することで支配領域を広げていった。一八一二年までにハウサランドの広域とその周辺地域を支配下に収めると、この年、ウスマーンは、広大な領土を東西に分割し、東部の支配を息子のムハンマド・ベッロ（Muḥammad Bello, 一八三七年歿）に、西部のそれを弟のアブド・アッラーフ・ブン・フーディー（ʻAbd Allāh bn Fūdī, 一八二九年歿）に任せることで、一般にソコト・カリフ国と呼ばれる、ウスマーンを頂点としたイスラーム国家の統治体制の基盤を構築したのである（Last, 1967, pp. 23–60 : Hiskett, 1994, pp. 81–104）。

（3）巡礼とジハード

ウスマーンは、一八一二年に著した著作の中で、「神が我々に授けたこと」の一つとして巡礼隊長の任命を挙げており（ʻUthmān bn Fūdī, n.d.b, pp. 7–8）、統治体制の基礎を築いた当初、国家事業としての巡礼隊の組織を考えていたようである。しかし、ウスマーンを含むソコト・カリフ国の権力者たちの著作群を見渡す限り、結局、ソコト・カリフ国では、西アジアの諸イスラーム国家のように毎年巡礼隊を編成し、メッカへの巡礼者を支援するような公式の制度が確立されることはなかったようである。それどころか、ジハードの開始時から政権の中枢におり、一八一七年には父親であるウスマーンの死を受けてソコト・カリフ国全体の最高指導者となったムハンマド・ベッロは、巡礼路の危険性とジハードの必要性という二つの理由から、ソコト・カリフ国のムスリムには必ずしも巡礼の義務が課されないと考えていたようである（al-Naqar, 1972, pp. 55–61）[10]。

巡礼路の危険性について言えば、前述の通り、西アフリカからメッカへと至る道程は、その距離、自然環境、人為的に引き起こされる諸問題などから、容易な旅を許さない道であった。それゆえ、本節第一項で紹介したような巡礼遂行の能力に道中の安全を加味する先達の法学的見解にしたがえば、西アフリカに住むムスリムにとって巡礼が必ずしも義務にはならない、という考えを導き出せる。

また、ジハードの必要性について言えば、不信仰者や抑圧的な支配者などとの戦いが必要な状況にあっては、巡礼の遂行よりもジハードへの参加が優先されるという考え方である。前項で見たように、ウスマーンの共同体のジハードは、不信仰者や抑圧的な支配者を駆逐し、「正しい」イスラームをハウサランドに広めるため、一八〇四年に開始されたものである。そして、一八一二年には統治体制の基盤構築が一つの区切りを見せたものの、その後、ウスマーンの後を継いだムハンマド・ベッロの時代になっても、周辺諸国との交戦、統治領域内で起こる権力争いや叛乱を抑え込む軍事行動といった形で、ソコト・カリフ国のジハードは継続していたのである（Last, 1967, p. 63）。

巡礼路の危険性や、ジハードの必要性もしくは優先性を絡めた巡礼の非義務化に関する議論は、遅くとも一二世紀頃には、アンダルスやマグリブのマーリク学派法学者たちの間でなされており、その形跡は、この学派の法学者たちが著した法学書や、彼らの法学的見解をまとめた集成などから浮かび上がる。たとえば、一五〇八年に歿したマグリブのマーリク学派法学者アフマド・アル＝ワンシャリースィー（Aḥmad al-Wansharīsī）がマグリブやアンダルスの法学者たちのファトワーをまとめた集成には、そうした見解を提示した人物の名が複数挙がっている。例を挙げれば、コルドバに生まれた同学派の大法学者イブン・ルシュド（Ibn Rushd, 一一二六年歿）は、巡礼とジハードではどちらが優れた行為であるかという問いに対し、巡礼の遂行に必要な能力を「本人および財産が安全な状態でメッカへと至ることのできる力」とした上で、彼の時代のアンダルスのムスリムにはその能力がないため、巡礼の義務は免除されると述べている。そして、そうした能力がない状態で巡礼を遂行することは、巡礼者の生命や財産に害を及ぼし得るので、忌避される行為となり[11]、その場合、ジハードの方が巡礼よりも優れた行為になるとしている。また、そもそも巡礼路が安全な場合でさえも、ジハードの有する美質ゆえに、自分はジハードを選択すると述べ、とくにジハードが必要とされる状況においては、それに参加する方が巡礼を遂行するよりも優れているとしている。加えて、生命や財産に危険が及ぶ恐れがない場合でも、巡礼は、その遂行を延期できるので、それを急ぐよりもジハードに参加する方が望ましいとも述べている（al-Wansharīsī, 1981, pp. 432-433）。また、このワンシャリースィーの集成や、彼の次の世代のマーリク学派法学者が書いた法学書などを通覧すると、マグリブには、巡礼がマグリブの人にとって「義務ではない」というだけでなく、「禁止行為になる」と考える学者もいたようで、一一二六／二七年に歿したアンダルスの有力なマーリク学派法学者ムハンマド・アッ＝トゥルトゥーシー（Muḥammad al-Ṭurṭūshī）なども、マグリブの人々にとって巡礼は禁止行為であるという法学的見解を発している（al-Wansharīsī, 1981, p. 433 : al-Ḥaṭṭāb al-Ruʿaynī, 1995, p. 456）。

マーリク学派に帰属するムハンマド・ベッロは、巡礼に関する諸問題を扱った自著『睡眠者への忠告』（*Tanbih al-rāqid*）の中で、以上のような先達の法学的見解、つまり巡礼路の危険性とジハードの必要性という条件から巡礼の免除を正当化する考えを引いている（Muhammad Bello, n.d.）。ただ、そこでは、これら二つの条件がハウサランドという特定の地域に当てはまるとは明言していない。また、言うまでもなく、ハウサランドはマグリブでもアンダルスでもなく、上記のような法学的見解が提示された時代と彼の時代との間には数世紀の隔たりがある。しかし、この著作をものしたムハンマド・ベッロの意図が単に過去の偉大な法学者たちの見解を列挙・紹介することにあったのかと問われれば、その答えはもちろん否であろう。そして、ハウサランドが西アフリカの内陸部に位置し、実際にそこからの巡礼が困難であった点と、ソコト・カリフ国の軍事ジハードが継続していた点を前提として踏まえることができれば、読者は、この著作の主意を比較的容易に理解できるはずである。つまり、それは、一二世紀以降のマグリブやアンダルスで提示された法学的見解の中の地域や時代に関する個別具体的な情報をつぶさに検討することではなく、そうした情報を捨象した時に浮かび上がってくる、当の法学的見解を成り立たせている根本的な条項――巡礼路の危険が巡礼を非義務化することと、ジハードへの参加が迫られる状況下では巡礼よりもジハードが優先されること――を一九世紀前半のソコト・カリフ国に適用することである。

実際に巡礼の遂行が容易ではなかったと考えられるハウサランドのムスリムにとって、おそらく、こうした巡礼の免除を正当化する見解は、神の命じた宗教的義務を果たせないことに起因するある種の「負い目」を軽減してくれるものであったと考えられる。そして、そうした巡礼の遂行に代わる行為、もしくは巡礼の遂行よりも優れた行為として、彼らの前にジハードへの参加が提示されたのである。さらに、ここで忘れてならないのは、このような見解を示したのが、政治権力と無縁の一介のイスラーム知識人ではなく、ソコト・カリフ国の統治機構の中枢にいるムハンマド・ベッロであったという事実である。それは、彼の著作の内容が、ソコト・カリフ国の公的な政策としてハウサランドのムスリム社会に生きる人々の行動を実際に規定する力を有したことを意味している（al-Naqar, 1972, p. 60）。そして、この政策の背後には、国家の基盤であるイスラーム法の諸規定から逸脱することなく、自らの権力と政権の維持・強化のために必要な軍事力を安定的かつ合法的に確保しようとする為政者の意図が透けて見えるのである(12)。

（4）歴史を紡ぐメッカ巡礼

本章で検討した二つの事例は、いずれも「移動」や「義務」といったメッカ巡礼の本質的な性質と、それぞれの地域や社会の政治的・経済的・社会的状況が相まったところに生起したものである。ヒトやモノ、そして多様な情報の移動や交換、交流を促すメッカ巡礼は、今日に至るまでしばしば、イスラーム圏の様々な地域や社会に大きな変化をもたらす要因となってきた。ミナンカバウ社会の事例はまさにそうした変化の一つに数えられ、巡礼者を通じた情報の伝播が一つのきっかけとなって、この社会を構成してきた諸勢力と新来の植民地主義勢力を巻き込むきわめて大きな社会変動が起こったのである。またメッカ巡礼は、それが個々のムスリムに課される宗教的な義務行為、つまり五行の一つでありながら、その履行の難易が聖地と個々のムスリムの居住地との地理的な位置関係に応じて著しく変化するものでもあった。この性質ゆえに、特定の地域においては、他の宗教的行為によってこの義務を代替するという発想が生じ得たのである。そして、ソコト・カリフ国では、聖地への旅が困難な同国の地理的条件と、領土の内外で戦闘を継続しなければならない政治的状況を前にした権力者が、巡礼の履行をジハードへの参加で代替する思想を提示したのであった。

宗教的行為としてメッカ巡礼の焦点は、言うまでもなく、メッカの町の限られた空間と時間で行われる諸儀礼である。しかし、本章で見た二つの事例が示すように、その焦点から広がる行為全体としての巡礼は、アラビア半島の一都市からイスラーム圏の東西の端に至る広大な空間のヒト、モノ、情報を互いにつなぎ合わせ、それぞれの地域の歴史の生成に大きな影響を及ぼし続けてきたのである。

注

（1）メッカ巡礼には二つの形式があり、義務となるハッジの他に、ハッジの期間以外であれば時期を問わずに遂行でき、またハッジに比べて儀礼が簡略化された「ウムラ」（小巡礼）がある。本章の「メッカ巡礼」もしくは「巡礼」は、ハッジを指す。

（2）メッカ巡礼の歴史に関しては、これまで膨大な数の研究がなされてきたが、比較的入手しやすい日本語の概説書としては、坂本（二〇〇〇）がある。

（3）本項で概観するミナンカバウ社会の状況は、原則として、地域間の細かな差異を捨象した一八世紀後半から一九世紀前半のそれである。
（4）アダットは、「慣習」を意味するアラビア語の「アーダ」をもとにした単語である。
（5）ある先行研究は、ミナンカバウの母系制社会における女性と男性の関係のあり方について、「ミナンカバウのアダットは、多くの人がそれを母系制的と見なし続けているが、実際にはそうではなかったという点をここで指摘しておく価値はあるだろう。権力と一族の諸事の管理は、女性たちにではなく、男性たちに帰されていた。母系は、どの男性（を長とするの）かを決定することにおいて重要だったのである」と述べている（Graves, 1981, p. 10）。
（6）修行の階梯を進むことで神との精神的合一を目指す人々をアラビア語で「スーフィー」と言い、彼らの営為を「タサウウフ」と言う。そして、彼らのみで、もしくは彼ら以外の一般信徒をも含み込んだ形で組織化された集団は、「スーフィー教団」と呼ばれる。タサウウフは、しばしば日本語で「イスラーム神秘主義」、英語で「スーフィズム」などと訳される。
（7）一八世紀後半から一九世紀前半の西スマトラにおける宗教・社会改革運動に関する研究は少なくないが、Dobbin（1974）や Dobbin（1983）は、この時期の運動の流れを詳しく記している。本項および次項の内容の多くも、これらの先行研究に依拠している。
（8）ジハードは、とくにタサウウフの文脈においては、信仰の深化を目指した個人の内面的な努力や戦いを指す大ジハードと、武力による戦闘行為を指す小ジハードとに分類される。本章で問題となるのは主に後者である。
（9）「パドリ」という名称については、ポルトガル語で「聖職者」を意味する「パドレ」に由来するという説や、西スマトラのメッカ巡礼者が経由したアチェの港町「ペディル」に由来するという説などがある（Kathirithamby-Wells, 1986：Dobbin, 1995, p. 237）。
（10）al-Naqar（1972）は、西アフリカのムスリムのメッカ巡礼史を詳しく論じた研究である。以下で紹介するソコト・カリフ国の巡礼とジハードとの関係性に関する議論は、この先行研究の内容に依拠している。
（11）イスラーム法においては、ムスリムの生活に関わるあらゆる事柄が、「義務」、「推奨」、「許容」、「忌避」、「禁止」の五範疇のいずれかに当てはまり、これを一般に「法規定の五範疇」と言う。
（12）軍事動員について言えば、ウスマーンも興味深い見解を提示している。彼は、種々の優れた性質を兼ね備えた宗教指導者であるイマームがムスリム共同体を統べるべきであると主張している。もちろん、ソコト・カリフ国のイマームとは、ウスマーンや彼の後継者たちであるが、注目すべきは、彼が、ジハードへの参加がすべてのムスリムに課される個人義務となる条件の一つとして、「イマームによる命令」を挙げている点である。この条件によって、イマームである彼や彼の後継者には、ソコト・カリフ国のムスリムの自由な軍事動員が可能になる（ʻUthmān bn Fūdī, 1978, pp. 27–31, 46–47）。

参考文献

加藤剛「矛と盾？——ミナンカバウ社会にみるイスラームと母系制の関係について」『東南アジア研究』第一八巻第二号、一九八〇年、二三二〜二五六頁。

坂本勉『イスラーム巡礼』岩波書店、二〇〇〇年。

ʻAbd Allāh bn Fūdī, *Tazyīn al-waraqāt bi-jamʻ baʻḍ mā l-ī min al-abyāt*, in Hiskett, Mervyn (ed. and tr.), *Tazyīn al-Waraqāt*, Ibadan : Ibadan University Press, 1963.

ʻAbd Allāh bn al-Ḥājj Ibrāhīm, *Ṣaḥīḥa al-naql fī ʻAlawīya Idaw ʻAli wa-Bakrīya Muḥammad Qull* (or *Gull*), manuscript, Maktaba Ahl Ḥabat, Chinguetti, al-Taʼrīkh 10/13/2144, n.d. ; 英訳＝Norris, H. T., "The History of Shinqīṭ, According to the Idaw ʻAli Tradition", *Bulletin de l'I. F. A. N.*, ser. B, vol. 24, nos. 3–4, 1962, pp. 395–403.

Abdullah, Taufik, "Adat and Islam : An Examination of Conflict in Minangkabau", *Indonesia*, nol. 2 (October), 1966, pp. 1–24.

Abdullah, Taufik, "Modernization in the Minangkabau World : West Sumatra in the Early Decades of the Twentieth Century", in Holt, Claire (ed.), with the assistance of Benedict R. O'G. Anderson and James Siegel, *Culture and Politics in Indonesia*, Ithaca and London : Cornell University Press, 1972, pp. 179–245.

Abdullah, Taufik, "Bonjol, Imam", in *The Encyclopaedia of Islam*, three (2011–3), Leiden and Boston : Brill, 2011, pp. 116–118.

Cortesão, Armando (ed. and tr.), *The Suma Oriental of Tomé Pires, an Account of the East, from the Red Sea to Japan, Written in Malacca and India in 1512–1515, and the Book of Francisco Rodrigues, Rutter of a Voyage in the Red Sea, Nautical Rules, Almanack and Maps, Written and Drawn in the East before 1515*, 2 vols. in 1, Nendeln : Kraus Reprint, 1967 ; 日本語訳＝生田滋・加藤栄一・長岡新治郎訳注、池上岑夫訳『東方諸国記』岩波書店、一九六六年。

DeLong-Bas, Natana J., *Wahhabi Islam : From Revival and Reform to Global Jihad*, New York : Oxford University Press, 2004.

Dobbin, Christine, "Tuanku Imam Bondjol (1772–1864)", *Indonesia*, no. 13 (April), 1972, pp. 5–35.

Dobbin, Christine, "Islamic Revivalism in Minangkabau at the Turn of the Nineteenth Century", *Modern Asian Studies*, vol. 8, no. 3, 1974, pp. 319–345.

Dobbin, Christine, "Economic Change in Minangkabau as a Factor in the Rise of the Padri Movement, 1784–1830", *Indonesia*, no. 23 (April), 1977, pp. 1–38.

Dobbin, Christine, *Islamic Revivalism in a Changing Peasant Economy : Central Sumatra, 1784–1847*, London and Malmö : Curzon Press, 1983.

Dobbin, Christine, "Padri", in *The Encyclopaedia of Islam*, new edition, vol. 8, Leiden : E. J. Brill, 1995, pp. 237–238.

Faroqhi, Suraiya, *Pilgrims and Sultans : The Hajj under the Ottomans 1517–1683*, London and New York : I. B. Tauris, 1994.

Graves, Elizabeth E., *The Minangkabau Response to Dutch Colonial Rule in the Nineteenth Century*, Ithaca : Cornell Modern Indonesia Project, 1981.

Hadler, Jeffrey, *Muslims and Matriarchs : Cultural Resilience in Indonesia through Jihad and Colonialism*, Ithaca and London : Cornell University Press, 2008.

al-Ḥaṭṭāb al-Ruʻaynī, *Mawāhib al-jalīl li-sharḥ Mukhtaṣar Khalīl*, vol. 3, Beirut : Dār al-Kutub al-ʻIlmīya, 1995.

Hiskett, Mervyn, *The Sword of Truth : The Life and Times of the Shehu Usuman dan Fodio*, 2nd edition, Evanston : Northwestern University Press, 1994.

Holt, P. M., Ann K. S. Lambton, and Bernard Lewis (eds.), *The Cambridge History of Islam*, vol. 2 : *The Further Islamic Lands, Islamic Society and Civilization*, Cambridge : Cambridge University Press, 1970.

Ibn Baṭṭūṭa, *Tuḥfa al-nuẓẓār fī gharā'ib al-amṣār wa-'ajā'ib al-asfār*, in Defrémery, C., and B. R. Sanguinetti (eds. and trs.), *Voyages d'Ibn Batoutah*, 4 vols., Paris : Imprimerie Nationale, 1922–1949；日本語訳＝家島彦一訳注『大旅行記』、全八巻、平凡社、一九九六～二〇〇二年。

Ibn Jubayr, *Riḥla Ibn Jubayr*, [Beirut] : Dār al-Kitāb al-Lubnānī/Maktaba al-Madrasa, n.d.；日本語訳＝藤本勝次・池田修監訳『イブン・ジュバイルの旅行記』講談社、二〇〇九年。

al-Jazīrī, ʻAbd al-Raḥmān, *Kitāb al-fiqh ʻalā al-madhāhib al-arbaʻa*, vol. 1 : *Qism al-ʻibādāt*, Cairo : Dār al-Fikr, n.d.；英訳＝Roberts, Nancy (tr.), *Islamic Jurisprudence According to the Four Sunni Schools*, vol. 1 : *Modes of Islamic Worships*, Louisville : Fons Vitae, 2009.

Josselin de Jong, P. E. de, *Minangkabau and Negri Sembilan : Socio-Political Structure in Indonesia*, The Hague : Martinus Nijhoff, 1952.

Kahn, Joel S., *Minangkabau Social Formations : Indonesian Peasants and the World-Economy*. Cambridge : Cambridge University Press, 1980.

Kathirithamby-Wells, J., "The Origin of the Term *Padri* : Some Historical Evidence", *Indonesia Circle*, no. 41 (November), 1986, pp. 3–9.

Kato, Tsuyoshi, "Change and Continuity in the Minangkabau Matrilineal System", *Indonesia*, no. 25 (April), 1978, pp. 1–16.

Kato, Tsuyoshi, "Rantau Pariaman : The World of Minangkabau Coastal Merchants in the Nineteenth Century", *Journal of Asian Studies*, vol. 39, no. 4, 1980, pp. 729–752.

Kato, Tsuyoshi, *Matriliny and Migration : Evolving Minangkabau Traditions in Indonesia*, Ithaca and London : Cornell University Press, 1982.

al-Kuntī, Sīdī, Muḥammad, *al-Ṭarā'if wa-al-talā'id min karāmāt al-shaykhayn al-wālida wa-al-wālid*, manuscript, Maktaba Shaykh al-Islām al-Ḥājj Ibrāhīm Niyās, Kaolack, n.d.

Last, Murray, *The Sokoto Caliphate*, London : Longmans, 1967.

Loeb, Edwin M., *Sumatra : Its History and People*, Kuala Lumpur : Oxford University Press, 1972.

Marsden, William, *The History of Sumatra*, reprint of the 3rd edition, Kuala Lumpur : Oxford University Press, 1966.

Muḥammad Bello, *Tanbīh al-rāqid 'alā mā ya'tawiru al-ḥajj min al-mafāsid*, manuscript, Kenneth Dike Library, University of Ibadan, Ibadan, 82/576, n.d.

al-Naqar, 'Umar, *The Pilgrimage Tradition in West Africa : An Historical Study with Special Reference to the Nineteenth Century*, Khartoum : Khartoum University Press, 1972.

Nāṣir Khusraw, *Safar-nāma*, Tehran : Enteshārāt-e Ketāb-farūshī-ye Zovvār,[1956/7?] ; 英訳 = Thackston, W. M., Jr. (tr.), *Nāṣer-e Khosraw's Book of Travels* (*Safarnāma*), Albany : Bibliotheca Persica, 1986.

PCGN (The Permanent Committee on Geographical Names), *Indonesia : Population and Administrative Division*, London : PCGN, 2003.

Peskes, Esther, "Wahhābiyya", in *The Encyclopaedia of Islam*, new edition, vol. 11, Leiden : Brill, 2002, pp. 39–45.

Peters, Francis E., *The Hajj : The Muslim Pilgrimage to Mecca and the Holy Places*, Princeton : Princeton University Press, 1994.

Porter, Venetia (ed.), *Hajj : Journey to the Heart of Islam*, Cambridge, MA : Harvard University Press, 2012.

Roff, William R., "Islamic Movements : One or Many?", in Roff, William R. (ed.), *Islam and the Political Economy of Meaning : Compara-*

tive Studies of Muslim Discourse, London and Sydney : Croom Helm, 1987, pp. 31–52.

Thomas, Lynn L., and Franz von Benda-Beckmann (eds.), *Change and Continuity in Minangkabau : Local, Regional, and Historical Perspectives on West Sumatra*, Athens : Ohio University Center for International Studies, 1985.

'Uthmān bn Fūdī, *Bayān wujūb al-hijra 'alā al-'ibād wa-bayān wujūb naṣb al-imām wa-iqāma al-jihād*, in El Masri, F. H. (ed. and tr.), *Bayān Wujūb al-Hijra 'ala 'l-'Ibād*, Khartoum and Oxford : Khartoum University Press / Oxford University Press, 1978.

'Uthmān bn Fūdī, *Masā'il muhimma yaḥtāju ilā ma'rifat-hā ahl al-Sūdān*, manuscript, Kenneth Dike Library, University of Ibadan, Ibadan, 82/258, n.d.a.

'Uthmān bn Fūdī, *Najm al-ikhwān yahtadūna bi-hi bi-idhn Allāh fī umūr al-zamān*, manuscript, National Archives of Nigeria, Kaduna, D/AR36/1, n.d.b.

'Uthmān bn Fūdī, *Nūr al-albāb*, manuscript, Bibliothèque Nationale de France, Paris, Arabe 5577, ff. 1r–6v, n.d.c.

'Uthmān bn Fūdī, *Sirāj al-ikhwān fī ahamm mā yuḥtāju ilay-hi fī hādhā al-zamān*, manuscript, Bibliothèque Nationale de France, Paris, Arabe 5528, ff. 225v–238v, n.d.d.

al-Wansharīsī, Aḥmad, *al-Mi'yār al-mu'rib wa-al-jāmi' al-mughrib 'an fatāwī ahl Ifrīqiya wa-al-Andalus wa-al-Maghrib*, vol. 1, Rabat : Wizāra al-Awqāf wa-al-Shu'ūn al-Islāmīya li-l-Mamlaka al-Maghribīya, 1981.

第4章　キリスト教宣教がつなぐ世界

大澤広晃

1　宣教師の役割

かつて、ユーラシア大陸西部のローカルな宗教に過ぎなかったキリスト教は、いまや二〇億人以上の信徒を擁する世界最大の宗教の一つへと成長を遂げた。近代世界におけるキリスト教の拡大とそれにともなうヒト・モノ・知識・思想の移動は、世界史の展開にどのような影響を与えたのか。この問題を検討することが本章の課題である。以下では、まず、キリスト教の「伝え手」である宣教師に注目し、宣教師が異なる地域間を移動することで果たしたモノや情報の媒介者としての役割をみる。第二節では、キリスト教を受容した人々に視点を移し、改宗者がときに各地の移動をともないながら宣教の担い手として「受け手」から「伝え手」へと変化していく様相と、その過程で生じた様々な葛藤やキリスト教それ自体の多様化を論じる。第三節では、宣教の世界史的意義を考える上でとくに重要なテーマとして、キリスト教と植民地主義という問題を取り上げ、両者の複雑な関係を検討していく。なお、紙幅の制限から、本章は主としてカトリックとプロテスタントを中心とする西方教会の動向に叙述の焦点を絞った。そのため、正教会に代表される東方教会の活動にはほとんど言及することができなかった。この点をあらかじめお断りしておきたい。

（1）キリスト教宣教の世界的拡大

一五世紀後半以降、スペインとポルトガルをはじめとするヨーロッパ諸国が対外進出に乗り出すと、キリスト教もまた世界に向けて拡大していくこととなった。この時期の海外宣教を牽引したのはカトリック教会である。宗教改革の衝撃を受けて開催されたトリエント公会議では、カトリック教会が自己改革を行うことでプロテスタンティズムに対抗していくことが決定されたが、そうした対抗宗教改革の一つの柱とされたのが宣教であった。以後、イエズス会をはじめとする様々な団体がカトリック教会の世界宣教事業を担っていくこととなった（高柳、二〇〇九、一〇〜二五頁）。

プロテスタントが宣教活動に本格的に取り組みはじめたのは、一八世紀のことである。その背景には、一七二〇年代から始まる福音主義信仰復興運動があった。福音主義は敬虔な信仰とともにキリスト教の積極的な布教を重視したため、その影響を強く受けたプロテスタント諸国を中心に、一八世紀末以降、様々な宣教団体が設立された。一九世紀には、プロテスタント諸派が世界各地で宣教活動をリードした（西川、二〇〇九、六八〜七二頁：佐藤、二〇〇九、一三五〜一三八頁）。

東方教会では、ロシア正教会も積極的に宣教事業を推進した。一八四二年にはカザン神学大学が創設され、ここが宣教の拠点となった。イオアン・ヴェニアミノフやイオアン・カサトキン（ニコライ）らが、アリューシャン列島や日本において精力的な宣教活動を展開し、多くの信者を獲得した（廣岡、二〇一三、二〇〇〜二〇四頁）。こうした活動の結果、キリスト教は世界各地に根を下ろしていくこととなった。

（2）宣教師たち

キリスト教を世界各地に伝えた宣教師とは、どのような人々だったのだろうか。宣教師の出自は様々だが、その多くは叙階された神父や按手礼を受けた牧師であり、ヨーロッパにおける知識人エリート層に属していた。カトリックのイエズス会が典型で、その初期会員の多くはパリ大学修士号を有していた。その一方で、プロテスタント諸派では、社会の中下層を出自とする者が宣教師に志願することもあった。一八〜一九世紀のイギリスにおいて、宣教師として海外に派遣された者たちの多くは職人層出身だった。彼らがキリストの福音を異教徒に伝えることに強い使命感を抱いていたのはたしかだが、宣教師という職業に就くことで得られる教育機会や安定的収入、社会的地位上昇への期待もこれらの人々を宣教にひきつけたといわれている（Williams, 1980）。

宣教師というと男性の職業というイメージが強いかもしれないが、宣教現場では女性も重要な役割を果たした。イギリスとアメリカのプロテスタントを例にとれば、一九世紀前半における女性の役割は、宣教師協会の運営を財政的に支援したり宣教師の妻として夫の活動を支えたりするなど補助的なものにとどまっていた。しかし、世紀後半になると、職業として宣教師を選ぶ女性が増えてくる。彼女たちはキリスト教を伝えるだけでなく現地人女性を対象に医療や教育を提供するなど、男性宣教師が容易に参入できない領域で独自の活動を行った。それと同時に、女性宣教師の増加は、社会における女性の活動領域を押し広げる契機ともなった。女性は家庭を守ることが第一の責務であるという性別役割分業の考え方が一般的だった時代にあって、宣教は女性が社会でより広範に活躍する機会を創出したのである（小檜山、一九九二、第一章；並河、二〇〇四、二四四～二四八頁）。

（3）モノと知識の媒介

宣教師の第一の目的は、もちろんキリストの福音を伝えることにある。だが、長期に及ぶ旅を経て目的地に到着した宣教師が、すぐに宣教を開始できたわけではない。宣教活動を行うためには、まず、現地社会、とりわけその支配者層と交渉し、宣教の許可を得る必要があった。その際、現地社会が宣教師を受け入れる対価としてしばしば求めたのが、西洋の物品、技術、知識などであった。こうした現地社会からの要請に応えることで、宣教師らはモノや知識の媒介者としての役割も担うこととなった。

日本の例をみてみよう。周知のように、日本での宣教は一五四九年にイエズス会士のフランシスコ・ザビエルが来航したことで始まる。その際、ザビエルとその同僚たちは、日本＝ポルトガル間の貿易の発展を強く求めた。ポルトガル船の来航が増えることで、西洋の物品に強い関心を示す日本の領主層から宣教の許可を得やすくなるばかりでなく、日本へ向かう宣教師らに定期的で安定的な交通手段が提供されると考えたからである。イエズス会自体も、マカオを拠点とするポルトガル商人らと密接な関係を有していた。日本での宣教が始まると、イエズス会士とともに生糸、絹織物、金などの交易品を積んだポルトガル船が、日本とマカオの間を頻繁に行き来するようになった。やがて、イエズス会も日本＝マカオ間の貿易に様々な形で参加するようになり、そこから得られる収入によって宣教経費の主要部分をまかなうようになった。日本における宣教の開始は、南蛮貿易の本格的な開始と連動していたのである。海外の物品が多く日本に持ち込まれ、一六世紀中頃から江戸幕府が禁教令を発布する一七世紀初頭に至るまで、南蛮文化は日本の人々の強い関心を集めることとなった（高瀬、一九九三、第五章～第六章：岡、二〇一〇）。

同様に、アフリカにおいても、宣教と交易は密接に関わりあっていた。宣教を許可したアフリカ人支配者層は、しばしばキリスト教よりも宣教師を通じて得られる西洋の商品に関心を示した。とくに需要が高かったのが、外敵からの防衛に必要な銃である。一九世紀中葉に西アフリカで活動した英・国教会の宣教師は、アフリカ人は宣教師との関係を維持することで「戦争に必要な銃や火薬が十分に供給される」ことを期待していると述べている（Peel, 2000, pp. 126–127）。宣教師らがこうした要望にどう対処したかは事例により異なるが、それを受け容れ、自らの銃を贈呈したり銃・火薬・弾薬の交易に直接的・間接的に関与したりする者も多かった。その後、宣教拠点が構築されると、そこは銃・弾薬を含む様々な商品の交易拠点ともなった（Storey, 2008, pp. 92–101；Volz, 2011, pp. 132–140）。このようにして、宣教師は異なる地域を結ぶ交易網の形成に大きく貢献したのであった。

宣教師らはまた、非西洋世界に西洋の技術や思想を持ち込むことで知識の伝達者としての役割も担った。一六世紀後半、中国における本格的な宣教活動がイエズス会士のマテオ・リッチらによって開始された。リッチは神学のみならず数学・天文学・自然科学などを修めた科学者でもあり、現地知識人層の要望に応えてキリスト教だけでなく西洋の科学知識も伝授した。リッチらが中国の文化や慣習を尊重する適応主義をとったことで、多くの名士がイエズス会士らと交わるようになり、その中からはキリスト教に改宗する者も現れた。徐光啓はその一人である。明朝に仕える官僚政治家にして博学多才な学者でもある徐は、農業を基礎に置く富国と防衛力を向上させるための強兵を目指していた。数学を中心に西洋知識を積極的に摂取し多くの欧語文献を漢訳したほか、そこで得られた知見を基礎に『農政全書』などを著し、衰亡期の明朝を支えた（岡

本、二〇〇八、一六～二五、五五～五八頁）。

さて、ひとたび宣教拠点が形成されると、そこではキリスト教と西洋知識をより体系的に教育するための学校が建設された。カトリックでは、中高等教育を重視するイエズス会がヨーロッパ、アメリカ、アジアに数多くの学校を設立した。同様に、プロテスタントも世界各地で学校を開設し、人文学から科学・医学まで西洋知識の普及に努めた。キリスト教会が教育を重視した背景には、信仰を深化するためには聖書を読解する能力を鍛えることが不可欠であるという認識とともに、とくに一九世紀以降に非西洋世界で西洋の技術や知識に対する関心が高まる中で、西洋教育を通じてキリスト教への興味をかきたてようという狙いもあった。教育の現場では、女性たちが顕著な役割を果たした（Grimshaw and Sherlock, 2005, pp. 183–188；並河、二〇〇七）。開国期から明治初期にかけての日本では、北米を中心に数多くの女性宣教師が来日した。彼女たちは、キリスト教のみならず西洋のジェンダー規範や価値観も教えることでクリスチャンホームを日本に普及させようとし、現在も残る数多くのミッション学校の礎を築いた（小檜山、一九九二、第四章）。

（4）　情報とイメージの媒介

宣教師らはまた、非西洋世界についての情報やイメージを西洋世界に伝える回路としても主要な役割を果たした。宣教活動で成功を収めるためには、まずもって宣教対象地域に住む人々のことをよく理解しなければならない。よって、宣教師たちは、任地で出会った人々の言語、生活、慣習などを熱心に観察し記録した。一六世紀半ばに北米のケベックで宣教を開始したイエズス会士らは、現地の先住民であるアルゴンキンとイロコイに関する研究を続け、『レラシオン』という七三巻にも及ぶ膨大な記録を残している（森本・高柳、二〇〇九、五二頁）。また、中国で活動したドミニコ会士のクルスは、『華南事物誌』で明代中国の風土や人々について論じ、中国に対する読者の興味をかき立てた（岡本、二〇〇八、七〇頁）。宣教師が残した記録は、同時代の非西洋世界に関する貴重な情報源として当時も今も参照され続けている（新居、二〇一七）。

しかし、宣教師らが完全に客観的な立場から非西洋世界について記述できたわけではない。他文化に接した時、宣教師らはまず、自らに馴染みのある西洋キリスト教の世界観に照らして対象を理解しようとした。だが、異質な他文化を自文化に特有な世界観の枠組みに無理矢理あてはめて理解しようとしても、その本質を捉えることはできない。したがって、宣教師らが描いた非西洋世界の「イメージ」とその「実態」との間には、どうしてもズレが生じてくることになる。その結果、宣教師らの記録は、往々にして観察対象となる人々や文化についての誤解や偏見を多く含むことにもなった。一六世紀のラテンアメリカで活動したカトリック宣教師たちは、アメリカ大陸の先住民（インディオ）とその文化を観察するにあたり、偶像崇拝にとくに注目した。偶像崇拝はキリスト教の教義に反するものだったので、宣教師らはこれをきわめて否定的に描いた。イエズス会士ベルナベ・コボは、『新世界史』の中で偶像崇拝を悪魔崇拝と結びつけ、インディオの心は悪魔に支配され迷信や呪術にとらわれていると論じている。さらに、宣教師らは、偶像崇拝を文明の尺度としてインディオを分類しようとした。彼らは、スコラ哲学を参照に、崇拝対象となっている偶像のモチーフを、単元素と複元素からなるもの、無生物と生物、理性をもつものともたないものなどの指標に基づいて分類し、序列化した。そして、そのような序列に基づいて、それぞれのインディオ社会の発展段階を測定しようとした。これによると、たとえばカエルやクモを崇拝するインディオは、太陽を崇拝するインディオよりも文明の発展度において劣るとされた（齋藤、一九九三、五五〜五九頁）。このような情報が宣教師の著作や報告書を媒介として西洋世界に流通することで、実態から乖離したインディオのイメージが生産され強化されたのであった。

2　信徒たちの世界

(1)　キリスト教を受容する

前節では、キリスト教の伝え手である宣教師に焦点をあててきた。本節では、キリスト教を受容した人々に視点を移し、宣教が様々な地域に及ぼした多様な影響を、信徒たちの目線からみていきたい。

精力的な宣教活動の結果、キリスト教徒の数は世界各地で次第に増加していった。改宗者の中には、宗教よりも西洋人宣教師との関係を通じて得られる様々な物資的利益に関心を持っていた者もいたであろうが、キリストの教えを真摯に受け止めて主体的に改宗を選択した者も多かった。改宗者の出自は多様である。キリスト教は、一方で、政治権力者や知識人などのエリート層を引きつけた。一五世紀から一六世紀の日本では多くの戦国大名がキリスト教に改宗したし、同時代の中国でも先述した徐光啓のように宣教師との知的交流を深める中で洗礼を受けた知識人も多かった。他方で、社会で差別的な待遇を受けてきた人々が、迫害や抑圧からの解放と新たな人生への可能性を求めて教会の門を叩くことも多かった。清朝末期の華南では、初期教会員の多くは社会的弱者や下層階級出身者によって占められていたという（蒲、二〇〇三、五〇〜五四頁）。同様に、一九世紀アフリカでも、初期改宗者のほとんどは社会の周縁部に来歴をもつ人々であり、その中には女性も多く含まれていた（Etherington, 1978, Ch. 5 : Hastings, 1994, pp. 209–215）。改宗者の中には、信仰を強要された人々もいた。現在のペルーを中心とするアンデスでは、スペインの植民地化と連動してインディオのキリスト教化が進められた。インディオの多くは表面的にはキリスト教を受け容れつつもその裏で伝統的な神々への供犠を継続することで、在地の宗教文化を維持しようと努めた（網野、一九九〇、一九四〜二一〇頁）。

キリスト教が浸透していない地域に住む人々にとって、キリスト教に改宗するということは、リスクとチャンスの双方をともなうものであった。リスクという点では、新奇な宗教に傾倒し伝統的規範に必ずしも従順ではない改宗者は、しばしば共同体の内部で孤立を余儀なくされた。そうした中で、様々な内的・外的要因により、キリスト教が秩序に対する深刻な脅威とみなされたときに迫害や弾圧が起こった。日本では、一六世紀後半にキリスト教が拡大し、一五七〇年代には、教会数は一五〇、信徒数は約一〇万を数えた。セミナリヨなどの学校も建設され、有力大名からも改宗者が現れた。しかし、一五八七年に豊臣秀吉が伴天連追放令を発布し、一六一二年には江戸幕府が改めて禁教を布告した。禁教政策のもとでキリシタン弾圧が行われ、宣教師の殉教も相次ぎ、一六四四年の小西マンショの処刑により国内では聖職者が不在となった。とはいえ、これによりキリスト教が根絶されたわけではなかった。宣教師の活動が困難になると、迫害を逃れた潜伏キリシタンらは、秩序を守り百姓としての日常生活を送りながら、独自の組織を形成して信仰の維持に努めた。その核となったのは、コンフラリヤ（信心会）である。コンフラリヤは、小組・大組・親組の三層構造からなり、有力信徒が、組親、惣代（通達人）、慈悲役（慈悲物〔互助の目的で信徒が供出する金や物資〕の役人）、慈悲のぶんぐこ〔奉行〕（慈悲物の出納・保管役）といった役職に就任して平信徒を管理した。カトリックの祭日には組親などの家に集い、信仰行事を執り行った。コンフラリヤはまた、死者の埋葬、病人の見舞い、困窮状態にある構成員への金銭等の融通など、相互扶助組織としても機能した。こうした仕組みを基礎に、潜伏キリシタンは独自の信仰と信徒間の結束を維持し続けた（大橋、二〇〇一、二〇八～二一七頁：五野井、二〇〇二、二九二～三二〇頁：大橋、二〇一七、第六章）。

改宗にともなうリスクの一方で、キリスト教徒になることが社会的地位の上昇につながることもあった。先述の通り、初期改宗者には社会の周縁に出自をもつ者も多かったが、これらの人々は、キリスト教という新たな宗教規範とともに、ミッション学校などで西洋教育を受けることを通じて西洋の言語、知識、技術、価値観、生活様式などを身につけていった。やがて、信徒とその子孫の一部は、教師、ジャーナリスト、医師、法律家、牧師といった専門職に就いたり、経済的な成功を収めたりすることで、非西洋社会における新たな指導者層の一翼を担うようになっていった（Etherington, 2005, pp. 273-274：駒込、二〇一五、一六八～一七五頁）。

（2）「受け手」から「伝え手」へ――現地人信徒の宣教への貢献と独立教会

宣教活動が実を結び改宗者の数が増加してくると、宣教のさらなる拡大のために、現地の信徒をより積極的に活用することが試みられた。現地人信徒の活用は、様々な利点を有していた。まず、現地人信徒は、宣教対象地域の文化・慣習・言語に通じており、その土地の人々に対してより効率的にキリスト教のエッセンスを伝えることができると考えられた。第二に、とくに熱帯地域では、過酷な気候や感染症などのために多くの白人宣教師が命を落としてきたが、現地人信徒はそうした自然環境への耐性を有していた。第三に、ヨーロッパから宣教師を派遣するためには交通費や被服費などの点でかなりの出費を要したが、現地人信徒を活用すればそうした支出を抑えることができた（大澤、二〇一二、三四頁：Andrews, 2013, pp. 7-11）。

自ら福音の「伝え手」となった現地人信徒のうち、とくに優秀だと認められた者は聖職者に任用され、その中からはより高位の職階に昇る者も現れた。一九世紀後半の西アフリカで活躍した英・国教会のサミュエル・クラウザーは、その代表例である。一八〇七年に現在のナイジェリア南西部に生まれたクラウザーは、一八二二年に奴隷にされるが、のちにイギリス海軍の手で解放され、英領シエラレオネで国教会の宣教師に養育された。一八二五年に洗礼を受け、西アフリカ初の高等教育機関であるフーラーベイ・カレッジを卒業した後、ロンドンに留学して宣教師養成学校で学び、一八四三年に国教会の聖職者となった。以後、ヨルバランドを拠点に宣教師として働く一方で、聖書をヨルバ語に翻訳したりイボ語やヌペ語の文法書・語彙集を著したりするなどした。これらの功績が認められ、一八六四年にクラウザーは主教に任命され、ニジェール川周辺における国教会の宣教事業を統括する立場となった。

このように現地人信徒の活躍が教勢のさらなる拡大を促す一方で、宣教活動の方針やそこでの権限をめぐり白人宣教師と現地人聖職者が対立することもあった。クラウザーの場合も、白人宣教師との関係が彼の晩年に暗い影を落とすこととなった。そもそも白人宣教師の間では、アフリカ人を主教に据えることへの批判や疑問が当初からささやかれていた。その後、一八八〇年代後半に若手の白人宣教師らを中心にクラウザーの宣教方針や指導力に対する批判が噴出すると、彼は多くの権限を失うこととなる。一八九一年、混乱の渦中でクラウザーは心臓発作に倒れ死去した。この他にも、一九世紀ヨルバランドの国教会宣教団内部では、教会が主導して設立する中等学校の教育内容をめぐり白人宣教師とアフリカ人聖職者・信徒の間で鋭い対立が生じた。前者が実用的な知識や技能を教える実業教育を強調したのに対して、後者はラテン語とギリシア語の教授を含むよりアカデミックな内容の教育を求めた。教養教育を重視するアフリカ人たちは、イギリス本国のエリート校にもひけをとらないカリキュラムを備えた学校を建設することで、イギリス人に勝るとも劣らない知性を獲得し、植民地社会の中で自らの地位を高めていくことを目指したのであった（井野瀬、二〇〇七、二〇三～二一四頁）。

白人宣教師と現地人信徒が対立した結果、現地人信徒が既存の教会を離れて新たな教会（独立教会）を結成することもあった。一九世紀末の南アフリカで誕生したエチオピア教会は、その一つである。南アフリカでも、一九世紀後半から現地人信徒を有効活用する方針が各教派によって採用され、優秀なアフリカ人信徒が聖職者に任じられるようになった。だが、そのようにして誕生したアフリカ人聖職者と白人宣教師の関係は、しばしば複雑なものであった。白人宣教師の中には、職位の上では対等であるにもかかわらず「知的未成熟」などを理由にアフリカ人の同僚を見下す者もおり、後者は不満を募らせていた。一八九二年、ウェスリアン・メソディスト教会のアフリカ人牧師マンゲナ・モコネは、辞表を提出して教会から離脱した。自らの行動を説明する書簡の中で、彼は、重要な会議から非白人が排除されていること、白人聖職者とアフリカ人聖職者の間に給与・待遇・業務面で大きな開きがあることなどを指摘した上で、肌の色の違いこそがそのような格差の主因であると断じ、教会内部の人種差別を批判した。職を辞したモコネは、アフリカ人のための教会としてエチオピア教会（この「エチオピア」は『旧約聖書』詩篇六八：三一によっており、「アフリカ全体」を意味する）を創設した。同教会には、多くの非白人信徒が集まり、白人宣教師が主導する既存の教会を脅かす存在へと成長していった。その後、エチオピア教会は、アメリカ合衆国に拠点を置きアフリカ系アメリカ人が主導するアフリカン・メソディスト監督教会の傘下に入った。その結果、アメリカと南アフリカの間で宗教的連携を基盤にした人的・思想的ネットワークが発展した。二〇世紀前半にはアメリカで学ぶアフリカ人も増え、キリスト教のみならず様々な思想を南アフリカに持ち帰った。教育と自助努力による向上を説くブッカー・T・ワシントン、アフリカ系アメリカ人の権利獲得を唱えるW・E・B・デュボイス、「アフリカ人のためのアフリカ」をスローガンとするマーカス・ガーヴェイの思想などが伝わり、以後の南アフリカにおける非白人政治運動に大きな影響を与えた（Campbell, 1995, chs. 8-9）。エチオピア教会の創設は、人と思想の移動を促し大西洋をまたぐ地域間ネットワークの活性化に貢献したのであった。

（3）キリスト教の翻訳と現地化

本節の最後に、キリスト教の翻訳と現地化という問題をみておこう。キリスト教を新たな土地に伝えるためには、その教えを現地の言葉で適切に表現することが不可欠である。よって、任地に到着した宣教師らが真っ先に取り組んだのは、現地の言語を習得し、聖書や教理問答集などを現地語に翻訳することであった（Sanneh, 2009）。だが、キリスト教の主要概念の翻訳はしばしば大きな困難をともなった。たとえば、キリスト教の「神」にいかなる翻訳語をあてるべきかという問題は、宣教師らを大いに苦悩させた。日本の事例をあげると、一六世紀に来日した宣教師らはまず、神と大日如来の類似性に注目して大日を神の訳語として用いようとした。しかし、大日は世界の創造主ではなくイエスの受難という要素も欠いていたため、キリスト教の神とは大きく異なる概念であることがわかってきた。その結果、宣教師らは現地語への翻訳をあきらめて、ラテン語の音訳語であるデウスをそのまま用いることにした（米井、二〇〇九、二〇～二一頁）。その後、幕末維新期にアメリカのプロテスタント宣教師らが来日すると、彼らはあらためて神という訳語を採用し、以後日本ではこの言葉が定着した（金、二〇一三、一六～一七頁）。

このような労苦を重ねたとしても、キリスト教の教義がヨーロッパ人宣教師の意図したかたちでそのまま受け手に伝わるとは限らない。キリスト教の中核を占める諸概念は、ユダヤ・キリスト教世界において歴史的に形成されてきた特異な概念であり、他地域に住む人々にとっては容易に理解しがたいものであった。よって、キリスト教を受容する側は、自らの価値観や世界観に引きつけながら新たな教えを吸収しようとしたが、その過程でキリスト教が現地の文化や規範と習合し、独自の形態に変化（現地化）することもあった。

現地化したキリスト教の例としては、一九世紀中国を席巻した太平天国の母体となった拝上帝教がある。拝上帝教を創始した洪秀全は、中国人プロテスタント牧師の梁発が著した『勧世良言』を通じてキリスト教を知った。『勧世良言』では、キリスト教の神は「上帝」という語で表現されていた。上帝は唯一神ではなく意思を持った人格神であった点でキリスト教の神とは異なっていたが、中国文化と中国語の中にキリスト教の神に対応する概念や語彙がなかったため、わかりやすさを重視してこの表現が用いられた。この戦略は功を奏し、『勧世良言』に感銘を受けた洪はキリスト教への改宗を決意した。ただし、彼は単にキリスト教を受容するのみならず、自らの幻夢体験に基づき次第に自身を上帝に遣わされた者として認識するようになっていった。「イエスの弟」を自認した洪は、以後、「堕落した」中国の救済に乗り出していく。その一方で、洪の教えは、私を否定して公を絶対視し公平で平和な世界を理想とする「大同」思想に大きく依拠しており、儒教の影響を色濃く反映するものでもあった。キリスト教が伝統的な儒教文化と混交するかたちで拝上帝教が成立し、のちの太平天国へとつながっていくことになる（菊池、二〇〇三、六～三〇頁）。

以上みてきたように、キリスト教が翻訳される過程で現地の宗教文化と混ざり合った結果、様々な形態をとる多様なキリスト教が誕生することとなった。こうした複数性・多様性を内部に包摂しつつ、キリスト教は拡大していったのである。

3　キリスト教宣教と植民地主義

(1)　帝国の代理人？――宣教師と植民地主義

本節では、宣教と世界史の相関を考える上でとくに重要なテーマであるキリスト教と植民地主義の関係について検討していく。

キリスト教の世界的拡大の前提に一五世紀以降のヨーロッパの対外進出があったことは、宣教と西洋諸国の帝国支配が強い相関関係にあったことを示唆している。実際、宗教改革期以降のカトリック宣教団は、スペインとポルトガルの庇護の下でその活動領域を拡大させていった。とくにアメリカ大陸において、カトリック教会の宣教活動は両国の植民地政策と軌を一にしながら展開した。植民地では、総督らが宣教団を支援する一方で、宣教師らはインディオに対して宗教のみならず西洋の技術や知識を教授した。その後、一七世紀中葉には、宣教事業の主導権をスペイン・ポルトガルから取り戻そうとする教皇庁の思惑もあり、カトリック宣教の担い手は次第にフランスへと移っていった。以後、パリ外国宣教会などのフランス系宣教団が、カトリック教会の拡大を牽引していくこととなる。この過程で、教皇庁は世俗権力による宣教への介入を極力排除しようとするが、一九世紀以降、フランス系宣教団は母国との関係を強めていった。このように、カトリック宣教が帝国拡大の一翼を担ったことはたしかである。だが他方で、宣教師らが植民地支配に対してまったく無批判であったわけではない。ドミニコ会士ラス・カサスは、『インディアスの破壊に関する簡潔な報告』で、宗教教育の名目でインディオ支配を許容するエンコミエンダ制を糾弾した。同様に、ミチョアカン司教のバスコ・デ・キロガも、インディオに対する植民者の抑圧的な態度を批判し、両者の居住領域を隔離することでインディオを保護すべきだと説いた。帝国と教会の関係は、協調と対立の双方を孕む複雑なものであった（坂野、二〇〇四：森本・高柳、二〇〇九、五七～六〇頁：安村、二〇〇九：坂野、二〇一一：平山、二〇一二）。

スペインとポルトガルの衰退後、オランダの盛衰を経て、強大な世界帝国を築いたのはイギリスであった。イギリス帝国は一八世紀以降に顕著に拡大していくが、これはイギリスにおいてプロテスタント諸派による海外宣教が活発になった時期とも重なっており、ここでも宣教と帝国は密接な関係を取り結んでいくこととなった。もっとも、カトリック宣教団の場合とは異なり、イギリスにおけるプロテスタント宣教団体の多くは有志が自発的に立ち上げた結社であり、国家の直接的な庇護を受けていたわけではなかった。よって、宣教の拡大の軌跡と帝国の拡大の軌跡は必ずしも一致せず、両者が常に協調関係にあったわけではない。たとえばイギリス帝国の経済的基盤であった奴隷制に対して、宣教師らはしばしば激しい批判を加えた。宣教師らの貢献もあり、イギリスは一八〇七年に奴隷貿易を禁止し、一八三三年には（経過措置を経た上での）奴隷制廃止を議決した。他方で、宣教師らがイギリス帝国の拡大を支持した場面も多かった。とりわけ、宣教に対する現地住民の非協力的姿勢や抵抗に直面した場合にそうした傾向が強く、多くの宣教師は宣教の機会が拡大することを期待して、中国でのアヘン戦争、西アフリカでのアシャンティ戦争、南アフリカでのズールー戦争などの征服戦争を支持した（並河、二〇〇四：竹内、二〇一二：大澤、二〇一二：Stanley, 1990：Porter, 2004）。

宣教師はまた、文化帝国主義の担い手ともなった。白人宣教師はしばしば西洋文明の優越を所与の前提に、それを非西洋世界に伝えることで現地の社会構造と生活文化の刷新を試みた。この「文明化の使命」のプロジェクトで主要なターゲットとされたのが、ジェンダー関係だった。一九世紀の南アフリカ内陸中央部では、イギリス系のウェスリアン・メソディスト教会がアフリカ人のツワナを対象に宣教活動を行っていた。「文明が惨めなツワナに希望と幸福をもたらす」と考えたメソディスト宣教師は、西洋の農業技術や洋服の普及などを試みたが、彼らがもっとも情熱を注いだのがジェンダー関係の改革だった。当時のツワナ社会では男性が牧畜、女性が農業を担っていたが、それは女性が家庭という私的領域を守り男性が労働と公的領域で活動することを理想とする一九世紀イギリスのジェンダー規範にそぐわないと考えられた。キリスト教が定着するためには「正しい」ジェンダー関係に基づくクリスチャンホームの確立が不可欠だと考えた宣教師たちは、女性が家事を担当し男性が農作業を行うことを熱心に説いた。このような「文明化の使命」に対する人々の反応は様々であった。多くのツワナは、農業技術を一部取り入れながらもジェンダー関係の刷新を含めた他の教えを拒絶した（大澤、二〇一三、二〇〜二一一頁）。他方で、先述の通り、宣教師を通じて西洋の知識や価値観を学びそれを内面化することで、主体的に「文明」の階段を昇ろうとした者たちがいたこともたしかである。もっとも、だからといってキリスト教と西洋文明を受容した人々が植民地主義に対してまったく無批判だったわけではない。次にみていくように、そのような人々の中にも、新たに身につけたキリスト教的価値観や西洋思想を現状批判の武器に用いることで、植民地支配に対する異議申し立てを行った者たちもいたのである。

（2）キリスト教と反植民地主義の諸相①――ミナ・ソーガの場合

「支配される側」にあった非白人キリスト教徒らが「支配する側」の搾取や差別を指弾することで、反植民地運動を主導していく事例は各地でみられた。もちろん、ひとくちに反植民地主義との関わりあいといっても、その程度や形態には濃淡がある。以下ではキリスト教と反植民地主義の多様な関係をみていくが、まずは、二〇世紀の南アフリカで活躍したミナ・ソーガ（一八九三～一九八一？）というアフリカ人女性に注目してみよう。

ソーガは、一八九三年にイギリス領ケープ植民地東部の都市クイーンズタウン近郊でキリスト教徒の両親のもとに生まれた。九歳からミッション学校で学び、一七歳で教師となり、以後、クイーンズタウンを拠点に教育や社会活動に従事した（Seabury, 1945, ch. 1）。ソーガの幼少期におこった南アフリカ戦争（一八九九～一九〇二）の結果、イギリスはトランスヴァール（正式名称南アフリカ共和国）とオレンジ自由国を併合し、一九一〇年には南部アフリカの四つの英領植民地が連合して南アフリカ連邦が成立した。二〇世紀前半の南アフリカ連邦では、少数の白人が自らの権益を維持しながら多数の非白人を支配し搾取すべく、居住、統治、労働の領域で人種間の強制的分離をはかる隔離政策が推進された。非白人は居住地域を制限され、政治的権利を奪われ、仕事ももっぱら低賃金の非熟練労働のみを割り当てられるようになった。こうした動きに対して、非白人も抵抗を試みた。一九世紀末以降、ミッション学校で西洋教育を受けたクリスチャンエリートらを中心に平等な政治権利や教育機会を求める運動が行われてきたが、一九一二年には連邦政府の土地政策に危機感を抱いた各地のアフリカ人が団結して南アフリカ原住民民族会議（一九二三年にアフリカ民族会議へ改称）が結成された。また、労働組合や独立教会を拠点により大衆的で急進的な運動も展開された。しかし、一九四八年の総選挙で国民党が勝利すると、隔離を基調とする政策がいっそう強化され、アパルトヘイト体制が形成されていった。ソーガが政治・社会運動に取り組んだのは、このような時代であった。

ソーガの名前は、彼女が一九三八年にインドのタンバラムで開催された世界宣教会議に南アフリカ代表として出席したことで広く知られるようになった。世界宣教会議は、エキュメニズム（世界教会主義／教会一致主義）の所産である。一九世紀後半以降、プロテスタントを中心に宣教活動において異なる教派間の連携を目指す動きが登場してくる。これを一つの背景として教会の一致を志向するエキュメニズムが興隆し、一九一〇年のエディンバラ世界宣教会議を経て、その精神はますます拡大していった。一九二一年にはエキュメニズムを体現する団体として国際宣教協議会が結成され、同協議会の主導下で様々な地域のキリスト教徒が集う世界宣教会議が定期的に開催されるようになった。タンバラム会議もその一つである。ソーガは同会議に派遣された南アフリカ代表団の数少ない非白人メンバーの一人であり、唯一の女性であった。

インドで、ソーガは様々な出会いを経験する。とくに、アメリカン・ボードの女性宣教師ルース・シーベリー、昆虫学者で同志社総長の湯浅八郎、インド学生キリスト運動の女性書記であったイラ・シルカーらと親交を深めた。タンバラム会議後、ソーガはシーベリーに請われて北米を訪問し、各地で演説を行った。その後、一九三九年にアムステルダムで開催されたキリスト者青年会議に参加して、同年末に南アフリカに帰還した。タンバラム会議への参加とその後の欧米周遊で得た経験は、ソーガの人格や世界観に強い影響を与えた。彼女はいう。「アフリカの外へと向かうこの旅で、私は南アフリカ人からアフリカ人になりました。インドでの経験は、私に世界のキリスト者の一員（world Christian）としての自覚を与えました」（Seabury, 1945, p. 77）。多様な人々とのふれあいを通じて人種を越えたキリスト教的連帯が可能であることを実感したソーガは、以後様々な政治・社会活動に従事していく。

南アフリカに戻ったソーガは、まず成人教育に着手した。タンバラム会議で「表明された様々な理念に大きな刺激を受けて」、衛生や倹約などの実践的知識の普及とキリスト教精神の涵養に熱心に取り組んだ[1]。また、女性の権利の拡大にも強い関心を示し、アフリカ人女性の参政権を主張したり[2]、職場での昇進における男女格差の是正を訴えたりした[3]。加えて、彼女は非白人の権利の拡大についても積極的な発言を行っている。たとえば、同じ罪を犯してもアフリカ人には他人種よりも重い刑罰が科されるという現状を批判して法の下でのあらゆる人種の平等を主張したり、労働条件や待遇面での人種間不平等の解消を唱えたりした[4]。隔離政策のもとで非白人の権利に対する制限がますます強化される中で、ソーガはキリスト教的連帯の観点から人種差別を糾弾し、植民地主義への批判を強めていった。

他方で、興味深いのは、アフリカ人の同胞たちに対するソーガのまなざしである。改めて確認すると、ソーガは敬虔なキリスト教徒であるとともに幼少の頃から西洋教育を受けて教師として活躍してきた知識人でもあり、世界宣教会議の代表に選出されるなど、同時代のアフリカ人社会においては傑出した存在であった。現地社会における典型的なクリスチャンエリートといえる。ところで、クリスチャンエリート層は、植民地支配体制下における非白人の政治権利の拡大や生活環境の向上を訴えて民族主義運動を牽引する一方で、西洋文明に強い憧憬と帰属意識をもつことが多かった。その結果、しばしば西洋文明とキリスト教を参照基準に、「文明社会」と「原住民社会」を区分し、自らを前者の一員と認識する一方で、後者に属し伝統的な生活様式に固執する同胞を「遅れた」人々と見なす傾向があった。これはソーガにもあてはまる。一九四八年に「隔離の諸様式」という題目で演説を行ったソーガは、隔離政策を批判する一方で、次のように述べた。

私は、ヨーロッパ人がアフリカ人と同じ客室で旅をしたり、同じ食卓を囲んだりすることを主張しているわけではありません。また、西洋文化を身につけたアフリカ人が、伝統的な生活様式を遵守するアフリカ人と客室を共有することを主張しているわけでもありません[5]。

これはつまり、「人種に基づく隔離」には反対するが、「文明水準に基づく隔離」は受け入れるということである。さらに、彼女は、「低位の人間集団に対する私たち［文明の担い手］の責務は、隔離するよりも私たちの仲間に加われるように教育を施すことです[6]」ともいう。これは、「劣った」非白人に「優れた」西洋文明を教授する必要性を説く「文明化の使命論」の、アフリカ人社会内部における再生産にほかならない。このように、ソーガのクリスチャンエリートとしてのアイデンティティは、西洋文明の一員としてのアイデンティティと分かちがたく結びついていた。ここに、彼女の植民地主義批判の特徴とその歴史的位相を読み取ることができる。

（3）　キリスト教と反植民地主義の諸相②——植民地期朝鮮とアフリカ

ソーガの事例は、キリスト教と反植民地主義が取り結んだ多面的関係の一例である。別の場面では、キリスト教がより急進的な反植民地主義と結びつくこともあった。たとえば一九一九年に日本統治下の朝鮮で発生した三・一独立運動では、キリスト教徒が主導的な役割を果たした。その際、朝鮮人信徒らは、教会運営における自らの実績を示した上で、自分たちは国家行政を担うに足る十分な能力を有していると述べて、朝鮮の独立を主張した。また、ミッション学校での教育を通して学んだ西洋の政治思想に依拠して、植民地支配下にある人々の「普遍的人権」を求めたり、キリスト教精神に立脚した民主主義国家の建設を唱えたりした（李、二〇〇六、一九九〜二〇四頁）。

加えて、キリスト教の聖典である聖書が、反植民地運動に強いインスピレーションを与えることもあった。アフリカでは、民族運動の指導者らがしばしば聖書のエピソードを用いて自身の立場を説明しようとした。たとえばナイジェリアの民族主義者らは、自らを「地の塩」、あるいは、「神殿を清めるイエス」になぞらえることで、自身が率いる反植民地運動を正当化しようとした。また、ケニアのキクユらは、イギリス支配に抵抗する上で旧約聖書の出エジプト記から大きな示唆を得たという。彼らは、自身をイスラエル人、イギリスをエジプトに喩えることで、神意によってイスラエル人がエジプトから脱出できたように、ケニアのアフリカ人もやがてイギリス支配のくびきから解放されることを信じ、自らを鼓舞した（Maxwell, 2005, pp. 298–299）。このように、その程度や形態は様々であれ、キリスト教は反植民地主義にも大きな力を与えたのであった。

（4）　ポストコロニアルの世界におけるキリスト教

二〇世紀末までに、植民地主義は政治的な意味においてはほぼ消滅した。だが、植民地主義の残滓は、経済格差や異文化間の対立というかたちで今も世界の構造を強く規定している。かかる状況を指して、現代をポストコロニアルの時代と呼ぶことも多い。そこで、本章の最後に、ポストコロニアルの世界におけるキリスト教について概観しておきたい。

かつてはキリスト教の拠点であり、宣教師の供給源であり、帝国の宗主国であった欧米諸国では、世俗化が進んでいるといわれる。医療の進歩は平均寿命を押し上げ、死への不安は和らいだ。知識の蓄積と共有が進み、未知なるものへの恐怖は薄らいだ。そうした中で、死後の世界を語る宗教への情熱は失われつつある。むろん地域差はあるものの、概して欧米諸国では人々の足は教会から遠のきつつある。

しかし、アジア、アフリカ、ラテンアメリカといった地域をみてみると、状況は大きく異なる。そこでは、カトリック、ペンテコステ派、[7]福音主義の諸教会を中心にキリスト教が着実に勢力を伸ばし、その影響力をむしろ強めている。かつては植民地として搾取され、ポストコロニアルの現代においても貧しい人々が多く住むこれらの地域において、キリスト教の拡大が顕著にみられる背景には、教会が魂のみならず肉体の救済にもいっそうの関心を向けるようになったという事情もあるだろう。この点では、一九六〇年代にラテンアメリカのカトリック教会から始まった解放の神学が、教会は権力者ではなく貧しい人々の側に立つべきだと宣言して大きな影響を与えた。むろん、個々人の信仰の動機を世俗的関心のみに還元することはできないが、経済・社会問題に対する教会の取り組みがこれらの地域における教勢の拡大に寄与していることは疑いない。アルゼンチン出身で貧困問題にも強い関心をもつとされる現ローマ教皇フランシスコは、まさにそうした時流を体現する存在ともいえよう。いまやキリスト教界の重心は南半球と東洋に移りつつあり、非ヨーロッパ地域の教会がヨーロッパに宣教師を送るという逆転現象も起こっているのである（Kalu, 2008, pp. 4-5）。

それと同時に、二一世紀の世界では、キリスト教が異文化間対立の火種となったり、国家の拡大政策を正当化するイデオロギーとして利用されたりする場面もみられる。二〇〇一年九月一一日に発生した同時多発テロ事件を受けて、アメリカとその同盟国はイスラーム急進派を主敵とみなす「テロとの戦い」を続けている。この過程で、アメリカでは、原理主義的なキリスト教福音主義が対テロ戦争を正当化するイデオロギーとして動員された（千葉、二〇〇六）。その結果、対テロ戦争は、イスラームとキリスト教の対立をいやがうえにも煽ることとなった。そうした中で、近年、宗教を一つの対立軸とする抗争が各地で顕在化している。たとえばキリスト教徒とムスリムがモザイク状に居住しているナイジェリア北部や中央アフリカ共和国では、宗教の名の下に両集団間で暴力の応酬が続いている。

グローバル化が進展する一方で多様な価値観の共存が唱えられる現代世界において、対話を通じた他宗教との共生をいかに実現していくか。また、現代世界に特有の問題や欲求に、宗教の立場からどのように応答していくか。このような課題に対応していく中で、移動を通じて各地に広まったキリスト教は、これからも多くの人々と世界のあり方に強い影響を与え続けていくと思われる。

注

（1）Witwatersrand University Historical Papers Research Archives（以下、Witsと略称）, Ballinger Family Papers, B.2.8.19, Mina Soga's draft paper on Adult Education, 23 Dec 1941.
（2）Wits, Ballinger Family Papers, B.2.8.19, Mina Soga to Margaret Ballinger, 7 Dec 1943.
（3）Wits, Ballinger Family Papers, B.2.8.19, Mina Soga to Margaret Ballinger, 29 May 1944.
（4）Wits, Ballinger Family Papers, B.2.8.19, Mina Soga to Margaret Ballinger, 10 May 1946 ; Wits, Ballinger Family Papers, B.2.8.19, Mina Soga to Margaret Ballinger, 31 Dec 1942.
（5）Wits, South African Institute of Race Relations Papers, AD843RJ/Aa12.15.7, Mina Soga, 'Patterns of Segregation'.
（6）*Ibid.*
（7）ペンテコステ派は、新約聖書の使徒言行録に記されている聖霊の力とその人間への働きを重視する神学である。特に異言を語ることを強調する。二〇世紀の初頭に現れ、とりわけ一九六〇年代以降にその影響力を拡大していった（マクグラス、二〇〇二、一七六～一七七頁）。

参考文献

網野徹哉「異文化の統合と抵抗――一七世紀ペルーにおける異教根絶巡察を中心に」柴田三千雄ほか編『規範と統合』岩波書店、一九九〇年、一九一～二一七頁。

李省展『アメリカ人宣教師と朝鮮の近代』評論社、二〇〇六年。

井野瀬久美惠「現地人ミッション・エリートと教育の主体性――植民地ナイジェリアの中等教育を例として」駒込武・橋本伸也編『帝国と学校』昭和堂、二〇〇七年、一九七〜二二六頁。

大澤広晃「宣教師と植民地政治批判――一九世紀ケープ植民地東部境界地帯におけるウェズリアン・メソディスト宣教団の動向を中心に」『歴史学研究』第八九〇号、二〇一二年、一八〜三七頁。

大澤広晃「宗教・帝国・「人道主義」――ウェズリアン・メソディスト宣教団と南部ベチュアナランド植民地化」『史学雑誌』第一二二編第一号、二〇一三年、一〜三五頁。

大橋幸泰『キリシタン民衆史の研究』東京堂出版、二〇〇一年。

大橋幸泰『近世潜伏宗教論――キリシタンと隠し念仏』校倉書房、二〇一七年。

岡美穂子『商人と宣教師――南蛮貿易の世界』東京大学出版会、二〇一〇年。

岡本さえ『イエズス会と中国人知識人』山川出版社、二〇〇八年。

蒲豊彦「宣教師、中国人信者と清末華南郷村社会」『東洋史研究』第六二巻第三号、二〇〇三年、三四〜六二頁。

菊池秀明『太平天国にみる異文化受容』山川出版社、二〇〇三年。

金成恩『宣教と翻訳――漢字圏・キリスト教・日韓の近代』東京大学出版会、二〇一三年。

小檜山ルイ『アメリカ婦人宣教師――来日の背景とその影響』東京大学出版会、一九九二年。

駒込武『世界史のなかの台湾植民地支配――台南長老教中学校からの視座』岩波書店、二〇一五年。

五野井隆史『日本キリシタン史の研究』吉川弘文館、二〇〇二年。

齋藤晃『魂の征服――アンデスにおける改宗の政治学』平凡社、一九九三年。

坂野正則「一七世紀ヌヴェル・フランスにおける植民地建設とカトリシズム」『史学雑誌』第一一三編第八号、二〇〇四年、一三七二〜一四〇五頁。

坂野正則「一七世紀中葉におけるカトリック宣教戦略の再編――パリ外国宣教会と亡命スコットランド人聖職者」『史学雑誌』第一二〇編第一〇号、二〇一一年、一六九七〜一七二二頁。

佐藤司郎「市民社会の進展とヨーロッパのプロテスタント教会」高柳俊一・松本宣郎編『キリスト教の歴史二　宗教改革以降』山川出版社、二〇〇九年、一二三〜一三八頁。

高瀬弘一郎『キリシタンの世紀――ザビエル渡日から「鎖国」まで』岩波書店、一九九三年。

高柳俊一「近代カトリシズムへの第一歩」高柳俊一・松本宣郎編『キリスト教の歴史二　宗教改革以降』山川出版社、二〇〇九年、三〜二五頁。

武内房司「中国のキリスト教」高柳俊一・松本宣郎編『キリスト教の歴史二　宗教改革以降』山川出版社、二〇〇九年、二一〇〜二二七頁。

竹内真人「イギリス帝国主義と武器＝労働交易」横井勝彦・小野塚知二編『軍拡と武器移転の世界史――兵器はなぜ容易に広まったのか』日本経済評論社、二〇一二年、七五〜一〇八頁。

田中智子『近代日本高等教育体制の黎明――交錯する地域と国とキリスト教界』思文閣出版、二〇一二年。

千葉眞「アメリカにおける政治と宗教の現在――新帝国主義とキリスト教原理主義」大西直樹・千葉眞編『歴史のなかの政教分離――英米におけるその起源と展開』彩流社、二〇〇六年、二九一〜三一五頁。

土肥歩『華南中国の近代とキリスト教』東京大学出版会、二〇一七年。

並河葉子「世紀転換期のミッションとイギリス帝国」木村和男編『世紀転換期のイギリス帝国』ミネルヴァ書房、二〇〇四年、三三七〜三六一頁。

並河葉子「イギリス帝国と女性宣教師――一九世紀後半における女子教育と学校」駒込武・橋本伸也編『帝国と学校』昭和堂、二〇〇七年、二六七〜二九五頁。

新居洋子『イエズス会士と普遍の帝国――在華宣教師による文明の翻訳』名古屋大学出版会、二〇一七年。

西川杉子「プロテスタントのヨーロッパ――啓蒙主義と信仰復興」高柳俊一・松本宣郎編『キリスト教の歴史二　宗教改革以降』山川出版社、二〇〇九年、六二〜七七頁。

平山篤子『スペイン帝国と中華帝国の邂逅――一六・一七世紀のマニラ』法政大学出版局、二〇一二年。

廣岡正久『キリスト教の歴史三　東方正教会・東方諸教会』山川出版社、二〇一三年。

マクグラス、A・E、神代真実砂美訳『キリスト教神学入門』教文館、二〇〇二年。

森本あんり・高柳俊一「「アメリカ」の始まり」高柳俊一・松本宣郎編『キリスト教の歴史二　宗教改革以降』山川出版社、二〇〇九年、四八〜六一頁。

安村直己「パイオニアか、追随者か――一六世紀スペイン帝国における言語政策とスペイン領アメリカ植民地におけるイエズス会の布教戦略」川村信三編『超域交流史の試み――ザビエルに続くパイオニアたち』上智大学出版、二〇〇九年、四五三〜五〇九頁。

米井力也『キリシタンと翻訳』平凡社、二〇〇九年。

渡辺和仁「アシャンティ戦争（一八七三～七四年）とキリスト教——旧ゴールド・コーストのメソジスト宣教団の活動を中心に」『歴史学研究』第七六〇号、二〇〇二年、三三～四八、六四頁。

渡辺祐子「在華宣教師と「不平等条約」——一八六〇年から七〇年代を中心に」『日本研究』第三〇集、二〇〇五年、一四九～一六五頁。

Ajayi, J. F. A., *Christian Missions in Nigeria 1841–1891 : The Making of a New State*, London : Longman, 1965.

Andrews, Edward E., *Native Apostles : Black and Indian Missionaries in the British Atlantic World*, Cambridge, MA : Harvard University Press, 2013.

Ayandele, E. A., *The Missionary Impact on Modern Nigeria 1852–1914 : A Political and Social Analysis*, London : Longman, 1966.

Campbell, J. T., *Songs of Zion : The African Methodist Episcopal Church in the United States and South Africa*, Oxford : Oxford University Press, 1995.

Comaroff, Jean and John Comaroff, *Of Revelation and Revolution* vol. 1 : *Christianity, Colonialism, and Consciousness in South Africa* and vol. 2 : *The Dialectics of Modernity on a South African Frontier*, Chicago : University of Chicago Press, 1991, 1997.

Etherington, Norman, *Preachers, Peasants and Politics in Southeast Africa, 1835–1880*, London : Royal Historical Society, 1978.

Etherington, Norman, "Education and Medicine", in Norman Etherington（ed.）, *Missions and Empire*, Oxford : Oxford University Press, 2005, pp. 261–284.

Grimshaw, Patricia and Peter Sherlock, "Women and Cultural Exchanges", in Norman Etherington（ed.）, *Missions and Empire*, Oxford : Oxford University Press, 2005, pp. 173–193.

Hastings, Adrian, *The Church in Africa 1450–1950*, Oxford : Clarendon Press, 1994.

Hastings, Adrian, "The Clash of Nationalism and Universalism within Twentieth-Century Missionary Christianity", in Brian Stanley（ed.）, *Missions, Nationalism, and the End of Empire*, Grand Rapids : William B. Eerdmans, 2003, pp. 17–33.

Kalu, O. U., "Changing Tides : Some Currents in World Christianity at the Opening of the Twenty-First Century", in O. U. Kalu（ed.）, *Interpreting Contemporary Christianity : Global Process and Local Identities*, Grand Rapids : William B. Eerdmans, 2008, pp. 3–23.

Maxwell, David, "Decolonization", in Norman Etherington（ed.）, *Missions and Empire*, Oxford : Oxford University Press, 2005, pp. 285–306.

Peel, J. D. Y., *Religious Encounter and the Making of the Yoruba*, Bloomington : Indiana University Press, 2000.

Porter, Andrew, *Religion versus Empire? : British Protestant Missionaries and Overseas Expansion, 1700–1914*, Manchester : Manchester University Press, 2004.

Prevost, E. E., *The Communion of Women : Missions and Gender in Colonial Africa and the British Metropole*, Oxford : Oxford University Press, 2010.

Sanneh, Lamin, *Translating the Message : The Missionary Impact on Culture* (2nd ed.), Maryknoll : Orbis Books, 2009.

Seabury, Ruth I., *Daughter of Africa*, Boston : Pilgrim Press, 1945.

Stanley, Brian, *The Bible and the Flag : Protestant Missions and British Imperialism in the Nineteenth and Twentieth Centuries*, Leicester : Apollos, 1990.

Storey, W. K., *Guns, Race, and Power in Colonial South Africa*, Cambridge : Cambridge University Press, 2008.

Stuart, John, *British Missionaries and the End of Empire : East, Central, and Southern Africa, 1939–64*, Grand Rapids : William B. Eerdmans, 2011.

Volz, Stephen C., *African Teachers on the Colonial Frontier : Tswana Evangelists and Their Communities During the Nineteenth Century*, New York : Peter Lang, 2011.

Williams, C. P., ""Not Quite Gentlemen" : An Examination of "Middling Class" Protestant Missionaries from Britain, c. 1850–1900", *Journal of Ecclesiastical History*, Vol. 31, No. 3, 1980, pp. 301–315.

コラム4　移動する僧侶と唐帝国

中田美絵

往来した僧侶たち

漢の時代に中国に伝来した仏教は、魏晋南北朝期から隋唐期にかけて社会に浸透していった。中でも、唐の時代（六一八～九〇七年）、中国仏教は、教学面での充実にくわえ、経典の翻訳が精力的に行われるなど、隆盛の時期を迎える。この仏教隆盛の背景に、社会や国家と様々なかたちで関わりながら活動した仏教僧侶たちの活躍があった。僧侶の中には、唐内地で活動した者だけでなく、唐とインドの間を陸路・海路で往来し、仏教的知識や文物を唐にもたらした者もいた。そこで、以下、唐で活躍した僧侶のうち、外国から唐にやって来た僧侶、もしくは唐から外国に赴いた僧侶など、唐と外国の間を往来した僧侶に注目し、彼らの移動がユーラシアの情勢とどのように関わっていたのか、また、彼らは唐においていかなる役割を果たしたのかについて紹介してみたい。

僧侶の来唐とユーラシア情勢

外国僧侶の来唐は、その当時のユーラシアの政治情勢と無関係ではなかった。まず、則天武后が政権を握った武周期から次の中宗皇帝の時期（七世紀末～八世紀初め頃）に着目してみよう。『開元釈教録』巻九によると、この時期に実施された仏典翻訳に関わった者には、漢人僧侶以外に、提雲般若《ていうんはんにゃ》（コータン出身）、実叉難陀《じっしゃなんだ》（コータン出身）、弥陀山《みださん》（トハリスタン出身）、法蔵《ほうぞう》（祖父の代にサマルカンドから移住）、宝思惟《ほうしい》（カシミール出身）、菩《ぼ》提流志《だいるし》（インド出身）などといった国際色豊かな顔触れが揃っている。また、義浄のもとに結集した仏典翻訳のメンバーには、インド出身者に加え、吐火羅（トハリスタン）、罽賓（カーピシー～カーブル地方）、迦濕彌羅（カシミール）などパミール以西の地域からやってきた人々が含まれている。彼らは必ずしも僧侶とは限らず、居士・首領・王子といった在家の人々が含まれている点も特徴的である。

以上の訳経関係者は、祖父や父の代から中国内地に定住していた者もいるが、多くが本人の代に中国にやってきている。それぞれがいかなる理由でどのようにして唐にやって来たのかなどは、現存する史料から明らかにすることは難しい。しかし、当時のユーラシア情勢に照らしてみると、ちょうど七〜八世紀の時期は、西のイスラーム帝国や吐蕃（チベット）が勢力を伸張していた頃にあたり、この両勢力の影響を受けたパミール以西の地域の人々が、混乱を避けるために東方に移動した可能性が考えられる。いっぽう、東方の中国に目を向けると、とくに武周期は、則天武后を仏教における理想的な君主である転輪聖王《てんりんじょうおう》として権威づけが図られるなど、仏教が積極的に用いられた。また、ソグド人をはじめとする胡人が則天武后を積極的に支持していたことも近年の研究において指摘されている。すなわち、則天武后が権力を握っていた頃の中国では、仏教が重視され、かつ外国出身者が活躍する門戸が広く開かれていたとみられる。前頁で紹介した僧侶や在家の仏教信者が遠方からはるばる唐にやって来て活躍する背景には、こうした受け入れる中国側の政治情勢も関係していたとみられる。

　次に、八世紀後半に注目してみよう。この時期、ユーラシア西方ではアッバース朝が勃興し、東方ではウイグルと吐蕃とが勢力を拡大していた。一方で唐は、安史の乱（七五五〜七六三年）などの大反乱が続き、かつての栄華に陰りが見え始めていた。そのような状況の中、都の長安では、唐朝廷の支持を得た密教僧侶の不空《ふくう》が中心となって仏教事業を実施していた。不空のもとに集まった僧侶には、漢人のほか、外来系の者も確認できる。たとえば、『代宗朝贈司空大辨正広智三蔵和上表制集』巻一・二によると、不空は、七六四・七六七・七六八年の代宗皇帝の誕生日に、計一五人の得度（出家して正式に僧侶となること）を代宗に請うた。このうち九人は、ソグディアナやトハリスタン出身であることを示す特有の姓をもつ。これらには、本人の代より前から中国に移住していた者もいるが、中国に来て間もない者も含まれている。八世紀頃より、彼らの故郷であるソグディアナやトハリスタンなどの地域も、イスラーム帝国の影響が及ぶようになっており、これを逃れ東方に移住してきた可能性が高い。不空の支援によって僧侶となって長安の寺院に所属し、不空の仏教活動を後押しするなどして活路を見出したとみられる。

　不空の死後、長安で活躍した有名な僧侶として、般若《はんにゃ》があげられる。般若は、罽賓出身の僧侶で、七八一年に海路で中国にたどり着いた。先に述べた武周期の例や、安史の乱後の例をみると、いずれも、外国から中国にやって来た僧侶が受容されやすい環境が存在していたことがうかがえるが、般若の場合も例外ではなかったようである。般若には、長安在住の羅好心《らこうしん》という母方のいとこがいた。羅好心の具体的な来唐時期は、般若の来唐よりも前ということくらいしかわからないが、おそらく、先に述べてきた激動するユーラシア情勢が影響していたであろう。羅好心は長安では武人として、禁軍の一つである神策軍に所属していた。当時、神策軍を掌握していたのは、唐後半期より勢力を伸張していた宦官であった。さらに宦官は長安仏教界とも密接なつながりをもち、禁軍と仏教界の両方を掌握するようになる。おそらく、羅好心は上官である宦官にいとこの般若を推薦し、般若の長安における仏教活動の便宜を図ったのだろう。異国の地からやって来た般若にとって、宦官勢力下に入り込んでいた羅好心というコネクションの存在は、長安仏教界進出における一助となったのではないだろうか。

僧侶の移動と情報伝達

遠距離を往来した僧侶は、中国に仏像や仏舎利等の聖遺物や仏教経典などをもたらし、仏教の社会への浸透におおいに貢献した。それに加え、僧侶は、その移動の過程で得た様々な情報を中国にもたらす役割を担うこともあった。

かの有名な玄奘は、国禁を犯して中国を出て、西域諸国を経てインドに達し、その後、経典や仏像などを携えて帰還した。帰国した玄奘は太宗に謁見するが、このとき太宗は、玄奘が語る西域やインドの気候風土や物産・習俗・聖迹等にとくに興味をもったようである。太宗が玄奘に旅先の見聞をまとめるよう命じ、『大唐西域記』が著されるに至ったのも、唐の西域支配への強い関心が背景にあったのだろう。また、玄奘は太宗皇帝の勅許のもと、仏典を多数翻訳している。

海路でインドに渡った義浄も唐に海外の諸情報をもたらした。義浄は海路で帰国し、洛陽入りした際には、当時皇帝であった則天武后が出迎えた。義浄は、数多くの仏典を翻訳したほか、『大唐西域求法高僧伝』や『南海寄帰内法伝』も著している。とくに後者は戒律に関する記事を中心としながら、インドや南海諸国の僧侶の日常生活などを詳細に伝えている。

安史の乱以降になると、吐蕃の河西・隴右への進出にともない、唐と西域方面の往来は困難になった。しかし、次の悟空や般若の例によれば、唐とインド・中央アジア間における僧侶の往来がすぐに途絶えたわけではない。悟空は、俗名を車奉朝といい、玄宗期に使節の随員として罽賓国に派遣された。その後、現地で出家し、僧侶となって七九〇年に長安に帰還し、『十地経』等の経典や仏舎利を唐にもたらした。悟空が中央アジアを経て唐に帰還するまでの旅程は、『大唐貞元新訳十地等経記』(『悟空入竺記』とも呼ばれる)に記録されている。これは、長安西明寺の僧侶である円照の手によって、悟空から直接聞いたことに基づき書き留められたもので、八世紀後半の中央アジアの状況を知る上でも貴重な史料である。いっぽう般若は、悟空が帰京した同年のうちに、徳宗皇帝の勅命を受け、カシミールに使者として派遣された。この頃、吐蕃が中央アジアへの進出を強めており、それに対し唐は、ウイグル・南詔・大食・天竺と手を結び、吐蕃への対抗措置を強化していた。こうした政治状況をふまえると、唐は般若を勅使として派遣し、吐蕃の西方に位置するカシミールなど近隣諸国との連携を図ろうとしていたことが推測される。そして、般若の派遣は、悟空の帰国とも無関係ではなかったに違いない。悟空は、中央アジアにおいて勢力を伸張する吐蕃の動向など、唐への帰途で直接的もしくは間接的に知り得た現地の諸情報をもたらしたはずである。そして、その最新情報が、般若の派遣に生かされたことだろう。

以上のように、広域移動をする僧侶を通じて唐には国外の地理や習俗、そして現地の政治状況など様々な情報がもたらされた。唐の国際性は、外国人僧侶の唐にける活躍も含め、こうした僧侶らの広域に及ぶ活動がその一端を担っていたといえよう。

参考文献

＊　本稿では、以下にあげた文献以外にも多くの先行研究を参考にしているが、紙幅の都合上、全てを取り上げることは困難であり、省略せざるを得なかった。

岩崎日出男「般若三蔵の在唐初期における活動の実際について――『大乗理趣六波羅蜜経』翻訳と北天竺・迦湿蜜国派遣の考察を中心として」『高野山大学密教文化研究所紀要』一五、二〇〇二年、一三～二七頁。

桑山正進・袴谷憲昭『人物中国の仏教　玄奘』大蔵出版、一九八一年。

栄新江「胡人対武周政権之態度――吐魯番出土《武周康居士写経功徳記碑》校考」同著『中古中国与外来文明』生活・読書・新知三聯書店、二〇〇一年、二〇四～二二一頁（初出は一九九六年）。

コラム5　一七世紀フランスのカトリック刷新運動と東南アジア宣教
——パリ外国宣教会の事例から——

坂野正則

パリ外国宣教会の成立

一八六三年に長崎へ到着した二名のフランス人宣教師は、大浦の地に天主堂を完成させた。その二年後に、日本人の一行がここを訪れ、宣教師に自分たちの信仰を告白した。明治維新前夜の日本におけるキリスト教徒の「発見」は、ただちにフランス本国へ報告され、ヨーロッパ内部のカトリック世界で大きな反響を呼ぶ。このエピソードに登場する宣教師の属する団体が、このコラムで扱うパリ外国宣教会である。しかし、この宣教団体は一七世紀中葉に設立された後すぐに日本へ渡来できたわけではなく、活動の初期段階から日本へのカトリック再宣教を念頭に置きながらも、実際に宣教を行うまでには二世紀以上を要した。したがって、ここで取り上げるのは一七世紀後半のパリ外国宣教会である。

この宣教団体には当時大きく三つの特徴があった。まず第一に、宣教地での教会を管理する使徒座代理区長とパリ本部神学校の役職者は全員フランス人であったが、宣教戦略、聖職者の制度、支援体制において、フランス王国・ローマ教皇庁（布教聖省）・宣教地の三者が複合的に連関し、フランス王国内部に閉じられない組織体を作り上げていた。第二に、イエズス会やフランシスコ会といった修道会が、ローマ教皇に直属する修道会で、長上（各組織の監督者）への従属を宣誓し、教会制度（ヒエラルキー）とは自立した組織体を維持したのとは異なり、この宣教団体は、特定の長上への従属を宣誓するよう求められず、宣教地では使徒座代理区長の管轄下で、教会制度の一翼に位置しながら現地住民への宣教活動や聖職者の養成に従事した。第三の特徴はその宣教理念にあり、これもイエズス会に代表される、それまでの宣教組織とは明確に異なる方向性をもっていた。すなわち、この組織は、現地人聖職者を養成し、彼らを含めた教区司祭による教会の運営を目指した。この発想の背景にも、日本のカトリック宣教問題がある。イエズス会創立者の一人フランシスコ・ザビエルが日本での宣教活動を開始したにもかかわらず、一七世紀初頭にヨーロッパ人宣教師が排除され、日本の教会組織がほぼ全滅した。この事態は、スペインとポルトガルの植民政策にカトリック宣教が従属する布教保護権に基づく活動が、「極東」地域で最終的に挫折したことを意味したため、パリ外国宣教会はまったく別の手法を取ることで、カトリシズムの限界を克服しようとした。

ところで、海外宣教を営む団体の性格は単一ではなく、宣教師の人物誌や宣教地での活動も多様である。ここでは本巻の主題である人の移動やそれによって生じる地域間交流の視点から、パリ外国宣教会の宣教師がどのような背景で養成され、主に東南アジアの宣教地にどのような活動をもたらしたかを、「篤信家」と「女性」をキーワードに紹介していきたい。

二人の宣教師

一七世紀にこの団体が宣教地に派遣した宣教師の数は一〇〇名を超え、各宣教師には個別の人生があるが、ここでは団体の成立に大きく貢献したフランソワ・パリュとピエール・ランベル・ド・ラ・モトを取り上げる。パリュは一六二六年に、ロワール川沿いのトゥレーヌ地方の中心都市トゥールで生まれ、ランベル・ド・ラ・モトは、一六二四年にノルマンディー地方のリジュ近郊で生まれた。彼らの出身地は異なるが、それぞれの出身家系や宣教師になるまでの成長過程には共通部分が多い。

まず、彼らはともに、近世フランス社会のエリートに位置づけられる金融業者（財務取扱人）と司法官僚（法服貴族）の社会階層に属する。パリュ家は、祖父の代からトゥール市長を輩出しており、フランソワ・パリュの父は、トゥール上座裁判所長官を務め、彼の兄弟や義兄弟の中には、財務取扱人が複数含まれる。他方、ピエール・ランベルは、少年期に両親を亡くしたが、法曹の道を歩み、一六四六年にノルマンディー地方租税法院評定官に就任する。したがって、聖職に携わるまでの一〇年弱にわたり、彼自身が法服貴族だったことになる。ところで、一七世紀前半における財務取扱人や法服貴族の中には、篤信家とよばれる人々が多く含まれ、彼らは固有の宗教生活を実践していた。彼らは、前世紀の宗教戦争の災禍を乗り越え、トレント公会議の精神に基づく信仰の刷新を社会内部で実現するために、信徒団体（兄弟会）を中心とした祈禱・信心業、カルヴァン派信徒のカトリックへの改宗、各種の救護活動に熱心に取り組む。この二人の宣教師は、こうした環境の内部で育った。

つぎに彼らは、ともにイエズス会の中等学校（コレージュ）で教育を受け、イエズス会士が彼らにアジア宣教へ向かうよう促した。とくに、この二人が所属していたパリの良友会は、コレージュ内部で寄宿生の中から優秀な生徒を集めて作られた秘密結社であり、この結社はパリ外国宣教会創立期に人材の苗床となった。この結社を指導したイエズス会士ジャン＝バゴが、同じくイエズス会士で一六五〇年代初頭に東南アジアで宣教活動に従事していたアヴィニョン出身のアレクサンドル・ド・ロドに宣教地での使徒座代理区長の候補者として推薦したのが、この二人であった。こうしたフランス・イエズス会の教育活動や聖職者の養成活動も、カトリック刷新運動に不可欠な要素をなす。なぜなら、この修道会は、宗教戦争で物理的・精神的に荒廃したフランス社会に、教育や聖職者の養成、信徒への司牧活動といった分野で先駆的貢献をもたらしたからである。ただし、フランス国内での宣教師養成に果たしたイエズス会の役割と宣教地現地での修道会の宣教方針とは区別しなければならない。

家族背景と経歴に共通点がある一方、この二人の宣教師には明確な差異も存在する。まず、聖職者としての彼らの養成体験はすべて共通ではない。たとえば、ピエール・ランベルは、良友会での共同生活ののち、ノルマンディー地方のカンにて、ジャン・ベルニエルの主催する隠修所にて、海外宣教へ向けた霊的修養を積む。ここには初代のケベック司教となるフランソワ・ラヴァルをはじめとしてフランス領カナダ植民地へ渡航することになる宣教志願者も滞在しており、東方と西方とに向かう宣教師に接触と交流の空間を提供していた。しかし、フランソワ・パリュは、ここにはまったく滞在していない。また、宣教地へ渡航後の行動形態も異なる。フランソワ・パリュは一六六二年に宣教地へ渡航して以降、一六六〇年代末から七〇年にかけてヨーロッパへ一度帰還し、フランス本国の支援者やローマの布教聖省に組織への支援継続を訴える。これに対し、ピエール・ランベルは、一六六〇年にフランスを出発して以降、一度も帰国しない。要するに、前者はヨーロッパとアジアを往復し、広域的な人脈を活用する一方、後者はフランス国内で成長した神学理解と信仰生活の様式を宣教地に植え付けることに集中し、この二人の宣教師が両輪となって、パリ外国宣教会の団体としての存続を支えた。

宣教団体と女性たち

カトリック宣教師は独身男性の聖職者であったが、彼らの事業を支える篤信家や宣教地での改宗対象者は男性に限られない。そこで、この宣教団体と女性との関わりを検討したい。

一七世紀フランスのカトリック刷新運動の特徴の一つは、女性信徒の活動にある。たとえば、リシュリュー枢機卿の姪にあたるエギュイヨン公夫人に代表される女性篤信家は、自らの財産を用いて宗教事業（寄進・施設建設）に資金援助を行う。また、外部との接触を断って瞑想による内面性重視の生活を送る伝統的な女子修道会の信仰実践とは別に、貧民や病者の救護活動や女子教育に代表される修道院外部の世俗社会での活動に従事する修道女の団体も誕生した。こうした女子修道会は、「修道制と信徒団体とのハイブリッド組織」（N・テルプストラ）といえる。その代表例の一つが、一六三四年にヴァンサン・ド・ポールとルイズ・ド・マリヤックにより設立された愛徳姉妹会である。

こうしたフランス国内の状況と海外宣教の活動は無関係ではない。確かに、パリ外国宣教会は、フランス篤信家の間で最も影響力を持つ秘密結社の一つであった聖体会の社会的・経済的支援の中から生まれた。しかし、宣教会形成のための財政援助の点では、フランソワ・パリュの縁戚にあたるミラミオン夫人が、団体設立当初から活動拠点をパリュとその同輩聖職者や神学生に提供した。また彼女以外にも、男性に限定された結社である聖体会の周囲で愛徳活動を実践する女性の中には、宣教地のフランソワ・パリュとの連絡を保ちながら、その活動を支援する人物が存在した。他方、トンキンの宣教地においては「十字架崇敬姉妹会」とよばれる女子修道会が、ピエール・ランベルにより設立された。この団体に属する修道女は、入会時に三種の修道誓願を立てることに加え、比較的短い会則の遵守を求められた上で、現地での救護活動や女子教育に従事した。とりわけ、婦女への教育は、カトリック信徒と異教徒の区別なく行われたため、当時の社会一般の婚姻慣行や家族制度と軋轢を起こす原因となった。同時に、この修道会は、女性に対し、身体の保護と生活の保障をもたらした。その結果、フランス人宣教師の新たな宣教方針とそれに従う宗教団体の活動は、現地女性にカトリック信仰をもたらしたのみならず、代替可能な日常生活の模範や新たな社会規範を提示した。ただし、この試みは、トンキンでは一定の成果をもたらしたにもかかわらず、シャムでは成功しなかったことも確認しておかなければならない。

　近世のパリ外国宣教会は、フランス内部での信仰刷新運動が生み出す思想と人脈を活かした独自の活動を実践した。最後に付け加えるならば、東南アジアでの植民地化を進展させる一九世紀以降のフランス「帝国」とこの宣教団体との関わりは、より複雑になる。たしかに宣教師の伝道への動機と熱意は近世から維持されるが、本国の宗教的状況がフランス革命以降の共和主義により大きく変化した。それゆえ、宣教団体は本国の植民地戦略に寄り添う場面が多くなると同時に、国民への活動のアピールにも工夫が必要となった。

参考文献

坂野正則「一七世紀におけるパリ外国宣教会の編成原理」『武蔵大学人文学会雑誌』四三―三・四、二〇一二年、一二八～一六二頁。

坂野正則「一七世紀におけるパリ外国宣教会とフランス東インド会社」川分圭子・玉木俊明編著『商業と異文化の接触　中世後期から近代におけるヨーロッパ国際商業の生成と展開』吉田書店、二〇一七年、三九九～四二七頁。

Catherine Marin (dir.), *La Société des Missions Etrangères de Paris : 350 ans à la rencontre de l'Asie 1658–2008*, Paris : KARTHALA, 2010.

第Ⅲ部　学びのための移動

第5章　中世日本僧の中国留学

——一二〜一三世紀を中心に——

榎本　渉

1　鎌倉・南北朝期の留学ブーム

(1)　唐此上人と此唐上人

鎌倉時代の日本仏教界では、中国留学が一つのブームになっていた。禅僧虎関師錬《こかんしれん》は一二九九年、入元（元代中国へ行くこと。宋代ならば入宋、明代ならば入明と言う）を志したことがある。その伝記『海蔵和尚紀年録』に拠れば、「最近日本で、凡庸な僧侶が騒ぎ立てて、一律に元土に行くのは、日本の恥を残すものだ」と考え、自ら入元して、日本にも人材があることを元人に知らせようとしたが、老いて病気となった母に哀願されて思い止まった。虎関は結局入元しなかったが、当時は誰もが留学しようとしたというほど留学は容易だったし、日元仏教界の距離も近かった。

一三〇五年に尾張長《ちょう》母《ぼ》寺《じ》住持の無《む》住道暁《じゅうどうぎょう》（一円房）が記した『雑談集』巻八、中道義事では、僧侶の類型を挙げる中に、「唐唐《からから》上人（中国にいる中国僧）」「唐此《からここ》上人（日本にいる元僧）」「此唐《ここから》上人（元にいる日本僧）」「此此《ここここ》上人（日本にいる日本僧）」を含めている（なお「唐」とは、日本では唐王朝に限らず中国一般を指す）。鎌倉後期の日本では、このような造語が生まれるほど、渡来僧や入元僧の活動が一般に見られた。

無住はまた、「最近は唐僧が多く来て、唐様（中国式のやり方）が世間で盛んである」とした上で、戒律・教門に合っているか否かもわからずに「一向の唐様」を正しいと信じている者や、「異国様」を一律に非難して信じない者がいることについて、みな偏執であるとして、日本仏教・中国仏教の優れている点と劣っている点をわきまえなければいけないと述べる。入元僧や渡来僧が紹介した宋元仏教に対し、肯定的な者や否定的な者がいて、時に極端な立場を取る者もいたらしい。この時代の僧侶は、宋元仏教にどのように接するべきかの判断を、望む望まぬにかかわらず要求された。当時の日本仏教界が宋元仏教の教説にさらされていたことがわかる。

後述する通り、鎌倉時代から南北朝時代前期は、日本史上僧侶の往来が最も盛んに見られた時代だった。鎌倉・京都の禅寺では「唐此上人」が多くの僧を指導したし、[1]「此唐上人」は日本各地で活動して、宋元仏教やこれに付随する宋元文化を弘めた。無住自身は梶原氏出身の日本人で、入宋・入元経験もないが、思円房叡尊《えいそん》の率いる西大寺流律宗に学んだ他、栄西門流の蔵叟朗誉《ぞうそうろうよ》（悲願房）や京都東福寺の円爾《えんに》などの禅僧にも学んだ経歴を持つ。これら門流はいずれも入宋僧を輩出し、南宋式の仏教を導入していた。特に円爾門流は鎌倉中期以来、もっとも多くの入宋僧を輩出し続けた一派である（既述の虎関師錬もその一員）。ここに属していた無住は、入宋・入元僧と接触する機会も少なくなかっただろう。

たとえば無住は三河実相寺《じっそうじ》の導生《どうしょう》という僧から同門のよしみで、宋で学んだ医術を伝授され、さらに一族の僧に伝えたという（梶原性全『万安方』巻五二）。導生が同門というのは、円爾門流であることを意味する。入宋僧導生が属する実相寺は、円爾法嗣の入宋僧無外爾然《むがいにねん》を実質的な開山として創建された寺である（名目的な開山は円爾）。円爾が駿河出身ということもあり、東海地方には円爾門流が早くから展開しており、たとえば円爾法嗣の入宋僧無伝聖禅《むでんしょうぜん》は、駿河の街道沿いに清見寺を開いている。無住がいた尾張でも多くの入宋・入元僧が活動していたことは想像でき、無住は彼らを通じて宋元文化に接していたと考えられる。宋元文化の影響は、すでに京都や鎌倉など中央でのみ見られる局地的現象ではなかった。

この場合の宋元文化とは、必ずしも仏教そのものとは限らない。もちろん入宋僧・入元僧・渡来僧が伝えた文化は第一には仏教だったが、後述するように、彼らは日本国内で南宋と同様の寺院生活を再現しようと試み、そのために彫刻・書画・調度品などについても、南宋からの請来品やそれを意識した宋風様式のものを用いた。南宋と同様の書画・漢詩文も行われたが、これは南北朝～室町期に、水墨画・五山文学などの形で開花することになる。宋式喫茶文化や点心など飲食文化についても、南宋から新たな要素が紹介され、鎌倉後期には武家の間でも、南宋式の「唐膳」が流行した。導生が伝えた医術もこうした宋元文化の一つだが、その後の伝授過程からわかるように、こうした新渡の宋元文化は、法縁・地縁・血縁などのよしみを通じて寺外にも広まり、鎌倉時代の宋風文化盛行を導いたのである。

（2）　留学の盛衰

一般に日本僧の留学といえば、日本から派遣された国家使節が取り上げられることが多い。その中でもとくに遣唐使の印象は強いものに違いない。遣唐使船で入唐して天台宗・真言宗を伝えた最澄・空海や、遣唐使の帰国に際して来日した鑑真の知名度の高さも、そこには関わっているだろう。だが後述するように、この時代の留学規模はかなり小さいものだった。むしろ留学規模が大きかった時代は鎌倉・南北朝期なのだが、この時期の入宋・入元僧の知名度は栄西・道元を除けば低く、そのために留学の盛期という印象も、一般にはあまり共有されていない。

留学をめぐる環境が一転して悪化するのは、中国で元明交替が起こり（一三六八年）、明が国家使節以外の海上交通を禁止したことによる。これ以後の僧侶の入明は遣明使の一行としてのもののみになり、宋元代と比べて強い規制下に置かれた。明国内での滞在期間・行動範囲は宋元代と比べてきわめて限定されており、僧侶が行ったのは「留学」というよりは「旅行」というべきものとなった。さらに一六世紀半ばになると遣明使自体が途絶する。明はその後民間貿易を許可したものの、日本との貿易のみは終始公認しなかったし、明清交替の頃には江戸幕府が日本人の海外渡航を全面的に禁止していたから、やはり留学は不可能だった。この頃の日本人は、渡来黄檗僧を通じて明末清初の仏教を学んでいた。

以上で述べたように、日本僧の留学の盛期は遣唐使・遣明使など国家使節の定期的な往来が行われた時代ではなく、むしろその間の時代だった。この時代には海商の貿易活動が東シナ海をつないでおり、僧侶はその貿易船に便乗することで留学を果たした。東シナ海の海商は九世紀に現れたが、とくに宋・元両王朝は彼らの貿易活動を積極的に奨励しており、これを利用した僧侶の入宋・入元も容易だった。だからこそ明の貿易禁止措置が留学への打撃になったのである。

貿易船を利用した留学は、一見すると国家のバックアップのない不安定なものにも見える。鎌倉・南北朝時代の留学盛況というイメージが薄いのも、あるいは民間貿易は低調で不安定という先入観ゆえかもしれない。だがそもそも八世紀の遣唐使は、平均して二〇年に一回しか派遣されておらず、これを利用して留学する場合、機会はきわめて限定的とならざるをえない。一方九世紀以後の海商たちは、ほぼ連年日本に来航するか、少なくとも滞在していた。航海技術の面でも、二〇年に一往復しか渡航の機会がなかった遣唐使船は、日常的に外洋を行き来して商売することを生業としていた海商たちの貿易船とは、比べ物にならないほど不確実なものである。こうした事情を考えれば、留学を可能にする日中間の交通状況は、遣唐使時代よりもそれ以後の方がはるかに良好だったのであり、留学の活発化はその反映だったともいえる。なお遣明使の往来頻度も、ごく一時期を除いて低調であり、日元貿易時代ほどの渡航機会を提供できなかった。

前近代の日本における僧侶の留学の歴史は、おおむね以上のような経緯をたどるが、第二節ではこの流れについて、今少し詳しく時代を追って確認してみたい。そしてその上で第三節では、鎌倉時代における南宋仏教導入の特徴を確認し、第四節では、それを実現した入宋僧たちの留学パターンを見ていくことにする。

2　留学環境の変遷

（1）　遣唐使時代の留学僧

八・九世紀の遣唐使船は「四船《よつのふね》」と言うように（『万葉集』巻一九）、四艘で構成されるのが普通だった。一艘には一五〇人程度が乗り込んだが、その中には遣唐大使以下の幹部層やその従者、あるいは船の運航に関わる水夫・技術者などの他、唐文化の摂取を目的とする僧俗の人員が含まれた。この内で文化摂取の要員は、遣唐使とともに帰国する短期滞在の請益生《しょう》（俗人）・請益僧（僧侶）と、次の遣唐使到来時まで唐に留まる留学生《るがくしょう》（俗人）・留学僧（僧侶）に分けられる。前者は日本国内で疑問とされていた学問上の問題（難義）について唐人から回答（唐決）を得たり、典籍・文物を請来したりすることを主な目的とした。後者も典籍等の請来の任は負っていたが、主な目的は唐人に師事して文化を修得し伝えることだった（森、二〇一五）。「留学」を長期滞在型に限る場合、問題になるのは留学生・留学僧ということになる。

遣唐使の構成員が最も詳しく判明するのは、最後に派遣された承和度遣唐使（八三八年）である。この時の請益生・請益僧・留学生・留学僧の総数は、従者を除いて一二名前後だったらしい（佐藤長門、二〇〇九、一九三〜一九七頁）。この内で僧侶は、当初六名派遣予定だったのが五名に変更され、請益僧は三名、留学僧は二名となった。この時の遣唐使は前回の延暦度（八〇四年）から三〇年以上を経て派遣されたものだが、これだけの間隔を空けながら、長期滞在の留学僧は二人だけだったことになる。これ以外の遣唐使について、請益僧・留学僧の構成は断片的にしかわからないが、知られる事例を集めても各次数名に過ぎず、承和度を大幅に上回ることはなかったと見られる。

しかも日本から留学僧として派遣されても、唐が留学を認めるかは別問題である。承和度の留学僧には、天台宗の円載と三論宗の常暁がいたが、留学許可が下りたのは円載一人であり、常暁は遣唐使一行とともに帰国している。日唐双方の合意の下で留学できた僧は、三〇餘年の間に一人だけ。これが末期遣唐使の留学規模だった。さらに丁寧に見れば、円載は二名の従者とともに在唐が許可されており（円仁『入唐求法巡礼行記』開成四年二月二六日条）、留学許可が下りたのは三人構成の一僧団ともいえるが、いずれにしてもたかが知れたものである。八世紀にはこれより多かったとしても、従者を除けば二〇年に数人規模と見られる。俗人の留学生を加えても、人的側面については到底盛んな交流ということはできない。遣唐使が唐文化の導入に大きな貢献をしたのは事実だが、それは交流の盛況によるものではなく、効率の良さによるものといわざるをえないだろう。

もっとも以上は八・九世紀の状況である。これを遡る七世紀の事例を見ると、六〇七年の遣隋使には沙門数十名が随伴して隋に仏法を学びに来たとされており（『隋書』巻八一、倭国伝）、また白雉四年度遣唐使（六五三年）では、一七人の学問僧と三人の学生が派遣されている。当時の仏教は単なる信仰の問題にとどまらず、外交交渉の上でも重要な役割を果たしており（河上、二〇一一）、隋という強力な統一王朝が中国に成立した六世紀末以来、日本は国際社会参入の手段としても、隋唐の仏教文化を緊急に導入する必要に駆られていた。ただ僧侶の具体的な派遣事例がある程度わかる七世紀後半について見ると、六五〇年代にはしばしば僧侶の派遣が行われたが、軍事的緊張が高まる六六〇年代にはその形跡がなくなる。さらに六七〇〜六九〇年代には日唐間で直接の接触がなく、これ以前に留学していた僧侶はもっぱら新羅経由で帰国した。七世紀の僧侶留学の盛況は継続的とはいいがたく、留学僧が安定して（そして厳選されて）派遣されるようになるのは、八世紀からと見るべきだろう。

（2）　唐末の留学盛況

承和度遣唐使の帰国から半世紀程度、遣唐使時代とは比較にならない頻度で僧侶の日唐往来が実現する。これは当時東シナ海で活動を活性化させた新羅海商・唐海商の船を利用したものだった。海商の出現によって僧侶たちは常時唐への便を確保できるようになり、留学の手段としての遣唐使は、その歴史的生命を終えた。

日本史上、唐から密教を伝えた代表的な八人の僧を入唐八家という（『八家秘録』）。その内の最澄・空海は延暦度遣唐使、常暁・円行《えんぎょう》は承和度遣唐使で入唐・帰国したが、円仁は承和度遣唐使で入唐の後、唐に残って新羅海商の船で帰国した。さらにこれに続く恵運《えうん》・円珍・宗叡《しゅえい》は唐海商の船で入唐・帰国している。入唐八家の内で半分は貿易船によって渡海・留学しているのであり、平安時代の唐代仏教導入において「遣唐使後」の時代の存在感は意外と大きい。

ただしこの時代の入唐も、自由に行うことができたわけではなく、天皇の勅許が必要であった（石井正敏、二〇一八）。その点では遣唐使と連続する国家事業としての性格も認められる。なお彼ら入唐僧は数名の従者を同行するのが常であり、渡航勅許は一僧侶に対してというよりは、一僧団に対して行われたものだった（この点は平安期の入宋僧についても同様である）。彼ら入唐僧の重要な任務として、日本未渡経典の請来があったが、これも遣唐留学僧に共通するものである。彼らは帰国後に請来品を天皇に献納し、請来目録を提出した上で、改めて下賜を受ける形を採った[(2)]。こうした規制・責務と表裏のものとして、入唐僧に対する国家的サポートも存在した。具体的には朝廷からの留学費用下賜、京都—大宰府間の駅伝利用、大宰府鴻臚館《こうろかん》での宿泊、唐で身分を証明するための公的書類（大宰府公験・僧位記等）の発給などがあった。

留学中に費用が不足した場合は追加の下賜もあったが、これは貿易船を通じた入唐僧の申請により行われており、留学費用も貿易船に託して送られた（八四三年・八四七年円載、八九四年・九〇九年中瓘《ちゅうかん》の事例）。海商の恒常的な往来という新たな状況を利用したサポート体制ともいえる。費用請求に当たっては、しばしば一時帰国した従僧が連絡役となった。またこの頃には、恵蕚《えがく》のように数年おきに日唐間を行き来する連絡役としての入唐僧も見られる（田中、二〇一四）。これは長期留学を目的としたものではないが、留学活動のサポート役になり得るものではあっただろう。

（3）　五代・北宋期の状況

九世紀末になると僧侶の留学頻度は減少し、一一世紀まで二〇～三〇年に一回の入唐・入宋が認められる程度になる。この間も呉越海商・宋海商の貿易船が定期的に往来しており、渡航便がなくなったわけではない。朝廷の渡航許可頻度が減ったと見るべきで、つまり朝廷の中国仏教導入の姿勢が落ち着きを見せるようになったということだろう。

一〇世紀の例を見ると、九二七年に寛建が福建の閩《びん》国、九五三年に日延が両浙（今の浙江省と江蘇省南部に相当）の呉越国、九八三年に奝《ちょう》然《ねん》が北宋に渡っており、さらに奝然帰国後にも、その従僧の嘉因が九八八年に奝然の使者として再入宋している。この中で寛建は、もともと華北の五臺山《ごだいさん》を目指して入唐したのだが、目的を果たさずして福建で客死した。だが一〇人の従僧たちは、その後華北の後唐《こうとう》に入って五臺山巡礼を果たし、密教を弘めるなど活躍した（『奝然在唐記』逸文）。一行の内の一人澄覚は、帰国するために両浙に向かうも行方知れずとなったという。おそらく本国との連絡を取ろうとしたものだろうが、戦乱の中で無事日本までたどり着けなかったのだろうか。結局彼らは本国と連絡を取ることができず、帰国することなく客死し、成果を伝えることもできなかった。

これに対して一〇世紀後半の日延・奝然・嘉因は、大量の典籍や暦学知識・仏教文物をもたらすなど、文化史上でも注目すべき成果を上げている。とくに奝然は、帰国後に平安京北西の愛宕《あたご》山に大清涼寺を建立して五臺山に見立て、新戒壇と阿闍梨五人を置いて、三学宗・達磨宗と称する新宗を立てる構想があった（小島、二〇〇四）。三学宗は戒《かい》・定《じょう》・恵《え》三学の併修を旨とする北宋仏教の教学を反映したもので、達磨宗は宋代に盛行した禅宗（インド僧の達磨が中国に伝えたとされる）を指すものと考えられる。奝然は唐代以前の仏教に依拠した日本仏教界に、新たに宋代仏教に由来する新宗を加えようとしたと考えられるが、この計画は朝廷から認可を得ながら、諸宗の反対を受けて実現しなかった。日本仏教界では、既存の南都六宗・天台・真言の八宗による枠組みが整えられつつあり、新たに同時代の中国仏教を直輸入することは歓迎されない状況が生まれていた（横内、二〇〇八）[3]。同時期の留学機会の減少は、その一因でもあり結果でもあったのだろう。

一一世紀になると、留学僧はもはや北宋仏教の導入自体を志すことはなかった。むしろこの時代に目立つのは、中国の仏教聖地を巡礼し、帰国せずに極楽往生を遂げようとする志向である。その背景には、当時流行していた浄土信仰があった。すべての入宋僧がこれに該当するわけではないが、まとまった史料を残している寂照《じゃくしょう》（一〇〇三年入宋）・成尋《じょうじん》（一〇七二年入宋）・戒覚《かいがく》（一〇八二年入宋）は、みな宋で入滅している。

もちろん彼らが、日本に何ももたらさなかったわけではない。たとえば寂照は師の源信の著作を宋にもたらし、教学上の疑問への回答を宋僧知礼から得て日本に送ってもいる。また成尋は日本未渡経典の送付や、後援者のための仏教聖地での結縁を使命としていた。だが彼らは宋でこうした使命を果たすとともに、自らの宗教活動にも専念した（手島、二〇一五）。彼らが引き受けた使命は、一面では宗教活動実現のための後援（渡航便宜の提供や留学費の援助）を引き出す手段でもあった。そして最終的な目的としての宗教活動は宋での修道生活や極楽往生であって、帰国後の日本仏教界の変革ではなかったのである。北宋期入宋僧の日本仏教界への宗教的インパクトは、概して前後の時代と比べて低かった。

（4）南宋・元代の盛況

僧侶の入宋は一〇八〇年代を以てしばらく途絶える。これが八〇年の空白期を経て復活するのは一一六七年のことだが、とくに一二世紀末、鎌倉期に入るとその頻度は激増し、一三世紀半ばから一四世紀半ばの一世紀間には、日本史上の極盛期を迎えた。その活動の内容については次節以後で触れるとして、ここではその規模について概観してみたい。

この時代の入宋・入元僧について、現状で最も網羅的な木宮泰彦の研究では、南宋期に一〇九人（年代は一一六七～一二七五年）、元代に二二二人（大部分が一三〇五～六五年）の名が挙げられている（木宮、一九五五）。この研究はもともと昭和初期に発表されたもので、その後現在までにはさらに多くの入宋僧・入元僧の名が明らかにされており、今では渡来僧も含めて、五〇〇人程度の僧侶の名前を挙げることができる。しかもこれらは平安時代のように国家的な認可を受けて渡航したものではなく、まとまった記録もない。これら僧侶の名前は日中の語録・詩文集・伝記・宗派図・典籍識語などで偶然判明するものであるから、名前の残らない僧侶の往来がこれよりもはるかに多かったことは想像に難くない。

この頃の留学規模について、極盛期である元代の例を見ると、一三四二年に室町幕府が派遣した天龍寺船には、六〇名以上の入元僧が便乗していた（一笑禅慶『愚中周及年譜抄』直過明州）。また一三二五年に鎌倉幕府が派遣した建長寺船で入元した中巌円月《ちゅうがんえんげつ》は、元僧から「今年日本から何人両浙に来たか」と聞かれた時、二〇人以上と答えたと、中巌自身が記している（中巌『東海一漚集』四、藤陰瑣細集）。中巌が一年の間に出航した船のすべての便乗僧の合計人数を知るはずもないので、これは建長寺船かそれを含む船団に乗り込んだ入元僧の数と見るべきだろう。

以上二例は幕府関係の船であり、とくに多くの僧侶が乗り込んだものとも考えられるが、他の例を見ても、一三四四年に大拙祖能が「同志輩数十人」とともに入元したこと（『大拙和尚年譜』）、同じ頃南海宝洲が「同士十餘輩」とともに入元を試みるも船が難破したこと（中叟良鑑『南海和尚伝』）、一三五〇年に来日した元船に一八名の日本僧が乗って帰国したこと（洞院公賢『園太暦』観応元年四月一四日条）などを参照すれば、十数名から数十名の日本僧が一つの船便（一船か一船団）で入元・帰国することは、よく見られることだったのだろう。

ある南宋官人は一二五〇年代前半に、日本船の往来は毎年四〇〜五〇艘を下らないため、銅銭密貿易の害が甚大であることを主張している（包恢『敝帚藁略』巻一）。この数字には誇張が含まれているとしても、南宋末期に毎年複数の船が行き来していたことは想定して良いだろう。さらに元代には日元双方の軍事的・政治的措置のために、日元交通には数回の中断期が見出されるものの、通常時には貿易船の往来が連年実現していたことが確認できる。現在知られる数百例の入宋・入元僧は、これらの商船に便乗することで渡航したものである。元代の僧侶の往来事例を調べてみると、一三〇五〜三五年、一三四三〜五一年、一三五七〜六五年の合計約半世紀の期間に僧侶の往来がとくに目立つ（榎本、二〇〇七、第二部）。この期間に一便十数名〜数十名の入元僧が乗っていたとすれば、木宮泰彦が検出した入元僧二二二人という数字は、やはり氷山の一角として見なければなるまい。

もう一つ参考として挙げたいのが、南宋・元の寺院に滞在していた僧侶の人数である。『大明国師行状』に拠れば、一二五一年に入宋した無関玄悟《むかんげんご》（普門）は、慶元（寧波）・紹興を経て臨安（杭州）に赴き、霊隠寺《りんにんじ》の荊叟如珏《けいそうにょかく》に師事したが、その時霊隠寺には「郷人七十餘人」がおり、無関はその長を務めたという（荊叟の霊隠寺住持就任は一二五六年なので、それ以後の状況）。霊隠寺は南宋の禅院五山第二位の格式を持ち、日本僧が集中的に参禅した寺の一つだが、そこには七〇人を超える日本僧が滞在していたことになる。あまりに多い数のため、誇張か誤写がある疑いもあるが、人気のある寺院では日本僧のリーダーが任じられるほど、日本僧が留学していたと見られる。

元代になれば、一三〇九年に慶元における日本商人暴動事件（至大「倭寇」）のあおりを受け、慶元天童寺の日本僧が十数人検挙されたというのも、一寺にいた留学僧の規模を知る上で参考になる（龍山徳見『黄龍十世録』付収、中巌円月撰行状）。よりたしかな情報として、一三二〇年代前半のある時点で、集慶（南京）保寧寺には日本僧が三二人いたという証言がある（竺仙梵僊『竺仙和尚語録』巻中、建長禅寺語録）。保寧寺は当時入元僧の間で最も人気のあった古林清茂《くりんせいむ》のいた寺だから、この数は当時の寺院の中でもとくに多いものだろう。もちろん日本僧は他にも様々な寺院や聖地に足を延ばしていたから、在元日本僧の総数は数倍になるはずである。たしかなことは言えないが、一〇〇人以上の日本僧が常時学内元国内を行脚していたと見ても、あながち的外れではないだろう。

3　南宋仏教の導入過程

（1）入宋僧復活の前提

八～九世紀の遣唐使船を利用した僧侶の留学は、頻度も規模もごく限られたものだったが、遣唐使が派遣されなくなった九世紀半ば以後は、貿易船の往来を利用することで、僧侶の留学の頻度はむしろ増した。しかし九世紀末になると、日本の朝廷が留学を許可しなくなり、仏教界でも同時代の中国仏教紹介が必ずしも歓迎されない状況が生まれた。そのような中で留学のための船便は存在するにもかかわらず、留学僧の出現頻度は低下し、一〇八〇年代以後には入宋僧の空白期が生まれる。だが一一六〇年代には入宋僧が復活し、鎌倉時代の激増を見る。その結果、南宋・元代には前近代史上で最大の日本僧留学ブームが到来した。

以上が前節で見てきた日本僧の中国留学の概要であるが、この間の問題の一つに、一〇八〇年代以後の「空白の八〇年」がある。この時代にも宋代仏教への関心がまったく途絶えていたわけではない。ただそうした関心を抱いていたのは中央仏教界よりは、そこから距離を置いて地方で活動する天台宗の聖《ひじり》（大寺院に属さず山林・市井で修行・遁世生活を行った僧）たちだったと考えられる（以下、榎本、二〇一六）。

天台聖が宋代仏教に関心を抱くきっかけは、一〇七二年の成尋入宋にあったと考えられる。成尋自身は京都で摂関家に仕えた天台宗の高僧だったが、入宋に先立つ備中新山別所《にいやまべっしょ》の参籠をきっかけとして（別所は本寺を離れ遁世した聖たちの活動拠点）、天台聖たちの注目を集める存在となった。その一人と考えられるのが、備中新山や美作真島山《ましまやま》・吉野金峯山《きんぶせん》を拠点として活動した日円で、入宋前の成尋から灌頂を受け、後に自ら入宋して天台山で往生した。

同時期の入宋僧に出雲鰐淵寺の永暹《えいせん》もおり、美作神報寺や大和多武峰《とうのみね》での活動も知られる。彼も入宋して天台山に赴き、一〇八四年に成尋の廟所として建てられた日本唐院で、入宋僧厳円《ごんえん》から成尋由来の「不動立印儀軌真言《ふどうりゅういんぎきしんごん》」を伝授され、帰国後これを多武峰に伝えた(4)。また播磨の綾部別所に所縁を持つ天台聖である戒覚は、成尋従僧の帰国（一〇七三）からまもなくその情報を得て、自らも一〇八二年に入宋し、五臺山で入滅を遂げている。備中およびその周辺地域の聖の間で、成尋の入宋行が注目され、その後を追う者が続出したらしい。これらは天皇の勅許を得て入宋したものとは考えられず、とくに戒覚は旅行記『渡宋記』より、密航による入宋であることが明らかである。中央仏教界のしがらみから自由な立場にあった彼らは、密航にもさほど躊躇することがなかったのだろう。

彼ら成尋の跡を追った入宋僧たちは、多くは日本に帰国せず、また帰国しても教学上の成果はほとんどもたらさなかった。さらに彼ら聖たちの入宋も、一〇九〇年代以後は史料上で確認できなくなる。だがそのような中でも、宋代仏教への関心自体は一部の天台聖の間で醸成されていた。入宋僧の復活は一一六〇年代のことだが、俊乗房重源《しゅんじょうぼうちょうげん》（一一六七年入宋）と並んでその嚆矢に数えられる葉上房栄西《ようじょうぼうえいさい》（一一六八年第一次入宋）は備中出身であり、実はこの動向の中にいた僧である。たとえば一一七〇年には、伯耆大山寺《だいせんじ》の習禅房基好《しゅうぜんぼうきこう》から、前述の成尋由来の「不動立印儀軌真言」を伝授されている。基好は多武峰出身であり、多武峰内で同法を伝授されていた。

栄西はこれ以前、第一次入宋前にも、大山寺周辺の人脈で流通していた「達磨大師知死期偈《だるまだいしちしきげ》」を伝授されている。これは自らの死期を知るための秘法で、宋海商が禅宗の秘法として日本に伝えたものとされていた。栄西は後に南宋でその真偽を問うて偽物と喝破されたが、このような怪しげな秘法を求めたのは、南宋の禅宗への関心を逆に物語る。日本天台宗祖師の最澄はもともと唐から禅を伝えていたが、平安末期には絶えていた。天台僧栄西はその再興を志し、「知死期偈」に関心を持ったのだろう。

なお重源・栄西の入宋は同時期に展開された後白河院―平氏政権の対外政策と関係するもので、二人とも後白河院近臣との所縁によって選ばれたと考えられている（横内、二〇〇八、第一一章：渡邊、二〇一〇）。その点で平安末期の入宋僧復活は、多分に政策的なものだった。しかし栄西は入宋の任を受ける以前、一一六一年に比叡山から離れた頃にはすでに入宋の志を持っており、比叡山でそのことを語った時は嘲笑を受けたという（『栄西入唐縁起』）。朝廷の入宋僧の人選は、もともと宋代仏教に関心を持つ僧の中から任命したという側面もあったのだろう。

（2）情報源としての海商

平安末期に入宋僧が復活するまでの「空白の八〇年」において、日本僧が同時代の宋代仏教の様子を知るツテは、海商を介してもたらされる情報がほぼすべてだった。宋現地で真偽を確認する術がない以上、その情報は玉石混交とならざるをえない。その中の「石」の一つが「達磨大師知死期偈」だったのだろう。だがその質の優劣はともかく、海商は南宋の情報を伝えてくれる存在として貴重だった。たとえば一一世紀末の多武峰では、般若心経の宋代音での読み方が伝授されていたが、これは宋海商から聞いた情報を基にしたものだった（水田、一九六二）。

同じ頃には宋海商を通じて、宋・高麗の版本が刊行からあまり時間差なく日本に輸入されている（横内、二〇〇八、第十章）。その一つに呉越国の延寿の手に成る『宗鏡録《すぎょうろく》』があり、宋での刊行から十数年後、一〇九四年以前には日本にもたらされていた（『東域伝燈目録』）。これは中世に天台僧の間で読まれた禅籍で、栄西・円爾などの他、摂津三宝寺の大日房能忍も参照していたことが知られる（石井修道、一九七四）。

能忍は一一八九年、弟子の練中・勝弁を明州（慶元）阿育王山の拙庵徳光《せったんとくこう》の下に派遣して、嗣書《ししょ》・血脈《けちみゃく》・舎利・法衣や達磨図・拙庵頂相の賛を得て嗣法《しほう》の証とした（高橋、一九七七）。禅宗では住持として弟子を接化する立場になる際に、嗣法（師の法を承け継いだことの宣言）の手続きを取るが、そのためには嗣法の師から印可（得法の証明）を得ている必要があった。しかし能忍は入宋せず日本で独学で禅を学んだため嗣法する師がなく、このような変則的な嗣法を行ったのである。この点は後に栄西の批判を受けることになるものの、むしろここで注目すべきは、独学でもある程度は禅を学ぶことが可能な環境が、典籍の舶載によって当時の日本に生まれていたという点だろう。これも「知死期偈」と同様に、一種の宋海商経由の情報ということもできる。

平安末期に入宋僧が復活した時点でも、宋海商の情報は重要な意味を持っていたと考えられる。この時点で日本国内には南宋仏教界の様子を実際に知るものは誰もいなかったのだから、入宋僧が事実上頼りにできたのは、真偽不確かな典籍の記載と海商の情報くらいしかなかったはずである。たとえば栄西は一一六八年の第一次入宋に先立ち、博多の両朝通事李徳昭なる宋人から、宋で禅宗が盛んである様を聞いたという（栄西『興禅護国論』第五門）。李徳昭は日宋両国の言葉を理解し、日本人と宋海商の間で通訳を行っていたものと考えられる。鎌倉時代には宋海商がしばしば通事の役に任じられたことが確認され、李徳昭も日宋間を行き来する宋海商の一人だろう。だからこそ彼は、南宋仏教界の現状を栄西に伝えることができたのだし、栄西もその情報を求めたのである。栄西は明州に上陸した後、真っ先に禅僧と問答を行ったが、それも李徳昭の情報が影響しているのかもしれない。

一一七〇年には、比叡山の覚阿《かくあ》が入宋する。三〇年後に南宋で編まれた『嘉泰普燈録《かたいふとうろく》』巻二〇に記すところに拠れば、臨安から帰ってきた海商が、南宋での禅宗の盛況を伝えたため、覚阿は奮然として、法弟の金慶を連れて入宋したのだという。その一年餘の後、一一七一年、覚阿は臨安霊隠寺の瞎堂慧遠《かつどうえおん》に参じた。この時に覚阿が呈した書には、「我が国に禅宗無く、ただ五宗の経論を講ずるのみ」と述べられており、日本には無くなっていた禅宗を学ぶことを目的としていたと見られる。覚阿は得悟して瞎堂に認められ、一一七三年に帰国して禅宗を始めるに至った。その法流は日本に根づかなかったが、一般に日本禅宗の祖とされる栄西よりも二〇年近く早い伝法であった。

覚阿の場合、入宋前に海商から聞いていたのは禅宗の盛行という曖昧な情報に留まらず、寺院や住持の名にまで及んでいた可能性がある。霊隠寺はかつて『宗鏡録』の撰者延寿が住した名刹だが、同時に宋海商の信者を抱えた寺でもあり、たとえば日宋貿易に関わっていた宋海商の劉琨・李詮は、一〇七三年に霊隠寺で斎（食事会）を開催している（成尋『参天台五臺山記』熙寧六年五月二八日条）。また瞎堂も海商の信仰を集めた僧侶だった。一一九七年、博多津の張国安なる宋人が栄西に語った話に拠れば、張国安は一一七三年に霊隠寺を訪れて瞎堂の説法を聞いたが、翌年再訪した時にはすでに瞎堂は示寂《じじゃく》していたという（『興禅護国論』附録、未来記。ただし瞎堂の示寂は一一七六年）。瞎堂は覚阿が入宋した一一七〇年代、博多の宋海商たちの間で人気のある禅僧だったことが知られ、覚阿の参禅も宋海商たちの紹介によるものだった可能性は十分にあるだろう。

このように海商たちは一二世紀の入宋僧に南宋の禅宗をアピールした。そして張国安の例から明らかなように、その前提には海商自身の信仰もあった（川添、一九八八）。後述の通り、入宋僧はやがて南宋仏教界との間に直接連絡を取るようになり、海商を通じた間接的な情報の重要性は下がるが、禅宗導入の初期において、海商の情報は意外と重要な要素だった。

(3)　南宋仏教の導入

鎌倉時代になると、一一八七年に第二次入宋を遂げて禅を伝えた栄西、一一九九年に入宋して律・天台を学んだ我禅房《がぜんぼう》俊芿《しゅんじょう》、さらにその後続の僧侶たちによって、南宋仏教を参照した日本仏教の改革が試みられる（大塚、二〇〇九：西谷、二〇一八）。彼らは、従来の日本顕密諸宗が、三学の内の「智恵（慧）」のみに関心を集中させている現状を批判し、「智恵」の前提となる実践行としての「持戒（戒）」「禅定（定）」の重要性を説いた。彼らは、南宋ではこれら三学が然るべき形で（「如法」という）行われていると考え、南宋の寺院制度を学んで日本に導入することを試みた。これらの中で持戒を専門とする僧を律僧、禅定を専門とする僧を禅僧と言ったが、それは必ずしも律宗または禅宗のみを学ぶ僧を意味するわけではない。栄西も俊芿も三学の兼修を旨としており、その姿勢は南宋仏教のスタンダードでもあった。

鎌倉時代、にわかに入宋僧の活動が活性化する背景として、日本の朝廷による海外渡航の規制が事実上消滅したことが挙げられる。すなわち鎌倉時代には、中央の権力者との縁故を持たない僧も含め、雑多な僧侶が入宋しており、大宰府を通じた中央の規制は機能しなくなっている。能忍使僧の練中・勝弁や肥後正法寺の俊芿などは、その例として挙げることができる。栄西は第一次入宋の後で再入宋の志を持ちながら平頼盛（清盛の弟）から引き止められて果たせなかったというように（虎関師錬『元亨釈書』巻二）、僧侶の入宋は平氏政権期までは政権側の意向によって、一定の制限がかけられていた。その栄西が平家滅亡二年後に二度目の入宋を遂げたのは、そうしたカセがなくなったことも作用していると考えられる。

宋側の対応も変化していた。これ以前、北宋期の入宋僧は、一般に国賓に準じて扱われた。彼らは宋で入国を申請すると都に呼ばれて皇帝に謁見し、紫衣《しえ》や大師号を賜わった。彼らは形式的には高僧として扱われたし、宿泊施設・生活費や交通手段なども提供された（廣瀬、二〇一一）。厚遇の背後には入宋僧を通じて日本の朝貢を実現しようという意図もあったが、個別の厚遇が可能な程度の頻度でしか、日本僧の入宋が行われていなかったことも大きい。

だが南宋期になると、日本僧の入宋頻度が上がる一方で、宋による国家的な厚遇は見られなくなる。これは一面では留学条件の悪化ともいえるが、また一面では入宋僧たちが宋僧たちと同じ環境で修行生活を行い、寺院での集団生活を体験することが可能になったともいえる。栄西も俊芿も南宋の修行環境を日本で再現し、規式にのっとり戒律を守りつつ、集団生活を行うことを旨としたが、それは彼らが南宋の寺院で長期的に集団生活のあり様を実体験できたことが前提としてある。

彼らが試みた南宋仏教の導入とは、典籍・修法の紹介に留まらない、より本質的なものであった。たとえば俊芿は一二二〇年、京都東山に泉涌寺を始めるに当たり、伽藍構成や堂舎の名称、本尊など諸像の配置、役職名やその任命方式など、様々な面で、南宋の方式に従う構想を具体的に示している（『泉涌寺殿堂房寮目録』）。また漢字を宋代音（宋音・唐音）で発音し、外出時には宋で行われた『四分律』の規定に従って大型の袈裟（九条袈裟）を着用するなど、オーディオ・ヴィジュアル面でも他教団との差異を明確にしていた。それは当時の人々が一聴・一見して新奇な感を抱くに足るものだっただろう。

なお鎌倉時代最初期において、仏教改革のモデルとして想定されていたのは、必ずしも南宋とは限らなかった。栄西は第二次入宋時に日本に禅を伝えたが、これは当初からの計画ではなく、実はこの時に栄西が目指していたのはインドだった。しかしインドへ向かう内陸ルートは華北の金の支配下にあったため、南宋の官府から通行許可を得られなかった。栄西はこ

図5－1　俊芿座像（1227年自賛。京都泉涌寺所蔵）

出典：『新版古寺巡礼 京都 27 泉涌寺』淡交社，2008年。

こで諦めて帰国しようとしたが、帰国便が漂流してしまったため、漂着地近くの天台山に行くことにしたのである。栄西はこの時、天台山万年寺の禅僧虚《こ》庵懐敞《あんえしょう》に参じ、禅を学ぶことになった。虚庵は二年後に慶元天童寺に転住するが、栄西もこれに従って天童寺に移り、一一九一年に帰国した（『元亨釈書』巻二）。栄西による禅の伝法は必然の結果ではなく、多分に偶然の要素が強かった。栄西は仏教改革のモデルとして、当初は南宋ではなく、仏教始原の地であるインドこそを見るべきと考えていたのであろう。

　こうした発想をしたのは栄西一人ではなく、同時代では京都高山寺の明恵房高弁《みょうえぼうこうべん》も同様の構想を持っていた（『明恵上人行状』）。さらに遡れば北宋期の奝然も、本来は五臺山を参詣した後にインドの仏跡に巡礼する計画だった（『本朝文粋』巻一三）。彼が帰国に当たり宋で模造した釈迦如来像（現 京都清凉寺所蔵）の原像は、生前の釈迦の姿を基にインドで造像されたとの由緒を持ち、その請来はインドへの憧憬と関わるものだろう（上川、二〇〇七）。これ以前でも、九世紀の真如や一〇世紀の伝智など、インド留学を試みる僧侶は一定の頻度で現れているが、これらは概して如法の仏教を実見したいという情熱に基づく行動だった。だが栄西はインド巡礼を果たすことができず、これに代わるモデルとして南宋仏教を選択した。以後日本では現実的な留学先として、南宋、ついで元が選ばれることになるのである。

4　宋風仏教教団と入宋僧

（1）門流の使僧派遣と南宋寺院

栄西・俊芿らによって本格的に始められた南宋仏教導入の運動は、これに賛同する後進の僧侶たちによって受け継がれた。具体例を挙げると、栄西門流からは仏眼房隆禅《ぶつげんぼうりゅうぜん》・仏樹房明全《ぶつじゅぼうみょうぜん》・仏法房道元・般若房了心《はんにゃぼうりょうしん》・円爾《えんに》・神子栄尊《じんしえいそん》（覚禅房）・無《む》本覚心《ほんかくしん》（心地房）・寂庵上昭《じゃくあんじょうしょう》、俊芿門流からは良祐・思斉・幸命・聞陽房湛海《もんようぼうたんかい》・証誠房思就《しょうせいぼうししゅう》・来縁房定舜《らいえんぼうじょうしゅん》・真観房思《しんかんぼうし》順《じゅん》・思敬《しきょう》・承仙《しょうせん》・理性房道玄《りしょうぼうどうげん》・明観房智鏡《みょうかんぼうちきょう》などの入宋が確認できる（佐藤秀孝、二〇〇三；大塚、二〇〇九、第五章）。栄西門流の入宋僧のほとんどは、栄西の後継者である荘厳房行勇《しょうごんぼうぎょうゆう》の時代（一二一五～四一）に派遣されたものであり、俊芿門流の入宋僧も思就以下は俊芿入滅（一二二七）後の派遣と考えられる。

道元（日本曹洞宗祖）・了心（鎌倉寿福寺住持）・円爾（京都東福寺開山）や定舜・智鏡（ともに京都泉涌寺住持）など、両門流の入宋僧には帰国後に指導的地位に就く人材が散見し、入宋が出世コースの一つだったことがわかる。これ以前の入宋僧やその関係者としては重源・覚阿・能忍などがあるが、これら門流の入宋は単発で終わっている。これに対して南宋と同じ寺院空間の再現を目指していた栄西・俊芿門流は、その構想・理念ゆえに、継続的に南宋に人材を派遣し、その宗風を知る人材を確保する必要があった。たとえば行勇示寂後に栄西門流を率いた了心は、入宋後に日本で禅僧の衣服の格式を初めて定めたとされている（義堂周信『空華日用工夫集別抄』応安七年十月八日条）。

両門流の入宋僧で最も著名なのは、日本曹洞宗の祖、道元であろう。彼は京都建仁寺で栄西法嗣の明全に師事し、一二二三年にその従僧の一人として入宋したが、宋では慶元天童寺で曹洞宗の長翁如浄《ちょうおうにょじょう》に師事し、一二二七年の帰国後は、栄西門流ではなく如浄の法を嗣いで、京都深草に興聖寺《こうしょうじ》を、次いで越前に永平寺に開いた。要するに栄西門流として入宋し、帰国後に新門流を開いたのである。

道元は四年間の在宋の間に、教学だけでなく修道生活に関わる様々な事柄を学んだ。一例として道元が如浄との問答を記した『宝慶記《ほうきょうき》』を見ると、修行時の心がけ、長髪・長爪の可否、修行僧の歩き方、適切な法服、坐禅時の姿勢などにも話題が及んでおり、日常の所作がいかにあるべきかも関心事の一つだったことが知られる。道元はこうして学んだ南宋の修道生活を帰国後にも実践したが、そこには栄西門流と異なる要素も含まれていた。たとえば無住によれば、栄西はものものしい坐禅の儀を行わず、日本の風儀に任せていたのに対し、道元は興聖寺で、広い空間で行う宋風の坐禅を初めて行い、信徒の関心を集めたという（『雑談集』巻八、持律坐禅ノ事）。

ただ道元の入宋はけっして彼個人の力のみで実現したものではなかった。道元はもともと明全に随侍して入宋したものだったし、明全も栄西門流の使命を受けて、建仁寺から南宋に送り出されたものである。さらに言えば、建仁寺は鎌倉幕府の外護下に建立された寺だったから、幕府の後援もあったのかもしれない。

明全らは慶元に上陸した後、慶元景福寺ついで慶元天童寺に向かい、某年七月五日（栄西忌日。一二二四年か）に冥飯の大斎を行った。このことは大斎から間もない一二二五年に宋人が撰述刊行した『日本国千光法師祠堂記』に記すところである（「日本国千光法師」は栄西のこと）。この頃天童寺には栄西の事跡を記念する祠堂があり、『祠堂記』はここに刻んで由緒を伝えるべく撰述されたものだった。

注目されるのは、明全らが大斎に当たり、会子（紙幣）一〇〇〇緡《びん》を拠出したことである。一〇〇〇緡は銅銭では一〇〇万枚に相当するが、銭一貫（千枚）＝現代の一〇万円相当という中世日本の一般的な換算レートを適用すれば、現代の一億円相当の価値となる。日本から換金用に持ち込んだものが何だったか、それを調達するのにどの程度の経費が必要だったかは知る由もないが、明全個人で調達したものではあるまい。栄西門流の事業として、天童寺で栄西を記念する法要が催されたのであり、明全一行はそのために派遣された使僧だったと考えられる（佐藤秀孝、一九九一）。なお明全は大斎の後に天童寺で客死したため、道元は明全一行の代表者として帰国することになったと考えられる。実際に道元は帰国して建仁寺に戻っているが、この時に大斎挙行の報告を行ったはずである。

天童寺で栄西の記念行事を催したのは、天童寺と栄西の関係による。先に述べたように、栄西は第二次入宋時に天台山ついで天童寺で虚庵懐敞に師事したが、虚庵は天童寺に遷住した時、長く荒れ果てていた千仏閣の復興を志した。そこで栄西は一一九一年の帰国に当たり、日本から良材を送り援助することを約束し、実際に一一九三年に大量の木材を大船で送付した。千仏閣はこれを用いて着工し、三年にして落成を見たという。

この由緒は日本側ではもちろん、南宋側でも記憶された。当時の慶元を代表する文人である楼鑰《ろうやく》が撰述した「天童山千仏閣記」にこの逸話が記され（『攻媿集』巻五七）、南宋期慶元の地誌『宝慶四明志』巻一三や、明代の『大明一統志』巻四七などでも言及されている。『祠堂記』にも千仏閣の件を含む栄西の行跡が記されており、栄西の事蹟を顕彰し記憶させようとする栄西門流の意図がうかがえる。これ以前に行われた祠堂建立も、おそらく同様の意図に基づく栄西門流の事業だろう。

これに近い事例は以前にもある。たとえば成尋入滅直後には、その廟所として天台山国清寺に日本唐院なる塔所が設けられたことが知られる（既述）。また重源は慶元阿育王山に木材を送って舎利殿を修造したが、この時に自らの画像・彫像も送って舎利殿に安置させ、香華を供えさせている（重源『南無阿弥陀仏作善集』）。天童寺の祠堂建立もおそらくこのような事業の延長上にあるが、栄西門流の特徴は、その記憶の風化を防ぐべく使僧の派遣を続けた点にある。

天童寺にはたびたび栄西門流の留学僧が送り込まれた。たとえば道元は天童寺で、先に入宋していた同門の五根房や行勇（栄西法嗣）の門人とされる隆禅と会っている。栄西門流にとって天童寺との関係の継続は、留学先の確保の意味も持ったものと思われる。なお使僧として派遣された明全・道元は、一見するとこれら留学僧とは異なる立場だったようにも感じられる。だがもしもそうならば、大斎が終わった後ただちに帰国するはずだが、道元は実際にはその後も径山《きんざん》・天台山・阿育王《あいくおう》山・普陀山《ふださん》などの仏教聖地や禅院を行脚しているし、何よりも天童寺に帰参した後、新住持如浄の下で真剣な修行生活を行って得悟を果たしている。ここでは使僧としての使命と留学が両立している。あるいは五根房・隆禅なども、もともと何らかの使命を負って入宋していた可能性は考えられる。

入宋僧側の立場とすれば、所属する門流から使命を引き受けて入宋することで、留学先や渡航費用などの面で便宜を得ることができた。また門流側とすれば、留学を希望する僧侶を後援して使命を託すことで、南宋仏教界との関係を維持することができ、また最新の南宋仏教の動向を把握することができた。そしてそのことを国内でアピールすることで、外護者に対して顕密諸宗にない魅力を主張することができたし、最新の教説を求める若い人材を集めることもできたと考えられる。

（2）道元門流の場合

以上で見たような栄西門流の活動方針は、道元示寂（一二五三）後の道元門流にも引き継がれている。まず南宋での拠点としては、道元の師如浄の墓所である天童寺南谷庵がある。道元門流は、ある時ここに道元の位牌を送って安置した。この位牌は元代にも受け継がれており、曹洞宗の大智や宗可《しゅうか》が入元してこれを拝している。宗可が入元した頃（一三二四〜二七）には位牌がすでに損滅していたというので、安置は一三世紀に遡るだろう。道元示寂後の一二五〇〜六〇年代には門人の寒《かん》巌義尹《がんぎいん》（二回）・徹通義介《てっつうぎかい》が入宋しており、位牌は永平寺から派遣された彼らが収めた可能性が考えられている（舘、二〇〇六）。これも小規模ながら、日本側門流の拠点作りの一環といえよう。

二人の内、義尹は第二次入宋時に道元の語録を持って宋の高僧を訪れ、序跋を獲得したことが知られる。一方の義介の入宋は、如浄の頂相を請来し、天童寺の図・規矩・法度・四節の礼などを伝えることが目的だった（佐藤秀孝、二〇〇六；舘、二〇〇六）。また宗可は師の義雲（道元法孫）の頂相を持って入元し、元僧から賛文を得ている。これら道元門流の例に限らず、示寂した高僧の門人らが入宋・入元して、師の著作（語録・詩文集）の序跋、頂相の賛、伝記（行状・塔銘）の撰述などを求めたことは、元末まで非常に多くの事例を指摘することができる。これも門流の使命を受けた留学の事例といえるだろう。

また義介が目的とした天童寺の図・規矩・法度・礼の伝習は、道元示寂後の道元門流が、栄西・俊芿・道元らと同様に南宋の寺院制度の導入を目指していたことを示す。彼らは道元までの成果で満足することなく、さらなる情報更新を試みていた。どの寺・僧をモデルにアップデートを行うか、どの時点でアップデートを完了するかは、各門流の判断次第だったが、その差異の蓄積は、そのまま門流の特色となった。そのアップデートが終わる一つの区切りとなったのが元明交替による留学僧派遣の終了であり、その後は江戸時代の黄檗僧渡来まで、各門流は国内でその教説を祖法として、独自に保存・展開させることになる。

（3）円爾門流の場合

最後に日宋仏教界の関係の展開について、やはり栄西門流出自の円爾の事例を見ながら論じてみたい（『聖一国師年譜』）。

円爾は栄西法嗣の釈円房栄朝（上野長楽寺住持）の門人で、一二三五年に栄西門流の一人として入宋した。最初は慶元景福寺・天童寺に参じたが、これは明全・道元と同じコースであり、栄西門流から紹介されたものだろう。だが円爾は両寺に長く留まらず、臨安に移動して上天竺寺・浄慈《じんずじ》寺・霊隠寺など府城近くの諸寺を歴参した。そして霊隠寺で会った退耕《ついかん》徳寧《てにん》から、師の無準師範《ぶしゅんしばん》を紹介され、無準のいる臨安径山へ赴き、師事して得悟を果たした。帰国後は栄朝ではなく無準の法を嗣ぎ、摂関家外護下に京都東福寺を開いて、鎌倉建長寺の渡来僧蘭渓道隆《らんけいどうりゅう》とともに、鎌倉中期の日本禅宗の中心人物となった。

この場合円爾は、栄西門流の参学コースに従って入宋した後、理想の師を求めてさらに巡歴を続け、その中で巡り合った高僧に嗣法したことになる。一方道元の場合、最終的に嗣法した如浄は天童寺の住持だったが、入宋当初の天童寺住持は別の僧であり、如浄は交替で着任したものだった。道元は如浄に出会うまで、何度か天童寺を出て他寺を巡歴している。門流から紹介された寺院を当初の目的地としながら、さらに師を求めて巡歴して理想の師を探すという行動パターンは、道元・円爾に共通している。

円爾門流からは実に多くの入宋僧が輩出しているが、彼らについても同様のパターンが当てはまる。円爾が紹介した先は、多く円爾の師無準のいた径山だった。円爾・径山間で交わされた書簡やその写しは多く伝わっているが、その文面からは、両者の連絡が使僧の往来を通じて実現していたことが知られる。

彼ら使僧は円爾から紹介状も受け取っていたらしい。たとえば無本覚心は一二四九年、円爾から紹介状を与えられて径山へ向かった。ただし径山に着いた時、無準は示寂していたため、覚心は他寺を巡歴することになり、他の日本僧から聞いた情報に従って、臨安護国寺の無門慧開《むもんえかい》に参じ得悟した（寛永版『法灯円明国師行実年譜』附録）。また一二五二年、無象静照《むぞうじょうしょう》は円爾から南宋の諸高僧への紹介状を数通受け取って入宋したというが（大極『碧山日録』長禄三年八月三〇日条）、やはり最初に径山に登り、住持の石溪心月《しっけいしんげつ》に師事している。こうした紹介状の類は、栄西門流・俊芿門流・道元門流なども出していたものだろう。

なお覚心と無象は、帰国後にそれぞれ無門・石溪の法を嗣ぎ、新たな門流を立ち上げた。既存の門流の紹介状を持って入宋した後、独自に新たな人脈を築いて帰国するというパターンは、ここでも確認できる。この後の世代においても、このパターンは当然繰り返された。

（4）鎌倉・南北朝という時代

以上で見てきたところを整理しよう。鎌倉・南北朝期、南宋・元代という時代は、日本僧の中国留学の頻度・規模がピークに達した時期だった。一便（一船か一船団）で十数名から数十名の日本僧が渡航し、多い寺では同時に数十人の日本僧が留学していた。この前の平安時代では、一〇八〇年代以後僧侶の入宋が杜絶していたが、その間も宋代仏教への関心は、主に地方の天台聖の間で醸成されていた。この杜絶期に宋代仏教の情報をもたらしていたのは宋海商であり、栄西・覚阿など平安末期に復活した当初の入宋僧も、彼らから情報を得ていた。鎌倉時代には日宋両国の渡航環境の変化によって入宋僧が激増するが、彼らは帰国後、南宋で学んだ寺院制度を導入することを試みた。初期においてこの運動の中心になったのは栄西門流と俊芿門流であり、両門流からは多くの入宋僧が出た。彼らは門流から使命を託されて入宋することがあったが、それによって留学の便宜を得ることもできたし、門流側もそれによって南宋の寺院と関係を続けることができた。一方で道元・円爾のように、現地で見出した師の法を嗣ぎ、帰国後に新門流を立ち上げる者もあった。日宋仏教界の関係は、継続的な入宋僧派遣によって深まる一方、入宋僧たちの自発的な行脚によって拡大も続けたのである。

ところが一二八〇～九〇年代前半には、日元間の軍事的緊張の中で、僧侶の往来頻度が激減する。一二九〇年代後半には復活の兆しを見せるものの、本格的な復活は一三〇〇年代後半のことだった。この間、南宋期に築かれた日宋仏教界の関係は、一端希薄化したと考えられる。その中にはまた復活したものもあっただろうが、消滅の運命をたどったものもあっただろう。一方で同じ頃には日本国内での禅宗の宗勢拡大に従い、渡来僧の門流をはじめとして、多彩な門流の展開が見られるようになり、入元僧の出自母体は多様化する。こうした条件が入元僧の活動にどのように影響したのかは、改めて検討する必要があるだろう。

注

（1）『雑談集』が書かれた一三〇五年には、鎌倉建長寺（西澗子曇）・鎌倉円覚寺（一山一寧）・京都建仁寺（鏡堂覚円）の住持を渡来僧が務めていた。

（2）具体例としては九五七年に呉越国から帰国した比叡山僧日延の例がある。彼は千巻以上の仏典・外典をもたらしたが、これは一度村上天皇に献納された。村上はこれを一覧した後、仏典は比叡山、暦経は陰陽・暦・天文博士の賀茂保憲、外典は紀伝道の大江氏に与えたという（『太宰府神社文書』年欠大宰府政所牒、『平安遺文』四六二三）。

（3）上川通夫は摂関・院政期における中国仏教の選択的受容（全面的模倣ではなく、必要な要素のみを受け入れる）と、その結果としての「擬似汎東アジア的」（現実の中国仏教とは異なる内実ながら、東アジアの普遍的仏教の形を装う）日本仏教の形成を主張する（上川、二〇〇七、二〇一二）。さらに上川や手島崇裕（手島、二〇一五）は、その背後に北宋の外圧や国際状況の変動という政治的要因を見る。今はその是非は措くが、ここでは一〇世紀以後、中国仏教の全面的な導入が避けられるようになった点を指摘しておきたい。

（4）なお前稿（榎本、二〇一六）では、日円が新山と多武峰双方に縁のある人物であり、その縁によって多武峰で宋代仏教への関心が惹起されたことを想定した。しかし日円と多武峰の関係（多武峰の念覚から日円への伝法）は、典拠となる『師資相承血脈』の誤読に基づくものであり、ここで撤回したい。あくまでも推測の域を出ないが、日円と永暹は双方の拠点である美作周辺で情報を共有しており、多武峰の宋代仏教志向は永暹を通じてもたらされた可能性を、今は考えている。

参考文献

石井修道「仏照徳光と日本達磨宗（上・下）――金沢文庫保管『成等正覚論』をてがかりとして」『金沢文庫研究』二〇―一一・一二、一九七四年。

石井正敏「遣唐使以後の中国渡航者とその出国手続きについて」『石井正敏著作集二　遣唐使から巡礼僧へ』勉誠出版、二〇一八年。

榎本渉『東アジア海域と日中交流――九～一四世紀』吉川弘文館、二〇〇七年。

榎本渉『僧侶と海商たちの東シナ海』講談社選書メチエ、二〇一〇年。

榎本渉「平安末期天台宗における宋代仏教へのまなざし――栄西入宋の前提として」『佛教史學研究』五九―一、二〇一六年。

大塚紀弘『中世禅律仏教論』山川出版社、二〇〇九年。

上川通夫『日本中世仏教史論』校倉書房、二〇〇七年。

上川通夫『日本中世仏教と東アジア』塙書房、二〇一二年。

河上麻由子『古代アジア世界の対外交渉と仏教』山川出版社、二〇一一年。

川添昭二「鎌倉初期の対外交流と博多」『鎖国日本と国際交流』吉川弘文館、一九八八年。

木宮泰彦『日華文化交流史』冨山房、一九五五年。

小島裕子「五台山憧憬――追想、入宋僧奝然の聖地化構想」『佛教と人間社会の研究』永田文昌堂、二〇〇四年。

佐藤秀孝「仏樹房明全伝の考察」『駒澤大学仏教学部研究紀要』四九、一九九一年。

佐藤秀孝「道元の活動と栄西門流――建仁寺出身僧としての立場を踏まえて」『田中良昭博士古稀記念論集　禅学研究の諸相』大東出版社、二〇〇三年。

佐藤秀孝「徹通義介の入宋と禅林視察について」『徹通義介禅師研究』大乗寺、二〇〇六年。

佐藤長門「円仁と遣唐使・留学生」『円仁とその時代』高志書院、二〇〇九年。

高橋秀栄「大日房能忍と達磨宗に関する史料（二）」『金澤文庫研究』二四二・二四三、一九七七年。

舘隆志「徹通義介と寒巌義尹」『徹通義介禅師研究』大乗寺、二〇〇六年。

田中史生「入唐僧恵蕚に関する基礎的考察」『入唐僧恵蕚と東アジア　附恵蕚関係史料集』勉誠出版、二〇一四年。

手島崇裕『平安時代の対外関係と仏教』校倉書房、二〇一五年。

西谷功『南宋・鎌倉仏教文化史論』勉誠出版、二〇一八年。

廣瀬憲雄「入宋僧成尋の朝見儀礼について」『東アジアの国際秩序と古代日本』吉川弘文館、二〇一一年。

水田紀久「宋音般若心経」『国語学』四八、一九六二年。

森克己「遣唐使」『古代～近代日本の対外関係』勉誠出版、二〇一五年。

横内裕人『日本中世の仏教と東アジア』塙書房、二〇〇八年。

渡邊誠「後白河法皇の阿育王山舎利殿建立と重源・栄西」『日本史研究』五七九、二〇一〇年。

第6章　近代化の中の留学
——比較史的考察——

長谷部圭彦

本章の目的は、世界史における留学と、留学から見た世界史を検討することである。前者について言えば、留学は、程度の差こそあれ、多くの時代と地域において見られる現象であり、その対象は限りない。世界史上の留学を網羅的かつ実証的に扱うことは、個人研究としては不可能であろう。そこで本章では、留学をいくつかの類型に分け、具体例とともに検討することとしたい。後者についても同様であり、本章でなし得ることは限られている。ここでは、前者で得られた知見に基づきつつ、本書の他の章で扱われている移民や巡礼などと留学の相違点にも着目し、「留学の世界史」の可能性を考えてみたい。

1　留学の類型化

本論に入る前に三点確認しておこう。まず留学の定義であるが、本章では、「勉学のために他国に移動すること、ただしそこに定住しないこと」とする。留学の期間は本章では問わない。たしかに一カ月の留学と一年の留学は質的に異なり、「長期留学」の方が検討に値するようにも思われるが、たとえば二〇一六年度に日本から海外に留学した九万六〇〇〇人のうち、実に六万人が一カ月未満の留学であることを考えると、(1)こうした「短期留学」を捨象するのは適切ではなかろう。留学期間を確定するのが困難な場合でも、検討の対象とすることができるという利点もある。

次に研究史であるが、二国間／二地域間を扱う研究、たとえば日本から欧米諸国への留学や、中国から日本への留学を扱う研究は多数存在する。前者では、石附實を筆頭に、渡辺實、林竹二、辻直人などによる研究を[2]、後者としては、実藤恵秀、黄福慶、小島淑男、厳安生、大里浩秋、孫安石、酒井順一郎、王元などによる研究を[3]、それぞれ挙げることができよう。そして前者と後者をともに扱う上垣外憲一は、「西洋文明」の日本経由での中国大陸・朝鮮半島への流入を論じ、山室信一は、留学を「思想連鎖」の回路の一つと位置づけ、中国と日本を「結節環」とする「連鎖視点」からの歴史を描いた（上垣外、一九七八、一九八二：山室、一九八四、二〇〇一、二〇一七）。こうした実証研究の積み重ねが何より重要であるのは言を俟たない。しかし、世界史における留学を網羅するような研究は、世界的に見ても未だなされていないように思われ、しかもその実現は、国際的な共同研究を組織したとしても相当に困難であろう。本章は、留学を類型化することで、網羅性に替えて、留学史研究の見通しを得ることとしたい。なお、留学史の研究動向および文献案内としては、邦語では、石附の研究書の「文庫版への追補」と、平田諭治による紹介がある（石附、一九九二、四二四～四四一頁：平田、二〇〇六）。

そして、留学の類型化について言えば、留学を「勉学のために他国に移動すること、ただしそこに定住しないこと」とするならば、留学という営為は、自国から他国に向かう第一のベクトルと、そこから自国などに向かう第二のベクトルの二つが存在することになる。一般に留学と言われるのは当然前者であり、後者は、自国に戻る場合は帰国、第三国に行く場合は、また別の留学あるいは他の形態の移動となる。いずれにせよ留学には、第一のベクトルの始点と終点が必ず存在する。そして始点と終点において通常なされる行為を、一般に派遣と受入と呼んでいる。また、勉学のためになされる以上、実際の修得程度はさておき、留学生の専攻領域も重要な論点となる。

本章で強調したいのは、次節以降で検討するように、第一のベクトルの始点と終点では、派遣と受入以外の行為、具体的には留学生の派遣を阻止しようとする試みや、留学生を排除しようとする動きも見られたことである。これらは、留学の歴史の中で数量的には僅かであるかもしれないが、留学という営みを理解する上で見過ごすことができないので、あえて検討したい。

こうして、本章で検討すべきは、第一のベクトルの始点における派遣と阻止、終点における受入と排除という四つの営為となる。筆者は、日本および東アジアとの比較史的な関心もあってオスマン帝国史を専門としているため、派遣と阻止については同国を、受入と排除に関しては日本を、それぞれ舞台として設定したい。専攻領域については、四つの営為すべてに関わるため、各節で適宜触れることとする。

2　派遣と阻止――オスマン帝国の場合

(1)　ムスリムにとってのヨーロッパ

オスマン帝国（一三〇〇頃～一九二二）には、イスラーム教徒（ムスリム）だけでなく、ユダヤ教徒と、正教徒やアルメニア教会信徒などのキリスト教徒も多数存在していた。同国に住むある人物が、ムスリムが支配していない地域に移動するとき、本章のテーマに即して言うならば、その人がヨーロッパ諸国に留学しようとするとき、属する宗教は決定的に重要であった。ムスリムと非ムスリムでは、ヨーロッパへの心理的距離感がまったく異なっていたからである。

イスラームこそ完成された教えであると信じるムスリムにとって、とりわけ、バルカン全域とハンガリーを支配し、ウィーンを二度も包囲したオスマン帝国のムスリムにとって、キリスト教徒が治めるヨーロッパは、自国よりも劣るはずの地域であり、侵攻の対象であった。たしかに第二次ウィーン包囲（一六八三年）には失敗したが、ハプスブルクの帝都ウィーンを包囲する戦力を、その頃もなお有していたということでもある。しかし、まさにそのウィーン包囲の失敗と露土戦争（一七六八～七四年）の敗北を経験した一七世紀末から一八世紀にかけて、両者の力関係は逆転した。とはいえ、現実のパワー・バランスと宗教に関する認識は別のものであろう。そして留学とは、彼我の差を認め、自国にないものを求めて彼の地に学びに行くことである。両者の力関係がいかに変化しようとも、キリスト教徒に教えを乞うためにヨーロッパに学びに行くことは、それを命じた政府や、泰西で新たな学問を修めようとする留学生本人はともかく、ムスリム一般にとっては心情的に承服しがたい行為であったろう。

これに加えて、ムスリムの世界観も「距離」を形成した。ムスリムは、世界を理念的に二つに区分する。ムスリムが支配し、イスラームの戒律や法であるシャリーアが十全に行き渡っている「イスラームの家（ダール・アル・イスラーム）」と、異教徒が支配し、シャリーアが施行されていない「戦争の家（ダール・アル・ハルブ）」である（鈴木、一九九三、一七頁）。ムスリムのヨーロッパ諸国への留学は、まさに「イスラームの家」から「戦争の家」への移動である。このような移動は、シャリーアの一部をなす「イスラーム国際法（スィヤル）」によって合法とされていたが、「イスラームの家」の内部における移動と比べると、心理的な抵抗をともなう行為であった。

（2）非ムスリムにとってのヨーロッパ

他方、非ムスリムはまったく事情を異にしていた。ユダヤ教徒もキリスト教徒も、商業のために恒常的にヨーロッパ各地に赴き、いくつかの都市では居留地も形成していた。そしてキリスト教徒にとって、ヨーロッパへの留学は、宗派は異なれど同じ宗教の者が支配する地域への移動であった。オスマン帝国のムスリムと非ムスリムは、ヨーロッパ留学に対して、心理的な抵抗感がまったく異なっていたのであった。

このような背景のもと、オスマン帝国の非ムスリムの若者は欧州各地に留学していた。たとえばギリシア系正教徒は、イタリアのパドヴァやボローニャ、イングランドのオックスフォード、そしてドイツ各地の大学などに留学していた。また、ファナリオットと呼ばれたギリシア系正教徒の有力者層は、一八世紀初頭以降、オスマン帝国の属国であるワラキア・モルドヴァ両公国の公に就任していたが、同じ宗派の若者は、その都市ブカレストやヤシ（ともに現ルーマニア）に、いわば国内留学していた（萩原、一九八九、二六九〜二七〇頁）。アルメニア教会信徒の留学についてはさらなる検討が必要だが、たとえば弾薬廠長官に代々任命された家の子息は、ロンドン、マンチェスター、パリ、ウィーンなどに留学していた（Tuglacı 1993）。アルメニア人は、アムステルダム（オランダ）やリヴォルノ（イタリア）などに大規模な居留地を形成していたが、こうした都市にオスマン帝国からの留学生がいた可能性もあろう。ユダヤ教徒も、一九世紀初頭以降、ヴォロジン（リトアニア）、ブラティスラヴァ（スロヴァキア）、ヴェストファーレン（ドイツ）、ミール（現ベラルーシ）、メッス（フランス）、パドヴァ、アムステルダムなどに信徒専用の高度な学校を設けていた（市川、二〇〇九、一二九、一五四、一七〇、一七三頁）。アルメニア人と同様に、こうした都市に留学生がいた可能性がある。そしてオスマン政府はといえば、ムスリムが支配した他の政治体と同様に、非ムスリムから人頭税（シズヤ）を受けとり、彼らが自身の信仰、法、生活習慣を保持することを許していた。それらを次世代に伝える営みである教育もまた、各宗教共同体内で完結する営みであり、オスマン政府は、人頭税を受け取っている以上、非ムスリムの教育に容易に介入できなかった。というよりもむしろ、留学を含め非ムスリムの教育には、ある時期までは、そもそも関心が薄かったように思われる。

本章において重要なのは、ギリシア系正教徒の若者が、一七七〇年代から一八一〇年代にかけて、商人による留学支援と出版事業の隆盛を背景に欧州に留学したところ、留学先で、啓蒙思想や「ギリシア愛好熱（フィルヘレニズム）」に触れたことである。[4] 折しもその頃、ヨーロッパ各地では、自身の文化的淵源を古代ギリシアに求め、それを称揚する「ギリシア愛好熱」が、かつてなく高まりを見せていた。こうした思想潮流に触れ、キリスト教徒ではない古代ギリシア人を自分たちの祖先として意識し、古典ギリシア語の紹介と研究に努めたのがコライス（一七四八〜一八三三）であり、こうした文化的民族意識を政治的ナショナリズムに転化したのがリガス（一七五七〜九八）であった。そしてリガスの思想を受け継いだ友愛協会により、一八二一年にギリシア独立戦争が開始されると、ヨーロッパ諸国の「ギリシア愛好熱」に基づく支援を受けたギリシアは、一八二九年に実際に独立した。また、すでに一九世紀初頭に二度蜂起していたセルビアも、同年自治公国となった。

（3）ムスリムの留学

ムスリムの留学は、まさにこのような時期に、上述の「距離感」を感じつつも、政府主導で開始された。そしてそれは、オスマン中央政府ではなく、帝国の一州でありながら、実質的に一九世紀初頭に政治的独立を果たしていたエジプトにおいてであった。すなわち、ナポレオンによるエジプト侵攻（一七九八年）に対処するため、中央政府から派遣されたムハンマド・アリー（一七六九〜一八四九）は、在地のマムルーク勢力の殲滅（一八一一年）、徴税請負制の廃止（一八一三年）、徴兵制の施行（一八二二年）といった政策を進め、オスマン帝国から事実上の独立を果たしたが、遣欧留学生の派遣は、このような政策の一環として中央政府に先駆けてなされたのであった。[5] その端緒は、一八一三年に、徴兵制、軍艦製造、印刷術を学ぶためにイタリアに派遣された留学生である。そして二六年には、アルメニア人三名を含む四〇名の留学生がフランスに派遣され、同年パリに設置されたエジプト学校に収容された。このとき彼らを引率しつつ自身もパリで学んだのが、アズハル（一〇世紀に設立されたイスラーム諸学を修めたウラマー（イスラームの知識人、シャリーアの専門家）で、後に啓蒙思想家・教育者・翻訳家として有名になるタフターウィー（一八〇一～七三）である。エジプト学校は一八三五年に廃止されたが（Şişman, 2016, pp. 48-49（fn. 11））、四四年には、フランス軍務省に委託するかたちで、パリ郊外のサン・シール陸軍士官学校内にパリ・エジプト軍学校が設置され、四九年まで存続した。同校の最初の学生の一人が、『新編地誌』で有名なアリー・ムバーラク（一八二三～九三）である（ミッチェル、二〇一四、一〇四～一〇五頁、訳注二七四頁）。

第三〇代君主マフムト二世（在位一八〇八～三九）率いるイスタンブル中央政府は、臣下であるはずのエジプトのこのような政策を後追いしつつ、さらなる改革を進めた。一八二六年、マフムトは、かつてはオスマン軍の精鋭であったが、既得権に拠り改革を拒む無頼集団と化したイェニチェリを撃滅し、新たにムハンマド常勝軍を創設した。同年には、イスラームに独特な寄進財で、モスクやマドラサ（イスラーム学院）の財源であるワクフを管轄する省庁も設置し、それを経済基盤とするウラマーを統制した。また、支配組織を再編し、外務省、内務省、財務省、そして大宰相の諮問機関として最高評議会（一八三八年）を設置した。このほか、マフムトの時代には、在外公館の再開、人口調査の実施、郵便制度の導入、検疫制度の導入、官報の創刊、そしてトルコ帽の採用など、様々な改革が進められた。

軍医学校（一八二七年）と陸軍士官学校（一八三四年）の設立および留学生の派遣は、こうした改革の一環であった。前者について言えば、こうした軍事系の教育機関は、すでに一七七六年に海軍技術学校が、一七九三年に陸軍技術学校が設置されていたが、マフムトは、ムハンマド常勝軍に人材を供給するために両校を新設した。後者としては、まず一八二〇年に、アルジェリアのウラマーの子息アリー・ルザ（?～一八七六）が、砲術を学ぶためにパリに派遣された。[6] ついで一八三〇年、四名の留学生が、陸海の軍学習得のために同じくパリに送られた。その中の一人イブラヒム・エドヘム（一八一八～九三）は、後に大宰相に就任した（在職一八七七～七八）（Şişman, 2016, pp. 4-6）。同様に、パリ留学経験者で大宰相の位まで登りつめた者として、メフメト・エミン（在職一八五四、五九、六〇～六一）やアフメト・ヴェフィク（在職一八七八、八二）が挙げられる。

軍事諸学を学ぶための留学はその後も続けられ、陸軍士官学校など軍事系諸学校の学生が、おそらくはフランスの影響が過度に及ばないように、パリだけでなく、ロンドン、ウィーン、ベルリンにも派遣された。そして一八四七年には、四五年から四六年にかけて大学（ダーリュルフュヌーン）の創設が決定されたことを承け、同校の教員候補者として、マドラサの学生三名がパリに派遣された。大学の教員養成を目的とする留学は五七年にも行われ、後に学長に就任するタフスィンと、文学の教授になり、帝国初の教育学の書と言われる『師範提要』を著すセリム・サービト（一八二九〜一九一一）がパリに送られた（長谷部、二〇一三、八九頁）。

（4）　社会秩序の再編

この頃、オスマン帝国の社会秩序は大きく変容した。それは一言で言えば「宗教・宗派を問わない臣民の平準化」であり、それを含む改革の大綱は、ギュルハネ勅令（一八三九年）と改革勅令（一八五六年）によって示された。ギュルハネ勅令では、ギリシアの独立、セルビアの蜂起、ブルガリアでの反乱を一つの背景に、君主の恩恵は、これまでと同様にムスリムにも非ムスリムにも等しく及ぶことが宣言され、改革勅令では、クリミア戦争（一八五三〜五六）においてオスマン帝国側で参戦した英仏の圧力のもと、ムスリムと非ムスリムの法的平等が明示された。非ムスリムのみに課されていた人頭税は、その前年（一八五五年）に廃止されていたが、非ムスリムにも平等に兵役の義務が課されることになると、非ムスリムの上官の命に従うことを嫌うムスリムと、兵役を避けたい非ムスリムの双方から反発を受け、非ムスリムが、人頭税とほぼ同額の徴兵免除税を支払うこととなった。

ギュルハネ勅令は教育や留学に言及していなかったが、改革勅令は、ムスリムと非ムスリムがともに参加する混成教育審議会の設置を謳っていた。同審議会は実際に翌五七年に設けられ、それを監督する官立学校監督官（メキャーティビ・ウムーミーイェ・ナーズル）という役職も新設されたが、それはわずか一カ月ほどで公教育大臣（マアーリフィ・ウムーミーイェ・ナーズル）と改称された[7]。オスマン帝国において、公教育大臣という職は、少なくとも設置当初は、教育の普及のためだけではなく、こうした社会秩序の変容に対応する処置の一つとしても設けられたのであった。

（5）　オスマン学校からスルタン学校へ

ムハンマド・アリーによるエジプト学校と同様に、オスマン帝国がパリでオスマン学校[8]（一八五七〜六四）を設立したのは、自国の社会秩序がこのように大きく変容した時期であった。上述のように、ヨーロッパの各都市には、とりわけパリにはすでに留学生が派遣されていた。しかし一八五七年にその学力を測定したところ、甚だ不十分な者もいることが発覚したので[9]、同年、彼らを監督するために、フランスの学校に範をとる同校が設置されたのであった。オスマン帝国の陸軍と外務省、そしてフランスの公教育省の監督下に置かれた同校では、およそ四〇名のムスリムの学生が、フランス人教師からフランス語で、フランス語、歴史、地理、数学、絵画、物理、化学を学んだ。一部の学生は同校に寄宿もしていた。

しかし一八六四年、非ムスリムの学生二四名が派遣されると、校長は、資金と施設が不足していること、そして、オスマン学校の廃止も検討すべきことを本国に伝えた。その結果、軍事審議会は、同校の廃止と、公教育省が「ヨーロッパのリセ」のような学校をイスタンブルにおいて設立することを大宰相メフメト・フアト（在職一八六三〜六六）に提言した。大宰相はそれを是とし、イスタンブルのガラタサライにそれを置くことも盛り込んで君主に上申した。そして実際に一八六八年、その地においてスルタン学校（メクテビ・スルターニー）が開校した[10]。同校では、オスマン学校と同様にフランス語で授業がなされ、ムスリムと非ムスリムの男子がともに学んだ。スルタン学校は、いわばオスマン学校の国内版であり、スルタン学校で学ぶことは、ある面ではフランス留学の代替でもあった。オスマン帝国の留学政策と国内の学校教育は、このように密接に関連していた。

（6）　始点／視点としての「諸学の学校」

ここで、大学（ダーリュルフュヌーン）についても検討しよう。オスマン帝国の大学については、近年、大部の研究書が相次いで刊行されているように（Dölen, 2009-2010 ; İhsanoğlu, 2010）、すでにかなり詳細に明らかにされている。しかし、大学が計画される直前に、「諸学の学校（フュヌーン・メクテビ）」という教育施設が計画され、それを命じる君主の勅旨も発せられたにもかかわらず実現には至らなかったことは、近年までまったく知られていなかった（長谷部，二〇一一b）。本節では、

「諸学の学校」およびその後身である「諸学の館／大学」を視野に入れて考察を進めたい。

「諸学の学校」は、一八四五年に、若き日のメフメト・ファアトなど八名のムスリムから構成された臨時教育審議会において考案され、その設立が君主によって命じられた、キリスト教徒専用の学校である。オスマン政府が非ムスリムの教育に関心をもち、その学校を官費で設立しようとすること自体、それまでにない現象であるが、さらに注目されるのは、その設立の目的である。臨時教育審議会が最高評議会に宛てた報告書をまとめると、それは、キリスト教徒の子どもたちが「諸外国」やイスタンブルの「ヨーロッパ系の学校」に行くことによって、「至高なる政府に反する一連の不適切な事々」を学んでしまうという「害悪」を「間接的に防止」することにあった。キリスト教徒の留学を、彼ら専用の学校を政府が設けることで阻止しようというのである。そしてここで言う「不適切な事々」とは、オスマン帝国が当時置かれていた状況、すなわち二度のセルビア蜂起、ギリシアの独立、ブルガリアでの相次ぐ反乱を考えると、おそらく、急進的な民族意識や自由主義ではないかと想像される（長谷部、二〇一一b、二五二〜二五五頁）。

ところが「諸学の学校」は、勅旨まで渙発されながら、実際には設立されなかった。そしてその勅旨が発せられてから一年一カ月後の一八四六年七月、官立学校の三段階制が『官報』において公表された。その第三段階が、「臣民であれば誰であれ」入学可能な「諸学の館」、すなわちとりあえず「大学」と訳し得る教育機関であった。三段階制を考案したのは、「諸学の学校」と同様、臨時教育審議会である。「諸学の館／大学」は、「諸学の学校」計画およびその立ち消えを踏まえて構想されたのであった。

このような経緯で設立が決定された「諸学の館／大学」であったが、その歩みは曲折に満ちていた。校舎の建設はすぐに始まり（一八四六年）、教員候補者であるマドラサの学生三名も、上述のようにパリに派遣されたものの（四七年）、校舎の建設は遅々として進まず、教科書を編纂するために設けられた学術審議会（五一年）も、一冊も刊行することなく一〇年後に解散した。一八六三年、校舎は未だ建設中であったが、とりあえず完成していた教室において、かつて混成教育審議会の議長をつとめたデルヴィーシュによる物理と化学の講義や、上述のようにパリ留学の経験をもち、後に大宰相に任じられるアフメト・ヴェフィクによる歴史の講義がなされた。こうしてようやく開校したのだが、一八六五年、この校舎は大学には広大に過ぎることを理由に財務省に譲渡され、大学のために「縮小された」新校舎が建てられることとなった。このように新たな校舎が準備されつつあったとはいえ、一時的にせよ移転する必要があり、大学は、新校舎のほど近くにあり、当時行政学校が置かれていた同校の教師の邸宅に移転した。しかしこの邸宅は同年の火災によって全焼し、行政学校はただちに移転したが、大学は中断を余儀なくされた。

ここで注目すべきは、一八六五年に「縮小された」新校舎の設立が計画された際、大宰相が君主への上申書において、「(「諸学の館／大学」に) そもそも求められたのは、国土の人々を、学習のために諸外国に行く必要性から救済することと、知識を獲得する際に彼らが身につけてしまう悪しき思想を遮断すること」と記していたことである。ここで言う「悪しき思想」は、「諸外国」や「遮断」という語から判断すると、先に見た「不適切な事々」と同様に、急進的な民族意識や自由主義を指していると思われる。そしてこの大宰相こそ、二〇年前に臨時教育審議会において「諸学の学校」の議論に参加し、さらにこの上申の三カ月ほど前に、オスマン学校の廃止と、それに代わる学校をガラタサライに置くことを決めたメフメト・フアトであった。

スルタン学校の開校（一八六八年）を経て、翌六九年には、体系的な教育行政法である公教育法（一八六九年）が公布された(11)。大学は同法によって詳細に規定され、翌七〇年に「縮小された」新校舎において、オスマン大学の名で再開された。しかしこのときの大学も、七三年（あるいは七四年）に、おそらくは学生と教員の不足により閉鎖された。その直後（七四年）、スルタン学校の内部に法学校等が設置された。これを大学の「第三の試み」と位置づける研究も存在するが（İhsanoğlu, 2010）、この法学校も、八一年に法務省附属の法学校（一八八〇年）に吸収された。そして一九〇〇年、現在のイスタンブル大学の直接の前身となる「諸学の館／大学」が、帝国大学の名で再開された。

公教育法の起草に際して、「不適切な事々」や「悪しき思想」といった言辞は、現在のところ確認されていない。そうであるならば、大宰相メフメト・フアトが大学の目的を思わず吐露した一八六五年から、公教育法が公布された六九年にかけてのある時期に、「悪しき思想の遮断」という大学の目的は放棄されたのであろうか。なお仮説の域を出ないが、筆者は、その間の六八年に開校し、非ムスリムのエリート層を受け入れたスルタン学校がこの役割を担うようになったことは、こうしたことが大学の目的として言及されなくなった一因であると考えている[12]。スルタン学校は、ムスリムと非ムスリムの共存を謳うオスマン主義の典型例として語られることが多いが、ごく一部ではあれ、非ムスリムの、もしかしたらヨーロッパに留学するはずであったかもしれないエリートの教育を政府の監督下に置くことに成功した事例でもあったからである。キリスト教徒の留学を阻止する「諸学の学校」計画は、およそ二〇年の時を経て、スルタン学校としてその一部が実現したと言うこともできよう。

3　受入と排除――日本の場合

以上、オスマン帝国を事例に、留学生の派遣と阻止について検討した。次に受入と排除について、戦前の日本を事例に概観しよう。日本に渡った留学生については、すでに多くの研究が積み重ねられている。本章もそれに依拠するが、留学生の数や、誰を最初の留学生とするかについては、研究者によって見解が分かれるときがある。

(1)　清　朝

清朝から日本への留学は、日清戦争（一八九四～九五）の敗北後に本格的に開始された[13]。一八九六年には一三名程[14]が、九八年には七〇名が派遣された[15]。両江総督や湖広総督などを歴任した張之洞（一八三七～一九〇九）による勧奨もあり、留学生は急増した。一九〇五年、日露戦争（一九〇四～〇五）において日本が勝利し、さらに同年、官吏登用試験である科挙が廃止され、日本への留学が科挙にかわる高級官僚へのパスポートとされると[16]、この年には八〇〇〇人の留学生が、翌〇六年には一万人を超えるとも言われる留学生が日本に殺到した。留学生数はこの頃がピークであり、以後増減を繰り返しながらも、毎年数千名の留学生が日本で学んだ。留学生が専門とした分野は多岐にわたり、軍学、法学、商学、工学、医学、薬学などに加えて、園芸学やデザインを学んだ者も存在した（見城、二〇一八）。

清朝からの留学生を受け入れた学校として、嘉納治五郎による弘文（宏文）学院（もと亦楽《えきらく》書院）、明治大学による経緯学堂、法政大学付設法政速成科、早稲田大学清国留学生部、軍事教育を施した成城学校、振武学校、東斌学堂、東亜同文会による東京同文書院、女子留学生を受け入れた実践女学校などが有名である。[17] これらの多くは、通訳を通じて半年から一年半で学ぶ速成教育を主とし、留学生の需要に応えていたが、早稲田大学や東京同文書院では、三年制の本格的な教育を施していた。

ここで注目されるのは、早稲田大学で留学生教育を主導していた青柳篤恒《あおやぎあつつね》（一八七七～一九六一）が、一九〇五年春、学監高田早苗《たかたさなえ》とともに清朝を訪問し、袁世凱や張之洞らと会見した際、清朝側が、日本に留学生を派遣すると「危険思想」を身につけてしまうのではないかとの危惧を示すと、「其れが心配なら、成るべく長く留学させるが宜しい。往年我日本から欧米へ留学した人々に就て見ても、深く学問をした人は共和主義などにかぶれる者は無かったが、然うでない者の中には随分危険な議論を帰朝後にした者もある」と述べていたことである（阿部、一九九〇、八七～八八頁）。留学による「危険思想」への接近とそれへの危惧は、先にオスマン帝国を例に検討したが、同様の警戒は清朝も共有していたのであった。その惧れが現実のものとなったこと、そして革命の立役者たちの多くは、日本に留学した経験を有していたことは、周知のとおりである。[18] そして青柳の見解を裏づけするかのように、宋教仁・汪兆銘・胡漢民といった「革命派の大物」は、法政大学「速成科」に学んでいたのであった（上垣外、一九八二、一一九頁）。

ともあれ、留学生の政治活動を危険視した清朝からの要請を受けて、一九〇五年一一月、日本政府は文部省令「清国人ヲ入学セシムル公私立学校ニ関スル規定」を公布した。留学生はこれを自分たちへの「取締規則」であると抗議し、同盟休校、さらには一斉帰国運動を展開し、実際に二〇〇名以上の留学生が帰国した。しかし翌年には沈静化し、むしろこの年、上述のように留学生数のピークを迎えた。しかし、とくに辛亥革命（一九一一年）後、優秀な若者は、君主制を採る日本ではなく、共和制の代表国たるフランスとアメリカに留学した。

（2）朝　鮮

朝鮮からの留学生の端緒は、一八八一年に派遣された二名の学生である。これは清朝よりも早い派遣であり、福澤諭吉の慶應義塾が彼らを受け入れた。朝鮮は科挙の廃止も清朝より早く、甲午改革の一環として一八九四年にそれを廃止している[19]。翌年、これも甲午改革の趣旨に基づき、百数十人の官費留学生が日本に送られ、同様に慶應義塾で学んだ後、上級の各学校に進学した。朝鮮からの留学で特徴的なのは、派遣事業も官費の支給も、ときの国際情勢を背景に、中止と再開を繰り返したことである。たとえば一九〇三年には、日本に亡命していた開化派との接触による留学生の「思想悪化」を恐れた朝鮮政府により、留学生全員（官費二五名、私費四名）の帰国が命じられたが（朴、二〇〇五、一七頁）、日露戦争における日本の優位を背景に、翌〇四年、韓国皇室特別留学生五〇名が東京府立第一中学校（現 都立日比谷高等学校）などに派遣された[20]。ここでも留学による「思想悪化」が問題とされていた。

韓国併合（一九一〇年）の時点で、朝鮮人留学生は四二〇名を数えたが、その後急増し、一九二〇年には一〇〇〇人を、三〇年には五〇〇〇人を、四〇年には二万人を超えた（朴、二〇〇五、二八頁、表二）。併合後は、実態としては依然として「留学」であったが、日本は「内地」であったため、朝鮮からの学生には、法的には「外国人」に関する規定が「準用」されることとなった（見城、二〇一八、七頁）。それは台湾人留学生も同様であった。その数は、一九〇六年には三六人であったが、二七年には一〇〇〇人を、三五年には二〇〇〇人を、四二年には七〇〇〇名を超えた（佐藤・渡部、二〇〇五、八五頁）。

（3）ベトナム

漢文を文章語とし、科挙も行われていたベトナム（阮朝）は、清仏戦争（一八八四〜八五）以降フランスが支配していたが、日本がロシアに勝利すると、祖国独立のために日本に留学生を派遣する東遊運動が開始された[22]。提唱したファン・ボイ・チャウ（一八六七〜一九四〇）は、当初、軍事的な支援を日本に期待していたが、当時横浜に滞在していた梁啓超や、梁が紹介した犬養毅らから、日本政府がそのような支援をすることは考えられず、まずは抵抗運動を担う人材の育成に励むべきであるとの助言を得た。ファンはそれに従い、祖国の人々に日本への留学を呼びかけたところ、最盛期の一九〇七年には二〇〇名近い留学生が日本で学習することとなった。

留学生は、犬養の仲介により、最初期の三名は振武学校に、その後の多くは東京同文書院に受け入れられ、日本語や一般的な科目のほか、軍事関連の科目も学習した。同文書院の副院長は、ベトナム人留学生の性行と能力を高く評価したという。こうして東遊運動は軌道に乗ったかに見えたが、対仏抵抗運動のためというよりも、上質な教育を求めた父兄が一〇歳前後の児童を派遣するなど、ファンの意向とそぐわないこともあった。なにより慢性的な資金不足に悩まされていた。

こうした中、協商国と同盟国の対立を背景に、一九〇七年に日仏協約が締結されると、日本政府はベトナム人留学生の取り締まりを強化した。以前からファンたちの動向を多少なりとも把握していたフランスも、ベトナムにおける東遊運動の推進者を弾圧した。こうして、留学生の数自体は、日仏協約が締結された一九〇七年および翌〇八年がピークであったが、翌〇九年にはわずか二〇名ほどに激減し、東遊運動は終わりを告げた。なお、ベトナムの科挙は、地域によっては朝鮮や清朝よりも遅く、一九一〇年代まで存続した。

以上概観したように、日本は、清朝、朝鮮、ベトナムから留学生を受け入れつつも、その動向を取り締まり、さらには排除することもあった。清朝の留学生は、日本の文部省令により規制されたが、留学自体はその後も継続した。朝鮮は、いち早く日本に留学生を派遣しつつも、その政策は一貫せず、程なく国自体が日本に併合された。そしてその枠組みの中で実質的な留学が続いた。フランス占領下のベトナムの留学生は、一時日本に押し寄せたが、フランスと協約を結んだ日本政府により排除された。経緯や顛末はそれぞれであるが、共通して言えるのは、先に検討したオスマン帝国と同様、留学は「危険思想」、具体的には、既存の体制や秩序を崩壊させかねない思想に触れる機会でもあったことである。

このこと自体は、日本留学経験者が辛亥革命において果たした役割を想起すれば、とくに目新しい指摘ではなく、むしろよく知られていることである。とはいえ、まさにこの点が、他の移動、たとえば移住、商取引、巡礼・参詣などにはない、留学独自の特徴と言えるかもしれない。

4　留学から見た世界史

本章では、世界史における留学を、派遣、阻止、受入、排除という四つの営為に分け、前二者はオスマン帝国、後二者は日本を事例として検討した。その結果、数の上ではわずかであるかもしれないが、留学生の阻止や排除に注目するならば、留学は、単なる学知の習得を超えた、きわめて政治的な営みでもあることを、あらためて確認することとなった。

最後に、「留学から見た世界史」はどのようなものが可能か考えてみたい。一つは、山室信一が鮮やかに示したように、留学を、外国人教師や翻訳書とともに「思想連鎖」の回路の一つとして捉え、世界規模の知のつながりを提示するものである。いま一つは、本章の前半で試論的に行ったように、留学政策を踏まえて国内の教育を再考し、とかく一国単位になりがちな教育の歴史を、より広い視野から捉えなおすものである。本章ではこれを、オスマン帝国についてのみ行ったが、オスマンやエジプトからの留学生を受け入れたフランス、そのフランスに留学生を派遣していた日本、そしてそれ以外の諸国についても行うならば、各国の教育が、それぞれの事情で進展していく中、留学生や留学政策がそれに絡んでいく様を描けるかもしれない。留学特有の政治色も交えることができれば、より奥行きのある叙述も可能であろう。そして三つめは、留学と他の移動の差異に注目するものである。留学は、他の移動と比べると、本章で強調した政治性以外にも、たとえば①本来の目的は何らかの学知の修得にあること、②一般に青少年が、とくに多くの場合いわゆるエリート層出身者が行うこと、③帰国後は祖国への貢献が求められること、④自国や自身に不足しているものを修得するために行われること、⑤そのため修得したい分野における彼我の差が前提となっていること、といった特徴をもつ。こうした諸点から留学を検討することもまた可能であろう。そのとき必要となるのが留学の類型化であり、本章はその試みであった。時代と地域を問わず、留学生に対してなされる行為は、結局のところ、派遣、阻止、受入、排除であり、本章による留学の類型化は、「留学から見た世界史」の出発点となろう。

注

（1）日本学生支援機構「平成二八年度協定等に基づく日本人学生留学状況調査結果」二〇一七年、六頁。

（2）石附（一九七二）、渡辺（一九七七、一九七八）、林（一九八五）、辻（二〇一〇）。他にも多数存在する。

（3）実藤（一九三九、一九六〇、一九七三、一九八一）、黄（一九七二a、b）、小島（一九八九）、厳（一九九一、二〇〇九）、大

里・孫編（二〇〇二、二〇〇九、二〇一五）、酒井（二〇一〇）、王（二〇一〇）。他にも多数存在する。
（4）村田（二〇〇五、二七二頁）。村田はフィルヘレニズムを「親ギリシア主義」と訳しているが、本章では「ギリシア愛好熱」とした。
（5）ムハンマド・アリーの政策につき、邦語では、加藤（二〇一三）。
（6）Şişman（2016, p. 4）. 大宰相として有名なアリー・ルザ（一八六〇〜一九三二）とは別人。
（7）この間の経緯につき、詳しくは、長谷部（二〇一二、三六〇〜三六五頁）。
（8）オスマン学校について、邦語では、長谷部（二〇一一a、五五〜五九頁）。
（9）フランス語で会話することはできても正しく綴ることができない者や、歴史や地理の初歩的な質問にも返答できない者の存在が明らかになった。
（10）この間の経緯およびスルタン学校について、邦語では、長谷部（二〇一一a、五九〜七一頁）。
（11）公教育法について、詳しくは、Hasebe（2018）.
（12）より大きな理由は、公教育法の制定に非ムスリムの各宗派の代表も関与していたからであろう。この点につき、詳しくはHasebe（2018）.
（13）細野浩二は、中村敬宇（正直）によって一八七三年に開かれた同人社に、一八八八年に張文成が留学したことを以って嚆矢とすべきと指摘している。細野（一九九一、六一頁）。
（14）酒井順一郎は、最終的に派遣された人数を一四名と指摘している。
（15）小林共明は、「政策にもとづく正式な派遣」の端緒を一八九八年としている。
（16）中国の科挙につき、以下の文献を参照した。宮崎（一九六三、一九八七）、エルマン（一九九一）、平田（一九九七）、村上（二〇〇〇）、伊原・小島編（二〇〇一）。
（17）こうした教育機関につき、詳しくは、阿部（一九九〇、五七〜一〇五頁）。早稲田大学の留学生に関する最新の論集として、李・劉編（二〇一五）。
（18）雲南省の場合、革命の蜂起に参加した幹部四〇名のうち三一人が、日本留学経験者であるという。上垣外（一九八二、一五八頁）。
（19）朝鮮の科挙につき、以下の文献を参照した。岸本・宮嶋（一九九八）、宮嶋（一九九五）、山内（二〇〇一）。
（20）韓国皇室特別留学生につき、詳しくは、阿部（一九七八）。

(21)　ベトナムの科挙につき、以下の文献を参照した。竹田（一九七〇）、藤原（一九八六）、嶋尾（二〇〇一）。
(22)　ファン・ボイ・チャウおよび東遊運動について、詳しくは、白石（一九九三、二〇一二）。

参考文献

阿部洋「二十世紀初頭における朝鮮人の日本留学――「韓国皇室特派留学生」の場合」『国立教育研究所紀要』九四、一九七八年、一一九～一三二頁。

阿部洋『中国の近代教育と明治日本』龍渓書舎、一九九〇年。

石附實『近代日本の海外留学史』ミネルヴァ書房、一九七二年（文庫版：中央公論社、一九九二年）。

市川裕『ユダヤ教の歴史』（宗教の世界史七）山川出版社、二〇〇九年。

伊原弘・小島毅編『知識人の諸相――中国宋代を基点として』勉誠出版、二〇〇一年。

エルマン著、秦玲子訳「再生産装置としての明清期の科挙」『思想』八一〇、一九九一年、九五～一一二頁。

王元『中華民国の権力構造における帰国留学生の位置付け――南京政府（一九二八～一九四九年）を中心として』白帝社、二〇一〇年。

大里浩秋・孫安石編『中国人日本留学史研究の現段階』御茶の水書房、二〇〇二年。

大里浩秋・孫安石編『留学生派遣から見た近代日中関係史』御茶の水書房、二〇〇九年。

大里浩秋・孫安石編『近現代中国人日本留学生の諸相――「管理」と「交流」を中心に』御茶の水書房、二〇一五年。

加藤博『ムハンマド・アリー――近代エジプトを築いた開明的君主』山川出版社、二〇一三年。

上垣外憲一『維新の留学生――西洋文明をどうとりいれたか』主婦の友社、一九七八年。

上垣外憲一『日本留学と革命運動』東京大学出版会、一九八二年。

岸本美緒・宮嶋博史『明清と李朝の時代』（世界の歴史一二）中央公論社、一九九八年。

厳安生『日本留学精神史――近代中国知識人の軌跡』岩波書店、一九九一年。

厳安生『陶晶孫　その数奇な生涯――もう一つの中国人留学精神史』岩波書店、二〇〇九年。

見城悌治『留学生は近代日本で何を学んだのか――医薬・園芸・デザイン・師範』日本経済評論社、二〇一八年。

黄福慶「清末における留日学生の特質と派遣政策の問題点」『東洋学報』五四巻四号、一九七二年a、三三～五七頁。

黄福慶「清末における留日学生派遣政策の成立とその展開」『史学雑誌』八一巻七号、一九七二年b、三七～六五頁。

小島淑男『留日学生の辛亥革命』青木書店、一九八九年。

酒井順一郎『清国人日本留学生の言語文化接触――相互誤解の日中教育文化交流』ひつじ書房、二〇一〇年。

佐藤由美・渡部宗助「戦前の台湾・朝鮮留学生に関する統計資料について」『植民地教育体験の記憶』（植民地教育史研究年報七）皓星社、二〇〇五年、八二～九九頁。

実藤恵秀『中国人日本留学史稿』日華学会、一九三九年。

実藤恵秀『中国人日本留学史』くろしお出版、一九六〇年。

実藤恵秀『日中非友好の歴史』朝日新聞社、一九七三年。

実藤恵秀『中国留学生史談』第一書房、一九八一年。

嶋尾稔「ベトナム村落と知識人」伊原弘・小島毅編『知識人の諸相』勉誠出版、二〇〇一年、一〇七～一一七頁。

白石昌也『ベトナム民族運動と日本・アジア――ファン・ボイ・チャウの革命思想と対外認識』巌南堂書店、一九九三年。

白石昌也『日本をめざしたベトナムの英雄と皇子――ファン・ボイ・チャウとクオン・デ』彩流社、二〇一二年。

鈴木董『イスラムの家からバベルの塔へ――オスマン帝国における諸民族の統合と共存』リブロポート、一九九三年。

竹田竜児「ベトナムの科挙制度と学校」多賀秋五郎編『近世東アジア教育史研究』学術書出版会、一九七〇年、一三一～一八八頁。

辻直人『近代日本海外留学の目的変容――文部省留学生の派遣実態について』東信堂、二〇一〇年。

萩原直「近代ヘレニズムとバルカン諸民族――バルカン社会における共生と民族的結合」『社会的結合』（世界史への問い四）岩波書店、一九八九年、二五五～二八一頁。

朴宣美『朝鮮女性の知の回遊――植民地文化支配と日本留学』山川出版社、二〇〇五年。

長谷部圭彦「オスマン帝国の「大学」――イスタンブル大学前史」『大学史研究』二五、二〇一三年、八三～一〇二頁。

長谷部圭彦「近代オスマン帝国における教育改革――教育行政と学校教育」東京大学大学院人文社会系研究科博士論文、二〇一一年a。

長谷部圭彦「タンズィマート初期における対キリスト教徒教育管理構想」『東洋文化』九一、二〇一一年b、二四三～二六一頁。

長谷部圭彦「オスマン帝国における「公教育」と非ムスリム――共学・審議会・視学官」鈴木董編『オスマン帝国史の諸相』山川出版社、二〇一二年、三五二～三七六頁。

林竹二『幕末海外留学生の記録』筑摩書房、一九八五年。

平田諭治「留学史研究の回顧と展望――欧米・日本・アジアの「知」の連環と構造を考える」『筑波教育学研究』四、二〇〇六年、一七七～一九一頁。

平田茂樹『科挙と官僚制』山川出版社、一九九七年。

藤原利一郎『東南アジア史の研究』法蔵館、一九八六年。

細野浩二「近代中国留日学生史の起点とその周辺」『史滴』一二、一九九一年、五四～六五頁。

ミッチェル、ティモシー著、大塚和夫・赤堀雅幸訳『エジプトを植民地化する――博覧会世界と規律訓練的権力』法政大学出版局、二〇一四年（原著一九八八年）。

宮崎市定『科挙――中国の試験地獄』中央公論社、一九六三年。

宮崎市定『科挙史』平凡社、一九八七年（原著一九四六年）。

宮嶋博史『両班――李朝社会の特権階層』中央公論社、一九九五年。

村上哲見『科挙の話――試験制度と文人官僚』講談社、二〇〇〇年（原著一九八〇年）。

村田奈々子「近代のギリシア」桜井万里子編『ギリシア史』山川出版社、二〇〇五年、二七一～三一八頁。

山内弘一「小中華を生きる――朝鮮王朝の知識人、両班士族」伊原弘・小島毅編『知識人の諸相』勉誠出版、二〇〇一年、九四～一〇六頁。

山室信一『法制官僚の時代――国家の設計と知の歴程』木鐸社、一九八四年。

山室信一『思想課題としてのアジア――基軸・連鎖・投企』岩波書店、二〇〇一年。

山室信一『アジアの思想史脈――空間思想学の試み』人文書院、二〇一七年。

李成市・劉傑編『留学生の早稲田――近代日本の知の接触領域』早稲田大学出版部、二〇一五年。

和田博文他編『〈異郷〉としての日本――東アジアの留学生がみた近代』勉誠出版、二〇一七年。

渡辺實『近代日本海外留学生史』上下、講談社、一九七七、七八年。

Dölen, Emre, *Türkiye Üniversite Tarihi*, 5vols., İstanbul, 2009–10.

Erdoğan Aynur, *Osmanlı'da Yurt Dışı Eğitim ve Modernleşme*, İstanbul, 2016.

Hasebe, Kiyohiko, "The 1869 Ottoman Public Education Act : Proceedings and Participants," *The Journal of Ottoman Studies* 51, 2018, pp. 181–207.

İhsanoğlu, Ekmeleddin, *Darülfünun : Osmanlı'da Kültürel Modernleşmenin Odağı*, 2vols., İstanbul, 2010.

Şişman, Adnan, *Tanzimat Döneminde Fransa'ya Gönderilen Osmanlı Öğrencileri*, Ankara, 2004.
Tuğlacı, Pars, *The Role of the Dadian Family in Ottoman Social, Economic and Political Life*, İstanbul, 1993.

コラム6　津田梅子

髙橋裕子

最初の官費女子留学生

女子英学塾（現 津田塾大学）を創設した津田梅子（一八六四〜一九二九）は、幕末から明治・大正・昭和を生きた者として、希有な海外経験を重ねた人物と言える。この海外経験が、彼女の日本国内での女子教育をめぐる活動の動機を形成し、海外の人々との間に構築したネットワークを通してヒト・資金・情報の流れに道筋をつくり、独自の教育事業の展開に奏功したと言っても過言ではない。

最初の留学は、官費留学であったが、日本文化や日本語の習得の機会を喪失させる、いわば「エクスパトリエイト」のような、長期の海外在住をともなうものだった。梅子は日本最初の官費女子留学生五人の一人として、一八七一年に日本を出発し、一八八二年に帰国するまで、約一一年間をアメリカの首都ワシントンDCの郊外で過ごした。官費留学生としてのこの移動が、梅子の人生を決定づけた。

「賢母」の重要性を根拠に女子留学生の派遣を計画したのは、樺太専任の開拓使次官、黒田清隆であった。欧米視察をした際、アメリカ女性が社会で果たすその高い役割に衝撃を受け、ワシントンDCの日本弁務使館で少弁務使を務める森有礼の賛同を得て、一八七一年、日本の少女がアメリカの「ホームライフ」の学徒となるべく、女子留学生派遣を政府に上奏した。彼らは、アメリカのホーム（家庭）の中にまで分け入って、日本からの女子が長期にわたって成長することが、明治日本の近代化、あるいは「文明化」に資する留学――女子の国家への動員――と考えたのだ。

梅子は、森有礼の秘書を務めていた知日家チャールズ・ランマンと妻アデライン・ランマンに七歳で託され、子どもがいなかった二人の自邸で、養女のように育まれた。女子留学生の滞在先はいずれも文化資本の高い家庭であったが、梅子にとって「ヴィクトリアン・ホーム」（一八三七〜一九〇一年のアメリカをイギリスのヴィクトリア朝にちなんでヴィクトリア時代と呼ぶ）という「女性の領域」に移動し、一一年間その場に身を置き、社会化されることは、キリスト教徒となり、中産階級のヴィクトリア的諸価値を身体化することを意味していた。最初の

図1　女子留学生，シカゴにて撮影（1872年）
右から大山（山川）捨松，津田梅子。

官費留学で、言語や文化、宗教については同年齢のアメリカ人と同様のリテラシーを梅子は獲得した。他方で、明治政府から多額の学費を投資されアメリカに滞在する留学生として、「日本」の出自をアイデンティティとして強く保持しながらも、六歳で日本を出国し、一八歳になる直前に帰国した梅子は、「母語」であった日本語をほぼ忘却していた。言語について言えば、この留学から帰国した後、六四歳で亡くなるまで、英語を第一言語として使用し、帰属する「国」と言語の不一致のディレンマも経験することになった。

日本文化を「眺める」という逆カルチャーショック

日本人というアイデンティティを保持しながらも、日本に帰国してからはアウトサイダーとして日本文化を「眺め」なければならない逆カルチャーショックを味わった梅子は、成長期間において喪失、あるいは完全には達成されなかった自国の言語や文化のリテラシーの獲得に、苦悩とともに励まなければならなかった。黒田や森は「賢母」に収斂させてアメリカ女性像の優位性に衝撃を受けていたが、帰国した梅子は、日本女性の地位の低さに衝撃を受け、個人として生計を維持し生きていく術《すべ》としての職業が、男子留学生のようには用意されていないことに落胆する。小さくても自らの方針で教育を実践できる塾の創設を帰国の途から夢見て、共に留学した年長の大山（山川）捨松とともに語り合っていたが、正規の教職の機会を得るのには時間を要した。ようやく帰国三年後の一八八五年に、昭憲皇太后の援護を受けて設立された官立の華族女学校の教授補に迎えられた。念願の教育界で活躍の機会を得たものの、自らが理想とした女子教育観からはかけ離れた現状ににわかに直面し、それを打開すべく、さらにアメリカで大学教育を受けることを切望するようになる。

この時に後押ししたのが、大山捨松のホストシスター、アリス・ベーコンだった。彼女もまた最初の女子留学生と結ばれた縁から、一八八八年に華族女学校に英語の教師として招聘され、単身で来日。梅子とともに一軒家を借り、日本の暮らしを中に入って経験する。後にベーコンは、共著者となっても良い程の協力を梅子から得て、*Japanese Girls and Women* (Houghton, Mifflin and Co., 1891, 1902：邦訳『明治日本の女たち』矢口祐人・砂田恵理加訳、みすず書房、二〇〇三年）を著し、日本女性の状況を紹介する、英語圏で最初の書籍を出版した。日本女性についての英語圏での発信が、このような官費女子留学生のネットワークから生み出されたことは特筆に値する。

再度のアメリカ留学

二度目のアメリカ留学を企図して旅立ったとき、梅子は二四歳だった。勤務する華族女学校から当初二年間の有給での海外研修の許可を得て、一八八九年から一八九二年までブリンマー大学とオスウィゴー師範学校に留学した。一八八五年に創立されたばかりのブリンマー大学は、アメリカ東部の歴史的に重要な七つの女子大学、セブンシスターズの一つだった。ブリンマー大学の授業料と寮費の免除を取り付けたのは一度目の留学で知り合っていた、フィラデルフィア近郊に在住のメアリ・モリスだった。梅子は英語の教授法を学ぶということであったが、実際にはブリンマー大学で生物学を専攻した。生物学はダーウィンの進化論が一世を風靡しているこの時代の最先端の学問分野である。当時の日本において、帝国大学への入学が許可されない女性が理系分野で研鑽を積むことは容易ではなかった。

この留学で、梅子の生涯の教育事業にとって、様々な位相で大きな支えとなる複数の人物に出会う。一人は、自身もアメリカやヨーロッパの大学院でジェンダーの障壁に直面し、それを乗り越え博士号を取得したM・ケアリ・トマスである。トマスは、女性の高等教育の前進に全身全霊を尽くしたことでアメリカ女性史にその名を刻む人物だ。新進気鋭の学部長として、梅子のロールモデルとなり、学問の成就と教育事業を支援するメンターとなった。次に、学術研究面でのメンターとなる生物学のトマス・モーガン准教授（後にノーベル生理学・医学賞受賞）は、梅子と共著論文も残しており、最先端の研究を教示した。トマスやモーガンの指導は、女性も男性と同等の学問への潜在的能力があることを、梅子自身の研究の実践を通して示してみせ、彼女に揺るぎない自信を与えることに寄与した。

さらに、ブリンマー大学で、女子英学塾の建学と運営の右腕となる盟友アナ・ハーツホンにも出会う。女子英学塾において約四〇年間無給で教鞭をとったハーツホンは、アメリカから日本に移動して梅子を身近で支える人物となった。

また、梅子は自分に続く日本女性が当地で大学教育の機会を持てることを願い、スピーチや原稿を書いて基金を集める方法を支援者から学び、奨学金制度の創設をめざした。モリスを中心としたフィラデルフィア近郊の女性たちは、「日本女性米国奨学金」委員会をその寄付母体として立ち上げ、日本女性が高等教育の機会を得るという梅子の大願を理解し、資金と労力を提供する人々となった。

女性の高等教育支援運動

このようなブリンマー大学留学時の出会いが梅子の教育事業に結実していくのは、その背景にアメリカ社会、とりわけ中産階級の女性たちの間に高等教育支援運動があったからだ。セブンシスターズの大学が次々に創設されているこの時代、アメリカにおいても女性が高等教育を獲得するのは第一世代の段階だった。第一回目の官費留学でアメリカの文化と言語のリテラシーを獲得した梅子は、女性の高等教育を促進する潮流を深く理解し、そのまっ直中に入っていく力量があった。帰国後七年間、日本に在住した観察をもとに、このアメリカの潮流に則しながら、日本女性の地位向上のために何をどのようにして日本に移入すべきか熟慮しつつ、女子留学生のアメリカ派遣を制度化すべく行動した。実際、このフィラデルフィア近郊の女性たちによる委員会は、後の一九〇〇年に女子英学塾を創設する際の原資をもたらす寄付母体へと発展していった。このような女性の高等教育を支援する運動の中に入り込み、二文化の差異を読解しつつ、近代日本に新たな価値や理念を「移植」——ちょうど梅子自身がそうであったように——することそれ自体が、津田梅子のアクティビズムであった。

梅子にとっての「航海」

華族女学校を辞し、女子英学塾創設の決断をする前にも梅子は約一年間の欧米への旅に出た。万国婦人クラブ連合大会に出席した後、オックスフォード大学のセントヒルダズ・ホール（後のセントヒルダズ・カレッジ）に一学期間滞在し、その間、ヨーク大司教やナイチンゲールとも出会っている。海を越える経験は、梅子にとって海外の文化や動向を理解し吸収するとともに、何より自分を変化、成長させ、自分の力量を拡大する機会でもあった。二一世紀はヒト、モノ、カネ、情報の流れが瞬時に行われるようになったグローバリゼーションの時代と言われるが、今から約一五〇年前に生誕し、近代化を急ぐ日本の最初の女子官費留学生として六歳で海を渡った津田梅子。彼女は、日米の狭間で言語・文化の差異に折り合い《ネゴシエーション》をつけつつ、独自のヒト、資金、情報の流れを紡ぎ出し、歴史に足跡を残す人物となった。「航海」は津田梅子の二文化性・二言語性をもたらす契機であり、同時に、欧米の女性と連なる、人生の転機を作っていった。

参考文献

古木宜志子『津田梅子』清水書院、一九九二年。
飯野正子・亀田帛子・高橋裕子編『津田梅子を支えた人びと』有斐閣、二〇〇〇年。
高橋裕子『津田梅子の社会史』玉川大学出版部、二〇〇二年。

コラム7　ホー・チ・ミン

栗原浩英

移動の軌跡

ホー・チ・ミン（一八九〇?〜一九六九）はその生涯において、一九一〇年代から三〇年代にかけて、三〇年近くに及ぶ海外在住を経験し、その足跡は中国、ロシア、タイ、フランス、イギリス、米国などに及んでいる。もともとホー・チ・ミンには、一九一一年六月にコーチシナを出帆し、マルセイユ到着後間もなくフランス大統領あてに作成した自らの植民地学院入学許可に関する請願書（同年九月一五日付、原文はフランス語）が示すように、フランスの植民地官吏養成機関であった植民地学院に入学して、フランスやインドシナの同胞のために役に立ちたいという希望があった（Hémery, 1990, p. 40）。しかし、それが拒絶されたことに加え、ホー・チ・ミン自身もフランス滞在中に共産主義に活路を見出し、コミンテルンの活動に専念するに至った結果、冒頭に述べた海外生活や国際的な移動の大半は、何らかの政治的なミッションを帯びることとなった。その意味で、ホー・チ・ミンにはごく一般的な留学や旅行の経験はなかったといってよい。たとえば、一九二五〜二七年の広州、さらには一九二八〜二九年のシャムや香港での活動はインドシナから海外に亡命していた革命家や海外在住ベトナム人（越僑）の組織化やモスクワのコミンテルン中枢との連絡にあてられていた。また、モスクワ滞在中は、各国共産党の指導的幹部養成機関となっていた東方勤労者共産主義大学（クートゥフ）やレーニン国際学校、民族植民地問題研究所に在籍し（それぞれ、一九二三〜二四年、一九三四〜三六年、一九三六〜三八年）、共産主義理論の学習やインドシナの情勢分析にあたっていた。

ベトナム共産党の歴史を顧みた時、ホー・チ・ミン以降の歴代書記長の中で、ホー・チ・ミンに比肩しうるだけの長期の海外生活体験をもち、かつホー・チ・ミンのように複数の外国語（英語、フランス語、中国語）を操ることのできた人物は一人としていない。その点で、ホー・チ・ミンはベトナム共産党史上、傑出した人物であることは確かである。

ホー・チ・ミンの語学力

ホー・チ・ミンが残した自筆書簡、著作はベトナム語によるもの以外に、英語、フランス語、中国語によるものからなる。このうち、中国語に関してはパリ滞在中の一九二二年、ホー・チ・ミンが広東語を話し、漢字を書くことができたという中国人の証言がある（黄錚、一九八七、七頁）。これに依拠するならば、ホー・チ・ミンには中国での活動に着手する以前にすでに中国語の素養があったことになるが、彼がどのようにして中国語を身につけたのかは不明である。その後、中国現地で活動するようになってからの中国語レベルについては、ホー・チ・ミンの広州滞在中（一九二四〜二七年）、その活動を支援していた劉少奇によるコメントが参考になる。後に中華人民共和国主席となる劉少奇は、一九六三年五月にベトナム民主共和国を公式訪問した際に、広州時代を回想しながらホー・チ・ミンに対して次のように語っている。

「革命中の援助といえば、最初に中国を援助してくれたのは皆さん〔ベトナム労働党の同志――筆者注〕の方です。ホー主席ご自身が中国で革命に従事しています。私は当時、広州であなたと面識がありましたが、あなたは中国の同志とばかり思っていて、ベトナム人だとは知りませんでした。そのことを知ったのは後になってからです」（中国外交部檔案館、檔号二〇三―〇〇五七一―〇二、一四頁）。

この劉少奇の言葉は、ホー・チ・ミンの中国語会話能力がネイティブと見分けのつかないほど相当の水準にあったことを示しているといえるだろう。さらにその卓越さは、会話力にとどまるものではなかった。一九四二年八月に広西徳保県で逮捕されてから、四三年九月にかけて、靖西、柳州など広西の辺境地帯にある監獄を転々とする中で生み出された『獄中日記』として知られる漢詩集をはじめとして、ホー・チ・ミンは数多くの漢詩を中国滞在時に残している。

そして、後述するように、ホー・チ・ミンが中国共産党の指導者たちと革命活動を共有したのみならず、意思疎通する能力をもっていたことは、ベトナム民主共和国の存立に決定的な意味をもつことになる。

フランス語に関しては、冒頭で言及したフランス大統領あての請願が示すように、宗主国の言語として同時代のインドシナの知識人一般にみられるように、渡仏する前にかなりのレベルにあったことが推測される。渡仏後は、フランス社会党、フランス共産党での活動を通じて、自身の主張を党機関紙などに発表している。その他、今日、フランス語でよどみなくインタビューに応えるホー・チ・ミンの映像（一九六四年収録）もインターネットで視聴することができる（"Phong van Chu tich Ho Chi Minh-Thang 6/1964"）。

また、モスクワでの生活が長かったことや（一九二三〜二四年、一九二七年、一九三四〜三八年）、書簡では人名をキリル文字で表記したりしている点から、ホー・チ・ミンはロシア語も一定程度理解していたものと想像されるが、ロシア語による著作や書簡等は残っておらず、スターリンあての書簡にもロシア語によるものがないことから、フランス語や中国語のようなレベルには至っていなかったものとみてよいだろう。とはいえ、コミンテルン中枢での活動を通じての、ホー・チ・ミンのソ連との長期にわたる絆は、後述するように、中国と並んでベトナム民主共和国の存立を確かなものとすることになる。

最高指導者として生きた時代環境

ホー・チ・ミンの卓越した中国語能力とソ連との絆は、一九五〇年代から六〇年代にかけて、中ソ対立の表面化と米国の南ベトナムへの軍事介入という困難な状況の中で、ホー・チ・ミンが党と国家の最高指導者（ベトナム労働党中央委員会主席・ベトナム民主共和国主席）として、その運営にあたる上で大きな効果を発揮することとなった。この時期、ホー・チ・ミンが中国共産党指導者と信頼関係を維持することができたのは、単に彼らが同時代の人間で中国語を介しての意思疎通が可能であったという事情のみで説明できるものではない。前述した劉少奇の言葉が示すように、彼らはまさに革命活動体験を共有した、いわば同じ釜の飯を食べた仲間であった。ホー・チ・ミンは劉少奇の他に、パリ滞在時代の一九二二年から勤工倹学運動で渡仏していた周恩来とも面識があったといわれる。また、一九三八年にモスクワを離れた後、中国共産党の根拠地であった延安に向かい、そこで毛沢東とも親交を深めている。

　このような中国語という媒介項と共通の闘争体験に支えられた指導者間の友情と信頼関係は、ホー・チ・ミンによって「同志でもあり兄弟でもある」と形容された、ベトナム・中国間の特異な党・国家関係の形成へとつながっていった。それは、条約や協定など子細な取り決めを必要としない、指導者間の直接の意思疎通に基づいた党・国家関係であった。ともあれ、中国は第一次インドシナ戦争およびベトナム戦争においてベトナム民主共和国を支援し、経済・軍事援助を継続した。とりわけ、ベトナム戦争時に民主共和国が、中ソ対立と中国の混乱状況（文化大革命）という不利な環境の中で、中国を経由した支援ルートを確保することに成功した意義は大きい。

　また、ホー・チ・ミンの中国共産党指導者との親密な関係は、ソ連敵視の方向につながることはなかった。ホー・チ・ミンは一九六〇年代に入ってから亀裂の深まっていた中ソ両党の関係修復と社会主義陣営の団結強化に腐心し、ソ連を非難するような言動をとることは決してしなかった。たとえば、在ハノイソ連大使館の本国あてレポート（一九六一年）は、ホー・チ・ミンを「ソ連共産党とソ連の大きな友人」と位置づけ、ベトナム労働党内と国民間におけるその威信を高く評価し、両党・両国関係発展のためにホー・チ・ミンとの「個人的な関係」をさらに強化することを進言している（АВПРФ ф. 079 оп. 16 папка 31 д. 3 л. 56）。当時政権トップの座にあったフルシチョフも、その回想録の中で、ホー・チ・ミンの共産主義への無私な貢献をたたえるとともに、ホー・チ・ミンに「聖人」、「共産主義運動の使徒」と最大級の賛辞を贈っている（Хрущев, 2016, с. 98, 106）。実際、ホー・チ・ミンはモスクワのコミンテルン中枢での活動歴をもちながら、故国に戻ってから現地の共産党で最高位のポストにつき、それを比較的長期にわたり維持しえた世界的にみてもほぼ唯一の共産主義政治家であった。

とはいえ、ベトナム労働党が一九六三年、ソ連やフルシチョフを名指しこそしないものの、「現代修正主義」批判を打ち出したことが示すように、同党に親中国的傾向があることは否定できなかった。ソ連の外交資料ではチュオン・チンやホアン・ヴァン・ホアンなど親中国的と目される指導者の個人名が登場するが、そこにホー・チ・ミンの名が入ることはなかった（АВПРФ ф. 079 оп. 17 папка 36 д. 19 л. 9）。ソ連はベトナム労働党の親中国的傾向に神経をとがらせながらも、ベトナムに対する経済援助・軍事援助を続けた。ソ連の提供した地対空ミサイルや戦車などの近代兵器は、ベトナム戦争中、民主共和国の防空態勢を強化したのみならず、一九七三年の米軍撤退後、南ベトナム解放の過程においても大きな役割を果たすことになる。

ホー・チ・ミンが死去して、すでに半世紀近くが経過し、ベトナムを取り巻く環境は大きく変化した。もはやソ連も社会主義陣営も存在せず、ベトナムも戦争と無縁な国になりつつある。ベトナムと中国の指導者が革命闘争の経験を共有しうるような事態は当面ありそうにもない。そして、ベトナム自身が全方位外交を掲げる今日、ベトナム共産党の指導者に求められる資質もホー・チ・ミンの生きた時代から変化してきているのは当然である。

参考文献

黄錚『胡志明與中国』解放軍出版社、北京、一九八七年。

Hémery, Daniel, *Ho Chi Minh De l'Indochine au Viet-nam*, Paris：Découvertes Gallimard, 1990.

"Phong van Chu tich Ho Chi Minh-Thang 6/1964" https://www.youtube.com/watch?v=onhVOcVGHds　最終アクセス日時：二〇一八年九月一日

Хрущев, Н. С., *Воспоминания. Время. Люди. Власть*, Книга 2, М.：Вече, 2016.

〈文書史料〉

中国外交部檔案館

　檔号一〇三—〇〇五七一—〇二

ロシア連邦対外政策文書館（АВПРФ）

　ф. 079 оп. 16 папка 31 д. 3

　ф. 079 оп. 17 папка 36 д. 19

コラム8　管理される移動
——イラン＝イラク国境の町ハーナキーンの一九世紀——

守川知子

西アジアの巡礼の道と国境の町

イラクのバグダードから北東に一五〇キロメートルほどの場所に、ハーナキーンという町がある。この町はアジアの東西やイラン＝イラクを結ぶ主要街道上に位置し（イラン西部の主邑ケルマーンシャーから一週間、バグダードまで五日を要す）、古来、数多の旅人が往き来するも、川が一本流れるだけの寒村として長らく歴史の表舞台に現れることはなかった。このハーナキーンが注目されるようになるのは、一九世紀に入り、イラクを領有するオスマン朝とガージャール朝イランとの間に第二次エルズルム条約（一八四七年）が締結され、両国の国境がこの町とイラン側のガスレ・シーリーンとの間におおよそ画定されて以降のことである。

同じく一九世紀には、カルバラーやナジャフといったイラクにあるシーア派聖地をめざして、イランやその近隣のシーア派ムスリムたちがこの街道を通ってイラクを訪れた。同世紀前半にはイラクの政情不安ゆえにさほど多くはなかった巡礼者は、条約締結後には、年間一〇万人を数えるようになった（同世紀末には、五〇～六〇万人という数字も挙がる）。イランの人口の一パーセントに相当する一〇万人という数字は、シーア派のイラク巡礼が当時、一大ブームであったことを裏づける。

一九世紀中葉以降、イランからのシーア派巡礼者が大挙して押し寄せたことと、オスマン朝、ガージャール朝の国境がこの時期にほぼ画定したことにより、キャラバンルート上の一宿場に過ぎなかったハーナキーンが史料上に少なからず現れるようになる。

一九世紀のハーナキーン

一八四七年の和議締結以降の比較的早い段階で、オスマン朝の国境の町ハーナキーンには、検疫所と税関を兼ね備えた検問所《イミグレーション》が置かれた。半世紀後の一八九六年のこの地の様子を、陸軍大佐の福島安正は次のように伝える。

哈那幾尼《ハナキネ》は国境の一人駅で、河に跨って一市街を為し、人口四五千、隊商及び巡礼隊の来往陸続として絶ゆることなく甚だ熱閙の地である。（中略）隊商館と斜に相対して月星旗を翻しつつある洋館は検疫所である。隊商館の右隣に税関が在って等しく月星旗を樹て居る（福島安正『土領亜拉比亜紀行』、二一三〜二一四頁）。

一九世紀末においてさえ町の人口はわずか数千人でありながら、国境の検問所として町の入口には、隊商宿、検疫所、税関の三つの建物が並ぶ。隊商館に到着した福島は続けて、

> 余の未だ館内に至らざるに早く既に小吏閑人の輩群集し来って喧々囂々煩に堪へず、（中略）一人の曰く「余は検疫官なるが健康證を携ふるに非るよりは巴克達徳《バグダード》に至るべからず、之を與ふべければ即刻従者馬夫共都合三名各五克蘭《ケラーン》（イランの通貨単位）を出されよ」と。又一人の曰く「余は税関吏なれば悉く荷物を検査すべく、速に行李を開くべし」と。一人の又曰く「余は地方官なり旅券を示されよ」と。其の雑踏実に名状すべからず（福島、二一四頁）。

と、ハーナキーンの検問所での喧騒ぶりを描いており、旅券の照合、検疫、そして関税徴収という三つの部署がそれぞれに機能していた様子もうかがえる。

ところでオスマン朝において、自国の「臣民」と「外国人」を区別する「通行（身分）証」は、一九世紀中葉に制定され、居住地の証明や納税および徴兵制とも連動していた。このような「通行証」の発行は、オスマン政府に遅れること数年でイランでも義務づけられるようになり、その人物がどの国の「臣民」であるかが明記されている。その上で「通行証」には、背格好、肌や毛髪の色といった身体的特徴や移動の目的などが記され、故郷を離れて旅する者は常時携行しなければならなかった。イラン人が当時こぞって訪れたイラク巡礼もまたその例外ではなく、彼らはオスマン領ハーナキーンで初めてその認証を受けたのである。

ハーナキーンの検疫所

イラクへの巡礼者たちがハーナキーンで初めて遭遇したのは通行証の認証だけではない。伝染病と公衆衛生の概念が普及した一九世紀は、世界的に「検疫」が重視される時代であり、「国境」の水際たるハーナキーンは、検疫の場所でもあった。

「四〇日」を示すイタリア語から派生した「検疫《カランティーン》」の基本は、四〇日間の隔離にあった。しかし中近世期のように船を丸ごと隔離するのとは異なり、陸路で到来する何千もの旅行者を長期間検疫することは不可能であり、一九世紀のヨーロッパでは検疫の合理化が進められていく。その結果、検疫期間は一〇日間から短いものでは五日間に短縮されるが、他方、コレラの発生源とされたインドに近い国々や、イラクのように河川が多く、さらには膨大な数の巡礼者が来訪する地域では、新たなシステムとして検疫はむしろ強化されていった。

ヨーロッパ諸国からの圧力により、オスマン朝が検疫制度を導入するのは一八三八年のことである。当初の検

疫の対象はオスマン朝が領有していた聖地メッカへの巡礼者たちであった。ハーナキーンはメッカ巡礼者の主たる行路ではなかったが、ナジャフやカルバラーなどのシーア派聖地へ向かう数万人規模の巡礼者が毎年この町を通過することから、バグダードやバスラと並び、ハーナキーンにも一八四〇年代には検疫所が設けられている。

一八五〇年発布のオスマン朝の『検疫官心得』によると、彼らは必ず旅行者に、氏名と、どこから来てどこへ行くのかを尋ね、もし感染地域から来た者であれば、一〇人を一部屋に入れ、一人の警備員を配すことが義務づけられた。これに基づき、オスマン国境のハーナキーンでは、外国人医師を筆頭に例外的に五人もの検疫官が配されると同時に、旅行者は五日間留め置かれ、煙で燻され、それが終わると一人ずつ代金が徴収された。たとえば、一八五六年にハーナキーンに至ったイラン人巡礼者は次のように述べている。

> ハーナキーンの町の外のイラン側には大きな川があり、一ヶ所を除き渡る場所は他にはない。巡礼者はその場所を通って進むしかない。その川を渡ると大きな壁があり、二メートル強の高さがある。ここが哀れな巡礼者たちの滞在地である。三千もの人や家畜がその中に場所を取り、誰一人として他の巡礼者に場所を譲ろうとはしない。一隊一団ごとにその中で場所が与えられ、書面が徴収される。五日間のうち、巡礼者の一団から誰も疫病で死ななかった場合には、五日目に徒歩の者であれ騎乗の者であれ三二〇〇ディーナール〔イランの通貨単位〕を徴収して証明書を渡し、出発させる。

当時の検疫は新たに到着した対象者を隔離し、症状が出るかどうかを一定の観察期間で見分けるという方法で行われていた。それゆえ、「誰であれ体調不良の者が現れ」ると、集団全体の隔離期間が延長され、さらにハーナキーンの役人は、「体調の悪い者がいても、数日間留め置かれる間に、回復して元気になるか、死ぬかのどちらかだ」と放言するほどであった。実際、コレラなどの疫病発生時には、長いもので二〇日間（死亡者が出た場合にはさらに二〇日）の検疫が課せられたケースが見られる。

陸路旅する巡礼者たちの間で、新たな制度であるこのような検疫が認知されていたわけでは決してなく、検疫はむしろ怨嗟の対象であった。検疫の筆頭医師がムスリムではなく外国人（往々にしてユダヤ系）であることや、金銭が徴収されること、五日（疫病発生時にはさらに長期間）という検疫日数、そして何よりも「検疫」という名目のもとに、家畜ともども数十人から数百人で構成されるキャラバンが大集団のまま隔離状態で拘束される劣悪な環境が、聖地巡礼を目的とする旅行者の反感を買ったことは想像に難くない。人馬一体の隔離と、それにともなうハーナキーンの検疫場所の不衛生さについては、イラン人、西洋人を問わず、当時の旅行者のほぼ全員が述べている。

公衆衛生の観点からは、検疫は疫病抑止のために必要不可欠であることは言うまでもない。しかし、先を急ぐ長旅の巡礼者や旅行者からしてみると、そのために数日間劣悪な環境下に足止めされることは決して望ましいことではなく、彼らにとっては導入間もない「検疫」は、その間の食費等の経済的負担のみならず、心理的にも不満の生じる「悪慣行」だったのである。

「入国管理」の近代

ハーナキーンでは「検疫」の名のもと、巡礼者たちは一カ所にまとめて隔離されていたが、さらに重要なこととして、この国境の町では、検疫が終了しないことには証明書が発行されなかった点が挙げられる。すなわち、検疫期間を満了しない者やその料金を支払わない者には、オスマン領イラクへの入国の許可が下りなかったのである。こうして、査証（通行認証）は検疫と連動して発行されることになり、「国境」の検問所において、査証、検疫、関税の三つが相俟って検査、確認され、オスマン領内に入る旅行者一人ひとりの管理が厳格かつ厳密に行われた。

以上見てきたように、一九世紀中葉に新しく設定された「国境」およびその検問所において、通行証の確認、検疫、関税徴収といった一連の検問がなされることにより、旅行者はその場所に至って初めて「国」の違いや、ひいては自らのアイデンティティを、身をもって知ることとなる。ハーナキーンの事例からは、身分証や検疫といった新たな「制度」とそれらを初めて体験する旅行者たちとの温度差を知ることができるが、「国境の検問所」という場にこそ、個々人を管理しようとする近代的諸制度が人々の移動の自由を奪っていく過程や、旅行者一人ひとりが改めて「自らは何者か」という問いを受け止めたことが見て取れるのである。

参考文献

福島安正『土領亜拉比亜紀行』（太田阿山編『中央亜細亜より亜拉比亜へ（福島将軍遺績　続）』所収、東亜協会、一九四三年）。

守川知子『シーア派聖地参詣の研究』京都大学学術出版会、二〇〇七年。

第Ⅳ部　移　民

第7章　近現代の華人の移動にみる制度・国家・越境性

園田節子

1　移動者を中心にした歴史

国家という括《くく》りは、歴史へのまなざしや歴史を解釈する分析枠、歴史観を構築する視座に強力な前提を与えてしまうもので、いまだに一国史観が史学の主流であることがそれを端的に表している。その括りを用いることによって関心外に押しやられる存在が、国家や管理・支配側からみた「周縁」になるマイノリティである。移民、難民、外国人労働者、外国にルーツを持つ人々など、国家と国家、地域と地域のあいだを動いた人々は、まさにその例である。歴史学研究の中で移民や越境を扱った研究が増えて久しいが、これはそうした人々を通して特定の一国家やその社会の特質を浮き彫りにすべく論じており、そのような手法と結論に落ち着く以上、移動する／した人々は国家を分析する指標やツールであり、限られた視野と問題関心から解釈される。移動者へのわれわれの理解や関心は、実際まだ限定されていると言える。

ここでは移動者から国を見るのではなく、移動者を中心に据えて歴史を考える。事例にする移動者は、一般に華僑・華人と呼ばれる、海外に生活と経済活動の拠点を置く中国系の人々である。俗に「海水到る所に華僑あり」と言うように、華僑・華人はきわめてグローバルに拡散している。その総数は、中華人民共和国の社会科学院は二〇一五年白書で約六〇〇〇万人、台湾の中華民国僑務委員会は二〇一六年統計で約四五〇〇万人と推計している（中国研究所編、二〇一八、二九八頁）。

華僑・華人については、バイタリティ、商売上手、複数のアイデンティティといったイメージを本質的な集団的特性と見なす華人像が浸透し再生産され、いまだにそうした視点からの華人観や研究はあるし、華僑・華人当事者が好んで使うことも少なくない。しかしそのような集団は、歴史的に珍しくない。前近代には、大航海時代から世界各地に植民地を築いて現地白人支配階級を生み出したヨーロッパ系が、次いで奴隷貿易を契機にアフリカ大陸から新大陸に居住地域が広がったアフリカ系が該当する。近代には、インド移民が大英帝国の植民地経営のためにカリブ海地域やアフリカに運ばれた。そして二〇世紀前半にハワイや南北アメリカに移民し、やがて帝国日本の膨張主義を背景に、朝鮮半島や台湾、太平洋諸島、中国東北部に植民した日本人もまた、そうしたグローバリティを示した時期があった。

華僑・華人の海外移動では、国を見るツールにするのではなく、また中国人以外の移民集団にも事例がある世界各地への拡散を強調するのでもなく、むしろ移動後、遠く離れた出身地域のローカルな人脈や情報、文化、さらに中国国家のナショナルな政治や制度、思想さえ「越境（border-crossing）」してきたり、出身地域に華僑が影響したりする、「越境性（transnationalism）」に着目して歴史を見るべきであろう。越境性は、華僑個人の生活戦略や集団、コミュニティの社会空間に影響し、複数の国や地域をつなぐ役割を果たすこともあり、つまり華僑社会を形成する重要な要素の一つである。また、華僑・華人を中心に歴史を見ることは近現代史を問うことでもある。オックスフォード大学で行われているグローバルヒストリー研究の最新の議論では、長期スパンと広域的視野から見直す歴史学の発展のために、議論軸「グローバリゼーション」「比較」「連結性」のうち、「連結性（cnnectedness）」において、ヒト、モノ、思想の越境や移動、移動性の研究こそグローバルヒストリー最重要のテーマの一つとして今後の進展を期待している（Belich（eds.）, 2016, pp. 3, 14–20）。そしてグローバルヒストリー研究では、現代史研究がまだ多くはない。本章では、近現代を映した存在である南北アメリカの華僑・華人から、越境性と近現代史の中の移動者を考える。

なお、華僑・華人は時代や国籍、世代などの条件によって様々に呼ばれる。「華僑」は中国で生まれ海外にいる中国籍者、「華人」は居住国の国籍を持つ中国人住民、華裔は現地で数世代を経て混血の可能性をも含む子孫、「中国系」は現地のエスニック関係の中での表現、「新華僑」「新移民」は二〇世紀半ばに新たに出国した在外中国人一般といった定義の別がある。

「中国」もまた国際関係や華僑政策との関係で、清朝、中華民国、台湾の中華民国、大陸の中華人民共和国の別が必要になる。本章では、細かい区別が必要であれば基本的にこの定義に従って呼称を使い分け、「海外の中国人や中国系の人々」「彼らを語るにおいて出身国や出身地域を指す一般的な呼称」として捉える場合には「華人」「中国」を用いる。

2 近代グローバリズムのローカルな回路形成

（1） 一九世紀華人のディアスポラの特徴

海外に華人の存在が確認できる歴史自体は古く、一〇世紀宋代の中国と東南アジアや朝鮮半島、日本の定期的な交易が盛んになり、宋の商人の海外活動と長期滞在、永住が記録される（斯波、一九九〇、一七二～一七三頁）。メキシコには一六世紀後半～一九世紀初めのマニラ―アカプルコ間ガレオン貿易で、カナダ太平洋岸には一八世紀後半にイギリス東インド会社の対中貿易用の毛皮取引に関連して、ボルチモアやニューヨークといったアメリカ東海岸の都市には一八世紀後半から一九世紀前半の米国の中国貿易で、使用人や水夫であった華人の存在が確認できる。しかし、こうした一九世紀半ばまでの華人の出国は多くはなく、継続的でもなかった。アジア外の遠隔地へ継続的に華人が渡航する本格的な移動は、一九世紀半ばに始まる。中国の東南沿海部から世界各地の労働需要に応じて出国することで、華人が南北アメリカ、オーストラリア、ハワイ、東南アジアなど世界中に散居する、最初の世界が現れた。

一九世紀半ば、という時代性には注目すべきである。まず近代という時代は本質的にグローバルな時代である。資本主義や植民地主義、近代化事業の世界的拡散、それにともなってアジアを出て大洋を渡り、広域に散住するようになる移民の出現、汽船航路の開通にともなう地域間交易の拡大と地域間交通の確立など、ヒト・モノ・カネ・情報の移動が世界レベルで活性化し始めた。そして華人の受け入れ国も、送り出し国である中国も、近代国民国家《ネイション・ステート》として形成の過渡期にあった。華人の移動が始まった当初は国家と国家のあいだを移動する「国際」移動と言うよりはむしろ、地域と地域のあいだを移動する地域間移動と表現する方が正確な状態であった。華人の受け入れ諸国では、国境や市民、国家の保護の対象となるべき国民などの概念と関連諸制度が整えられ、移動者はこの過程で「国境」を越える「越境者」となり、特定国家への恒常的な所属の如何を問われる「移民」となっていった。つまり一九世紀半ばに地域間移動だった華人の移動は、同世紀末から二〇世紀初頭にかけて国際移動になっていった過程がある。

一方、華人を送り出した中国では、華人の出国に国の管理・保護がほとんど及んでいなかった。近代のインド人契約移民や日本の官約移民のように、政府が国策として移民・植民を促進し、人々に移動の動機や渡航、雇用を用意した、国の意思と管理が働く、中心がある移動ではない。華人の移動は政府の介在が薄い中心なき移動、すなわちディアスポラであった。これは、一八六〇年代まで清朝（一六三六〜一九一二）の政府が海外華人に対して蔑視的かつ消極的であり、当初は華人の出国を管理したり国外で保護したりする概念や体制がなかったためである。中心なき移動であるがゆえに、華人当事者による遠隔地での生活を支える工夫や機能が発達し、複数の国と国を跨ぎ、地域と地域を跨ぐ性質を備えるようになる。こうして形成された華人社会の上に、清朝政府が近代国民国家の枠組みを整えていく過程が被さっていった。

グローバリゼーションが進行するのと同時進行で、受け入れ国と送り出し国いずれでも国民国家の形成途中にあった。このことが、今日にかけての華人のあり方と華人社会内部に見られる越境性の性質に強い影響を及ぼしているのである。

(2)　華人のグローバルな拡散

一九世紀半ばに華人の世界的拡散が始まった原因の一つは、アフリカ人奴隷の廃止によって世界各地に生じた労働力需要であった。イギリスが一八〇七年に奴隷貿易禁止令を出し、次いで一八三三年に奴隷制度廃止法を施行したことをきっかけに、世界各地でアフリカ人奴隷の代替労働力の模索が始まった。とくにヨーロッパ諸国は海外植民地経営において商品作物の栽培と生産を維持するため、契約労働者の導入を始めた。たとえばイギリス政府やイギリス人植民地経営者は西インド諸島英領植民地の砂糖生産を維持すべく、一八三七年から一九一七年の間、英領インドから約四三万人の契約労働移民を組織的に送った。宗主国が植民地経営のために遠隔地の植民地から他のみずからの植民地へ送るという、帝国経営から生み出されたインド人契約移民労働者は、労働移民よりも「帝国的な労働力再配置」が実態であったと指摘されている（Kale, 1998）。

帝国は、中央のために周縁の人々を離郷させ、過酷な条件の労働を強いる物理的な強制力を持った装置の側面を持っていた。イギリスは労働力供給地として中国にも着目し、アヘン戦争以降、一八五〇〜七〇年代に広州や厦門で労働者を募集した。「華工」と呼ばれた無資本・低賃金・非熟練の華人労働者は、契約を結んだ契約華工として、英領西インド諸島に送出された。しかし、英国植民地・移民委員会の年次報告には、植民地であるインドと異なり清朝は独立を保っているので、英中間の条約や清朝国内法に契約華工の募集活動が抵触し、英領西インド諸島各地へ大規模に導入することができないとある(Colonial Land and Emigration Commissioners, 1867–73)。英領西インド諸島への華人の移動はイギリスの帝国的労働力再配置の周縁で起こり、つまり帝国のシステムこそが、充分には機能しなかったとはいえ、契約華工の世界的拡散を促していたのである。

また、資本主義のグローバルな展開によってカナダ、アメリカ、パナマ、ペルーなどでは鉄道建築をはじめとする近代産業インフラの建築事業が行われ、契約華工が求められるようになった。ペルーの場合、一八二一年の独立以降、大農園の労働力を確保して従来の経済を維持するため、さらに外資が進出した鉄道建設や鉱山開発、グアノの掘削事業を進めるため、一八五〇年代より国策として大量の契約華工を導入した。ほかにも鉄道建設工事と鉱山開発のため積極的に契約華工を導入した地域は多く、一八五〇〜五五年のパナマ鉄道、一八六五〜六九年の米国の大陸横断鉄道、一八八一〜八四年のカナダ太平洋鉄道、それぞれの建設で大量の契約華工を雇用し、過酷な労働に従事させた。加えてゴールドラッシュも、鉱山の近代化事業として華工導入した領域であった。ゴールドラッシュは米国には一八四八年、オーストラリアに一八五一年、カナダに一八五八年に到来し、夢に惹かれた華人が自発的に渡航した。しかし、大量の華人鉱夫が本格的に金《きん》の捜索と掘削に関わったのは、労働集約型であった従来の作業が機械化の進展によって資本集約型に変化した時であったと指摘されている(Rohe, 1982, pp. 3–4)。

契約華工をめぐり、一八七〇年代前半まで苦力《クーリー》貿易(一八四五〜七四)の問題があった。苦力とは契約華工を意味し、契約では外国の商会や移民募集業者の詐欺や強制、渡航前においては監禁や殴打、渡航中には虐待、就労先では過酷な労働条件と劣悪な待遇といった被害が深刻で、アフリカ人奴隷貿易と連続性が強いことから新奴隷貿易とも呼ばれた。フランスが一八四五年と四六年に福建省厦門から華工をインド洋上のブルボン島（現在のレユニオン）に輸送して以来、一八四七年にはスペイン領キューバ、四九年にはペルー、五二年にはハワイ諸島、五三年には英領ガイアナとトリニダード、五四年にはジャマイカへ苦力貿易が始まり、毎年、数百からときには千人強の華工が輸送された（Chinn (ed.), 1969, p. 14)。とくにキューバとペルーに向かう船で被害が報告され、一八六〇年代に国際的な批判の的になった。苦力貿易は、一八七四年に中南米への契約華工の送り出し港であったマカオで契約労働者の強制的出国が禁じられて終息したが、この期間に出国した約五〇万人は、ハワイや南北アメリカの太平洋側、東南アジア、オーストロネシアといった環太平洋地域や、キューバや英領植民地諸島の散らばるカリブ海地域に運ばれ、近代華僑の起源になった。

この時期から見られるもう一つの特徴的な移動が、再移民である。転航、転住とも表現される再移民は、移住した土地を何らかの理由で離れ、出身地に戻らず次の遠隔地で生活を再開する移動パターンである。移民が複数回行う場合も、二、三世代にわたり移動する場合も含まれる。再移民は自発的な移動である場合が多く、「華商」と呼ばれる商人にはとくに多くそれが見られた。華工の場合も、契約満期後に自発的に他地域に移る場合があったが、それ以上に特徴的であった再移民のスタイルは、産業資本による組織的なものであった。アメリカ人鉄道事業者によるカナダ、パナマ、ペルーでの鉄道工事では、アメリカの大陸横断鉄道が完成した後、カリフォルニアに留まっていた華工を募集して運んだ。また、キューバの契約華工はアメリカ南部ルイジアナの大農園に移された（Jung, 2006)。このように、地理的な近さや気候の類似性によって、労務や生産物が似通った地域のあいだでも、労働者の再移民が行われた。

（3）　異地居住を支えるローカルな回路

きわめてグローバルな拡散でありながら、一九世紀から二〇世紀半ばまでの華人は多くが中国南部の福建・広東の二省の出身者である。とくに南北アメリカに渡ったのは圧倒的多数が後者からで、客家《ハッカ》も少なくなかった。広東省は、一八世紀中葉から大量の破産農民を抱えていた。清朝がアヘン戦争に敗北し、一八四二年に南京条約の締結によって欧米諸国との条約体制に引き込まれると、香港が英国植民地となり、厦門や汕頭、広州などが諸外国に開かれた開港場都市となった。こうした都市は諸外国の商会や労働移民募集機関がさかんに華工を募る拠点となり、広東社会に蓄積されてきた失業者や破産農民などの流動人口が契約を結ぶことで、途切れることなく海外に送り出される時代に入っていったのである（可児、一九七九、二〜一三頁）。現在、広東と福建に「僑郷《きょうきょう》」、華僑の故郷と呼ばれる郷村が多いのは、この時代状況ゆえである。また、交通の条件も海外華人の出身地を限定した。南北アメリカ華人の多数が広東省七二県のうち二一県の出身者であり（Hoy, 1942, p. 6）、これはこれらの県が南北アメリカへの主要港になったマカオと香港に近く、かつ太平洋郵便汽船会社が香港・サンフランシスコ間定期航路を開設したためである。南北アメリカの華人社会では、広州付近の広東標準語、台山語として知られる開平、恩平、新会、新寧の四県から成る四邑の方言、そして香山県方言や潮州からの客家語が使われ、一九六〇年代まで事実上広東省出身者のローカルなコミュニティであった（Chinn (ed.), 1969, pp. 2-6）。

華僑と聞くと連想される「チャイナタウン」は、その多くが各国の首都や州都、代表的都市の中心部にあり、歴史地区や観光地になっている。そのため華人は集住して住むものと考えられがちだが、もともと近代の華人は拡散性と移動性が高かった。まず契約華工の就労地そのものが広く、中南米では大農園がある郊外や海岸部、鉄道敷設現場があるアンデス山中、北米では川の流域に点在するゴールドラッシュの小コミュニティやロッキー山中の鉄道工事沿線であった。そこで契約満期を迎えると、多くの華工は都市や町に移動したが（Rohe, 1982; Lausent-Herrera, 1986）、山岳地帯を越えて内陸へ東漸して同郷仲間や先住民相手に交易を始める者、移動の中継地として開けた町に小店舗を開く者、海岸部で船を使った交易をする者も現れた（黄、一八八四；傅、一八八九；Lausent-Herrera, 1986; Liestman, 1999）。南北アメリカの華人は一八八〇年までには内陸、沿岸部、山岳部、小都市そして大都市中心部に広く深く拡散し、零細資本を元手にして華商になり、大小のコミュニティでその姿が見られるようになった。

都市中心部のチャイナタウンが商業コミュニティとして発達していく原動力は、個々の華商の日々の商業活動であり、華人社会を華商抜きに理解することはできない。多くは同郷人相手の商売を基礎に現地の顧客を獲得していった。さらに資本や商業経験を持って移動する華商の再移民は重要で、早期より発達したチャイナタウン・コミュニティから他の地域に新たに生まれて後続的に発展し始めた別のコミュニティへと移った際に、後者を近代化する直接的影響を与えた。南北アメリカ各地にはサンフランシスコから転航、つまり再移民してきた華商の例があり、たとえば一八五〇年末にカナダ太平洋岸のゴールドラッシュの情報を捉えたサンフランシスコの華商たちがビクトリアに不動産を購入して移住し、現地華人社会の基礎作りに関わった（Con et al. 1982）。キューバでは一八七〇年からサンフランシスコ転航華商が現れ、中国輸入品の卸店ほか多様な店舗、銀行、劇場を設立して、コミュニティをサンフランシスコ型に発展させた（Chuffat Latour, 1927, pp. 31-32; Corbitt, 1971, p. 90）。

華人の故郷である中国南部は人々の移動性が高く、地域社会が提供する情報やサービスが不足すると、それを補う仕組みが歴史的に発達してきた。伝統的に中国政府は表面的には統一的・中央集権的であるものの、その実、徴税にこそ最大の関心を払い、地域社会の統率においては放任的で、歴史的に官民関係が薄かった。このため地域社会は宗族や同郷など慣行的な単位で相互扶助団体をつくり、自律的に地域社会の利益を実現してきた（村松、一九七五、一〇五～一七八頁）。移動性の高い南北アメリカの華人社会では、故地のこの歴史的資本を持ち込み、異地居住を支える社会インフラとした。その一つが血縁や地縁、業縁でまとまる華僑団体である。南北アメリカの華僑団体は華人の上陸とほぼ同時に成立し、宿泊や職探し、紛争調停、老人や貧者の収容や本国送還、送金などの社会サービスを提供した。華僑団体は固定住所を持ち、信用ある役員を置いたため、移動性の高い華人社会の問題に対応できたのである（園田、二〇〇九、一五三～一五六頁）。こうした華僑団体は、コミュニティで比較的豊かな華商が役員を占めた。華人社会は、士大夫のような在地勢力を形成する清朝の一般的な伝統的価値観とは異なり、彼らの原籍地である南中国沿海部で発達した商業社会で培われた商業経験に基づく価値観に則っていた。華商は自分の店舗、相応の資本、読み書き能力、人格、主流社会との折衝能力や現地情報などを持つことで、華人社会の「信用」を得て、華僑団体の役職に就いた（McKeown, 2001）。

中国南部の民間組織も、グローバルな華人の異地居住を支えた。香港の東華医院は善堂と呼ばれる社会的弱者を収容する慈善団体が前身であり、一八七〇年に香港華人のための病院として香港政庁に正式に承認された香港初の華人民間慈善団体である。難民を原籍地へ送ったり、死者の棺や骨を原籍地に戻したり、災害救済募金を集めたりし、託児所や養老院などの慈善活動をも行った。この活動は香港にとどまらず、広東珠江デルタ地域や中国の港湾都市、さらに日本や東南アジア、オーストラリア、南北アメリカも対象としたため、海外華人社会を香港とその後背地である広東地域社会に結びつけるネットワークを創り出した（帆刈、一九九六）。

海外に出た華人が中国へ送る華僑送金も、華人が発達させた移動に関わるインフラであった。華僑送金は広東省や福建省でそれぞれ「銀信」や「僑批」と呼ばれ、海外から現金や為替、手形、小切手など送金と家族や縁者に宛てた手紙の二種類を同封して故地に送るもので、このかたちの送金は北米やハワイからは一八六〇年代から、東南アジアからは二〇世紀初頭から急増した。手紙と送金を一緒に送るゆえに、安全かつ迅速に送ることができて、外国為替レート変動の影響をできるだけ受けず、通貨的価値が過度に弱くならない送金システムが必要になった。このため、南北アメリカや香港での受け取り、香港から広東の僑郷への配送など送金の経路では、血縁や地縁で信用できる人物や商店、機関が関わった（劉・李、二〇一一、二一～八、三八～四八、七四～八〇、九四頁）。なお、こうした送金は一九二〇～三〇年代がピークであり、華人と出身国家との精神的経済的つながりを維持した。華人の移動と異地居住を支える仕組みは、移動の草創期にまず民間で生まれ、発達していったのである。

3　国民国家への排除と包摂——一九世紀後半から二〇世紀前半

（1）受け入れ諸国の国民国家化にともなう華人排斥

大勢の契約華工が世界各地に出国する現象は、二〇世紀に入っても続き、一九二〇年代に終息した。一八八一～一九一四年のパナマ運河建設工事には、大量の華工が投入され、東南アジアでは海峡植民地において一八七〇年代から流通・産業インフラの建設や錫鉱山の開発が始まり、汽船による華工の大量輸送が始まった。南北アメリカに向かっていた華人の移動は、こうして二〇世紀に東南アジアへと旋回した（可児、一九七九、六四～七五頁）。この一九世紀後半から二〇世紀前半にかけては、ちょうど華人の渡った諸地域の国家が国民国家としての様々な制度を整えていった時期でもある。そのプロセスで華人の排斥が起こり、熾烈になっていった。

アメリカ西海岸では、一八五〇年にカリフォルニアがアメリカ三一番目の州になって以降、白人支配層の地域アイデンティティが州の運営に絡むことによって、華人に対して差別的税制が議論され、法廷での証言が禁止され、公立学校での教育機会が制限されるなどの動きが起こった。一八七〇年代に入るとアイルランド移民や労働組合が中国人雇用に反対する集会、暴動など組織的で継続的な排斥運動が発展し、市や州の公的レベルで差別法が制定される動きも強まった。地方レベルの華人排斥は、一八八二年五月六日にアメリカ連邦政府が中国人上陸制限法（以後、排華法）を施行することによって、国政レベルに達した。排華法は熟練・非熟練を問わず華工のアメリカ上陸を禁止するもので、同時期に華人の帰化申請を拒否することも定められた。これは、華工すなわち「中国人」の「労働者」という、特定の移民集団そして特定の社会階層から入国の自由ならびに国民になる権利を奪った、アメリカ初の差別法であったことに着目しなければならない。華人の排斥は、アメリカ国民に誰を包摂し、誰を排除するか、その境界を法的社会的に規定するという、つまりは「国民」とは誰かを問うに当たって華人を枠外に置いたものであった（油井、一九八九）。排華法は一〇年間の時限法として成立したが、その後制限内容をより厳しくしながら延長を繰り返し、一九〇四年に無期限延長となった。アメリカのこの華人排斥体制は、排華法が一九四三年に撤廃されるまで、約六〇年間続いた。

アメリカにおける国境概念の形成もまた、華人の入国制限と相互補完的に進んだ。従来、移民受け入れを前提としたアメリカの移民法であったが、一八八二年に排華法という、移民を制限する根拠となる法が制定されたことによって、以降、「不法入国移民」に該当する人々にいかに対処するかという問いが新たに生まれることになったのである。問題化したのは、カナダやメキシコの国境を陸路で不法に越えてアメリカに入国する華人の存在であった。「不法入国移民」という概念の誕生とともに、アメリカは国境における一連の警備や対応を通して不法入国を華人という特定の移民集団、ひいては人種に関わる問題として捉えるようになり、一九二〇年までに国境警備体制を整えて入国管理を強化していった（Lee, 2002）。

さらにアメリカの排華法は、環太平洋地域に広範な影響を与えた。まず、アメリカはハワイとフィリピンを併合した後、それぞれの地域で一八九八年と一九〇二年に排華法を施行し、自国の帝国主義的膨張の中でグローバルに排華法体制を拡大した。また、国民国家化の過程にあった周辺諸国がアメリカを参考にしつつ、さらに互いに国際比較をし、参照することで国家形成を進めた結果、アメリカの華人排斥が伝播するという国際的な連動現象も起こった。カナダ連邦における一八八五年排華法の施行には、アメリカ同様、一八七一年のブリティッシュ・コロンビアのカナダ連邦加盟をきっかけに白人層の共同体意識が高まり、華人排斥の機運が州から連邦政府レベルに進行した背景があった（園田、二〇〇九、二一三～二一四頁）。カナダの一八八五年排華法は、華人のみ入国時に「人頭税（head tax）」と呼ばれる入国税を一人あたり五〇ドルを課すという間接的な上陸制限であったが、額は一九〇三年までに五〇〇ドルに上がった。直接的・間接的な排華法は、オーストラリアで一九〇一年、メキシコで一九〇八年、ペルーで一九〇九年に次々に成立した。なお、日本も一八九九年、勅令三五二号ならびに内務大臣訓令七二八号で華工の国内就労を制限した（許、一九九〇）。排華体制が複数国に伝播したメカニズムについては、印刷物や新聞の転載記事を媒体に、華工やひいては華人を従属的で劣った集団と見なす差別的華人観が各国の白人支配層で共有されたためであった。その後アメリカは、一九二四年移民法で日本人とインド人を含めたアジア移民全般の排斥を定め、これもまた一九二〇～三〇年代にカナダ、ブラジル、ペルーが同様の法を施行する動きにつながった。この現象を「白い太平洋（White pacific）」と表現する研究者もいる（Lee, 2007, pp. 545-551）。華工の排斥から始まった、特定移民集団の特定社会階層を排除する動きは、環太平洋諸国の国民国家化が進行するプロセスにおいて、華人、東洋人そしてアジア人へと排除の対象を「人種化（racialization）」していったのである。

（2）中国による華人包摂の始まりと展開

一方、華人側ではこの趨勢に対し、出身国の清朝の外交回路《チャネル》を通してトランスナショナルな自衛体制を作った。清朝には西洋型外交機関がなく、一八六一年に対外事務を担う中央機関である総理衙門《そうりがもん》を設立するなど旧来の伝統的中華帝国から徐々に近代国家の体裁を整えていき、一八七〇年代後半に在外常駐使節制度を発足させた。清朝は一八七〇年代前半まで、中南米の行う苦力貿易問題になんらかの対処をするようイギリスをはじめとする欧米諸国の領事たちに求められ続けていたため、この新しい制度を通して華人の保護を試みた。そのため、一八八〇年代から南北アメリカに派遣された在外公使や領事には現地の華人移民と同じ広東人が任命され、外交交渉よりも華人の保護業務を重要仕務にして排斥や差別に対抗できる体制作りを模索した。

現地の清朝の公使・領事は、民間で発達してきた仕組みを回収、格納するかたちで、華僑政策を開始した。その一つが、南北アメリカ各地の主要なチャイナタウンにおける「中華会館」の設立である。中華会館は、一八八二年にサンフランシスコで清朝総領事黄遵憲の提案によって最初に結成された。排華法下の社会で諸問題に対応するために、既存の複数の華僑団体の代表で構成した上位体を中華会館と名づけてコミュニティの代表にした。これに現地の華商は積極的に協力していった。その後黄遵憲ゆかりの公使や領事たちが、サンフランシスコでの経験をもとに、カナダのビクトリアとペルーのリマで中華会館を発足させた。さらにサンフランシスコやキューバ、ペルーの華人社会は、領事館の仲介で香港の東華医院とつながり、僑郷との連絡体制を確保した（Lai, 1987；園田、二〇〇九）。中華会館は各地に作られていき、その地の清朝領事館はこれを通して当地の華人社会とゆるやかにつながる回路を持っていったのである。

清朝の華僑政策は、中国政府が海外の華人社会に中国の国内政治を延長する時代の始まりを意味している（Lai, 2010）。華人の保護と管理が趣旨であった華僑政策は、目的の多様化を起こした。まず清朝領事館と中華会館の設立によって、華人社会には、ときおり中国国内で進行中の政治・教育改革の文脈に則った実験的政策が持ち込まれるようになり、たとえば洋務運動（一八六一～九〇年代前半）や新政（一九〇一～一一年）の関係者が、主なチャイナタウンに国内改革の文脈に沿った華僑学校を設立した。華僑政策が国内改革と連結する現象には、華人子弟を将来的に改革の人材として扱う心算や、正統な中国の教育で華人を教化する儒教道徳的な義務感など、複数の動機が絡んでいた（園田、二〇〇九、二八三～三一二頁）。なお、この時期から文化教育活動が行われたことは注目に値し、後述のように中華民国も、華人との紐帯を保つ媒体として教育文化政策を一貫して重視したのである。

一八九三年、政府内で華僑送金に注目し期待した建議が提出されたことをきっかけに、清朝はその保護を進めるために、これまで中国人の海外渡航を阻んできた海禁令を撤廃した。しかし華人の経済力に期待する利潤動機は必ずしもこの頃強くはなく、中国政府が本格的に華人の諸事業や投資の奨励振興を手がけるのは、後の民国末、具体的には一九四七年からである（李、一九九七、九三頁）。一九〇九年には父系血統主義の国籍法を設置し、在外華人を「国民」として包摂し始めた。これは生地主義の国籍法を施行する東南アジアの欧米諸国植民地で現地華人が二重国籍者になる問題を生み、中華人民共和国が一九八〇年の国籍法で明確に二重国籍を否定するまで、長く中国ととりわけ東南アジアの現地政府とのあいだで軋轢を生んだ。

一九一一年に清朝が崩壊した後も、中華民国はその華僑政策の大枠を継承し、海外の中華民国総領事館はチャイナタウンの中華会館や有力な華商との協力関係を保った。民国期の華僑政策として最大の特徴は、政府中央に華僑政策を担当する専門機関が設置されたことである。北洋軍閥政府も、それに対抗する広州の広東軍政府も、華僑政策の専門部局の設置を志向し、一九二七年に蒋介石が権力を掌握して南京国民政府が成立すると、やはり中央に華僑政策の専門機関が設置された。一九二八年に北伐が完了すると、国民政府は国民党一党支配の体制を意味する「党国体制」を布き、政府に直属する華僑行政の専門機関「僑務委員会」を設置したのである。海外党務と華僑事務とは機構上別々の部局の管轄であったが、海外の華人社会では派遣された委員が実質これらを一体化させて行った。僑務委員会は一貫して華僑行政を主管し、数回の組織改変を経て、経費も顕著に増加した（李、一九九七、四四～六六頁）。以上のように、中国では「国民」として華人を包摂する動きが進み、独自の国民国家化の過程で華僑政策が中央で組織化されていったのである。

図7－1　スロット・ケースで用いられた1931年の「口供紙」

排華法時代後期，ペーパー・サンの入国を阻止しようと米国審査官は面接で微に入り細を穿った質問をした。それに対応し，暗記内容もこのように膨大に。広東省江門市五邑華僑博物館所蔵（2013年筆者撮影）。

（3）移動者が変える中国南部の地域社会

排華法時代のアメリカ生活は過酷で、華人は自己否定や排斥法への怒りによって、米中いずれにも帰属意識も生活の重点も置けなかった（Hsu, 2000）。多くの華人は避難所《シェルター》代わりに安全な都市部のチャイナタウンに流入し、地方にあった小さな華人集住区は二〇世紀半ばまでにほぼ消滅した。また一九一〇～四〇年の間、

図7－2　碉楼群

僑郷，広東省開平市の華僑送金によって建てられた。2007年に世界遺産に登録された（2013年筆者撮影）。

アメリカに入国しようとする華人はまずサンフランシスコ湾内にあるエンジェル島の隔離施設に収容され、平均数カ月拘留されて身体検査と面接からなる移民審査を受けた。この経験が精神的苦痛と羞恥心など、深刻なトラウマになったことが、現地の研究を通して明らかになっている（Lai, 1980）。

排華法の長期施行によって、中国社会にも大きな変化が起こった。二〇世紀前半の中国は軍閥戦争や国民党と共産党のあいだの戦闘、民間武装集団の跋扈による国内不安が続き、排華法時代であってもアメリカに夢を抱いて渡航する人々は絶えなかった。広東省台山では、スロット・ケースと呼ばれる技術が高度に発達した。アメリカ市民である華人が中国で出生した子供であると偽った書類を用意し、その詳細な個人情報を事前に「口供紙」で暗記し、エンジェル島の入国審査で内容通りに答えることで上陸を果たすものである。他者になりすますこの方法で入国した華人は「ペーパー・サン（paper son）」と呼ばれる。一九〇〇～一〇年の間にアメリカ市民として入国した華人数は全入国数の四割未満から七割以上へと不自然に激増し、一九二〇～四〇年の間にアメリカ市民として入国した人数は約七万一〇〇〇人であったという。僑郷の人々と帰郷したサンフランシスコ華人とのあいだでは、書類の売買や審査の傾向変化といった情報交換のため、血縁や地縁を通したコミュニケーションが活性化した（Hsu, 2000, pp. 74–89）。アメリカ入国が困難であったからこそ、僑郷とアメリカ華人社会のつながりが強まり、太平洋を跨ぐ共同体が生まれたと言える。

この時期、海外からの華僑送金も増大し、送金を受け取る中国南部の地域金融もまた変容した。伝統的な商店が送金業務を兼営するようになり、多様な民間金融送金機関が発展した。中国銀行や民間銀行、郵便局など近代的な新しい金融機関も現れ、複層的な送金回路ができあがった（劉・李、二〇一一、三四～八六頁）。広東省開平県の碉楼群はアメリカ・カナダ華人の送金による建造物群であり、最も貧しい村落にもたらされる不釣り合いな富は地域社会全体の姿を変え、独特の景観を生み出した。また送金の中継金融センターの役割を果たした香港は、カネの流れによって華人社会と広東僑郷をゆるやかに連結することになった。華僑送金の多くは故地の家族を支える扶養送金であったが、そののち出身地の近代化や公共事業のための寄付や、日中戦争時の献金といった愛国送金も発生した。華人の海外活動は、地域と地域をつなぐ回路を発達させ、地方の共同体を直接世界に接続して地域変容をもたらすまでの影響を与えていったのである。

4　華人と国家の関係

（1）排除と包摂の二〇世紀前半華人史

二〇世紀の華人は国家からの排除、国家への包摂の両極で極端に揺れるものであった。排華法によるグローバルな排斥体制に始まり、一九三〇年代から第二次世界大戦末にかけては一転して同盟国民として戦略的に包摂され、冷戦期に入ると猜疑と抑圧に晒された。この流れは、華人が国に生殺与奪の権を握られる、最も厳しい時代であったことを端的に表している。またこの時代には、中国政府が本格的に華人社会に接近し、国内政治に接続する、国民国家の越境《トランスナショナル・ネーションステイト》現象が現れた。

包摂に向かう転換点は、日本の中国侵略の開始であった。在外華人の救国意識は一九三一年柳条湖事件から高まり（安井、二〇〇五、二〇二頁：Yung et al. 2006, p. 200）、一九三七年盧溝橋事件から日中両国が本格的な戦闘状態に突入すると、世界各地の華人社会では抗日救国運動が本格的に展開した。とくに日本軍が一九三八年に広東を占領し、一九四一年に真珠湾攻撃とほぼ同時に香港を占領するなど、華人の家族や経済活動とつながりが深い広東と香港を蹂躙していくにつれ、運動は空前の高まりをみせた。ヨーロッパ、北米、カリブ海地域、そして東南アジア各華人社会では多くの抗日救国組織が結成され、互いに連動して募金活動、日本製品ボイコット、デモ行進、定期集会を行った。

華人の抗日運動は、現地事情や各華人社会の歴史を反映した地域性があった（菊池、二〇〇九、二八〇～三一〇頁）。一例として、アメリカでの運動は、一九四三年に排華法の撤廃ならびに華人の帰化禁止措置の撤廃に結びついた。一九三七年からアメリカ華人はニューヨークやサンフランシスコで組織だった対日抗議デモを行い、オレゴン州の港湾都市で屑鉄の対日輸出反対デモを行うなどして、アメリカ社会の関心が日本の中国侵略に向く契機づくりに成功した（Lai, 2010, pp. 106–111）。一九四〇年にアメリカは日本の経済封鎖措置の中で、屑鉄の輸入禁止に至った。在米華人総数の一七パーセントがアメリカ軍に志願入隊して運動を展開し、さらにアメリカと中華民国が対日同盟国になると、運動を排華法の撤廃要求に発展させていった（Yung et al., 2006, pp. 200–203; Yu, 1992）。中国通と言われる親中派知識人もこれを後押しし、アメリカ政府は中華民国の排華法廃止要求を受け入れた。しかし、一九四三年の排華法撤廃は対日同盟国としての戦略ゆえであり、実際には、一九二四年移民法で設けられた国別年間入国数割当制度が働き、華人の年間移民数が一〇五人に限られたままで、上陸制限は巧みに続いた。

二〇世紀半ばの国家と移民の関係を考えるにあたり、同時期に北米やペルーの日本移民や日系人が敵性外国人として北米中西部の強制収容キャンプに送られたことにも目配りしたい。現地生まれの世代にとって中国も日本も「出身国」ではないが、にもかかわらずその国が居住国の敵国か同盟国かで極端に立場が転換した。華人と日系人の戦中の運命は対照的ながらも、移民由来のマイノリティであるがゆえに極端に他律的である点は共通する。戦後、冷戦が本格化し、一九四九年に誕生した中華人民共和国が朝鮮戦争を契機にアメリカをはじめ西側陣営と決定的に対峙すると、華人はまた陥穽に陥った。アメリカでは反共主義の政治社会運動が国内を席巻し、華人は主流社会から新中国との政治的思想的つながりを疑われ、自らのため華人コミュニティ全体で故地との紐帯を切らざるをえなかった。移民帰化局はチャイナタウンに潜伏する不法移民の調査を繰り返し、中でも新中国支持者を市民権剝奪と国外退去措置の標的にした。華人左派団体は、たとえばサンフランシスコの三藩市華僑民主青年団のように多くが連邦捜査局や警察の監視や捜査の対象となって弱体化し、打撃を受けた（Lai, 2010, pp. 123–148）。

また一九三〇年代から六〇年代まで世界各地のチャイナタウン内部では、華人を包摂する中国の動き、とりわけ中国国民党の展開する華僑政策が最も盛んであった。中華民国南京国民政府は抗日救国運動を射程に入れて、一九三二年に僑務委員会から海外華人社会に専門の指導委員を派遣し、国民党支部や抗日救国団体、新聞を設置して抗日戦争を支える募金活動を展開した。なによりも海外での教育を重視し、華人人口が大きい東南アジアを中心に華僑学校を建て、中国領事館や中華会館の協力も得ながら愛国意識と民族主義に基づく華僑教育を行った（李、一九九七、六六～九三頁）。中国政府は清朝末期から華人コミュニティと中国の国内政治をゆるやかにつなげる回路を整えてきたが、抗日戦争期にこそこのつながりは最も強まり、中国を「中心」とするネットワークに変質したのである。

華人社会が中国政府とつながり、高度に政治化すると、戦後の中国国内の政治的分裂もまた波及する事態となった。一九四九年に中国大陸で共産党が国共内戦を制すると、遷台した国民党はいっそう華僑政策に力を入れた。一九五〇年代、アメリカ、カナダ、英領西インド諸島や日本のチャイナタウンでは、華僑団体や華僑学校が親大陸派と親台湾派とに分裂した。中でも北米の華人社会では国民党支部が政治的主導権を握り、華人コミュニティ内部の中国共産党支持者を追い詰める一方で、中華会館の役員と権益を保護しあった。華人は就労や住居などの社会サービスを中華会館下の華僑団体に依存せざるをえず、依存はそのまま華僑団体の力の増大につながった。

さらに中華人民共和国における文化大革命の前半期に当たる一九六〇年代後半は、中国政府華僑政策史を俯瞰した場合、例外的な停止期であった。華僑送金に関わる諸制度は凍結あるいは廃止され、国内に残る華人の親族は海外とのつながりを社会的に批判されることを恐れて華人側も親族側も相互連絡を止めた（山岸、二〇〇五、二四六～二六〇頁）。この状況は、台湾の中国国民党が、西側陣営諸国に暮らす華人コミュニティで行う華僑政策に拍車をかけることになった。

（2）二〇世紀後半における華人社会の多様化

文革期に在外華人と中国国内をつなぐネットワークは弱まったものの、一九六〇年代半ばに始まる北米の移民受け入れ緩和がきっかけとなり、中国から香港に逃れた人々が移民し始め、アジアからのヒトの移動が活発化した。つまり、一九六〇年代半ば以降、中国大陸、台湾、香港など多様な地域から新移民の流入が始まり、広東人が圧倒的多数を占めたこれまでの華人社会が変わり始めたのである。華人の言語、世代、出身地、学歴、専門性、就労分野、アイデンティティ、そして中国国内の社会階層を反映した多様化によって華人に及ぼす国家の影響が弱まり、チャイナタウンの権力構造が解体に向かう契機になった。

一九六五年、アメリカが改正移民法を施行してアジア移民に広く門戸を開くと、六六年にオーストラリアが移民政策を緩和し、六七年にはカナダが新移民法を施行していったように、アジア移民の受け入れを前提とした法改正が環太平洋諸国に波及した。アメリカでは、香港経由で広東や福建からの新移民が親族や知人を頼りにサンフランシスコやニューヨークのチャイナタウンに流入し始めた。その結果、人口過密による家賃や店舗貸借料の高騰や高い疾病率、麻薬売買、精神医療問題など、チャイナタウンには一九八〇年代までに大都市の低所得コミュニティ特有の問題が山積した。一方、一九九七年香港返還に不安を抱いた香港移民が一九八〇年代に、台湾移民が一九九〇年代に、それぞれ入国のピークを迎えた。香港・台湾移民は高学歴かつ経済的に豊かな中流階級が多く、チャイナタウンには住むことなく、都市郊外に新しい集住地区を形成した。また中華人民共和国が一九七八年に改革開放路線を採って文革期に中断していた華僑政策を再開してからは中国大陸からの出国数が年々増加し、一九九〇年代には遼寧、吉林、黒竜江の東北三省や上海や北京からの移民も増えた。

一九六〇年代末から七〇年代末にかけて、米中接近から米中国交樹立に至るアメリカと中華人民共和国の関係好転は海外のチャイナタウンにおける中華民国領事館と中華会館の権威を相対化し、新しい価値観の導入を許していった。現地生まれの第二世代以降の華人と香港移民は、チャイナタウンを出て、主流社会で専門技術職や事務職に進出し始めた。英語に長じ西洋的価値観に馴染んだこの世代は、公民権運動とベトナム反戦運動に共鳴し、かつ中華人民共和国に共感して、人種間平等と社会的公平そして政治的エンパワーメントを求め、汎アジア的な新しい文化共同体を創造する改革運動を展開した。チャイナタウンでは華人運動家や学生が地域密着型の社会福祉団体を作り、住居、医療保険、雇用、司法相談、教育サービスを住民に提供して、コミュニティの健全化を目指した。こうした新団体は他のアジア系移民集団と提携して政府や民間団体と交流し、資金や助成を獲得するなど、チャイナタウンを外に開いていった（Wei, 1993, pp. 172–173；Lin, 1998）。この活動はチャイナタウン内部の従来の権威との政治的・文化的差異を際だたせ、さらなる集団的多様性と重層性を生み出すようになった。

アメリカの事例に顕著に表れているように、二世以降の華人や華裔、さらに香港やシンガポールなど出身地域できわめて高度な英語教育を修めた移民一世が、この頃から主流社会の政治や文化の領域で存在感を増し始めた。こうした華人は現地国籍を有し、往々にして現地市民として安定した強いアイデンティティを持っている。かつ中流階級で高学歴、専門職に就いて現地の社会的認知を得ているため、中国系というエスニシティを前面に出しつつ、言語や文化のバリアなしに主流社会に向けて積極的に発信する。日本の華人社会の場合も、二〇世紀後半から変容が始まった。華僑団体や教育機関などの定住環境が整った戦後から定住数が増え始め（中華会館編、二〇一三、二二八～二六九頁）、一九八〇年代半ばから多様化が進んだ。今や、戦前から暮らす老華僑やその次世代、新移民、日本人と婚姻した中国人配偶者、研修生、中国残留日本人とその家族、不法就労者など、階層性と複層性が生じている（坪谷、二〇〇八、一七五～二二二頁）。とくに新移民の中では、中国からの留学生が日本で高度専門職に就いて定住化する傾向が顕著である。

　日本の華僑社会で使われた「落葉帰根」「落地生根」という表現は、前者は、出稼ぎで国外に一時滞在する華人がいずれ故地に戻ろうと意識することを指し、後者は、時代や世代の変化を受けて一時滞在精神を放棄し、現地に根をおろすことを指す。つまり定住がもたらす現地社会との関わりの深さを表し、かつ移民が居住国家の「市民」に質的に変化する構図として不可逆的に描いている。こうした見方はアメリカの華人についても同様である（麥、一九九二）。しかし「定住」や「市民」を通して華人を見ると、地域に根差した諸活動を確認できる一方で、最終的にマイノリティは現地のマジョリティに完全に溶け込み、不可視化していくのが本質的な在り方であるとの安易な解釈を導きがちである。「定住による現地国民／市民化」は二〇世紀後半ゆえに生まれたパラダイムでもあると意識する必要がある。すなわち、国家や社会へのコミットを通して理解するがゆえに、見えなくなるものもある。

　定住とは異なる、再移民や、頻繁な越境に根

APAN REALISES CHINA CAN'T BE BROUGHT TO HER KNEES

HINA — NATION-CONSCIOUS

PEEPS INTO CHINA

MORNING WEDDING AT TRINITY

LATEST NEWS IN CHINESE

A PAGE OF CHINESE NEWS

Dunne's Double Ball Bearing Roller Skates

Spare Wheels, Keys.

Lloyd Trestrail & Co.
8 & 10 Broadway
Phones 4109 and 4110.

図7－3　トリニダードで発行された *Trinidad Guardian* 土曜版の華人社会欄，1938年7月23日付
（National Archives of Trinidad and Tobago 所蔵）。

差した華人の動きこそ、まさに一国家や一社会へのコミットから華人を見る定住パラダイムゆえ看過されてきた例であろう。英語圏《アングロフォン》諸国生まれの華人や英語高等教育を修めた華人は、とりわけ広域に再移民した。現地での社会的位置が上昇して中間階層化すると、そうした再移民がよく見られた。カリブ海地域の英領トリニダード華人は商業に進出し、比較的早く中間社会階層化し（Look Lai, 1993, p. 210）、英語話者になると早くも一九一〇年代には事業や就職、休暇、留学、再移民先として、宗主国のイギリス、旧英領のカナダ、ジャマイカ、ガイアナ、時には東南アジアの英領植民地など、同じ英語圏で社会的・文化的共通性が高い地域へ頻繁に移動した。さらに一九六五年以降は、再移民先にアメリカが加わった。英語という言語や社会制度や文化の共通性が再移民先に影響するメカニズムには、「移動圏」とも呼べる華人の移動の圏域が見える。この移動圏の中で移動することで法律、医療、政治、芸術など高度な専門職の分野で成功して社会的上昇を果たす例が、トリニダード華人には中華民国外交部長陳友仁や中国モダンダンスの指導者戴愛蓮、俳優のジャクリーン・チャンなど、一九世紀初頭から現在まで見られる。定住ではなくディアスポラ性によって社会的認知を獲得する華人の存在にも目配りすべきであろう。

また一九八〇年代以降になると、中国で大学を卒業した専門家や知識人が、日本や欧米諸国の大学院に進学した後、修了後も現地に留まって専門職に就き、現地と中国のどちらにも跨る学歴人脈を生み出し始めた。たとえば、上海の大学で学んだ後、海外留学先で学位を取得し、そのまま現地の先端産業に就職した中国大陸出身者は、同様の学歴と専門である上海ゆかりの人脈を海外で築き、これを上海の先端産業とむすびつけてゆく。こうして、多くの大学と先端技術産業拠点がある上海や北京が事実上の「新僑郷」になった（山岸、二〇〇五、二二二頁）。

経済発展著しい上海は、中国大陸の代表的大都市群、香港、シンガポールそして台北などとともに、高等教育やビジネス、文化活動のため、これら中国語・中華圏の主要都市のあいだを頻繁に移動するパターンを生み出している。さらに中国の中産階級以上の子弟が英語圏における高等教育を終えて英中両言語を操れるようになると、キャリアアップや事業のために、先に挙げた中華圏の都市のみならず、ロンドンやサンフランシスコ、バンクーバーなど英語圏をも移動圏に含めて移動する、というパターンも現れた。再移民のパターンもまた多様化したと言える。

5　二一世紀の華人世界

二〇〇〇年以来、中華人民共和国が急激な経済成長を実現するにしたがい、華人世界は次の展開を迎えている。大陸中国から直接出国してきたビジネスマンや投資家、留学生、小売／卸売業者、労働者など中国で生まれ育った華人が激増し、北米、南米、ヨーロッパ、アジアのみならず、アフリカやロシア、中東、中央アメリカなど、中華人民共和国の新たな戦略的経済協力の舞台として企業進出や投資が目覚ましい地域においても、強烈な存在感を放つようになった。さらに移民や長期滞在者のみならず、大勢の短期私費留学生や観光旅行者が大陸中国から訪れている。現在、アメリカの華人人口は約五〇〇万人、カナダは一三〇万人以上という。これまでの華人理解では、長期在外生活や世代にわたる現地適応によって、華僑から華人へ、華人から華裔へ推移すると捉えられてきた。しかし異文化適応を経ない、未曾有の規模で大陸華人が世界的に拡散するにともない、これまでの海外華人への理解の型は説得力を失いつつある。華人世界は「『中華』そのものともいうべき汎世界を含意」（濱下、二〇一三、v頁）し始めたとする指摘が現実味を帯びてきた。

これにともなって中華人民共和国政府は、外国籍華人を含めた海外の華人を包摂する行政を始めた。国内では、華人の移動や投資の利便を目的とする出入国管理法、全国の主要大都市に外国籍華人の永住を促す新政策、帰国華僑の手続き簡便化サービスの整備などが毎年進んでいる。中国領事館は、海外進出した中国の大企業に限らず、現地で起業した中小規模の華人事業主との関係作りに熱心で、接触の場を多く設けるようになった。また、華僑教育や華僑団体、帰国華僑、華人ビジネスなど、中国政府が主催する大会が広東省といった地方のみならず、まさに首都北京でも毎年開催されるようになったことは、きわめて大きな変化である（中国研究所編、二〇一四、二〇一五、二〇一八）。

移民送出国が出国した人々に強い関心を持ち、国内の文化や経済政策との接続を強めようと諸策試みる例は、いまや中国のみではない。インドやフィリピンは、在外国民事務や政策を行う専門機関を設置している。ペルー政府は推計三〇〇万人の在外ペルー人政策を積極化し、二〇〇一年に専門の課を外務省内に設置して文化・教育を媒体とし（山脇、二〇一〇、一四二〜一五一頁）、ブラジルでは二〇〇八年から政府や企業が一〇〇万人の在外ブラジル人に対して多様な文化政策を行い、つながりの強化を進めている（イシ、二〇一〇、二三五〜二四四頁）。ここには、国外就労者や出国移民の経済力が国にとって魅力を増し、国が彼らとの紐帯を創出しようと働きかけ、その手段が文化であるなど、中国が近現代を通して行ってきた華僑政策との共通点が多い。近現代における中国の華僑政策史は、国外に移動した個人を追って国民国家が越境する現象として、より長期的スパンかつ広い文脈の中に開放して考えるべき段階に来つつあるのではないか。

一方、外国籍華人や華裔の活動も大きく発展した。中国の経済的台頭が世界各地にグローバルな影響を及ぼし始めたというメタな変化は、現地生まれの華人にも、中国系というそのエスニシティに追い風として作用しているのである。たとえば、カナダやアメリカの国政レベルには二〇〇〇年以降、中国系政治家が登場している。アメリカでは、第一期オバマ政権の閣僚に中国系が二名起用されて話題になり、第二期には広東移民三世ゲイリー・ロックが米国史上初の中国系駐中国大使に任命された。トランプ政権下でも中国系女性議員が運輸長官に就いた。またサンフランシスコは華人と最も縁の深い都市でありながら、意外にも二〇一一年の市長選でエドウィン・リーが勝利したことで、初めて中国系市長が誕生した。オーストラリアやヨーロッパにはまだ国政レベルで華人が登場していないが、地方選で中国系候補者が立つようになった。特筆すべき最新の傾向は、二〇一七年のニュージーランド国会法制委員長や中国との国交樹立に貢献したパナマ大統領顧問の例のように、中国大陸生まれの移民第一世の中でも政治的活躍が始まったことである。中国とのリエゾン足り得る、中国語能力や中国国内の人脈を持つ中国生まれ移民の重要性が増しつつあるとわかる。

このような二一世紀の時代性は、興味深いことに華人史の復権を促しており、連邦、州、市すべての行政レベルで、過去の華人排斥や差別に対して公式に謝罪し、華人の貢献を認めて表彰するなどの動きが現れた。カナダでは連邦政府が、一八八五年から一九二三年の人頭税法は差別的で華人に経済的負担を与えた歴史的誤りであったと認め、二〇〇六年に公式謝罪をした。歴史的に華人史の中心であるブリティッシュ・コロンビア州では、二〇一〇年にニュー・ウェストミンスター市政府、二〇一四年に州政府、二〇一八年にはバンクーバー市政府が華人コミュニティに謝罪した。アメリカ政府は二〇一二年に、一八八二年から一九四三年の排華法を過ちとして公式に謝罪し、その二年後に大陸横断鉄道の華人労働者一万二〇〇〇人を首都ワシントンの労働省殿堂で顕彰した。

政府の変化の基礎には、中国系市民の地道な努力がある。バンクーバーでは、一九六〇年代からコミュニティ運動の中でカナダ国籍の広東移民第二世代以降の中国系カナダ人と香港移民が中心になり、自らの手で華人史の再評価を行ってきた。二〇〇〇年から運動は大きく発展し、数々の工夫や試みを通して華人史を掘り起こした結果、これまで社会から故意に忘れ去られてきた華人とカナダ先住民の通婚史に光が当たり、二〇一〇年代から市民と市政府、研究者が共同研究と啓発運動を進めている（Sonoda, 2016, pp. 35-42）。カリブ海地域では、一九九九年にキューバのハバナ、二〇〇六年にトリニダード・トバゴのポートオブスペイン、二〇一四年にパナマで、中国移民史の節目の年に関連の国際学会や国家記念行事が開かれ、現地の中国系研究者や華僑団体が全面的に協力することで華人史への社会的関心が高まった。カナダやカリブ海地域のような多民族・多文化社会では、官、民、学の協力の中で華人史が実学化し、市民レベルで華人の歴史の再評価、復権が進んできたのである。

華人を例に移動者を中心に近現代史を見てくると、居住先社会では、移動者を国家が排除するか包摂するか、その向き合い方は国民国家化や国際関係に影響されて変化してきたことがわかる。そしてその間、移動者の移動と居住を支える民間の強靭で越境するつながりやシステムは常時基礎にあった。送り出し国には、歴史的に、民間の越境する強靭なつながりを政策を通じて制度内に取り込み、格納しようとする動きがあったが、移動した人々を国家が肯定的に包摂する動きは、近現代を通じて現在最も強くなっている。さらに、自覚的な市民が活動し模索する時代である二一世紀現代に、そうした移民由来の集団やコミュニティ内部のつながりがどのように機能することになるか。多様な移民送り出し国が「国民」を脱領土化して解釈し、移民との関係を包摂する中で、移動者自身の活動が何を生み出していくかは、近現代史に二一世紀を加えた〝近代移民が出現して以降の世界〟という、まさにグローバルヒストリー研究が提唱する縦の長期時間軸と横の広域的視点を用いて今後も着目していくべきであろう。

〈付記〉本章の一部は日本学術振興会科学研究費基盤（B）（17H04511）および基盤（C）（26360018）の助成を受けた調査研究に基づく。

参考文献

イシ、アンジェロ「在外ブラジル人としての在日ブラジル人――ディアスポラ意識の生成過程」日本移民学会編『移民研究と多文化共生――日本移民学会創設二〇周年記念論文集』御茶の水書房、二〇一〇年、二三一～二五一頁。

可児弘明『近代中国の苦力と「豬花」』岩波書店、一九七九年。

菊池一隆『中国抗日軍事史一九三七―一九四五』有志舎、二〇〇九年。

菊池貴晴『増補中国民族運動の基本構造――対外ボイコット運動の研究』汲古書院、一九七四年。

許淑真「労働移民禁止法の施行をめぐって」『社会学雑誌』第七号、一九九〇年、一〇二～一一九頁。

斯波義信「華僑」『世界史への問い三　移動と交流』岩波書店、一九九〇年、一六七～一九五頁。

園田節子『南北アメリカと近代中国――十九世紀トランスナショナル・マイグレーション』東京大学出版会、二〇〇九年。

田中恭子『国家と移民――東南アジア華人世界の変容』名古屋大学出版会、二〇〇二年。

中華会館編『落地生根――神戸華僑と神阪中華会館の百年』研文出版、二〇一三年。

中国研究所編『中国年鑑二〇一四』毎日新聞出版、二〇一四年。

中国研究所編『中国年鑑二〇一五』毎日新聞出版、二〇一五年。

中国研究所編『中国年鑑二〇一八』明石書店、二〇一八年。

坪谷美欧子『「永続的ソジョナー」中国人のアイデンティティ――中国からの日本留学にみる国際移民システム』有信堂、二〇〇八年。

濱下武志『華僑・華人と中華網――移民・交易・送金ネットワークの構造と展開』岩波書店、二〇一三年。

帆刈浩之「香港東華医院と広東人ネットワーク――二十世紀初頭における救災活動を中心に」『東洋史研究』第五五巻第一号、一九九六年、七五～一一〇頁。

星野幸代『日本戦争下のモダンダンス――交錯するプロパガンダ』汲古書院、二〇一八年。

村松祐次『中国経済の社会態制』東洋経済新報社、一九七五年。

安井三吉『帝国日本と華僑――日本・台湾・朝鮮』青木書店、二〇〇五年。

山岸猛『華僑送金——現代中国経済の分析』論創社、二〇〇五年。
山脇千賀子「在外ペルー人が問いかけるもの——グローバル化のなかのナショナル・アイデンティティの行方」中川文雄・田島久歳・山脇千賀子編著『ラテンアメリカン・ディアスポラ』明石書店、二〇一〇年、一三五～一六二頁。
油井大三郎「十九世紀後半のサンフランシスコ社会と中国人排斥運動」油井大三郎他編著『世紀転換期の世界——帝国主義支配の重層構造』未来社、一九八九年。
吉田栄一「ヨハネスブルグの都市政策とチャイナタウン形成——南アフリカの中国人移民」牧野久美子・佐藤千鶴子編『南アフリカの経済社会変容』日本貿易振興機構アジア経済研究所、二〇一三年、二一三～二四七頁。
陳三井『華工与欧戦』中央研究院近代史研究所、一九八六年。
傅雲竜『游歴図経余紀』十五巻、n.p. 一八八九年（東京都立中央図書館さねとう文庫）。
黄錫銓「査明可林比亜華人事務覆英委員細冊及説帖存稿一八八四」in Chinese Consolidated Benevolent Association Fonds, 1884–1922（域埠中華会館歴史文献）, University of Victoria Archives & Special Collections.
李安山『非洲華僑華人史』中国華僑出版社、二〇〇〇年（Li Anshan, *A History of Chinese Overseas in Africa*）。
李盈慧『華僑政策与海外民族主義（一九一二～一九四九）』国史館、一九九七年。
劉進・李文照『銀信与五邑僑郷社会』広東人民出版社、二〇一一年。
麦礼謙『従華僑到華人——二十世紀美国華人社会発展史』三聯書店、一九九二年。
Belich, James and John Darwin (eds.), *The Prospect of Global History*, Oxford University Press, 2016.
Chinn, Thomas W. (ed.), *A History of the Chinese in California : A Syllabus*, Chinese Historical Society of America, 1969.
Chuffat Latour, Antonio, *Apunte Historico de los Chinos en Cuba*, Habana : Molina, 1927.
Colonial Land and Emigration Commissioners, "General Report of the Emigration Commissioners, 1867–73," *British Parliamentary Papers*, Irish University Press, 1968.
Con, Harry, Ronald J. Con, Graham Johnson, Edgar Wickberg and William E. Willmott, *From China to Canada : A History of the Chinese Communities in Canada*, Minister of Supply and Services Canada, 1982.
Corbitt, Duvon Clough, *A Study of the Chinese in Cuba 1847–1947*, Wilmore KY : Asbury College, 1971.
Gabaccia, Donna R. and Dirk Hoerder (eds.), *Connecting Seas and Connected Ocean Rims*, Brill, 2011.

Hoy, William, *The Chinese Six Companies*, Chinese Consolidated Benevolent Association, 1942.

Hsu, Madeline Yuan-yin, *Dreaming of Gold, Dreaming of Home : Transnationalism and Migration between the United States and South China, 1882–1943*, Stanford, California : Stanford University Press, 2000.

Jung, Moon-Ho, *Coolies and Cane : Race, Labor, and Sugar in the Age of Emancipation*, Baltimore : The John Hopkins University Press, 2006.

Kale, Madhavi, *Fragment of Empire : Capital, Slavery, and Indian Indentured Labor Migration in the British Caribbean*, Philadelphia : University of Pennsylvania Press, 1998.

Lai, Him Mark, "Historical Development of the Chinese Consolidated Benevolent Association," *Chinese America : History and Perspective*, San Francisco : Chinese Historical Society of America, 1987.

Lai, Him Mark, *Chinese American Transnational Politics*, Urbana : University of Illinois Press, 2010.

Lai, Him Mark, Genny Lim, Judy Yung（eds.）, *Island ; Poetry and History of Chinese Immigrants on Angel Island 1910–1940*, University of Washington Press, 1980.

Lausent-Herrera, Isabelle, "Los Imigrantes Chinos an la Amazonia Perua," in 秘魯中華通恵総局成立一百年周年記念特刊編集委員会編『一八八六―一九八六秘魯中華通恵総局与秘魯華人：Sociedad Central de Beneficencia China y la Colonia China en el Peru』秘魯中華通恵総局出版、1986.

Lee, Erika, "The 'Yellow Peril' and Asian Exclusion in the Americas," *Pacific Historical Review*, Vol. 76, No. 4, 2007, pp. 537–562.

Lee, Erika, "Enforcing the Borders : Chinese Exclusion along the U. S. Borders with Canada and Mexico, 1882–1924," *The Journal of American History*, Vol. 89, No. 1, 2002, pp. 54–86.

Liestman, Daniel, "Horizontal Inter-Ethnic Relations : Chinese and American Indians in the Nineteenth-Century American West," *The Western Historical Quarterly*, Vol. 30, No. 3, 1999, pp. 327–349.

Lin, Jan, *Reconstructing Chinatown : Ethnic Enclave, Global Change*, Minneapolis : University of Minnesota Press, 1998.

Look Lai, Walton, *Indentured Labor, Caribbean Sugar : Chinese and Indian Migrants to the British West Indies, 1838–1918*, Baltimore : The John Hopkins University Press, 1993.

McKeown, Adam, *Chinese Migration Networks and Cultural Change : Peru, Chicago, Hawaii, 1900–1936*, Chicago : The University of

Chicago Press, 2001.

Rohe, Randall E., "After the Gold Rush: Chinese Mining in the Far West, 1850–1890," *The Magazine of Western History*, Vol. 32, No. 4, 1982, pp. 2–19.

Schiller, Nina Glick, "Transmigrants and Nation-States: Something Old and Something New in the U. S. Immigrant Experience" in Charles Hirschman, Philip Kasinitz, Josh DeWind (eds.), *The Handbook of International Migration: The American Experience*, New York: Russell Sage Foundation, 1999.

Scott, Rebecca, *Slave Emancipation in Cuba: The Transition to Free Labor, 1860–1899*, Princeton: Princeton University Press, 1985.

Siu, Lok, "China Latino Restaurants: Converging Communities, Identities, and Culture," *Afro-Hispanic Review*, Vol. 27, No. 1, 2008, pp. 161–171.

Sonoda, Setsuko, "History of Raising Self-Awareness and Historiography for Strengthening Connectedness: The Vancouver Chinese in Multicultural Canada," *Senri Ethnological Studies*, No. 93, 2016, pp. 15–48.

Yu Renqiu, *To Save China, to Save Ourselves: The Chinese Hand Laundry Alliance of New York*, Temple University Press, 1992.

Yung, Judy, Gordon H. Chang and Him Mark Lai (eds.), *Chinese American Voices: From the Gold Rush to the Present*, University of California Press, 2006.

Wei, William, *The Asian American Movement*, Philadelphia: Temple University Press, 1993.

第8章　レバノン・シリア移民の拡散とネットワーク

黒木英充

1　顕在化するレバノン・シリア移民

（1）世界各地で活躍するレバノン・シリア移民

「レバノン・シリア移民」という言葉から何が思い浮かぶだろう。二〇一一年以来のシリア内戦の泥沼化にともない、とくに二〇一五年夏以降シリア難民がトルコやレバノン、ヨルダン等の周辺国のみならず、他国の難民とともにヨーロッパ諸国にも殺到して深刻な問題となった。また一九七五年から冷戦終結の九〇年までの一五年間の長きにわたりレバノンでも激烈な内戦が繰り広げられたことから、「レバノン・シリア移民」はすなわち実質的な「難民」であって、ひょっとするとそこに「テロリスト」が紛れ込んでいて西側の自由な市民社会を暴力的に破壊しようとしている、と思われるかもしれない。

一方で、半世紀ほど前から日本の商社マンたちの間では、「レバシリ商人」といえば、「ユダヤ商人」「アルメニア商人」「インパキ（インド・パキスタン）商人（もしくは印僑）」「華僑」と並んで、中南米や中東・アフリカ、南・東南アジアの諸地域における手強い取引相手として知られていた（日本経済新聞社編、一九八二）。これはレバノン・シリア移民が「交易ディアスポラ」（カーティン、二〇〇二）の一つであることが、ビジネスの現場で以前からよく知られていたことを意味する。

そして実際、レバノン・シリア移民とその子孫たちは、今日の世界においてきわめて強い存在感を有している。ブラジルとアメリカ合衆国を中心に南北アメリカの全域、西欧、フランス語圏西アフリカ諸国、湾岸産油国、オセアニアが主な移民先であるが、とにかく目立つのである。これらの地域を専門とする研究者たちにとって、とくにレバノンやシリアに関する特別な知識や関係を持っていなくとも、レバノン・シリア移民たちが目について離れない、という現象が生じている。

広く知られている代表的な例をほんの若干数挙げてみよう。『フォーブス』誌が発表する世界長者番付で毎年ビル・ゲイツと第一位の座を争うカルロス・スリームはメキシコのレバノン系二世であり、日本で知らぬ人はいないカルロス・ゴーン（アラビア語ではゴスン）はブラジル生まれ、ベイルートで初・中等教育を受けたレバノン系三世。アップル創業者のスティーブ・ジョブズはアメリカでシリア移民一世の息子として生まれた。日本国内でもチェーン展開しているコピー製本会社キンコーズの創業者ポール・オルファリーはアメリカのシリア系二世である（Orfalea, 2006, pp. 334-336）。一九八九年から一〇年にわたりアルゼンチンの大統領を務めたカルロス・メネムはシリア系二世。ブラジルでは国会議員や州知事、主要都市の市長などに数えきれないほどのレバノン系・シリア系がおり、ルセフ大統領弾劾後にブラジル暫定大統領となったテメル元副大統領はレバノン系三世である。政治経済界だけでなく文化・芸術・芸能・デザインなどの分野でも世界各地にキラ星のごとく存在する。フランス学士院会員でゴンクール賞受賞者のアミーン・マアルーフはフランスへの移民を祖父に持つレバノン生まれの一世であるし、世界的なポップス歌手シャキーラはコロンビアのレバノン系二世、「マイウェイ」で知られるポール・アンカはカナダのレバノン系二世などなど、これはほんの一部の例であって、枚挙にいとまないのである。

こうした各界のレバノン系の世界的な有名人八四人の業績・軌跡を簡単に振り返った書籍も刊行されている（Freiha and Ghanem, 2006）。移民の一世ならばともかく、二世・三世が成功しているのは移住先の社会的環境や個人的境遇・努力によるものであって、移民の出身地が関係するものではない、との見方もあろう。しかし、ブラジルにおいて典型的に表れているが、レバノン・シリア系であること自体が社会的ステータスを示し、サンパウロ市の「レバノン山地クラブ」（Clube Monte Libano 国内に何十とあるレバノン系同郷組織の一つ）が市内の一等地の巨大な敷地に豪華絢爛たるスポーツ・文化施設を有しており、「シリア病院」がブラジル最高の病院として評価されていること（これらの点ではブラジルの日系移民のプレゼンスとは比べるべくもない）、そしてレバノンとシリアの人口規模（二〇一一年段階でそれぞれ約四〇〇万人、二三〇〇万人）に鑑みれば、両国からの移民とその子孫の顕著な活躍ぶりを問題とすることに意味がないとは言えないであろう。

（2）レバノン・シリア移民の本国との関係とその研究状況

レバノン・シリア移民には、後に見るようにすでに一〇〇年以上、五世目を数えるほどの長きにわたり移住先で定着している人々もいれば、移民して間もない一世もいるが、程度の差こそあれ、様々な形で故国の人々との関係を維持発展させてきた。自ら移動しての一時帰国、手紙、電子メール、スカイプ、衛星放送などを通じての情報収集と意思伝達は常になされ、送金、投資や事業展開、教育、家族親族や友人との再会、結婚相手探し、さらには重国籍者などによるレバノン議会選挙投票[1]、現在進行中のシリア内戦に滞在国政府を介入させるためのロビー活動[2]など、その関係の持ち方は多岐にわたる。

次の事例はレバノン移民についてであるが、その経済的影響力の強さと国際的認知の度合いを説明するものであろう。

国連開発計画（UNDP）は二〇〇九年から一六年までの期間を第一フェーズとして、「一〇〇〇万人以上の在外レバノン人」に対して、レバノン本国内での最貧困地域の民生を支援するための基金を募るプロジェクトLive Lebanonを実施した。二〇一六年までに約二五三万ドルを集めたようであるが、この計画の応援団として六名のレバノン人・レバノン移民の親善大使が任命されている。レバノン国内で活躍する男性歌手、アラブ首長国連邦でホテルチェーンを経営するビジネスマン、カナダの大学を卒業後中東で手広く広告会社を経営する男性、モナコでブティックを経営し、すでにレバノンの子どもたちのためのＮＧＯを立ち上げている女性、ガーナに定住しながらロンドンにも足場を築いて人道問題に取り組む女性、ナイジェリアとレバノン双方で活動する建設会社の男性経営者、といった具合である。国連機関がレバノン移民たちの経済力と本国に対する感情を把握した上で、このプロジェクトを開始したのである[3]。

こうしたレバノン・シリア移民の顕著な活動は、それぞれの地域に関わる研究者や、自身が移民およびその子孫である研究者たちによって注目されてきた。そして近年、移民研究一般に対する研究関心の高まりとともに世界各地でレバノン・シリア移民研究が急速に進展している。レバノン・シリアで出版された在外人に関わる記述的研究（Harfush, 1974; Raddawi, 1989）などを別にすれば、最初の総合的な地球規模の研究はHourani and Shehadi（eds.）（1992）によって始まった。一九八九年、オックスフォードで九〇名以上が参加した会議の成果論集として三四本の論文を収める本書は、レバノン（と部分的にシリア）の移民が拡散する世界の全域をカバーしており、今日に至るまで、この問題に取り組む研究者がまず最初に読むべきものとなっている。

その後、アメリカ合衆国へのレバノン・シリア移民に関するジェンダー論や人種論、都市研究の観点からの本格的な歴史学的研究が相次いで刊行され（Khater, 2001；Gualtieri, 2009；Jacobs, 2015）、またブラジルやアルゼンチンを中心とするラテンアメリカ（Klich and Lesser（eds.）, 1997；Karam, 2007；Brégain, 2008）やオーストラリア（Tabar et al., 2010）におけるエスニシティに関する歴史学的・社会学的研究、移民を通じてレバノンとコートディヴォワールを接続した通地域性を論じる研究（Peleikis, 2003）も現れた。西アフリカのフランス植民地を中心に、せめぎ合う帝国主義空間へのレバノン移民の「割り込み」の意味を論じるべく、「動く主体」の視点から帝国論を再構築する仕事（Arsan, 2014）は、今後長く参照される研究となろう。またレバノンでも二〇〇一年に開催された世界各地のレバノン移民に関する研究会議の報告書（Tabar（ed.）, 2005）や、移民送出のレバノン社会に関する詳細な統計調査に基づいた研究（Kasparian, 2009）が刊行された。英仏語圏のレバノン移民文学を「場所」をキーワードに分析した最新の研究（Bayeh, 2015）も注目される。

新たな画期となる研究の営みが、二〇一三年創刊のウェブジャーナル *Mashriq & Mahjar : Journal of Middle East Migration Studies* である。[4]「マシュリク」はアラビア語で「マグリブ」（西方アラブ地域）と対をなす東方アラブ地域を意味し、シリア・レバノン・パレスチナを中心にエジプトからイラクまでを意味する。「マフジャル」はアラビア語で移住先の土地のことである。ノースカロライナ州立大学モイーズ・ハイルアッラー・レバノン・ディアスポラ研究センターが母体となって、一年に二巻が刊行されている。移民送り出し元の地域をバルカンやトルコ、イラン、アラビア半島にまで広げているものの、レバノン・シリア移民を扱う論文が大半であり、この分野の最先端の研究状況を知るために有用な学術誌といえよう。

右に瞥見したのはあくまでも代表的な研究であり、レバノン・シリア移民を取り上げた研究書や論文は他にも多々存在する。移民やその子孫による回想録、[5]文学作品も夥しい数に上り、[6]研究の素材として有効である。

2　移民の時期と移住先

(1)　レバノン・シリア移民の分布

現在、世界にレバノン・シリア移民はどこにどれほどいるのか。

一般にレバノン・シリア移民研究者の間では、次のことが共通認識となっている。[6] 移民とその子孫が最も多いのがブラジルで、次いでアメリカ合衆国、アルゼンチンが三大移住先であり、他はラテンアメリカ諸国全域とカナダ（つまり南北アメリカ大陸の全域）、西アフリカ諸国、フランスなど西欧、エジプト、オーストラリア、ニュージーランド、フィリピンといった国々に一〇〇年以上、湾岸産油国には半世紀にわたって定着してきた。

しかしその人口規模となると実に難しい話になる。右で触れたように、国連開発計画は在外レバノン（系）人を一〇〇〇万人以上と見ている。また、二〇一六年五月にベイルートにて筆者が傍聴したレバノン外務・移民省主催の在外レバノン人大会 Lebanese Diaspora Energy 2016（世界八八カ国から二〇〇〇人以上が参加）において、レバノン外務大臣は在外レバノン人・レバノン系人の数を一四五〇万人としていた。本国人口の二・五倍から三・五倍にのぼる見立てである。「語れば語るほど増えていく」感があるとは、レバノン人自身が笑いながら話すことである。ただ、二〇〇〇年時点の在外レバノン人の数については一二二万一七四六人というデータがあり（Tabar, 2009, p. 10）、当時のレバノン国内のレバノン人人口三四五万一〇〇〇人の約三分の一に相当する。[7]

であるならば、二～五世代目の「レバノン系人」も含めたレバノン移民がこれに数倍する数百万から一〇〇〇万人の規模で存在しても、あながち不自然とは言えまい。しかし、世界中の一世から五世まですべて含めたレバノン・シリア移民とその子孫の人口規模を客観的に推定するのは実に困難、はっきり言えば不可能なのである。[8] 理由は二つある。

一つは世代と異民族間結婚の問題である。レバノンなりシリアなりの国籍を所持して両国外に居住する者の数に関しては、在外公館や各国政府が把握する数字を合計することによって一定の推計が可能である。しかし、移住先で他の地域からの移民と結婚して世代を経てきた人々にとって、とくに父系でたどれる場合にはレバノン系・シリア系であるとの意識はあるかもしれないが、それは客観的な指標によって位置づけられるものではなくなる。移住先入国時における移民登録での「改名」の問題もある。ファーストネームの現地語化（たとえば「ユースフ」が「ジョセフ」や「ホセ」に）は言うに及ばず、ファミリーネームのアラビア語音に近い現地語の名前への変更例も多々あるし（たとえばファフリー Fakhri がフェアリー Farry に）、アラビア語によくある職業名由来の姓が同じ意味の現地語の姓に変わった（たとえば石工の意味のハッジャール Hajjar がメイスン Mason に）例もある。(8) 時にはイスラームからキリスト教に改宗した例もある。このため、たとえ詳細な移民登録資料を分析することができても、人名からたどるのには限界がある。もちろん、世代を経て結婚による改姓で元のアラビア語の姓が消滅することも考慮すべきである。さらに、四世代を経て一六分の一の「血」が入っているという場合、それで「レバノン系」と言えるかどうかは、結局のところ本人のアイデンティティ選択の問題に行き着かざるをえない。

もう一つは、レバノンとシリアの関係、その移民たちの名づけの問題である。移民が本格的に始まった一九世紀末から第一次世界大戦にかけての時期は、オスマン帝国末期の時代に相当する。現在のシリアを中心としたアラブ地域は、それまでに何度かの行政区境界線の変更があったとはいえ、基本的にオスマン帝国の「州」を単位とした地方統治体制の下に置かれていた。ただ、「レバノン山地」という、現在のレバノン領よりも一回り小さい、西レバノン山脈部分の行政区が設定されていて、そこは一九世紀半ばまでは州制度の下位に置かれた特殊な首長管轄区であったのが、一八六〇年のマロン派・ドルーズ派間を中心とする宗派間の内戦状況を経て、州統治の枠外のオスマン中央政府による直轄自治領とでもいうべき特別行政区となった。宗派間対立の激化と内戦、そしてその収拾の過程に英仏露など諸外国が介入し、相互に競合しながらオスマン中央政府に干渉する形で「レバノン山地」の特殊な統治体制をつくりだしたのである。(9) このシステムは約半世紀にわたって安定的に持続したが、オスマン帝国の滅亡とともに終焉を迎え、その後フランスの国際連盟委任統治領となった段階で、「大レバノン」なる現在のレバノン共和国の領域に相当する行政区に再編され、現在のシリアの領域とともにフランスによる事実上の植民地支配を受けることとなった。一九四〇年代にレバノン共和国、シリア共和国として相次いで独立したが、そこでは両国はそもそも二つの国として独立すべきであったのか、単一国家（シリア）に統合すべきであったのか、あるいはイギリスの委任統治下にあったパレスチナやヨルダン、さらにはイラクとも統合すべきであったのか、諸々の議論が熱く闘わされ、独立後も政治的な暗闘が繰り広げられたのであった。どちらかと言えば、シリアではレバノンをシリアの一部と見なす「大シリア」主義の議論が、レバノンではそこをシリアから明確に区別された特別な独自の地域と主張する議論が強い傾向にあった。

レバノンとシリアで話される言葉は、細かな方言的差異はあるとはいえ基本的にアラビア語であり、食文化も非常に近い。また両国間で通婚関係は普通に見られ、商業的なパートナー関係をはじめ、社会的なネットワークは様々に張り巡らされてきた。したがって、この地に住む人々の帰属意識がレバノンとシリアとで画然と分かたれているとは言い難かった。また、たとえば西レバノン山脈と東レバノン山脈にはさまれたベカー高原は、オスマン帝国時代はダマスクス州の一部だったのが、フランス委任統治体制下の「大レバノン」でレバノンの一部に組み入れられたので、そこの住民の帰属意識はさらに曖昧にならざるをえなかった。

後述のように、本格的移民の初期には、主に「レバノン山地」中部から北部にかけて、さらに連続する形で内陸のシリア中部の都市ホムスの周辺農村部の地域から、主にキリスト教徒の農民が、新大陸を中心に移住していった。現在の国境線で区切られた領域からすればレバノンの移民が多かったと言えようが、少なからぬシリア領域からの移住者もいたのである。こうした事情から、各地の「レバノン移民」はいつの間にか「シリア移民」を含み、「シリア移民」が「レバノン移民」を含んでしまう傾向があった。

また移民を受け入れる側でも、シリアとレバノンの関係は詳細に知られていなかったため、オスマン帝国からやってきた移民ということで「トルコ系」と呼ばれたり、シリアとレバノンは別ではあるものの右のような事情から不即不離の関係の人々なので「シリア・レバノン系」と呼ばれたりした。時代が下って独立後の両国からの移民が「レバノン移民」「シリア移民」と区別されるようになったのである(10)。したがって、両国の独立以前に「シリア移民」という場合、かなり高い確率で今日ならば「レバノン移民」と呼ばれるはずの人々が含まれていたことに注意する必要がある。

現在、レバノン系移民の方がシリア系に比べてより積極的に組織化を図ろうとしていること（たとえば一九六〇年設立の

「世界レバノン文化連盟 World Lebanese Cultural Union」や、既述のレバノン外務・移民省主催のディアスポラ大会など）や、世界各地の移民先で積極的に「レバニーズ・レストラン」を開設して「レバノン料理」の普及が図られていることなどから、そのプレゼンスはより強く世界の人々に認識されている。これは独立後のレバノンとシリアの国としての歩み、とりわけ西側諸国との関係の持ち方の違いにもよるであろう。レバノンは一九七五―九〇年の内戦以前まで「中東のスイス」と呼ばれたり、ベイルートが「中東のパリ」と呼ばれたりして欧米の観光客を多数迎え入れるとともに、政治・経済的自由が保障された中東のビジネス・文化の中心地として機能した。一方、シリアでは独立後まもなく軍事クーデタが頻発し、一九六〇年代からはバース党による独裁体制づくりが進んで二〇世紀を通じて経済的自由は著しく制限され、レバノンのように欧米と密接な関係を構築するには至らなかった。

本章のタイトルに「レバノン・シリア移民」という言葉を用いるのも、こうしたレバノン移民の目立ち方、プレゼンスの大きさによるものであり、また研究蓄積もレバノン移民として扱われるものが圧倒的に多いため、本章の内容自体もレバノン移民の比重が大きくならざるをえない。

次にそのレバノン移民を中心に、一〇〇年以上にわたる移民の動きを概観しておこう。

(2) 第一の波――一九世紀末から第一次世界大戦まで

レバノン・シリアの地域から近代の本格的な移民が始まったのは一九世紀末のことであり、第一次世界大戦によって移動が制限を受けるまでを第一波の時期とする。

レバノン・シリアの地域の人々は、今日われわれが「中東」と呼ぶ地域の人々の間で一般に見られるように、巡礼・商業・遊学・遊牧・官職の転勤など様々な移動と移住の機会に満ちた環境の中で生きてきた。時代により伸縮したとはいえ、オスマン帝国という巨大な国家の空間は、原則的にその可動性を保証するものであった（Kasaba, 2009）。帝国内部で、あるいはその枠組みを超えての長距離の移住や移動も普通に見られた社会だったのである。たとえばレバノン・シリアのギリシア・カトリック（この場合はギリシア正教アンティオキア総主教座からローマ教皇の首位権を認めて分派した東方カトリック教会の一つ）を中心としたキリスト教徒が、一八世紀のうちから多数エジプトに移住してマムルーク勢力の官僚として、後にはナポレオン率いるフランス遠征軍、そしてムハンマド・アリー政権の官僚として、エジプト行政統治システムにおける不可欠の役割を果たしていた例もある（Philipp, 1985；黒木、二〇一〇）。

そもそも、今日のレバノンの海港都市シドンやティールを足場にしたフェニキア人が遅くとも紀元前一〇世紀頃から地中海に乗り出して、カルタゴなど北アフリカ沿岸を中心に続々と植民市を建設した過去がある。これは二〇世紀初頭にはレバノンを内陸のシリアから切り離して特殊性を強調するナショナリズムの道具として利用されるとともに、今日に至るまでレバノン移民の原点として語られてきた（Entelis, 1974, pp. 77–78；Gualtieri, 2009, pp. 21–24, 166–167；Harris, 2012, pp. 175–176）。

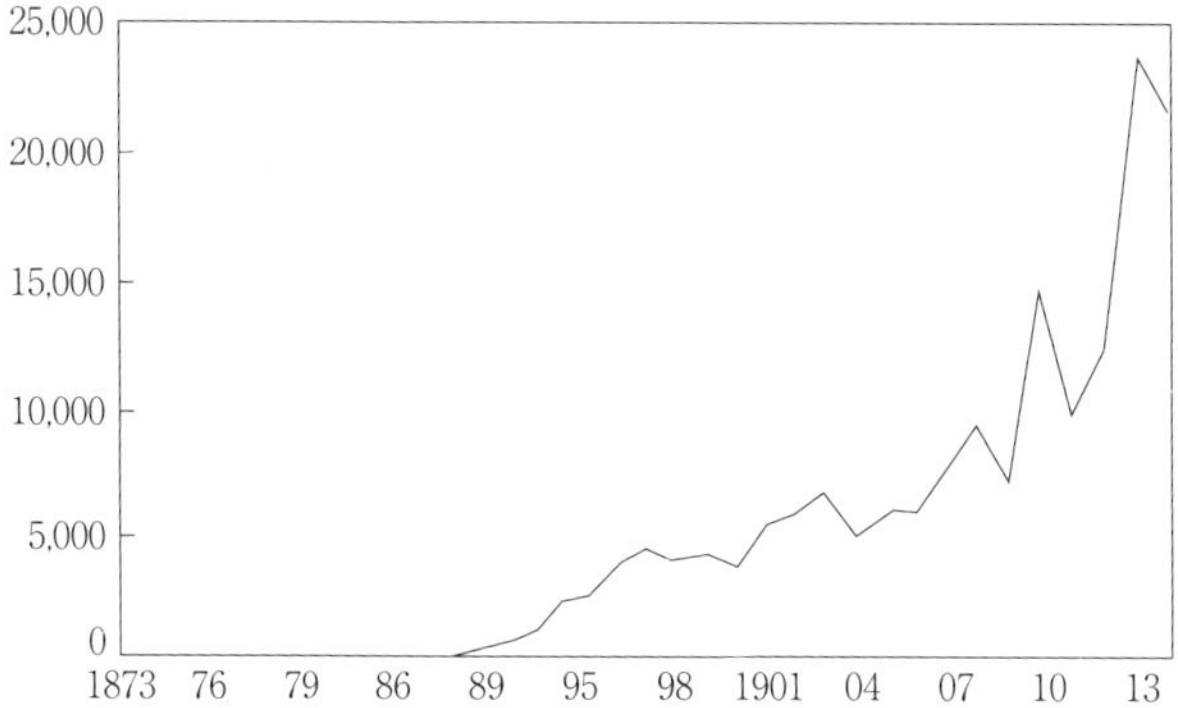

図8－1　第一次世界大戦前の米国へのレバノン移民数の推移

出典：Akram Khater, *Inventing Home : Emigration, Gender, and the Middle Class in Lebanon, 1870–1920*, Berkeley and Los Angeles : University of California Press, 2001, p. 53.

しかし、本章では近現代の本格的なレバノン・シリア地域からの移民を扱うので、第一の波は一九世紀末からとなる。それは一八八〇年代から徐々に始まり、二〇世紀に入って激増した。図8－1はアメリカ合衆国に向けたレバノン移民数の趨勢を表すものであるが、ブラジルやアルゼンチンといった南米の主要移民先もほぼ同様の趨勢にあった（Khater, 2001, p. 53）。アメリカ合衆国への移民全体の動きとしては、一八八〇年代までの主な送り出し国がアイルランド、イギリス、ドイツであったところに、その八〇年代にロシア、ポーランド、オーストリア＝ハンガリー帝国、イタリアからの流れが加わるというものであったが、レバノン・シリア移民はこの東欧（主にユダヤ系）と中・南欧からの後発組とほぼ同じ時期に新大陸への移住を開始した。ただし、八〇年代にロシアから二〇万人以上、ポーランドから一〇万人、イタリアから三一万人が合衆国に移民したのと比べれば（山田、一九九八、八～一〇頁）、同時期のレバノン移民は桁違いに小規模で、一八九〇年代になっても三万人程度であり、依然、東・中・南欧の国々と比べれば数十分の一の規模であった。とはいえ、それはレバノン山地の人口規模によるものであり、第一次世界大戦直前の一九一三年段階でも四一万四八〇〇人という数字がある。しかしその頃には一五万五六〇〇人が在外人口として数えられていたことから、ざっと三割の人口が流出していたこととなり、地域的なインパクトは大きいものがあった（Khater, 2001, p. 59）。そしてその大半はキリスト教徒であって、ムスリムは少数であった。

いずれにせよ、一八八〇年代から始まった移民の波は、第一次世界大戦期のような例外を除いて基本的に今日まで持続してきたのであるが、レバノン・シリアの人々がこの時期に移民に出た理由、いわゆる「プッシュ要因」をどのように考えるべきだろうか。

かつて説かれていたのが、宗派紛争に原因を求めるものである。一八四〇年代からレバノン山地ではマロン派（東方キリスト教の一派のカトリック）とドルーズ派（シーア派分派の一つ）との間を中心とした宗派間紛争が頻発し、一八六〇年に大規模な内戦が発生した。この宗派間紛争の影響により、被害者を多く出したマロン派などキリスト教徒の側にレバノンを離れる動機が強まって移民として多くが流出し、また一八六〇年以後もキリスト教徒に対する圧迫が強まる傾向にあったことも、移民送り出しの促進要因となった、というものである。今日もなおこうした「宗派紛争説」を説明する移民もいる。しかし、一八六〇年の内戦により難民化した人々は、山間部からベイルートなど海岸都市部に流入して定着したのであって、そこからすぐに移民として流出したのではない。二〇～三〇年の歳月がたって新大陸に人々が向かい始めたことから、この説には説得力がない。替わって説かれたのが、生糸生産の衰退を理由とするものであった。レバノン山地では一九世紀前半から桑栽培と生糸生産が発展し、同世紀後半には農民の収入の主要な部分を占めていたが、一八七〇年代半ば以降、中国と日本の生糸生産増大のあおりを受けて国際価格が低落し、また一方で人口増のために相続する土地の細分化が進んだことから、多くの農民が経済的に行き詰まり、新大陸で大金が稼げるとの情報を得て移民した、とされる（Khater, 2001, pp. 48-63）。こうした議論に対して、橋本光平は生糸価格の下落は認めつつも、レバノンの生糸・絹産業は大幅な増産によって対応しており、むしろより良い経済的機会を求める農民の移住であったことを早くから指摘していた（Hashimoto, 1993）。

なお、時期的なズレのために否定されてきた「宗派紛争説」についての見直しも行われており、たとえ一世代分の時間が経過していても記憶の持続性は強固でありうることが指摘されている（Arsan, 2014, pp. 27–30）。さらには移民が紛争の被害者であることを移住先で意図的に主張していたことも、移住の原因を説明する言説の中に移民の主体性を見出す観点から再評価されている（Jacobs, 2015, pp. 27–28）。

第一次世界大戦が、レバノン・シリアの地域に甚大な影響を及ぼしたことは言うまでもない。オスマン帝国の滅亡とフランスによる国際連盟委任統治という体制転換をもたらしたのであるが、今日に至る国民国家の枠組みを規定する国境線の基本となる境界線は、この第一次世界大戦後の時期に引かれた。世界大戦でドイツなど同盟国側に参戦したオスマン帝国の一部として、レバノン・シリア地域は連合国による経済制裁の対象となり、またオスマン政府がこの地域の穀物を接収したために、レバノン山地としては史上きわめて稀なことに、餓死者が続出する事態となり、一九一五年から三年間で人口が半減したと言われている（Harris, 2012, pp. 173–174）。人々は移民に出ることすら難しい状況となったのである。

一方で、レバノンとシリアの地域がフランスの委任統治下に入ると、フランス委任統治政府が滅亡したオスマン政府に代わって両地域に居住する人々、さらには世界各地のその移民たちに対して、新たにレバノンとシリアの国籍を付与する責任が生じた。一九二一年、一九二四〜二六年、一九三二年に世界中のフランス領事から上がってきた報告を基に、当時のレバノン・シリア移民の存在状況を詳細に分析した研究が Hashimoto（1992）である。一九二〇年代前半には七〇万人弱のレバノン・シリア移民が、アメリカ合衆国に二九パーセント、ブラジルに約二六パーセント、エジプトに約一七パーセント、アルゼンチンに一六パーセント、ほかメキシコ、キューバ、ベネズエラ、カナダに一〜三パーセントの割合で、その他の国々に約三パーセントが分布していたとの推定がなされている。もちろん、これらのデータは各地のフランス大使館・領事館の調査能力にも左右されるために、あくまでも目安の一つではあろうが、移民の「第一の波」の及んだ範囲と規模を最もよく示すものである。

（3）第二の波――一九六〇年代

大戦間期には世界大恐慌の影響もあり、移民は低調となったが、一九四〇年代にレバノン、シリアがフランス委任統治から相次いで独立し、第二次世界大戦が終了することにより、徐々に増加していった。レバノンの独立後間もない一九四五年から一九五〇年代にかけては、新生国家の経済成長が力強かったこともあり、毎年約三〇〇〇人程度であった。一九六〇年代には湾岸産油国のオイルブームが最大の吸引力となって毎年約八五〇〇人が、さらに一九七〇年代前半には毎年一万人が移民としてレバノンを出ていくこととなった（Labaki, 1992, pp. 605-606）。サウジアラビアなど湾岸産油国の急激な石油収入の増大と社会インフラの未整備・人材の決定的不足とのギャップを埋めるべく、レバノン人、シリア人、パレスチナ人、エジプト人らが技術者、教育者、行政官、労働者など社会のあらゆるセクターで仕事を得るべく殺到したのである。この時期、レバノン、シリアからはキリスト教徒よりもムスリムがより多く湾岸諸国に出て行ったことは当然であろう。この新たな移民先の登場が、第二の波を特徴づけるものである。新大陸への移住とは異なり、湾岸産油国は地理的に近接しているため、空路のみならず陸路でも頻繁な一時帰国が可能であり、永住が前提とされていない移民でもあった。一方で、新大陸に向けての従来型の移住も継続した。

なお、シリアにおいて一九六〇年代から七〇年代にかけては、六三年にバース党が政権を掌握して以後半世紀以上続く体制を確立し、七〇年にハーフェズ・アサドが軍事クーデタで翌年大統領に就任するという時期であった。バース党は当初都市部の知識人中心の社会主義的イデオロギー政党として出発したが、政権掌握後は農村出身者を中心とした大衆政党へと変容していった。この間、一九五八年からすでに開始されていた農地改革が進み、多くの農民が自作農化すると同時に、農村部から都市部に移住する人口も増大した[11]。先行研究や確たるデータが見当たらないために筆者による見聞の域にとどまるが、首都ダマスクスでは急速な市域の拡大と農村人口の流入に並行して、バース党の独裁化と統制経済の強化が進んだため、これらを嫌気した従来の都市名望家層や富裕層は続々と欧米や湾岸諸国に移住していったという。政治的な理由による移民と言える。

（4）第三の波――一九七五年から一九九〇年まで（もしくは二〇〇〇年代まで）

一九七五年から九〇年まで一五年間にわたって続いたレバノン内戦は、レバノンの宗派体制の矛盾とパレスチナ問題とが絡み合い、シリア、イスラエルをはじめとする周辺諸国からアメリカ、ソ連など超大国に至るまで、諸々の勢力が介入して目も眩むような複雑な変化を遂げたものであった。レバノンのほぼ全域が戦場となり、戦闘と日常生活が同居する状況となった。

この期間を通じて約九九万人、当時の全人口のおよそ四割が流出したが、戦況やそれを取り巻く政治情勢により、いくつもの山があった。内戦が始まった一九七五年に全人口の一五パーセントにものぼる四〇万人が出国したが、翌年には三〇万人が帰還した。一九八二年のイスラエル軍のベイルート侵攻、翌年の部分的撤退の際には、内戦の終了間近と見ての帰国者も多かったが、以後内戦終了時まで毎年六万人から七万人の大量出国が続き、八九年には二四万人もがレバノンを脱出した。ベイルートの空港が利用できる時はそこから空路で、あるいは陸路シリアに抜けてダマスクスから空路・陸路で、あるいは船でキプロスに渡ってそこから空路・海路で離散していったのである。移民先は最大が約三分の一を占めるサウジアラビアで、他の湾岸・近隣アラブ諸国も合わせると六割、残り四割がヨーロッパ、南北アメリカ、西アフリカ、オーストラリアという、第一の波以来の移民先であった。興味深いのは、一九八〇年代前半の段階で、レバノン移民が起こした建設会社でサウジアラビアやアラブ首長国連邦を中心にヨーロッパやアフリカに国際展開するものがすでに五社存在し、レバノン人技術者を合計約一五〇〇人雇用していたことである（Labaki, 1992）。こうした大手企業のみならず、すでに世界各地に定着していた移民の親族や知人の企業や商店など、様々な伝手を頼り、あるいは若年層は移住先で大学に入学するなどして、内戦を逃れたレバノン人は難民となることなく各地で活動を展開することとなった。

内戦終了後、レバノンはシリア駐留軍とシリア政府の強い影響力の下で社会の再建に向かった。一九九二～九八年、二〇〇〇～〇四年の二度にわたって首相を務めたラフィーク・ハリーリーが復興の中心的役割を果たしたが、彼は一九六五年に「第二の波」の移民として二〇歳過ぎの若者としてサウジアラビアに移住し、建設業で身を立て、サウジ王族の懇意も得て巨万の富をなし、サウジアラビア国籍も得て内戦中の八〇年代からレバノンに戻って政治活動を行っていたのであった。

内戦が終結したとはいえ、イスラエルはレバノン南部の国境地帯の占領を続けたため、ヒズブッラー（メディアでは「ヒズボラ」と呼ばれる。アラビア語で「神の党」の意。レバノン内戦中にシーア派の民兵組織としてイランの影響下で成立。戦後は政党部門も発展させた）は対イスラエル占領軍とイスラエル領内への攻撃を繰り返した。イスラエルは一九九三年、九六年とレバノン南部への大規模な攻撃を行い、また日常的な軍事行動をレバノン領内で継続したが、二〇〇〇年についに南部の国境地帯の占領を諦めて撤退した。こうしてレバノンの国内政治のレベルではヒズブッラーを中心とするシーア派の発言力が高まり、シリアの影響力もますます強まったが、これに対する反対派の不満も高まった。そして二〇〇五年にハリーリー元首相が暗殺されると一気に逆流が生じてシリア駐留軍は撤退を余儀なくされ、他にも政治家の暗殺が相次ぐなど不安定な状態が続き、二〇〇六年夏には一カ月間にわたるイスラエルの猛爆撃・侵攻を受けることとなった。

このため、内戦終結・社会の復興過程で外国から移民の帰還が相次いでも、それを上回る移民の流出が続いた。一九九二年から二〇〇七年までの一六年間で、少なくとも四六万六〇〇〇人が移住したと推定されている。年代的には二〇代から四〇代前半の働き盛りが大半を占め、男女比は二対一、移住先としては湾岸産油国を中心としたアラブ諸国に三五パーセント、北米に二二パーセント、西欧に二〇パーセント、オーストラリアに九パーセント、アフリカに八パーセントといった割合になっている（Kasparian, 2009, v. 2, pp. 7–15）。これらから容易に推測できるのは、現代レバノンの移民が頭脳・労働力流出の性格を濃厚にしており、国内に残る高齢者家族と外国在住の若年・壮年家族の関係や、国内に相対的に多く残る女性の結婚難などが、将来にわたって問題となることである。

（5）第四の波——二〇一一年以降

二〇一一年初め、チュニジア、エジプトと相次いで強権体制が市民の街頭行動の前に倒れ、三月にシリアでも動きが始まり、夏には事実上の内戦状態が始まった。諸外国の介入と煽動、イスラーム主義的組織によるシリア反体制運動の乗っ取りなどにより、事態は坂道を転げ落ちるように悪化し、本章執筆段階でもシリア内戦は下火になったとはいえ、終結の見通しは立っていない。シリアはレバノンよりも人口規模が大きいことに加えて、戦闘で使用される兵器がレバノン内戦時よりも格段に高性能化して破壊力が強化されていることから、四八〇万人以上という、桁違いに多くの人々を国外に流出させる結果を生んでいる[12]。内訳はトルコに二七二・五万人、レバノンに一〇三万人余り、ヨルダンに六六万人弱、ドイツに六〇万人という形で続くが、登録していない難民の数を考慮すると、さらに多くの人々が国境を超えて新たな生活を余儀なくされていると見られる（法的な意味での「難民」は、本国で政治的迫害を受けたと認定される人々のことであり、彼らが身を寄せる国々の入国管理関係機関は、彼らを保護する義務が生じない「移民」の枠組みの中で把握しようとする。ここではその問題には立ち入らない）。

第二、第三の波の時期のシリアからの移民に関する研究が不足していることから、シリア内戦が引き起こしたこの圧倒的な移民・難民の現実と、これまでのシリア移民の様態との接続あるいは断絶がいかなるものなのか、あるいはそれらが今後どのように立ち現れて研究対象となってゆくかは、きわめて挑戦的な問題群となるであろう[13]。筆者が二〇一五年一一月にごく短期間、トルコのイスタンブル（今や一〇〇万人以上のシリア人が暮らすと言われる）にてシリア人難民のための情報紙を発行するシリア人ビジネスマンにインタビューした限りでは、ダマスクスから移住してきた彼は自分のことを「難民」としてではなく、これまで何世紀もの間、シリア商人が連綿と展開してきた長距離交易と国際的ビジネスを、今日この機会にトルコで展開しているつもりであって、シリア都市部から移住してきた多くの人たちはトルコ人に伍して仕事をしている、と胸を張った。そして「難民」として悲惨な境遇に置かれている人たちは農村部出身のシリア人である、という認識であった。

シリア人難民は二〇一五年夏に、あたかも「出エジプト」のごとく群衆となって（そこにはイラクやアフガニスタンなどからの難民も合流していたが）陸路ギリシアからドイツを目指す様子が報道され、一気に世界の注目を浴びるようになった。スマートフォンを片手にボートや乗り合いタクシー、バスや鉄道を乗り継いで北西に移動してゆく人々は、都市部の中産階層が多かったと言われている。内戦で四部五裂状態のシリアにとって決定的な人材流出であるが、ＥＵ（ヨーロッパ連合）の移民政策を動揺させて、トルコの外交政策に多大な影響を与えるとともに、結果的にイギリスのＥＵ離脱に対して最後の一押しを加えることになったと言えよう。

3　初期移民の特徴

レバノン・シリア移民の今日の「目立つ姿」の基礎を作ったのは「第一の波」の移民たちである。以下では、先行研究に依拠して初期の移民の実態について概観することにより、その後の世代における成功の礎がどのように築かれたのか、考察することとする。

(1)　移住ルート

一九世紀末にレバノン山地とシリア中部の農民たちが新大陸に移民しようとしたとき、レバノン沿岸部に出て、船に乗ることが必要であった。一九世紀初めの段階では、レバノンを中心とする東地中海沿岸部で港を機能させていた都市は、北からアレクサンドレッタ、ラタキア、トリポリ、シドン、ハイファー、ヤーファーといったところであった。それが一八三〇年代にエジプトのムハンマド・アリー政権がこの地域全体を占領支配した頃からベイルートが急速に発展し始め、都市人口も六〇〇〇人程度から一八六〇年頃には七万人、一八九〇年頃には一〇万人に成長し、一帯での最重要貿易港となった。この時期から東地中海においてヨーロッパ諸国の蒸気船が就航を開始したことと軌を一にする。一八八八年にフランス資本の港湾整備会社が設立され、一八九〇年から五年の歳月をかけてベイルート港の大規模な拡張がなされた（Fawaz, 1983, pp. 31, 71-73）。入港船舶量も一八八〇年代の年間五〇万トンほどからほぼ一〇〇万トンに倍増し、第一次世界大戦直前には約一八〇万トンに達し、取扱貨物も二四六万トンに上った（Issawi, 1988, pp. 203-212）。移民の「第一の波」の時期、ベイルートは東地中海の南北の海岸線におけるモノとヒトの移動に関するハブの地位を確立したのである。

このため、移民の多くはベイルート港（そしてその北のジューニエ港）で地中海航路の船に乗り込んだのであるが、オスマン政府当局は住民の流出を抑制するべく取り締まり、一八九九年には移民制限令を発令するなどしたため、海岸からボートに乗って沖合で停泊中の船に乗るなどした。フランス、イギリスなどの船会社もできるだけ多くの移民を乗せて利益を上げようとしたため、レバノン山地の農村部にまで新大陸における富の獲得機会について、人を送り込んで大々的な宣伝を行った（Gualtieri, 2009, p. 33）。こうした手配師（アラビア語でスィムサール simsar）は、この地域の都市の市場に遍在するものであって、二〇世紀初頭のベイルートではムスリム、キリスト教徒合わせて一〇人のスィムサールが知られていた。彼らは移民希望の農民に船の切符を手配し、オスマン官憲に賄賂を支払って見逃してもらうなどした。移民はマルセイユやバルセロナ、ジェノヴァ、トリエステなどでいったん船から降ろされ、大西洋航路への乗り換えを余儀なくされた（al-Mallah, 2007, pp. 56–62）。

これら中継地のうち最大なのはマルセイユであった。フランスの対地中海貿易の拠点として永く発展を遂げてきた同市には、例外的な形で、早くも一九世紀初めからレバノン・シリア移民が定着していたが[11]、一九世紀半ばには港の改修・拡張が行われ、中・東・南欧から新大陸に向かう大規模な移民の中継地としての輸送能力を高めていた。レバノン・シリアからの移民は、このすでに出来上がっていた移民の流れに乗る形で、時には数週間にも及ぶ船待ちを経て、圧倒的多数の東・中・南欧からの人々と一緒になって、満員の移民船の片隅にて身を寄せ合いながら、大西洋に乗り出したのであった。

（2）移住先・ニューヨークでの社会上昇

マルセイユ港で乗船したレバノン・シリア移民にとって、アメリカ合衆国に向かうつもりだったのに降り立ってみたらそこは別の場所だった、ということは稀ではなかった。これはマルセイユで乗る船を間違えた可能性もあろうが、船会社やその仲介者たちが移民を騙してとにかく船に乗せたという事情もあったようである。そもそもベイルートからニューヨークまでの船の切符をベイルートで購入したはずだったが、悪徳仲介業者のためにそれはマルセイユ止まりで、新たにアメリカまでの買い足しを余儀なくされた移民も多かった（al-Mallah, 2007, pp. 59–60）。巨視的に見れば、こうした中継地におけるランダムな「ふるい分け」の結果、大西洋航路の及ぶ各地にレバノン・シリア移民が送り出されたのである。

当初の目的通りアメリカ合衆国に到着した移民たちは、ニューヨークのエリス島で移民登録をして市内に向かい、マンハッタン南西端に近いワシントン通りに定着し、そこはすぐに「リトル・シリア」と呼ばれるようになった。一九〇〇年から〇二年までの三年間で八〇〇〇〇人以上がニューヨークに上陸、うち三二六七人がニューヨークを最終目的地としていたが、一九〇〇年の連邦人口調査によると同市には一二二九人が居住、うち七割がマンハッタン、三割弱がブルックリンで両者で大半を占めていたという。ニューヨーク市内の居住者が少ないのは、入国したもののすぐに望郷の念に駆られて帰還した者、あるいはすでに財を成して永住帰還した者がいたためである可能性があるが、その数の上での不在の大きな要因としては、レバノン・シリア移民の最初の仕事としてよく知られた行商に出ていたため、人口調査から漏れたことが挙げられるという（Jacobs, 2015, pp. 19–21）。

行商は大きな元手を必要とせず、体一つで行うことのできる仕事であったため、多くの新参の移民がこれに従事した。ニューヨークはその集散のハブとして機能し、先に移住してやはり自身が行商により一定の財を蓄えた移民がその手配師となった。行商人は、大きなカバンや担ぎの背負子にハンカチや下着、色ボタンやレース、靴紐、さらにはレバノン・シリア産の金糸刺繍入りテーブルクロスや絹、聖地エルサレムのものと称するロザリオなどを詰め込んで戸別訪問販売をしたのだが、手配師はそうした商売道具や商品を新参移民にまず信用貸しをするのであった。数カ月間戻らずにいくつもの州を股にかけて長距離を移動する者、都市近郊を一～二週間かけて回る者、市内や郊外を中心に日帰りで仕事をする者と三類型に分かれたが、ニューヨークは主に後者二類型の者が中心で、一八八八年の段階ですでに手配師として商品の卸売を行う商人は三〇～四〇人の行商を抱えていたという。強盗や殺人の被害に遭う危険と背中合わせであったが、それは見返りに大きな利益を生む仕事であり、二年間で手配師に対する初期の借り入れを返済し、故郷に一〇〇〇ドルを送金したうえで自らの学費として二〇〇〇ドルを蓄えた例があるという。そして少なからぬ女性の移民も最初に行商に従事した。一九〇〇年の人口調査によると一四一人の女性移民のうち六六人が行商人と申告したが、実際にはさらに多かったと見られている（Jacobs, 2015, pp. 160–170, 282–286）。

経済的に余裕ができた者は手押し車・荷車で野菜・果物・缶詰などを売り歩く商人となり、さらに蓄えができると自ら行商人の手配師となり、行商販売品の卸の店やその他の商店を開いた。リトル・シリアたるマンハッタンのワシントン通り周辺には同郷の移民向けのパン屋や果物屋、雑貨屋、小間物卸売店などが林立するようになる。そこで財を成すと次には輸入貿易商、大規模卸売商人、工場経営者へ、さらには不動産業者や銀行家へと様々に道が広がった。教育機会を得て医者など専門職に就く例も出てくる。工場経営で特筆すべきは繊維・織物業への進出が目立ったが、それは二〇世紀初頭のアメリカで英語として定着しつつあった「キモノ kimono」生産として知られた。実際には日本の着物そのものではなく、女性向けのアラブ風長衣に近いものであったが、この細かなサイズを気にする必要のない衣服が大いに売れた。一九〇三年と一九二〇年のニューヨークの商工人名録によると四五七人の「キモノ」工場所有者はすべて「シリア人」（つまりレバノン・シリア移民）であったという（Jacobs, 2015, pp. 174–210）。

一九〇〇年の人口調査におけるレバノン・シリア移民一五二五人の入国段階の一歳刻みの年齢分布は、一七歳の九〇人弱をピークとして、一四歳から二七歳までの年齢が四〇人以上の帯をなして大多数を占め、四〇代以上の年齢で移民した者は少ない（Jacobs, 2015, pp. 127–128）。このことから、「第一の波」の移民が、ほぼ一代にして工場経営をするまでに成長を遂げた例も多かったと見てよいであろう。

経済的に成功した移民の中には帰還する者も多かった。三分の一かそれ以上と推定される者が、レバノンの山村に赤いタイルで屋根をふいた石造の二階建て住宅を構え、故郷に錦を飾った。アメリカにおける豊かな生活経験が周囲の人々に共有され、さらなる移民が親類や知人を頼り海外に渡り、第一の波をより大きなものにしていった。帰還せずとも、生活に見通しの立った者は手紙を書いて家族や親族を呼び寄せる例も多々あった。いわゆる「チェーン・マイグレーション」の典型例である。そしてこうした帰還者が戦間期から独立後の市民社会を形成するのに貢献してゆくのであった（Khater, 2001, pp. 59–63, 108–145）。

（3）「グローバルな」商人

興味深いことに、運命の悪戯によってマルセイユから世界各地に拡散していったレバノン・シリア移民は、ブラジルでも、セネガルやギニアなど西アフリカやオーストラリアでも、それぞれの地に降り立つと、多くの者が行商に従事し、同じような商品を販売した。世界各地のレバノン・シリア移民の子孫の記憶として、祖先は行商人から出発したと広く信じられている状況がある。ブラジルにおいてレバノン・シリア移民の行商人はその広大な国土に急速に広がり、アマゾンの奥深くにまで入り込んでいった。またここでも行商人の卸売商からの商品前借りが見られたが、さらに顧客に対しても信用販売を行った。これは奴隷制から賃金労働に移行したばかりのブラジルでは想像もできない驚くべきことだったという（レッサー、二〇一六、八〇～八二頁）。オーストラリアでもレバノン・シリア移民の行商は一般的で、移住後急速に全大陸に拡散し、孤絶した農場の間を商品のみならず情報ももたらす存在として社会に認知されていた（Batrouney, 1992, pp. 420–421）。オーストラリアからさらにニュージーランド南島のダニーデンまで第一の波の移民は達しており[15]、そこでも行商から始めて社会の中に足場を築いていったのであった。この移民の波はフィリピンにまで及んでおり（Clarence-Smith, 2004）、一八九六年にはすでにマニラにおいてレバノン・シリア移民と思しきアラブ名の繊維品行商人が六人確認されるという[16]。

ここで忘れてならないのは、レバノン・シリア移民の大半は農村出身だったことである。農民が世界各地で船を降りて商人になったのであった。これはブラジルの日系移民の大半が移住先でも農業に従事したことと好対照をなす。蒸気船航路の拡張によってもたらされた新たな人とモノの流れの中で、世界各地の同胞の生活状況に関する情報のやりとりが活発に進行し、同期的な現象が起こったのだと言えよう。「第一の波」の時期にレバノン・シリアの農村から急速に世界大で張り巡らされた強固なネットワークは、その後二代目、三代目と世代を経るごとに卸売商、不動産業、工場経営、さらには国際的ビジネスの領域にまで拡張した。顕著な社会上昇と同時進行したこの動きは、新たな移民の波を受け入れ、さらなる拡大をとげることになるのである。

注

（1）二〇〇九年六月に行われたレバノン国会議員選挙においては、投票日前に湾岸産油国、アメリカ、カナダ、ヨーロッパ諸国から選挙権をもつレバノン系移民が何千人も帰国し、二大派閥間で争われた僅差の選挙結果に決定的な影響を及ぼした。ベイルートまでの無料航空券が支給されることもあった。
http://www.dailystar.com.lb/News/Lebanon-News/2009/Jun-05/53088-thousands-of-lebanese-expats-arrive-to-cast-their-votes.

ashx
http://www.theguardian.com/world/2009/jun/08/lebanon-election-hezbollah-hariri

（2）シリア移民によるシリア内戦における反体制派支援のためのロビー活動や相互の人間関係に関する出色の分析が次の記事である。
http://www.guardian.co.uk/commentisfree/2012/jul/12/syrian-opposition-doing-the-talking

（3）http://www.lb.undp.org/content/lebanon/en/home/ourwork/national_goodwillambassadors.html

（4）http://lebanesestudies.ojs.chass.ncsu.edu/index.php/mashriq

（5）たとえば一九世紀末の初期の移民につながるものとして Ellis（2007）、Maalouf（2008）、Dawud（2012）など。

（6）日本語に翻訳されている主なものとしては、マアルーフ（二〇〇一）、神谷（二〇〇三）、ジブラン（二〇〇九）、クーリー（二〇〇九）、ハージ（二〇一二）、マルーフ（二〇一二）、ハルフォン（二〇一四）などがある。

（7）レバノン国内に四〇万人いるとされるパレスチナ人を合わせるとおよそ四〇〇万人というレバノン国内居住者人口が得られる。なお、二〇一五年一〇月一日時点での日本の「海外在留邦人数」は一三一万七〇七八人であり、在外レバノン人数と同規模である。
http://www.mofa.go.jp/mofaj/files/000162700.pdf

（8）ブラジルにおける具体例はレッサー（二〇一六、八四頁）を参照。

（9）一八六〇年代前半に「レバノン山地」行政会議への宗派別代表選出制度が整備された。これが今日のレバノンの宗派体制の起源となっている（黒木、二〇〇九）。

（10）ブラジルで新参の移民が「トルコ人」、定職に就くと「シリア人」、店舗や工場を持つと「レバノン人」になるという冗談が言われたのも、こうした背景による（レッサー、二〇一六、八〇頁）。

（11）シリアの農地改革と農民階層の変容、それに関連したバース党の性格の変化については、Batatu（1999）の詳細な研究がある。世界銀行によれば、一九六〇年のシリアの農村人口比率は六三・二パーセントで、以後右肩下がりに減り続け、一九八〇年に五三・三パーセント、二〇一〇年に四四・三パーセントとなっている。
http://data.worldbank.org/indicator/SP.RUR.TOTL.ZS?locations=SY
この間、シリアの人口自体は右肩上がりに増加し続け、一九六〇年に四五九万人であったのが、一九八〇年に八九六万人、二〇一〇年には二〇七〇万人に達した。http://data.worldbank.org/country/syrian-arab-republic
当然のことにシリアの都市人口の比率は上昇を続け、都市人口自体も一九六〇年の一六九万人であったのが、一九八〇年に四一八万人、二〇一〇年には一一五〇万人に達した。http://data.worldbank.org/indicator/SP.URB.TOTL?locations=SY
農村から都市への大規模な人口移動が継続していたことがわかる。

（12）国連難民高等弁務官事務所（UNHCR）によれば、二〇一六年八月半ばの段階におけるシリア国外で登録されたシリア難民の数は四八〇万八〇〇〇人余りである。http://data.unhcr.org/syrianrefugees/regional.php
またシリア国外に出た難民数に倍する数の国内避難民がいると伝えられており、合計するとシリアの人口の半数が本来居住していた家を追われる状況になっている。

（13）シリア内戦が始まる一年前の二〇一〇年六月にシリアのバッシャール・アサド大統領はベネズエラ、キューバ、ブラジル、アルゼンチンを歴訪し、各国の政権との関係強化のみならず、各地にて社会的に重要な位置を占めるシリア移民へのアピールにも余念がなかった（Herrera. 2013）。前年九月に当時のベネズエラのウゴ・チャベス大統領がシリアを訪問した際に、ベネズエラに多くの移民を出しているシリア南部のスワイダー地方（ドルーズ派住民が中心）を訪れて熱狂的な歓迎を受けたことも影響していたであろう。http://www.aljazeera.com/focus/2009/09/200993212018518 3.html
なお、ベネズエラへのシリア移民に関しては宇野（二〇一〇）が詳しい。

（14）「第一の波」で述べたように、一八世紀以来、今日のレバノン・シリア地域のキリスト教徒、とりわけギリシア・カトリック信徒が多数エジプトに移民し、マムルーク政権下の実務官僚の役割を果たしていたが、一七九八年にナポレオンがエジプト遠征を行い、フランス占領軍は一八〇一年に撤退したが、その際に約一〇〇〇人のレバノン・シリア移民がこれにつき従い、マルセイユに上陸・定着した（Nasser. 2011, p. 22）。一九世紀末にはベイルートの有力商人の一族も定着し、移民相手の宿を経営するなどしていた（Arsan. 2014, pp. 50–53）。

（15）ダニーデンは、世界最南端のレバノン移民コミュニティ定着地である。同市のレバノン系人クラブのメンバーは、ほぼ全員が「第一の波」世代の子孫に当たる。http://www.cedarsoflebanon.org.nz/

（16）フィリピン国立文書館所蔵の一九世紀末のマニラ商工人名録のデータベース化を進められているマルコ・ラグマン（Marco Lagman）博士のご教示による。記して感謝する次第である。なお、一八九八年の米西戦争でアメリカの軍医としてフィリピンに従軍し、ミンダナオ島のムスリム・モロに関する民族誌を著したレバノン移民ナジーブ・サリービーについては、鈴木（二〇一二）を参照。

参考文献

宇野昌樹「レバノン系・シリア系移民ディアスポラを考える」駒井洋監修・宮治美江子編『叢書グローバル・ディアスポラ三　中東・北アフリカのディアスポラ』明石書店、二〇一〇年、二〇〇～二二二頁。

カーティン、フィリップ著、田村愛理・中堂幸政・山影進訳『異文化間交易の世界史』NTT出版、二〇〇二年。

神谷美恵子『ハリール・ジブラーンの詩』角川文庫、二〇〇三年。

クーリー、レイモンド著、澁谷正子訳『テンプル騎士団の古文書』二巻、ハヤカワ文庫、一〇〇九年。

黒木英充「中東の地域システムとアイデンティティ――ある東方キリスト教徒の軌跡を通して」溝口雄三他編『アジアから考える二　地域システム』東京大学出版会、一九九三年、一八九～二三四頁。

黒木英充「一一一　レバノンの行政枠組みの創出（一八六〇年代）」歴史学研究会編『世界史史料八　帝国主義と各地の抵抗Ⅰ』岩波書店、二〇〇九年、一八七～一八九頁。

黒木英充「オスマン帝国におけるギリシア・カトリックのミッレト成立――重層的環境における摩擦と受容」深沢克己編『ユーラシア諸宗教の関係史論――他者の受容、他者の排除』勉誠出版、二〇一〇年、一七一～一九九頁。

ジブラン、カリール著、船井幸雄監訳『預言者』成甲書房、二〇〇九年。

鈴木伸隆「ムスリムの再生を願うコロニアリズム――米国植民地行政官ナジェーブ・サリビーの『モロ問題』を通して」床呂郁哉ほか編『東南アジアのイスラーム』東京外国語大学出版会、二〇一二年、一九七～二一六頁。

日本経済新聞社編『中洋の商人たち――インド・ペルシャ・アラブの商才民族』日本経済新聞社、一九八二年。

ハージ、ラウィ著、藤井光訳『デニーロ・ゲーム』白水社、二〇一一年。

ハルフォン、エドゥアルド著、飯島みどり訳「最後のトルコ・コーヒー」『世界』二〇一四年六月号、二〇一四年、二九三～三〇二頁。

マアルーフ、アミン著、牟田口義郎訳『サマルカンド年代記』ちくま学芸文庫、二〇〇一年。

マルーフ、デイヴィッド著、武舎るみ訳『異境』（オーストラリア現代文学傑作選）現代企画室、二〇一二年。

山田史郎「移住と越境の近代史」望田幸男・村岡健次監修、山田史郎・北村暁夫他著『近代ヨーロッパの探究一　移民』ミネルヴァ書房、一九九八年、一～二三頁。

レッサー、ジェフリー著、鈴木茂・佐々木剛二訳『ブラジルのアジア・中東系移民と国民性の構築――「ブラジル人らしさ」をめぐる葛藤と模索』明石書店、二〇一六年。

Arsan, Andrew, *Interlopers of Empire : The Lebanese Diaspora in Colonial French West Africa*, London : Hurst & Company, 2014.

Batatu, Hanna, *Syria's Peasantry, the Descendants of Its Lesser Rural Notables, and Their Politics*, Princeton : Princeton University Press, 1999.

Batrouney, Trevor, "The Lebanese in Australia, 1880–1989," in *The Lebanese in the World*, Edited by A. Hourani & N. Shehadi, 1992, pp. 413–442.

Bayeh, Jumana, *The Literature of the Lebanese Diaspora*, London : I. B. Tauris, 2015.

Brégain, Gildas, *Syriens et Libanais d'Amérique du Sud*（*1918–1945*）, Paris : L'Harmattan, 2008.

Clarence-Smith, William, "Middle Eastern Migrants in the Philippines : Entrepreneurs and Cultural Brokers," *Asian Journal of Social Science* 32 : 3, 2004, pp. 425–457.

Dawud, Yusuf Khalil, *Min al-Nabk ila Flurida : Qissa Muhajir Suri*（ナブクからフロリダへ――あるシリア人移民の物語）, Bayrut : Dar Kutub li-n-Nashr, 2012.

Ellis, Raff, *Kisses from a Distance : An Immigrant Family Experience*, Seattle : Cune Press, 2007.

Entelis, John, *Pluralism and Party Transformation in Lebanon : Al-Kata'ib, 1936–1970*, Leiden : E. J. Brill, 1974.

Fawaz, Leila Tarazi, *Merchants and Migrants in Nineteenth-Century Beirut*, Cambridge（Mass.）and London : Harvard University Press, 1983.

Freiha, Asma and Viviane Ghanem, *Lebanese Imprints on the Twentieth Century*, vol. 1, Hazmieh（Lebanon）: Dar Assayad, 2006.

Gualtieri, Sarah M. A., *Between Arab and White : Race and Ethnicity in the Early Syrian American Diaspora*, Berkeley : University of California Press, 2009.

Harfush, Nabil, *al-Hudur al-Lubnani fi al-'Alam*（世界におけるレバノン人の存在状況）, Juniyeh（Lebanon）: Matabi' al-Karim al-Hadith, 1974.

Harris, William, *Lebanon : A History 600–2011*, Oxford and New York : Oxford University Press, 2012.

Hashimoto, Kohei, "Lebanese Population Movement 1920–1939 : Toward a Study," in *The Lebanese in the World*, Edited by A. Hourani and N. Shehadi, 1992, pp. 65–107.

Hashimoto, Kohei, "Silk, Information and Migrants : The Causes of the Lebanese Migration Reconsidered," *Annals of Japan Association for Middle East Studies*（『日本中東学会年報』）, No. 8, 1993, pp. 1–54.

Herrera, Janaina, "Les diasporas d'Amérique latine et la crise syrienne," in François Burgat et Bruno Paoli（eds.）, *Pas de printemps pour la Syrie : Les clés pour comprendre les acteurs et les défis de la crise*［*2011–2013*］, Paris : La Découverte, 2013, pp. 322–330.

Hourani, Albert and Nadim Shehadi（eds.）, *The Lebanese in the World : A Century of Emigration*, London : The Center for Lebanese Studies, 1992.

Issawi, Charles, *The Fertile Crescent 1800–1914 : A Documentary Economic History*, New York and Oxford : Oxford University Press, 1988.

Jacobs, Linda K., *Strangers in the West : The Syrian Colony of New York City, 1880–1900*, New York : Kalimah Press, 2015.

Karam, John Tofik, *Another Arabesque : Syrian-Lebanese Ethnicity in Neoliberal Brazil*, Philadelphia : Temple University Press, 2007.

Kasaba, Reşat, *A Moveable Empire : Ottoman Nomads, Migrants & Refugees*, Seattle : University of Washington Press, 2009.

Kasparian, Choghig, *L'émigration des jeunes Libanais et leurs projets d'avenir*, 2 vols., Beyrouth : Presses de l'Université Saint-Joseph, 2009.

Khater, Akram Fouad, *Inventing Home : Emigration, Gender, and the Middle Class in Lebanon, 1870–1920*, Berkeley : University of California Press, 2001.

Klich, Ignacio and Jeffrey Lesser（eds.）, *Arab and Jewish Immigrants in Latin America : Images and Realities*（*Immigrants & Minorities* 16–1 & 2 Special Issue）, Londaon : Frank Cass, 1997.

Labaki, Boutros, "Lebanese Emigration during the War（1975–1989）," in *The Lebanese in the World*, Edited by A. Hourani and N. Shehadi, 1992, pp. 605–626.

Maalouf, Amin（transl.）, Catherine Termerson, *Origins : A Memoir*, New York : Farrar, Straus and Giroux, 2008.

al-Mallah, 'Abdallah, *al-Hijra min Mutasarrifiya Jabal Lubnan 1861–1918*（レバノン山地直轄自治区からの移民一八六一－一九一八年）, n. p., 2007.

Nasser, Liliane Rada, *Ces Marseillais venus d'Orient : L'immigration libanaise à Marseille aux XIXe et Xxe siècles*, Paris : Karthala, 2011.

Orfalea, Gregory, *The Arab Americans : A History*, Northampton : Olive Branch Press, 2006.

Peleikis, Anja, *Lebanese in Motion : Gender and the Making of a Translocal Village*, New Brunswick : Transaction Publishers, 2003.

Philipps, Thomas, *The Syrians in Egypt 1725–1975*, Stuttgart : Franz Steiner Verlag, 1985.

Raddawi, Majid, *al-Hijra al-'Arabiya ila al-Burazil, 1870–1986*（アラブのブラジル移民、一八七〇—一九八六年）, Damascus : Dar Tlas, 1989.

Tabar, Paul（ed.）, *Lebanese Diaspora : History, Racism and Belonging*, Beirut : Lebanese American University Press, 2005.

Tabar, Paul, "Immigration and Human Development : Evidence from Lebanon," Human Development Research Paper 2009/35, United Nations Development Program, August 2009, http : //hdr.undp.org/sites/default/files/hdrp_2009_35.pdf

Tabar, Paul, Greg Noble and Scott Poynting, *On Being Lebanese in Australia : Identity, Racism and Ethnic Field*, Beirut : Lebanese American University Press, 2010.

Verdeil, Éric, Ghaleb Faour, et Sébastien Velut, *Atlas du Liban : Territoires et société*, Beyrouth : Institut Français du Proche-Orient, 2007.

コラム9　ハドラミー

――アラビア半島から東南アジアへ――

新井和広

インド洋沿岸地域への移民

移民、またはより一般的な人の移動というテーマで必ずと言っていいほど取り上げられるのは、移民とホスト社会の人々の関係である。しかし、ある地域が様々な場所から移民を受け入れる場合、移民同士の出会いもある。本稿では、アラビア半島南部のハドラマウト地方出身アラブ（以降ハドラミー）の移民活動と、第Ⅳ部で取り上げられた華人とレバノン・シリア系との関係を、東南アジアを例に概観したい。

なぜアラブの中でもハドラミーを取り上げるのか、その理由は簡単である。東南アジアに移民したアラブや、現在東南アジア島嶼部に住んでいるアラブ系住民（上記移民の子孫）の圧倒的多数はハドラマウト出身だからである。

ハドラミーの移民活動は世界における華人、インド系、シリア・レバノン出身アラブと比べるとその範囲も規模も小さいが、インド洋海域ではよく知られている。インド洋におけるハドラミーの移民がいつから始まったのかは定かではないが、大規模な移住は一八世紀中頃から二〇世紀中頃の現象である。とくにハドラミー移民が多いのは、東アフリカ沿岸、紅海沿岸、インドのグジャラートやハイデラバード周辺、東南アジア島嶼部である。そのうち最終的に最も重要な移住先となったのは東南アジアである。しかし現在ではこの地域への新たな移民はほとんどない。また、東南アジア島嶼部在住ハドラミー（移民の子孫）の中にはオーストラリアへ移住する者もいるが、大きな流れにはなっていない。

ハドラミー移民のほとんどはいわゆる自由移民で、よりよい経済機会を求めて貧しく政治的にも安定しない祖国を後にした。インドでは傭兵として重宝されたハドラミーもいたが、東南アジアではもっぱら商業活動にいそしんだ。移住のパターンを決めたのは、故郷の血縁や地縁で、ハドラマウト内の特定の地域の住人が特定の移住先に多く住むという傾向が見られる。ホスト社会での経済活動は多岐に渡っており、海運業、マッカ（メッカ）への巡礼の手配、牛や馬など家畜の輸入、小規模な金融（いわゆる金貸し）、多様な商品の中継貿易に従事するハドラミーが記録に残っている。とくにハドラミーが強い業種も存在し、インドネシアにおいては出版、繊維、建築資材取引がこれにあたる。また、町で宗教用品（数珠、宗教書、巡礼用の衣服など）や香水を売っている店もハドラミーが経営していることが多い。ある程度商業活動が軌道に乗ってくると、その利益を土地や建物など不動産に投資し、その運用によっても利益を得るハドラミーも出てきた。以前はバタヴィア（ジャカルタ）やシンガポールの商店街がまるまるハドラミーの所有だったという例もあった。

華人との出会い

さて、そうしたハドラミーが東南アジアで出会ったのは、ホスト社会の人々（マレー人、ジャワ人、スンダ人、ブギス人など）だけではない。一九世紀から二〇世紀にかけての東南アジアには様々な場所から人々が移住してきた。とくにハドラミーと深い関係にあったのは、インド系ムスリムと華人だった。本稿でとくに取り上げたいのは華人との関係である。

東南アジア、とくに蘭領東インドにおいては、ハドラミーは経済的には華人とライバル関係にあった。双方とも植民地からはヨーロッパ人と現地の人々の間を経済的に仲介する役割が期待されていたし、蘭領東インドでは法的にも華人とアラブは東洋外国人としてヨーロッパ人や原住民と区別されていた。しかし、移民の数や経済規模ではハドラミー（アラブ）は華人には遠く及ばなかった。

一方、ホスト社会においてハドラミーは華人より有利な点もあった。それは、宗教活動と婚姻を通じた現地社会への同化である。東南アジア島嶼部のほとんどはイスラームの影響が強く、ムスリム人口が多い。ハドラミーは、ホスト社会の人々の多くと同じくムスリムで、さらにイスラームの中心地であるアラビア半島から来たということで、外来者であってもホスト社会で一目置かれるという事情があった。また、ハドラミーの中にはイスラームの預言者ムハンマドの子孫と言われる人々もいて、特段の尊敬を集めた。もっともアラブ、さらにサイイドと言ってもそれだけで尊敬を集めるわけではない。東南アジアのイスラームの中でハドラミーの地位を特別なものにしているのは、モスクや学校を建設したり、ムスリムのための墓地を作るために土地を寄付したりした実業家や、精神的指導者として地元の人々の尊敬を集め、死後は聖者として墓に多数の参詣者を集める宗教者である。ホスト社会の人々と宗教が同じことに加え、ハドラミー移民はほぼ全員が男性であったため、移民の第一世代のほとんどは、移住先の女性と結婚した。現在の東南アジアにいるハドラミー移民の子孫はほぼ全員がマレー人、ジャワ人、スンダ人などもともと東南アジアに住んでいた人々との混血である。移民の二世は、父親からアラビア語やアラブ（ハドラマウト）の慣習を、母親から現地語とホスト社会の慣習を学ぶことができ、アラブとしてのアイデンティティを保ちながらより深く現地社会に同化することが可能となった（もっとも移民の第二世代以降は混血のハドラミー同士で結婚することが一般的になったが）。インドネシアではたびたび華人に対する暴動が起こるが、華人同様経済的には現地の人々を搾取していると見なされることも多いアラブに対する暴動がないことは、両者に宗教と現地社会への同化において違いがあるからだと考えられる。

華人とハドラミーは時に衝突することもあったが、経済的にも法的にも階層が近かったこともあり、交流も結構あった。とくにコミュニティの近代化という点ではハドラミーは華人から学ぶところが多く、ハドラミーが一九〇一年にバタヴィアに設立した改革団体、ジャムイーヤ・ハイル（アラビア語で慈善団体の意）はその前年に設立された華人の団体、中華会館に触発されたものだった。ハドラミーと結婚する華人もいたようで、現在でも東南アジアのハドラミー・コミュニティやハドラマウトでは、華人を祖先に持つ人々に時たま出会う。中には有力家系の家長が華人の血を引いているという例もある。アラビア半島南部という、ほとんど華人が居住していない地域において、東南アジア経由で華人の血が流れ込んでいることにロマンを感じることはできないだろうか。

レバノン・シリア移民との「共存」

もう一つ、ハドラミー関連で触れたいのが、東南アジアにおけるレバノン・シリア移民との関係である。前述の通り、東南アジア島嶼部にいるアラブ系の圧倒的多数はハドラミーである。しかし、レバノン、シリア、パレスチナなど、歴史的シリア（以下シリアと書く場合は歴史的シリアを指す）からやってきたアラブ移民も存在する。その多くがキリスト教徒であり（ユダヤ教徒やドルーズ派もいたが）、主な移住先はフィリピン北部である。

フィリピンは、東南アジア諸国の中でも、アメリカ大陸とのつながりが強いという特徴を持つ。実際、フィリピンはスペイン植民地時代（一五六五〜一八九八年）のうち一八二〇年代まではメキシコから統治されていたし、一八九八年から一九四六年まではアメリカ合衆国の統治下にあった。南北アメリカに移民したアラブの多くがシリア出身者だったことを考えると、キリスト教の影響が強いフィリピン北部のアラブ移民にシリア出身のキリスト教徒が多いということは偶然ではないと考えられるかもしれない。また、アメリカ合衆国ではシリア出身者は「自由身分の白人」とされていたため、その統治下にあったフィリピンはシリア出身者にとっては居心地がよい場所だったとも考えられる。

そうすると、シリアからヨーロッパ、アメリカ大陸と西回りで移民したシリア出身者が太平洋を渡り、アラビア半島からインド洋を通って東回りでやってきたハドラミー移民と東南アジアで出会うというロマン溢れる物語を想像できるかもしれない。しかし、この想像は二つの点において問題がある。一つはシリア出身者が本当に西回りでフィリピンにやってきたのかどうかという点である。アメリカ合衆国から移住してきた数例をのぞいて、彼らが太平洋を渡ってきたのかどうかは定かではない。むしろ、シリアからポート・サイード（エジプト）、スエズ運河、シンガポールを経由してやってきた例の方が多いと考えられる。つまり、ハドラミーと同じくインド洋を通ってきたわけだが、落ち着き先がハドラミーがあまりいないフィリピン北部だったというのが双方の違いである。

　もう一つの問題点は、シリア系とハドラミーは本当に「出会った」のかどうかという点である。フィリピンにはシリア系アラブもハドラミーも移民しているが、シリア系が北部を中心に居住しているのに対し、ハドラミーが主に住んでいるのは南部、つまりムスリムが多数をしめる地域である。同じ領域国家に居住し、同じアラブでありながら、宗教と出身地の相違から、両者の交流はごく限られたものだった。筆者の観察では、現在のハドラミーのアイデンティティは祖国ハドラマウトとの関係や、（イスラームの）宗教活動と密接に関連している。このため、同じアラブ系移民とは言っても、ハドラミーとシリア系は両者の隙間をうめる形で共存、または住み分けをしていると言った方がいい。

　以上、簡単ではあるが、ハドラミー移民を他の移民との関係を中心に概観した。華人やレバノン・シリア系の移民ほどの規模ではないにせよ、ハドラミーは三大洋の中で最も古くから人々が活動しており、かつ上記二つの移民集団があまりいなかったインド洋を中心に移民を行っていった。東南アジア島嶼部の例を見るとわかるように、彼らが活動するにあたっての強みは、大多数のホスト社会の住民と同じムスリムだったという点である。

参考文献

新井和広「アジアをつなぐ親族・ネットワーク」片岡樹・シンジルト・山田仁史編『アジアの人類学』春風社、二〇一三年、二四五～二七一頁。

新井和広「南アラビア、ハドラマウト地方出身移民の変遷」駒井洋監修、宮治美江子編著『叢書グローバル・ディアスポラ三　中東・北アフリカのディアスポラ』明石書店、二〇一〇年、二二三～二四三頁。

Abushouk, Ahmed Ibrahim (eds.), *The Hadhrami diaspora in Southeast Asia: identity maintenance or assimilation?* Leiden: Brill, 2009.

コラム10　国際結婚

嘉本伊都子

国際結婚とインターマリッジ

国際結婚という概念は、近代日本産である。

江戸時代、異国人と日本人の交流は、きわめて限定的に為政者の支配下のもとに置かれた。とくに、男女の交流は、長崎の唐人屋敷と鎖国政策の始まりとともにできた出島のみで「傾城（遊女のこと）の他女入ること」は禁止された。フォン・シーボルトは丸山遊女たきとの間に娘おいねをもうけたが、「オランダおいね」は、日本人として母方で養育され、海外渡航の禁止が適用された。よって、父とともに日本を追放されることはなかった。当事者たちがいくら愛し合っていたとしても、その関係性を「結婚」だと、双方の社会が認めていなかった。

開国後、開港となった横浜、函館などには、長崎にならって遊郭ができた。雇妾《やといめかけ》として外国人男性の身の回りの世話をする日本人女性（洋妾《ラシャメン》とも呼ばれた）は、遊女屋に籍を置かせた。玄人の遊女から、外国人と交流できる範囲はこうして拡大していった。すると、イギリス領事から日本人と外国人との結婚に関する法律はあるのかという問合せが江戸幕府にきた。しかしその後「大政奉還」となり、イギリス領事は再び明治政府に問い合わせをした。壬申戸籍で「日本人」を把握した後、明治六（一八七三）年三月一四日太政官布告第一〇三号（通称、内外人民婚姻条規）を布告する。「外国人民と婚姻差許」した本邦初の国際結婚に関する法律である。その当時まだ「国際結婚」という言葉はない。

明治一七年に高橋義雄は『日本人種改良論』の中で、西洋の白人女性と日本人男性が「雑婚《インタルマリアージ》」をし、できた子ども「雑種《ミキストレース》」と漢字を当て、その子は「優等な白人」の血をひく改良された日本人になると高橋は主張した。社会進化論を欧米から輸入したが、「日本人は劣等」であることを前提とした「雑婚」という言葉は定着しなかった。

江戸時代にはありえなかった婚姻関係を、なぜ明治六年に律することができたのか。それは、国際法（幕末は万国公法と呼ばれた）の名づけ親、箕作麟祥《みつくりりんしょう》が翻訳していたナポレオン法典を模倣したからだった。婚姻形態ごとに「フランス人タルノ分限」の得失を定めており、例えば外国人男性に嫁いだ日本人女性は「日本人タルノ分限」を失い、逆に、日本人男性に嫁いだ外国人女性は「日本人タルノ分限」を得ると規定した。人は生まれながらにして自由、平等である、と高らかに謳ったフランス人権宣言同様、ナポレオン法典も、近代日本に大きな影響を与えた。

しかし、ナポレオン法典にはない規定が加えられた。それは、外国人男性の婿養子（養親死亡の場合は入夫《にゅうふ》）を許可し、その場合は外国人男性のほうが「日本人タルノ分限」を得た、世界的にも珍しい法律となった。その代表例がラフカディオ・ハーン、日本名、小泉八雲である。松江にいた頃ハーンの身の回りの世話をしていた小泉節と結婚し、小泉八雲となった。アイルランドとギリシアのハーフ（この言葉も「国際結婚」同様、日本産の概念である）であるハーンにとって、節との結婚は二度目であった。弱き者に常に心を寄せるハーンは来日前に、黒人と白人との間に生まれた、アメリカでは当時ムラトーと呼ばれた女性と結婚し別れている。国際結婚は「日本人タルノ分限」（国籍）の有無のみが問題となるが、西洋社会では、国籍が同じであっても文化的、社会的境界線から逸脱する婚姻をインターマリッジという。日本社会ではハーンは白人にしか見えないが、アメリカ社会では、プロテスタントではないアイルランドからの移民であると見なされたであろう。ハーンの最初の結婚はインターマリッジ、二度目は国際結婚である。

アメリカでは白人と黒人の婚姻は正当な婚姻とは見なされないという異人種間婚姻禁止法（一九世紀にモンゴリアンも加わり、日本人も白人とは結婚できなかった州もある）が多くの州で制定されていた。主人である白人と、売買の対象であった奴隷の黒人との間に生まれた子は白人なのか黒人なのか。それはその子が、自由人であるのか奴隷なのかを判断する必要があったからである。リンカーンが一八六三年に奴隷解放宣言を出したあとも、「公民権」は認められなかった。異人種間婚姻禁止法が連邦最高裁判所によって違憲判決がでたのは、一九六七年のことである。奴隷解放宣言の一〇〇年後にキング牧師が黒人の公民権運動の有名なスピーチをリンカーン記念堂の前で行ったその後である。真珠湾攻撃の後、第二次世界大戦中多くの日系人が収容所に入れられた。同じ敵国のドイツ系やイタリア系の移民は収容所には入れられていない。有色人種であるがゆえに差別を受けてきた日系人は黒人の公民権運動をサポートした。

奴隷解放を行ったリンカーンが大統領宣誓式で使用した聖書を手に二〇〇九年、バラク・オバマ大統領が宣誓を行った。オバマの父はケニア人で、母親は白人のアメリカ人である。かつてはムラトーと呼ばれた彼が、アメリカ大統領に選ばれた歴史的意義がその聖書には込められている。

女と子どもの歴史と国際結婚

国際結婚は、ヘーゲルの弁証法では答えられない問題をもたらす。「自然的な倫理的精神による結合」である家族（正）が、競争と欲望のもとでの自由・平等の市民社会（反）で生活を営む。その家族と市民社会という矛盾した事象を統合する、アウフヘーベンするものとして国家（合）が想定されている。だが、父の国と母の国が異なる両親をもつ家族はどちらの国家がアウフヘーベンするのか。さらに、そのような両親をもつ子どもはどちらの市民社会あるいは国家の成員として認められるのであろうか。

ナポレオン法典はこの問題を父系血統優先主義と夫婦国籍同一主義で処理している。すなわち、母親は結婚と同時に父親と同じ国籍となり、夫婦の国籍は同一なのであるから、子どもも当然父親の国籍を有する。オランプ・ドゥ・グージュが、フランス人権宣言の直後に指摘したように、その「人」とは男性であり、人権宣言は女性を市民または人間から排除していた。明治民法にも妻の無能力規定があったように、婚姻後はすべて夫に従うとされていたのは、日本がフランス民法から学んだことでもある。父の血統を重視し、父の国籍が子へ継受される国籍法を父系血統優先主義という。

一方、アメリカのような移民国家は血統にこだわっていては、アメリカ国民は誕生しない。両親の国籍に関係なく、生まれた場所がアメリカであればアメリカ国籍を付与するという生地主義を採用する。

第一次世界大戦は、国際結婚で生まれる子どもたちに、暗い影を落とした。父の国と母の国が敵対したとき、父の国の兵士として母の国の国民を殺せるのか。第一次世界大戦終結後の一九二三年に「汎ヨーロッパ」が提唱された。これは後にヨーロッパ経済共同体（EEC）、のちにヨーロッパ共同体の基礎となった。提唱者リヒャルト・クーデンホフ・カレルギーの父はオーストリアから外交官として来日経験をもつ伯爵ハインリッヒであり、母は商家の娘であった旧姓青山光子である。

第一次世界大戦後、女性参政権の重要性を海外で気づいた日本人女性に、イギリス人と国際結婚したガントレット恒子がいる。旧姓山田恒（子）は、作曲家山田耕筰の姉である。一九二〇年六月六日、万国婦人参政権協会ジュネーブ大会に参加した恒子は、ドイツ代表の婦人が「私共が四年前に参政権を持ってゐたらこの戦争は防ぎ得られたのではないだらうか、戦争こそは家庭の破壊である。婦人達は絶対に戦争を排撃する。世界各国の婦人が参政権を得て世界平和確立のために尽力することを望む」（ガントレット、一九四九、一一七頁）と述べたことに、衝撃を受けた。数年前まで敵同士であった国民の女性たちが一堂に会し、女性の力で平和を実現するためには、何よりも女性の声を反映させることのできる権利がなくてはならないと感じたのである。それまで恒子は、参政権など一部の過激な女性のために獲得されるべきもの、としか思っていなかった。しかし、この日を境に、「凡ての女性に当然与えられるべきものであるといふ事を深く感じ」（ガントレット、一九二二、一四頁）、帰国後、日本人女性の参政権運動にも関わっていった。

二つの世界大戦は参政権をはじめとする女性の権利の拡張とともに、夫婦国籍同一主義から婚姻によって、妻の国籍が自動的に変更にはならないように夫婦国籍独立主義へと変化させる契機ともなった。

グローバリゼーション時代の国際結婚

第二次世界大戦に敗戦後、日本の「新しい憲法」には男女平等が規定された。日本人女性へ参政権がようやく与えられた。しかし、国際結婚の観点からみると、実質的な男女平等はまったく考慮されていなかった。男女平等の実質化は、国連で一九七九年に採択された女子差別撤廃条約に日本政府が批准してからである。そのためには、国内法のいくつかを男女平等に是正せざるをえなくなった。例えば、男女雇用機会均等法（一九八五年制定）もその一つである。さらに父系血統優先主義から父母両系主義へと変化した「国籍法及び戸籍法の一部改正」（一九八五年施行）がある。それまでは、日本人母親が外国人夫との子どもを日本で産んでも、日本国籍を子どもに継受できなかったのである。この改正により子どもは二二歳になるまでに国籍を選択しなくてはならない。両親の国籍がどちらも選べる二重国籍を未だ日本は認めていないのである。

グローバリゼーションの時代に突入すると、ヒト、モノ、カネの移動が激しくなる。日本国内では八〇年代半ばからのバブル景気時代に日本に流入してきたアジア出身の女性と日本人男性の婚姻が急増する。「家」の存続、地方自治体の存続の危機から、行政主導でアジアからいわゆる「農村花嫁」を迎え入れたのも一九八五年であった。

バブル経済が崩壊した一九九二年以降は、日本人女性の海外への流出が加速し、その結果海外での日本人女性の国際結婚件数も増加していった。一方、日本国内の日本人男性の国際結婚件数増加の勢いは停滞したが、一九九七年のアジア通貨危機頃から再び上昇に転じた。九〇年代後半から、韓国や台湾でも、男性の「国際結婚」が急増する。韓国人男性の主な配偶者は中国籍でも朝鮮族が多く、台湾では「大陸新娘」とよばれる中国籍が多い。日本でも同様に中国籍女性との婚姻が増加した。しかし、その中国籍女性との婚姻も二〇〇八年の北京オリンピック頃から減少に転じている。

結婚件数が増加すると、離婚件数も増える。国際結婚が破綻した後、子どもはどちらの社会で育てられるべきなのであろうか。(元) 配偶者の許可なく日本人母親が子を日本へ連れ帰る問題が、欧米諸国から提起された。西洋諸国からの圧力もあり、日本政府は二〇一四年に「国際的な子の奪取の民事上の側面に関する条約（いわゆるハーグ条約）」の加盟国となった。二〇一二年の民法改正によって、日本の離婚届に面会交流について話し合ったかどうかについてチェックを入れる欄が追加された。離婚後の別居親が子どもに会うことを面会交流という。しかし日本国民へ「面会交流」について周知徹底もないままに民法は改正された。

愛は盲目である。離婚のことなど考えて結婚する者などいない。だが、自国の常識を相対化し、配偶者の国の歴史と文化、社会を理解する必要が、国際結婚の実践者には求められる。配偶者の国に、家族が暮らすとも限らない。グローバルな視点での世界史を学ぶ必要は、国際結婚でなくても、ますます重要になってくるであろう。

参考文献

嘉本伊都子『国際結婚の誕生――「文明国」日本への道』新曜社、二〇〇一年。

嘉本伊都子『国際結婚論⁉ 歴史編』法律文化社、二〇〇八年。

嘉本伊都子『国際結婚論⁉ 現代編』法律文化社、二〇〇八年。

Kamoto, Itsuko (Tr. Nadia Kanagawa) "Japanese International Marriages (*Kokusai Kekkon*): A Longue Durée History, from Early Modern Japan To Imperial Japan," Duncan Williams eds., *Hapa Japan*: History, Vol. 1., Kaya Press, 2017.

嘉本伊都子「〈異・外国人〉との子どもの処遇――江戸期から明治期にかけて」『歴史評論』八一五、二〇一八年。

ガントレット恒子「万国婦人参政権大会報告」『婦人新報』二八一、一九二一年。

ガントレット恒『七十七年の想ひ出』植村書店、一九四九年。

コラム11　ベトナム難民

古屋博子

ベトナム難民の反共傾向

ベトナム難民は、世界が直面した初の大規模難民であった。まず、一九七五年四月のベトナム戦争終結前後一カ月で約一二万九〇〇〇人の難民が南ベトナムから渡米した。次の波は、一九七〇年代後半から流出したボートピープル、ランドピープルとよばれる人々である。

この第二波の発端は、中越関係の悪化であった。ベトナム戦争終結後、中国はベトナムへの援助を停止したが、カンボジアへは援助を表明、中国の支援を得たカンボジアのポル・ポト政権はベトナムとの国境線を超えて軍の侵略行為を行うようになった。一九七二年のニクソン訪中を境に敵国アメリカと手を結んだ中国に対し不信感を抱いていたベトナムは、これでさらに警戒心を募らせた。ベトナム戦争中は最恵国待遇だったため、ベトナム北部にはベトナム国籍を取得していない華僑が多く居住していた。ベトナム政府は彼らに対しベトナム国籍の取得を求めるようになり、外国籍保持の場合は制約を課した。これを機に陸路で中国へ逃れたり大型船で脱出する華僑が相次ぎ、中国政府とベトナム政府の間で非難合戦となり、対立が顕在化した。こうしたなか、一九七八年一二月にベトナムはカンボジアへ侵攻し、そしてそれに対する懲罰として翌一九七九年に中国がベトナム北部へ侵攻、中越戦争が勃発した。これに加え、社会にあった様々な不満要因——資本主義的商業活動への締め付け、社会主義計画経済の失敗や天災による経済苦や食糧不足、旧南ベトナムの知識人・エリートへの職業就職差別、徴兵への不安等——から、華僑華人に続き、ベトナム人がボートで脱出するようになった。ランドピープル約二五万人は陸路で中国へ渡ったが、一九七八年から八三年に発生したボートピープル約五〇万人は周辺アセアン諸国に漂着した。一九七九年にジュネーブで開催されたインドシナ難民問題国際会議で、彼らの難民認定と西側諸国の定住受け入れが決まった。最大の受け入れ国はアメリカで、二〇一〇年のセンサスによれば約一五〇万人のベトナム人がアメリカに居住し、ベトナム国外最大のベトナム人コミュニティとなった。

こうした背景から難民たちは渡米後、打倒ベトナム共産党政権を掲げて反共活動を展開した。アメリカでのベトナム人コミュニティの形成と反共は表裏一体であった。一方ベトナム政府も難民たちのことを「反乱分子」と非難し、両者は政治的に対立状態にあった。

ベトナムへの物資郵送・送金

また当時アメリカとベトナムの間の国交正常化交渉は進まず、直行便や直通の電話回線や郵便がない状態であった。一方で、在米ベトナム人はベトナムに残る親族に仕送りを始める。ボートピープルがアメリカに定住するとコミュニティが形成され始め、一九七九年にアメリカが人道的目的のベトナムへの郵送受付を許可すると、コミュニティのベトナム人経営のドラッグストアなどからベトナムへ物資の郵送手続きができるようになった。こうした店舗では、たとえばドラッグストアで薬だけではなくタイヤや布など、あらゆる日用品を購入して送ることができた。品物は香港やフランスなど、第三国を経由して送られた。また、こうしたベトナムで不足している日用品などの情報もアメリカのベトナム人コミュニティには入っていた。こうして送られた物資の総額は一九七九年から八九年までの合計で約五億ドルに達した。また、香港やカナダなど第三国のベトナム人コミュニティを経由して、ベトナムの親族へ送金もできた。

当時ベトナムは長期に渡った戦争の影響だけでなく、ボートピープル問題とカンボジア侵攻への非難から国際社会からの援助が停止され、そこに天災も加わり深刻な経済状態にあった。ベトナムの外貨準備高は一九七八年に約二億ドルであったのが、一九八四年にはわずか一六〇〇万ドルにまで落ち込み、唯一の支援国ソ連に対する借金額は増加する一方で、一九八五年には六七億ドルに達した。このような状況の中、在米ベトナム人からの物資や送金は希少な物資や外貨の獲得源で、ベトナム政府は何とかこれを活用できないかと考えるようになる。ソ連のペレストロイカとベトナム共産党書記長の死去を機に改革開放路線を決め、一九八六年一二月ドイモイ路線が採択された。その先陣を切って在米ベトナム人を含む在外ベトナム人に対する送金緩和と入国制限緩和策が打ち出されることになった。

当初はこうしたベトナム政府の政策転換に在米ベトナム人たちは懐疑的であった。しかし、初期に一時帰国をした在米ベトナム人が無事アメリカに戻り、身の安全が確保されることがわかり、またそうした人々がベトナムに残る親族のビデオをとる「ビデオ・レター」や、懐かしいベトナムの食品などを持ち帰り、コミュニティに流れると、在米ベトナム人の一時帰国は一気に加速する。一九九一年に、米越間の国交正常化までのロードマップの一環として、アメリカでベトナム行きの航空券の販売が許可されると、その数は一気に増加した。

在米ベトナム人への政策転換

こうして一時帰国者が増加すると、在米ベトナム人に適用される入国ビザの取得や、二重価格に対する不満が増加し、その後、それを受ける形でベトナム政府は年月をかけて在米ベトナム人に対する政策の改正を続けてきた。現在は条件付きながら不動産購入や二重国籍の保持が認められており、「敵」から「不可欠な「民族」の一部」と宣言するに至っている。同時にこうした政府の政策転換を受け、在米ベトナム人の中にもベトナムへ戻りビジネスや投資を開始する者も増加した。こうした両者の変化は、ヒト・モノ・カネ・情報ネットワークが政策転換に与える影響力を示す好例と言えるだろう。

参考文献

古田元夫『増補新装版　ベトナムの世界史——中華世界から東南アジア世界へ』東京大学出版会、二〇一五年。
古屋博子『アメリカのベトナム人——祖国と野絆とベトナム政府の政策転換』明石書店、二〇〇九年。

第Ⅴ部　強いられた移動

第9章　帝国の性管理政策と人身売買
――からゆきさんから日本軍「慰安婦」まで――

宋　連玉

1　ある「慰安婦」の「からゆきさん」へのまなざし

一九九二年八月中旬のことである。元「慰安婦」の女性に会うために、中国・黒竜江省の最南端、ロシア極東地区に隣接する東寧県まで行った。北京から瀋陽経由で延吉（吉林省延辺朝鮮族自治州の県級市）に入り、さらにそこから半日タクシーを走らせての長旅だ。東寧には旧日本軍が造った東寧要塞があり、軍の慰安所もあった。

その女性の名前は金順玉《キムスノク》（一九二一〜二〇一八）といい、平壌の貧しい家庭に生まれ、幼いうちから口減らしに奉公に出された。一八歳のとき、紡績工場で働けると騙されて、行った先が東寧の慰安所だったのだ。彼女は、私たちが初めて訪ねて行った同胞女性だったからか、見ず知らずの不意の訪問にもかかわらず、温かく客を迎え入れ、つらかった過去をところどころ中国語を混じえた朝鮮語で一気に語ってくれた。

その話の中で印象的だったのが、近所の野外映画会で偶然に熊井啓監督の映画「サンダカン八番娼館――望郷」を鑑賞したこと、そしてそれを観た後の彼女の感想だった。その映画は山崎朋子の『サンダカン八番娼館』を原作にしたものだが、彼女自身を苦しめてきた不条理な過去に対し、自らを解き放つ何らかの契機となったようである。

それまで私の中では「からゆきさん」と慰安婦は違うものとして捉えられていたが、意外なことに彼女は苛酷な運命に翻弄された同じ仲間として受け止めていた。公娼と「慰安婦」、二項対立的な見方をする世間とは違い、当事者である彼女は両者を連続した歴史の被害者として見ていたのである。

日本軍「慰安婦」問題が国家間、とくに日韓の政治・外交問題にまでなっているが、この問題の議論を膠着させている要因には公娼か否かという二項対立的な見方と、軍事主義による女性の性暴力被害をアジア・太平洋戦争の一五年間に限って見ようとするところにもあるのではないか。筆者は金順玉との出会いによってこのような疑問を抱くようになった。

近代に入って日本の女性労働力は紡績工業に代表される近代産業に吸収され、農村から遠隔地の都市に吸引されたが、その移動は日本「内地」、沖縄、朝鮮を越えるものではなかった。しかしからゆきさんから日本軍慰安婦につながる存在は、帝国の時代以前には見られなかった広い範囲で移動した。また人数においても、民族・人種の多様さにおいても前の時代には見られない規模であった。

本章では、金順玉の感性をヒントに、からゆきさんと慰安婦に至るまでの女性たちの存在形態から、その連続性と重層性を押さえながら、東・東南アジアへの移動、戦線拡大とともに北方からふたたび南方へと拡大する過程を追っていく。

2　西洋列強のアジア侵略、アジア女性への性収奪

(1)　からゆきさんとは誰か

ウィキペディア[1]によれば、からゆきさん（唐行きさん）とは一九世紀後半に、東アジア・東南アジアに渡って、娼婦として働いた日本人女性のことであり、長崎県島原・熊本県天草出身の女性が多いと記述されている。今日の一般的なからゆきさんのイメージとはほぼこの記述に近いものだろう。

そのからゆきさんの記憶を帝国日本の敗戦後に最初に呼びさましたのは、森克己の『人身売買――海外出稼ぎ女』（一九五九年）である。九州大学に在職していた森は一九四九年から熊本県天草へ社会調査に出かけ、「天草女」問題に取り組む。地元民は天草に対する偏見を正すことを期待し、インタビューに好意的に応じるが、その過程で森はシンガポールやマニラ

で女衒、遊廓経営者として名を馳せた人物、村岡伊平治（一八六七〜一九四五）の自伝原稿を同僚の金関丈夫から入手する。[2]森の労作はそれらをもとにしたもので、今日では貴重な一次資料となっている。[3]

その後、宮岡謙二（一八九八〜一九七八）著『娼婦　海外流浪記』（一九六八年）が刊行される。同書は、商船会社に勤め、海外体験の豊富な著者が、約四〇〇〇冊の明治・大正期の海外旅行文献類をもとにして、一九四二年頃から書きまとめたもので、末尾に民俗学者、谷川健一の解説が添えられている。この宮岡が執筆を思い立った頃は、戦地に慰安婦として動員される女性たちの姿がアジア全域に見られた時期に重なる。

これらの著作が不遇な同胞女性に同情する日本男性の複雑なナショナリズムから書かれたものとすると、新たにフェミニズムの視点で、女性たちの手になる研究書やルポルタージュが出されるのが一九七〇年代である。一九七二年に山崎朋子が記した『サンダカン八番娼館』は、著者自ら元からゆきさんの家に身を寄せて聞き取りしたものだが、多くの読者を得た作品は映画化されたこともあって、からゆきさんの存在を広く知らしめた。続いて一九七六年に出された『からゆきさん』は、北九州在住の森崎和江が友人の養母でからゆきさんだった女性の思いに寄り添いながら書いたものだ。天草地方での聞き取り調査と新聞資料などをもとにした森崎の手堅い仕事は、その後のからゆきさん研究に大きな影響力を及ぼす。

森崎によれば、からゆきさんという言葉は海外へ出稼ぎする男女労働者を意味していたが、やがて海外で売春する女性を特定するようになるのは、売春業者の儲けのほうが他の業種よりも突出していたためである。また外国を意味していた「から」が、帝国日本の政治的膨張にともない、政治的支配が及ぶようになった朝鮮などが除外され、「南洋」（＝東南アジア）行きと同じ意味合いで使われるようになる。[4]さらにはアジア・太平洋戦争期にはからゆきさんの範疇に「慰安婦」も含まれるようになった、ということだ。

これらの「からゆきさん」研究は、テーマにアプローチする視点や方法論は異なっていても、日本の国民国家の枠組みの中で論じられてきたといえよう。

しかし一九九〇年代になり、慰安婦問題が国際的なイシューとして注目されるようになると、からゆきさん研究においても、国際経済史的アプローチから論じたもの（清水・平川、一九九八）や、研究されていなかった地域（フィリピン）のもの

（寺見、一九九九）まで出されるようになる。

本章ではこれらの先行研究に学びつつ、からゆきさんから慰安婦までを、帝国の世界市場をめぐる熾烈な競争と帝国主義の半植民地・植民地支配、さらには帝国主義戦争と関連させて考察する。

（2）からゆきさん出現の前史――中国「豬花」

からゆきさんが国際性売買市場に出現する前に、中国版からゆきさんともいえる「豬花《ちょか》」(5)の存在があった。「豬花」については可児弘明の労作（可児、一九七九）があるので、ここでは可児の研究に依拠しながら、からゆきさん出現までの前史を概観したい。

西洋列強が東アジアに本格的に進出するきっかけとなるのはアヘン戦争である。すでにイギリス（綿製品）・インド（アヘン）・中国（茶・銀）の「三角貿易」で莫大な利益を得ていたイギリスは、アヘンにより購買力を失った中国との貿易差額を「苦力」の労働力で決済するようになる。アヘン戦争後に黒人奴隷に代わる労働力として中国人労働者の需要が増し、南北米、オセアニア、東南アジア、オーストラリアからインド洋にわたるグローバルな規模で大量輸送される。最初に苦力を雇用したフランス人はマラッカ海峡を経てフランス植民地へ送ったとされるが、その後イギリス、アメリカ、スペイン、ポルトガルの「人買い」商人が広東、福建沿岸各地で中国人を集めた結果、一八四五年から一八七四年までに輸送された苦力の数は五〇万人に上り、新奴隷貿易と称されるまでとなった。やがてマリア・ルス号事件に見られるような無秩序な苦力募集や、中国人苦力とヨーロッパ系労働者との対立などから排華運動が広まり、中国人移民は当該社会の頭痛の種となる。

一方では、増加する苦力をつなぎとめるために、広東、福建沿岸各地で中国女性が集められ、競売の末に彼女たちは輸送先で妾、売春婦、女婢としてあてがわれた。一八五四年、サンフランシスコには香港、広州の「豬花」が約六〇〇人売買されていたというが、一八六〇年代になると「豬花」競売が顕在化し、七〇年代にかけて広州、マカオ、香港、カリフォルニア、シンガポールなどで社会問題となった（可児、一九七九）。

アメリカはすでに一八六〇年代に、中国人移民先としてオーストラリアを抜いて首位となるが、移民問題の対策として一八七五年に移民法を制定し、売春婦の上陸を禁止する。さらに一八八二年の改正移民法で中国労働者のアメリカ上陸を不許可とした。このようなアメリカ内部の事情に加え、汽船、スエズ運河、電信などの技術革新が一八七〇年代以降の東南アジアの状況を変える。海峡植民地の中心、シンガポール[(6)]はアジア・東南アジアと欧米を結ぶ国際中継貿易の要衝となり、シンガポール、およびマレーシアに中国移民が押し寄せるようになる。海峡植民地では一八七七年から性別で分けて移民統計を集計するようになるが、それによると広東から香港―海峡植民地を主ルートに移動した女性人口の増加が著しい。

（3）からゆきさんの出現

日本の旅券記録によると、最初に旅券を得て海外へ渡った日本人女性は丸山遊廓・寄合遊廓の遊女であった。明治初期の旅券記録、『海外旅券勘合簿』（一八六九～八五）の長崎之部によれば、津田梅子のアメリカ渡航よりも早い一八六九年にすでに、遊女の司（二二歳）、羽山（二二歳）、豊（二七歳）、桜木（二〇歳）、よし野（二〇歳）、可祝（一八歳）、唐橋、環などの名が記されている。

遊女の受け入れ先はすべて上海の英国人、フランス人、中国人となっている。記録が複数残っているところから長崎―上海間を数次往復していたと思われる遊女もいれば、帰国の記録がない遊女もいるが、これらの遊女の足跡がその後のからゆきさんの渡航ルートを切り拓いたのである。

「唐人貿易」の港町である長崎は、近代以前の東アジア随一の国際歓楽都市であったが（唐、二〇〇五）、近代以降には娼婦を上海へ送りだす拠点ともなった。遊女がいち早く上海への渡航を許されたのは、江戸幕府が一八六六年の関税改定交渉で、日本人水夫の外国船乗り組みと、外国人雇用の奉公人を海外へ出国させることを認めた（鈴木、一九九二、一二頁）ためである。この史実からすると、個人の思惑を超えて、欧米列強との間で交わした不平等条約の改定をにらんだ国策の一環として遊女が差し出されたことになる。

一八七一年からは日清貿易が自由となり、遊女に続く商人の姿も旅券記録からうかがえるが、その商人たちはやがて上海・香港を足がかりにシンガポールからインドまで出かけて行った（森、一九五九、五四頁）。

長崎以外の地で発給された旅券記録にも、イギリス人、フランス人、ロシア人に雇われて、東京、石川、神奈川などから若い女性が上海やウラジオストクに向かう姿が見られる。

長崎の遊女に対し、性病検査が一八六〇年から始められるのもロシア海軍の要請によるものである。ウラジオストクを本拠としたロシア艦隊が冬季、長崎港に入港すると、長崎の稲佐遊廓はロシア人で賑わった。道永栄《えい》（一八六〇〜一九二七）が「稲佐お栄」という名でロシアの宮廷まで知られるほどに、また長崎の遊女とロシア将兵との関係が形成されるほどに、このような人脈がウラジオストクにも向かう女性の移動ルートを拓いたのである。

からゆきさんを輩出した地域として、一般的には天草・島原地方が知られているが、その第一の理由として、両地方の耕作地が狭小な上に人口過剰、漁業でも零細だったという経済的事情が挙げられる。貧しさから地元民は早くから長崎などの都会へ出稼ぎしたが、女性の方が男性より職を得やすかった。とはいえ、その出先は女中奉公や接客業に限られていた。

やがて長崎と居留外国人の歴史的な関係に、これら経済的な諸条件が加わり、密航も含めた海外渡航ルートが形成される（清水・平川、一九九八）が、当初の渡航ルートは村の縁故者によって出稼ぎ先が異なっていた。森（一九五九、二一〇頁）によれば、佐伊津村・御領村は浦塩（ウラジオストク）・朝鮮・ハワイ・南北米、坂瀬川村・上津深江村が満洲・シベリア方面、富岡町がシベリア・東南アジア方面、下田村・高浜村は東南アジア、大江村は満洲・東南アジア、となっていたそうだ。

さらに天草地方の女性たちの海外渡航を促進したものに、一八七八年の口之津港の開港がある。天草のからゆきさんは、それ以来、長崎を経ずに直接に海外へ出かけるようになる。島原半島南端の口之津港は三井三池炭鉱の石炭直輸出港として、三井鉱山の専用港が三池に建設される一九〇八年まで、石炭積み出し港として賑わった。三池の石炭は上海、香港、シンガポールの三大石炭市場に積み出されたが、このルートはそのまま天草・島原の女性の人身売買ルートに利用された。

明治期に女性を国外に連れ出した長崎、口之津、門司、唐津、三池港がすべて石炭の積み出し港であったのも注目すべき事実である。村岡伊平治が斡旋したと言われる三二二二人の女性のうち、三〇パーセントは神戸港、横浜、清水港から出ている。清水港は一八九九年に開港場に指定され、一九〇六年から静岡茶をアメリカに輸出したが、他の港同様に女性を売買するルートにも使われたのだ（谷川、一九六八、一二三四頁）。こうして長崎から始まった女性の海外出稼ぎだが、さらに口之津港が加わることで、天草・島原といった辺境の女性の身体が国際資本の暴力に呑まれていった。

もちろん東北や西日本にも、性売買市場に売られる貧困女性たちは存在したが、その多くは東京、大阪などの都市や全国各地の軍事基地周辺に集められた。しかし天草・島原の女性にとっては関西や東京に出るより海路で直接、中国や東南アジアに出るほうが距離的にも心理的にも近かった。

石炭積み出し港を拠点に女性の移動が加速化するが、通説のように天草・島原出身者が海外の性売買市場において一貫して多数派を占めたのではない。一八八九年のシンガポール在住からゆきさんの長崎（七八パーセント）、熊本（一三パーセント）出身者は一四四人中の九一パーセントを占めるが、一九〇二年には六一一人中、長崎（三一パーセント）、熊本（一八パーセント）で五一パーセント強は他地域だということにも留意しておかねばならない（清水・平川、一九九八、三一頁）。一三年の間に航路の拡大などで日本と海外性売買市場をつなぐルートが多様になっている。

渡航方法であるが、海外娼婦が密航婦と呼ばれるほどに密航が多かったのだろうか。密航ゆえにその正確な実態を知るすべはないが、森崎和江（一九七六）は、密航説は女性たちの人身売買被害を自己責任に転嫁するものだと批判する。倉橋正直（一九八九）によると、密航は少数の例外であって、村岡のような人身売買・性売買業者との連携によって女性の海外渡航が実現したということだ。

次に、国際貿易都市のシンガポールにからゆきさんの姿が見られるようになる時期についてであるが、一八八一年頃には天草女は存在せず、一八八五年頃より香港、西貢《サイゴン》からシンガポールへ南下したと森（一九五九）は地元民から聞きとっている（一〇九頁）。それに対し、清水（一九九八）はシンガポールでのからゆきさん出現を一八七〇〜七一年頃とみる。どちらも個人の記憶によっているが、少なくとも一八八五年には海峡植民地政庁から公娼として売春許可証を交付された一六人の日本人娼婦がいた（清水・平川、一九九八、二三〜二四頁）ことになる。

一九一一年のシンガポールでは、二〇代から四〇代の壮年男女比が五対二であり、性的需要の高い社会であったことから、イギリスの海峡植民地政庁はアジア系労働者やイギリス将兵で構成されている社会の「安寧」と定着をはかるために公娼制を実施していた（清水・平川、一九九八、二一七頁）。人種のるつぼのような地域で風紀上の安全弁として性売買を奨励し、それを日本領事館は黙認したのである（森、一九五九、一一三頁）。

シンガポールでは、イギリス本国の「伝染病法」（一八六四年）により一八七三年から性病検査が実施され、性病患者の治療の名目で売春許可税が徴収された。性道徳の二重規範を認めるものだとするフェミニストたちの反対運動で伝染病法は廃止され、「女性・少女保護条例」が制定される。それにより性病検査と売春許可税は廃止されるが、娼館と娼婦の登録義務は残され、実質的な公娼制は存続した。しかしこの時の公娼制には、廃業は自由で、廃業した際に借金も帳消しにされるという規定があったが、非識字者の多いからゆきさんにはそのような情報は周知させられなかった（清水・平川、一九九八、四〇頁）。

シンガポールの娼婦で最も多いのは中国人で、一八九〇年の時点で一九一一人（九割以上）、次いで日本人の一四八人だったが、買春客に人気のあったのは日本人娼婦だった（清水・平川、一九九八、二九頁）。日本人娼婦がピークを迎えたのは一九一六年頃で、満洲に匹敵する人数が存在したとされる。

青島は、ドイツが一八九八年の膠州湾租借条約で租借期間中の統治権を獲得した地域だが、以来、世界市場向けに販売する石炭を収奪する植民地としてだけでなく、ドイツ海軍基地を置いて約二五〇〇人のドイツ人兵士を駐留させた。その結果、ドイツ兵による中国人女性への強姦が多発し、性病が蔓延したので、ドイツは警察の管理下に性売買業を置くが、初期に長崎出身者の酒楼を誘致した（浅田、二〇一一）。

上海にはすでに一八六八年頃日本人娼婦が存在したが、八二〜八三年頃には「東洋茶館」「東洋茶楼」と呼ばれる日本式遊廓が賑わい、日本人娼婦もおよそ八〇〇人いた。しかし八四年頃から日本総領事館の取り締まりが厳しくなると、日本人娼婦は上海から天津や香港へ流れた。

天津では日露戦争勃発の一九〇四年に、日本領事館の黙認のもとに曙町を遊廓地に指定し、翌年に天津検番が組織される。一九〇〇年頃から性売買業を本格的に管理する方向に方針転換したのであった。

第一次世界大戦が始まり、日本がドイツの租借地を占領すると、日本人の間に青島ブームが起こり、天津は青島に入る玄関口と化す。日本人居留地では売春業から上がる利潤が居留民社会の財政基盤となった（桂川、二〇〇一、一三五頁）ので、日本の領事館は対外的な対面を保ちながら居留民社会の財政を確保する性管理政策をとるようになる。

フィリピンでは、アメリカが主権を握った一八九九年当時から娼婦の取り締まりを行い、人身売買に対し強制退去か罰金で臨んだが、実際には「アメリカ兵の肉体的必要」から当局は黙認した。一九一〇年にホロ（ホロ島北岸の港町）に性売買業ができるのもアメリカ軍の強い要請があったからである。米軍施設のあるところは似たような状況だったが、アメリカは一九一〇年に「白人奴隷」（強制的に売春を強いられている女性）を、次に一九一八年に日本の性売買業者を追放する。一九二〇年には性売買は全面禁止され、マニラでは一九二五年にからゆきさんの姿が見られなくなる（寺見、一九八九）。

アメリカ本国で激化する排日運動を鎮めるために日米紳士協約（一九〇七～〇八）が交わされ、小村寿太郎外相も「満韓移民集中論」（一九〇九年）を唱えて日本人が朝鮮や満洲へ移民することを促す。

第一次世界大戦が勃発するや、英国海峡植民地政庁は日本人売春業者の追放を日本領事館に通告する。その背景には大戦により同地における白人男性の数が急減したことがある。一九二〇年には日本政府が海外での廃娼令を制定し、英領マラヤの日本人娼婦を一年以内に管内から追放すると決定し、その結果として日本人性売買業者の多くは朝鮮・台湾・満洲・中国といった東アジアへ拠点を移していく。

英領マラヤにおいて、全面的に廃娼政策が施行された一九三〇年以降にも、欧米人と日本漁民を相手に水面下で性売買営業を営むからゆきさんはいたが、大勢としてシンガポールや英領マラヤで廃娼は実現したといえる。その理由は、第一次世界大戦による戦争特需で日本経済が躍進し、英領マラヤにおける日本の経済進出や対シンガポール輸出が伸びたためである。いわば「正業」の利益が「醜業」を必要としなくなったのである（清水、一九九八、四八頁）。廃娼したからゆきさんは引き続き海峡植民地に留まることが許された。このように欧米帝国の必要性から日本人娼婦が当該地域で利用され、その必要性がなくなると追放されたのだが、日本領事館は欧米帝国の性管理政策を利用して外貨獲得をし、その後は欧米の方針転換に従って廃娼決議を受け入れたのであった。

日本の廃娼運動(7)が海外でとくに問題視したのは、日本女性が外国人男性に売春することだったために（嶽本、二〇一五）、英国海峡植民地における廃娼決議で当面の運動目標は達成されたことになる。

3　帝国日本のアジア侵略と北方からゆきさん

（1）北方からゆきさん――朝鮮・満洲・ウラジオストク

前述したように、海外に出た娼婦という意味でのからゆきさんの出先は時代とともに流動している。倉橋正直は『北のからゆきさん』で、日本人売春婦の行き先としては東南アジアよりシベリア・満洲の方が多かったことを実証し、従来のイメージに修正を迫る。

表9－1は東アジア地域への渡航状況を示したものだが、一八八四年まで清国（上海）、朝鮮、ウラジオストクへの女性渡航者は渡航女性全体の八五パーセント以上を占める。女性たちの年齢は若く、一八八一年の清国、ロシアへ渡航した女性の場合、平均年齢は二二・七歳、二一・六歳である（宋、一九九四）。旅券記録で見る限り、外国人に雇用されて渡航するケースもあるが、ほとんどが単身で渡航事由は縫針稼、洗濯稼となっている。またウラジオストクに渡航した女性の二五パーセント強は帰国に関しての記載はないが、中には朝鮮から日本へ帰国した後に再度ウラジオストクに渡航しているケースもある（宋、二〇〇二）。

一八八四年のウラジオストク市庁の調査によれば、女性の出身国は日本がロシアに次ぐ二位（二七六人）で、しかも日本だけが男性より女性の比率が二倍強と高い。

ウラジオストク行きの日本人女性が急増する背景には、朝鮮半島をめぐる航路の開設も与っている。一八七六年に国策として三菱汽船の長崎―釜山、横浜―上海間の航路が開け、一八八一年から開通した長崎―ウラジオストク線には釜山、元山へも寄港した。

三菱汽船の独占を牽制するために日本政府は一八八五年に日本郵船（三菱との合弁会社）を設立し、その年に長崎―仁川航路を開設する。やがて発着は長崎から神戸に代わり、三週に一度、神戸、下関、長崎、五島、対馬、釜山、仁川を回航した。同社の神戸―ウラジオストク航路、上海―ウラジオストク航路も一八八九年に開設し、途中長崎と朝鮮の主要港を寄港しな

表9－1　旅券発給数（1968-1905年）

	朝鮮		清		北米		露		その他		合計		総計
	男	女	男	女	男	女	男	女	男	女	男	女	
1868-75	1821	144	1050	164	557	39	90	0	748	24	4266	371	4637
1876	78	2	224	60	123	5	70	30	113	4	608	101	709
1877	479	26	204	95	33	2	59	12	89	3	864	138	1002
1878	401	144	205	66	53	4	55	7	193	12	907	233	1140
1879	450	210	205	114	35	2	37	13	61	6	788	345	1133
1880	623	311	156	121	41	7	76	46	116	13	1012	498	1510
1881	311	123	124	95	53	2	198	108	43	10	729	338	1067
1882	335	113	153	244	55	5	147	100	103	19	793	481	1274
1883	417	142	173	219	53	6	100	146	122	12	865	525	1390
1884	368	89	344	116	277	7	72	34	221	26	1282	272	1554
1885	316	91	214	13	278	34	91	27	2049	348	2948	513	3461
1886	588	254	275	90	319	13	134	50	999	285	2315	692	3007
1887	836	282	439	78	445	16	204	46	2062	327	3986	749	4735
1888	1080	352	254	63	722	35	27	4	3321	694	5404	1148	6552
1889	1284	429	286	87	545	54	201	59	4007	820	6323	1449	7772
1890	1363	427	303	87	556	55	214	59	4041	1061	6477	1689	8166
1891	2339	761	275	103	1321	140	514	68	6490	1607	10939	2679	13618
1892	1567	598	409	183	2267	77	791	150	3609	767	8643	1775	10418
1893	1275	501	475	152	1854	124	911	186	7109	1082	11624	2045	13669
1894	5250	815	285	117	1416	81	1109	309	6356	988	14416	2310	16726
1895	8233	2158	1277	233	945	104	3476	1245	4102	638	18033	4378	22411
1896	3753	992	721	159	1645	119	6906	271	11138	1861	24163	3402	27565
1897	3338	1209	4512	76	1798	147	4594	305	6582	1296	20824	3033	23857
1898	3762	1225	2724	205	2788	148	3043	332	16301	2769	28618	4679	33297
1899	3659	1042	1600	373	6539	403	3384	617	27620	5820	42802	8255	51057
1900	3201	1126	6973	566	10155	407	5159	660	12037	1055	37525	3814	41339
1901	3654	1189	4931	755	1858	128	4416	487	5900	716	20759	3275	24034
1902	3541	717	5000	1005	4866	349	3504	377	13717	1126	30628	3574	34202
1903	2388	638	4366	1091	4676	420	3861	493	13699	1268	28990	3910	32900
1904	4477	636	2825	477	3252	238	0	0	13645	1045	24199	2396	26595
1905	496	27	4558	698	2569	555	202	28	9008	1325	16833	2633	19466
合計	61683	16773	45540	7905	52094	3726	43645	6269	175601	27027	378563	61700	440263

出典：外務省通商局編纂『旅券下付数累年比較（自明治元年　至同38年）』大正10年9月刊行。

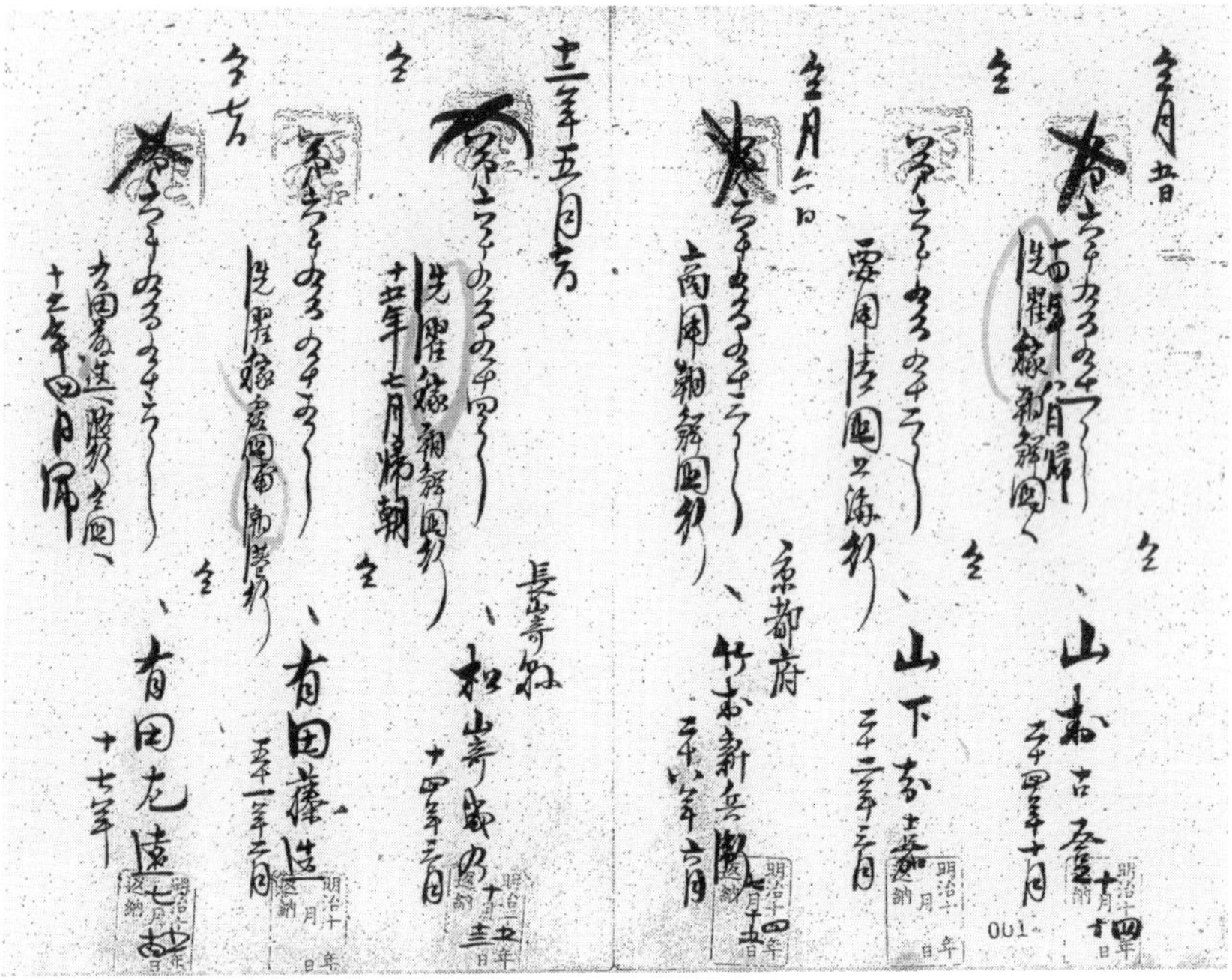

図９―１　ウラジオストクへ向かった若い女性たちの旅券記録

がら、四週に一度の割合で航行した。

外国汽船や三菱汽船と対抗するために、住友は一八八四年に西日本の弱小船主を吸収して大阪商船を設立し、一八九〇年から朝鮮航路に参入、八日に一回、大阪―釜山を運航した。一八九三年からは大阪―仁川線と朝鮮沿岸線が運航され（大阪商船株式会社、一九三二）[8]、朝鮮貿易の中核となった大阪は、西日本の女性たちを朝鮮やウラジオストクに人身売買する拠点港ともなった。

日清戦争は航路拡大の必要性を高めたが、同時にこの戦争が日本式性売買システムをさらに拡大する契機ともなった。表９―１によれば日本人女性の海外渡航のうち、日清戦争後に八三パーセント、日露戦争後に七一パーセントが東アジア地域に集中している。これを総数で見ると、一八六八年から一九〇五年まで清国、ロシア、朝鮮に行った男性は女性の五倍である。帝国の軍事主義が極端な男社会を形成していくが、この地域は、東南アジアほどには欧米列強の視線を気遣う必要はなかったので、日本式性売買システムがフルに活用された。

また日本政府は日露戦争やシベリア出兵で受けた日本人の損害に対し、補償をしているのだが、その申請書類[9]によるとすでに一八七九年からウラジオストクで「貸席業」（遊廓）を営んでいた者がいる。その業者は娼婦を二二人雇うほどに盛業したが、日露戦争を逃れてチチハルから補償申請をしている。補償請求記録に残された性売買業者のほとんどが長崎出身だが、天草出身者はさほど多くない。海外の性売買業者は時には国家の対面を損なう存在でありながら、大陸進出に必要な存在として認められていたために手厚く損害賠償を受けたのであろう。

日露戦争期の満洲・シベリアは、日本のみならず欧米からも性売買や人身売買に携わっていた業者が暗躍する場所でもあった。ロシア兵に女性を供給する目的で満洲に出入りしたフランス人、アメリカ人の徴募人はこの時期にヨハネスブルグに日本人娼婦を連れ出しているという（永原、二〇〇七）。逆に戦時の一攫千金を狙って東アフリカにまで流れていった日本人、赤崎伝三郎がロシア艦隊の動きを伝えて、日露戦争の勝利に寄与したというエピソードは有名だ（森、一九五九、一七一頁）。

北清事変、日露戦争、第一次世界大戦、シベリア出兵と、帝国日本が列強と歩調を合わせて対外侵略するたびに日本人が広範囲に拡がるが、シベリアの日本人はシベリア出兵を経て一九二五年には姿を消し、満洲だけがその後も日本人を吸収し続ける（倉橋、一九八九、七六〜七七頁）。

（2）「植民地公娼制」下の性管理

本章で朝鮮・台湾の公娼制を「植民地公娼制[10]」とするのは、朝鮮・台湾の公娼制が脆弱な国家資本を補う経済的役割よりは、軍事主義的な意義が優先されているものと捉え、植民地支配に不可欠なポリティクスを強調したいがためである。日本は朝鮮と一八七六年に不平等な日朝修好条規（江華島条約）を結び、同年一〇月から対馬の島民に限っていた朝鮮渡航をそれ以外の地域の日本人にも許可する。

東京で発給された朝鮮行きの旅券は、長崎に比べ若年、単身の女性の渡航は少なく、家族をともなった軍や政府関係者の渡航が多い。しかしこれらの旅券発給で注目されるのは、一八八〇年に吉原の老舗遊廓を経営する者が商業を渡航事由に釜山行きを申請していることだ。同年五月一一日の『有喜世』の新聞記事によれば、この業者は吉原の同業者「中米楼」が釜山の日本人居留地で大儲けしたと聞き、朝鮮行きを決めたのである。この時点ですでに釜山の居留地で遊廓経営を軌道に乗せているということは、それ以前に業者が朝鮮に渡っていたことになる。『大阪朝日新聞』には長崎の遊廓も釜山に進出しようと一八七九年末に大阪で娼妓集めしたことが報じられているが、(11)交通の便の悪い時代に長崎に比べ遠隔地の東京からなにゆえに老舗遊廓が未知の新市場で冒険しようとしたのか、よほどの確かな保証があったとしか思えない。

外務省警察史の記録には、一八八一年から釜山、元山（一八八〇年開港）の日本人居留地で、日本に準じた貸座敷、芸娼妓営業規則が制定されたとあるが、それより四年前の一八七七年九月に管理庁令第一八号として「料理屋似寄リノ業ヲ創メ酌取女ヲ召抱ユル者許可ヲ受クヘキ件ヲ規定」していたところから、(12)開港とほぼ同時に「酌取女」を抱える接客業が存在し、それに対する管理にも着手していたのである。

釜山、元山ともに日本と清国の専管居留地だったが、一八八三年に開港した仁川には各国共同租界として欧米諸国の領事館も開設された。当然、居留地内での振る舞いは欧米列強の目にもさらされることになり、居留地内の性売買が問題となり、仁川の領事と外務省との間で遊廓の是非をめぐって議論が交わされるようになる。外務省は欧米諸国への国家的体面を重んじて居留地の遊廓営業を反対するのに対し、仁川領事は上海以上の厳しい密売春罰則を加えた遊廓（公娼制）は必要だと訴える。仁川領事に言わせれば、縫針稼、洗濯稼は性売買の隠れ蓑になっているので、密売春を摘発するためにも公娼制は不可欠だとのことである。

その結果、日本からの移民の奨励と管理、欧米諸国への国家的対面という二兎を追うために、釜山・元山では既存の営業者に限って継続営業を認め、公娼制を禁止していたソウル、仁川においては一八九二年、一八九六年にそれぞれ芸妓と料理店の営業を認めた。(13)やがてこの料理店、芸妓は一九〇〇年から二種に分類され、貸座敷を意味するものを特別料理店、娼妓を意味するものとして二種（または乙種）芸妓という名称を一九一六年まで使用する（宋、二〇一〇）。ちなみに満洲でも一九〇九年一二月以降、日本人に限って貸座敷を「料理店」、娼妓を「酌婦」と呼ぶようにし、それをシベリアにまで適用した（倉橋、一九八九、一五二〜一五七頁）。こうして貸座敷を料理店あるいは料理屋と、公娼・娼妓は芸妓、酌婦と偽証したために、日本人女性でさえ人身売買の餌食になるケースが後を絶たなかった。

図9-2の広告は頭隠して尻隠さずの、この名称の欺瞞性をよく表している。しかもこの広告の料理店（貸座敷）は香月源太郎（一九〇二、三七五頁）によると、朝鮮人が表向きの営業者となっているが、実際は日本人が経営しているということだ。ちなみに、朝鮮において日本人業者が朝鮮女性を雇用する経験が、やがては日本「内地」で朝鮮女性を売春婦として表象したり、朝鮮芸妓を日本の地方の花柳界で巡業させたり、日本の性売買の現場で朝鮮女性を収奪するルートの敷設につながっていく[14]。

朝鮮では日本の朝鮮支配に反対する義兵闘争が一八九四年から一五年まで起こるが、公娼制に関しては、欧米諸国だけでなく、朝鮮人の非難もかわすために名称変更など駆使しながら、「植民地公娼制」を支配の程度に合わせて整備し、全面導入の準備をした。

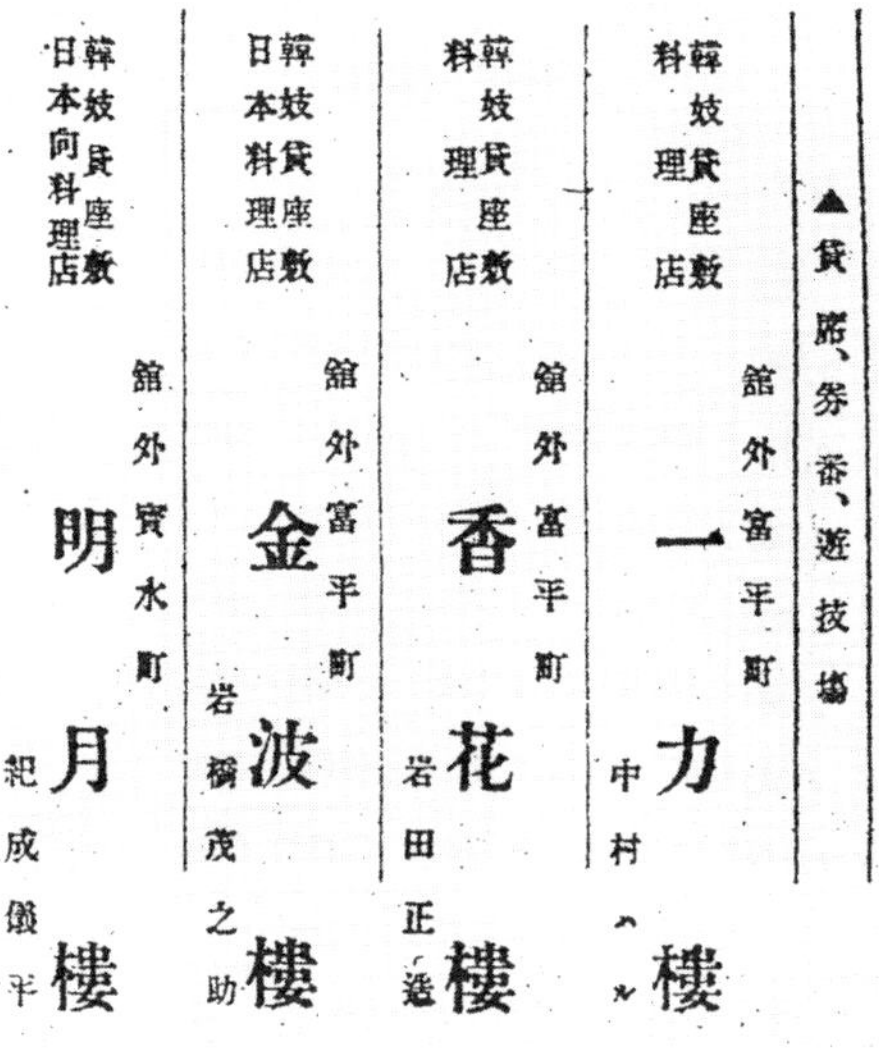

図9-2　韓妓貸座敷広告

出典：香月（1902）。

台湾での公娼制導入は日本の領有直後の一八九六年、台北県令甲第一号「貸座敷娼妓取締規則」の制定により始まる。欧米諸国の目の届かない台湾では、初めから貸座敷という名称が使われた。台湾総督府の支配が地方にまで及ぶ一九〇六年に台湾公娼制が確立し、貸座敷・娼妓に対する取締法令を全島的に統一した「貸座敷及娼妓取締規則標準」「娼妓検診及治療規則標準」（民警）を定める。一九〇七年までは業者も娼妓も「内地」の日本人だけだったが、一九〇七年には台南県に台湾唯一の台湾人貸座敷区域が成立する（藤永、二〇〇一）。

仁川で発行されていた居留日本人の日本語新聞『朝鮮新報』紙上に、一九〇七年七月から一一月まで仁川・敷島遊廓で働く四七人の娼妓のプロフィールが紹介されているが、大阪出身は五一パーセント、次は広島、三位は神戸である。いずれの出身地も朝鮮行きの港があり、なおかつ巨大性売買市場を擁する地域であるが、すでにこの時期の朝鮮では天草出身のからゆきさんの影は薄くなっている。性売買市場に関連する女性の流れが大阪・韓国貿易のルートに重なり、長崎の業者は後退しているのだ。

日露戦争時には日清戦争の五倍の兵力が動員されたが、朝鮮北部の日本軍（韓国駐箚軍）基地で兵站司令部が運営に関わる、慰安所の前身とも言える性管理システムが存在した。奉天でも日露戦争期に「日本軍政署から許しの娼妓屋をみました」と兵士の手紙に記されている（大江、一九八八）。このように慰安所に酷似した兵士向けの性欲処理施設がすでに日露戦争期に朝鮮や奉天に存在したことが認められる。

また一九〇四年三月に韓国駐箚軍が編成されたソウルでは、「花柳病予防規則」「芸妓健康診断施行規則」を決め、娼妓への性病検診を徹底することで駐留兵士の性病予防をはかろうとした。

この時期の特徴として、朝鮮では軍人、警察官、憲兵の前歴を持つ性売買業者が現れ、業界のみならず居留地の実力者に納まっていく。日本人の日露戦争体験が、軍隊と関わりが深く、かつ小資本でも手軽に起業できる性売買業への参入を促したのである。

日露戦争勃発とともに編成された韓国駐箚軍は、「韓国併合」にともない朝鮮駐箚軍に改編、一九一八年五月に朝鮮軍と改称されるが、一九一六年に常駐師団として第一九師団が、一九一九年の三・一独立運動の直後に第二〇師団が編成される。[15]

こうして日露戦争以後、軍備増強のもとで日本が朝鮮を保護国化すると、日本の公娼制を模した性売買システムが朝鮮各地の日本軍基地、日本人居留地に出現するようになる。

日本が植民地にした台湾（一八九五～一九四五）と朝鮮（保護国化一九〇五～一〇、「併合」一九一〇～四五）に導入した「植民地公娼制」とはどのようなものだったのか。

公娼制度そのものが、最初から軍隊のために近代化されたのであり、植民地主義を本質としている（藤目、一九九七：林、二〇一七）とはいえ、日本「内地」では近代以前から江戸・吉原などで隆盛した遊廓へのイメージが、軍事主義との関連で捉えることを妨げる。しかし軍事主義の観点からでも、日本「内地」と植民地とでは明らかに異なる公娼制が扶植された。

一例に、慶尚南道・鎮海における遊廓開設を紹介すると、「韓国併合」の翌年の一九一一年に、日本海軍は鎮海の海軍基地において遊廓敷地貸与の条件として基地のインフラ整備に出資することを提示している[16]。対象となった業者は松本菊次郎という、吉原でも名の知れた大阪楼の経営者である。開港直後の中米楼といい、大阪楼といい、なぜ朝鮮に近い九州の業者でなく、東京からなのか、検証するべき課題が残されている。

第一次世界大戦後には世界的に軍縮が進んだが、朝鮮ではそれと逆行して軍備は拡張される。廃娼運動も世界的に拡大し、そのような世界的な流れを無視できない日本政府も前述のように海峡植民地や英領マラヤでは海外廃娼令を命じるが、同時期の朝鮮では「植民地公娼制」を全面展開していった。常駐師団が設置された一九一六年に、朝鮮で日本の公娼制で使われていた貸座敷や娼妓という名称が公に使われるようになると同時に、それまで朝鮮内の地域、民族（朝鮮人・日本人）で異なっていた貸座敷・娼妓の取締規則を全朝鮮的に統一し、「植民地公娼制」の確立をはかる。

「植民地公娼制」は、営業場所を指定して隔離することや性病検診制度の義務化においては日本「内地」の公娼制と同じであるが、娼妓の許可年齢は台湾では一六歳、朝鮮では一七歳と、日本「内地」の一八歳より幼く定められていた。そのためにより貧しい娘たちが日本「内地」から朝鮮へ、朝鮮から台湾へと移動する回路が形成された。

取締規則、娼妓を取り巻く環境も日本「内地」のものとはかなり異なっていた。日本「内地」で一九〇〇年に制定された取締規則は「貸座敷引手茶屋営業規則」（警視庁令）[17]と「娼妓取締規則」（内務省令）と別々の省庁で定められているが、朝鮮では朝鮮総督府警務総監部令（警務総長は立花小一郎）として「貸座敷娼妓取締規則」にまとめられ、業者、娼妓ともに一管轄部署で効率よく取り締まるが、業者に有利な内容となっている。

公娼制と慰安婦制度の違いは廃業規定の有無だという見解もあるが、その規定は日本「内地」では娼妓取締規則に、朝鮮では営業者向けの条項に入っている。これは日本では廃娼の権利が娼妓にあるのに対し、朝鮮では業者の裁量に任されていることを意味する。

また日本では取締規則を娼妓の目に触れる場所に掲示するよう業者に命じているが、朝鮮にはその規定はない。もっとも日本人娼妓にとっても解読が難しい漢字カナ混じりの法令文を、朝鮮人娼妓に理解できるはずはなかった。当局はそのような現実を熟知していたために、娼妓向けに取締規則の開示を求めなかったのだろうか。

朝鮮における娼妓取締規則は朝鮮人のみならず、日本人にも適用されていたので、朝鮮におけるすべての娼妓は自分たちに関わる重要な法規がどのような内容なのかを知らされなかった。天草出身のからゆきさんの多くは文字を読めなかった（森、一九五九、九六頁）というが、朝鮮人娼妓の場合、文字どころか帝国の言葉にも精通していなかった。

朝鮮では業者に向けて、「内地」では規定されていなかった遊客（買春客）名簿の二年間の保管義務を課している。遊客名簿作成は「内地」でも義務づけられているが、「内地」では氏名、年齢、遊興費の記入と、警察官吏が要求すれば開示することが決められているのに対し、朝鮮では氏名、年齢、遊興費はもとより、人相・着衣の特徴、指名した娼妓名、住所、職業を記入し、名簿使用前に警察署長の検印を受けるようになっていた。このような例からも、朝鮮においては当局の業者に対する介入、圧力がより強く働いていたといえる。

貸座敷内への業者、娼妓への立ち入り検査の権限は日本「内地」では所轄警察官署にあるが、朝鮮では警察官と憲兵にあった。これは植民地における公娼制が対象を民間人より軍隊に重きを置いていたこととも関わる。すなわち、「植民地公娼制」の意義は、治安、風俗取り締まり、公衆衛生、植民地支配の財源確保にあるが、兵站基地の慰安所的な性格も色濃かったのである。

娼妓の民族差別は法令上だけではなく、前借金の額面や待遇などでも格差があった。一九二九年、平壌の娼妓の稼ぎ高を比較すると、朝鮮人女性は日本人女性の三分の一にしか過ぎず、最初に受け取る前借金の額も三分の一から四分の一だった（宋、一九九四）。

実際認められたかどうかは別にして、規則の上で貸座敷内の娼妓に外出が認められるようになったのは、日本「内地」では日中戦争下の一九三三年、朝鮮では一九三四年末のことである。

一九二九年に始まった世界大恐慌の影響で農産物価格が暴落すると、朝鮮では春先に飢餓状態に陥る絶糧農家が半数を占めるようになる。朝鮮内で接客業に従事する日本人女性と朝鮮人女性の数が逆転するのも一九二九年であるが、一九三九年には朝鮮内での娼妓の数が日本人と朝鮮人とで逆転する。さらにこの数に正比例するほどの、中国や日本、南方へ行く朝鮮人女性の増加がある。

「満洲国」建国以降、大陸侵略の兵站基地として重要度を増した朝鮮では、軍需産業を中心とする重工業化路線が推進され、戦争経済に依存する工業植民地に変貌する。農業や軽工業に従事していた女性の生活が男性以上に困難になり、工場労働者になることも高嶺の花となる。にもかかわらず工場で働けるという甘言で女性を誘拐する事件が一九三〇年になると新聞紙面を賑わすようになる。

一九三八年に京畿道がまとめた経済状況報告書[18]によれば、料理屋、カフェ、芸妓、妓生（朝鮮の芸妓）の売り上げは軒並み落ちているのに、ソウルを代表する新町遊廓や龍山遊廓、仁川の遊廓では「軍人ノ出入頻繁ナリシ為」売り上げを伸ばしていると説明されている。

台湾においては一九二〇年代初めから朝鮮人娼妓が増えはじめ、一九三〇年には台湾人を上回り、四〇年前後には台湾全体の娼妓数の約四分の一を占めるようになる（藤永、二〇〇〇、九七頁）。その理由として考えられるものをいくつか挙げると、まず朝鮮における性売買市場を日本人がほぼ独占していたので、朝鮮人が活路を求めて台湾に渡ってきたのであろう。また台湾では朝鮮より一歳若い女性を働かせられること、朝鮮人のほうが日本人よりも前借金・花代とも安いという民族差別賃金による業者側のメリットも否定できない。

日中戦争下、台湾守備隊が上海派遣軍の指揮下に編入され、第四八師団に改編されると、今度は逆に大量の朝鮮人「慰安婦」が台湾から華南地方の戦地に送り込まれた（女性のためのアジア平和国民基金、一九九七）。その際、憲兵が調査し、性売買業者を選定して慰安婦を戦地慰安所に送りこんでいる（陸軍省　陸亜密大日記、一九四二）。軍が直接慰安所を管理する方が民間に委託するより性病検査の徹底化、経費の削減および財源確保につながった。

女性のためのアジア平和国民基金編（一九九七）に収録されている内務省文書の中に、上海派遣軍が慰安所の酌婦を募集していることを各県知事が疑問視し、内務省へ問い合わせた文書がある。上海で陸軍が慰安所の設置を計画し、上海日本総領事館とも協力の上、慰安婦を三〇〇〇人調達するため関連業者を日本内地、朝鮮に派遣したためである。内務省から大阪、兵庫の両警察に対して業者の活動に便宜を供与すべしとの内々の指示も出ていた。

「慰安婦」募集に関して、長崎警察と兵庫県・大阪府警察は、営業許可をもたない業者による周旋・仲介行為であるが、女性たちの渡航を許した。しかし和歌山県警察にはこのような事情は知らされていなかったために、女性集めに奔走した業者が婦女誘拐の容疑を受け、長崎、大阪の警察からの回答でようやく身柄を釈放されるのである。

神戸の別の業者が関東や東北に慰安婦の徴集に赴いた際には、関東・東北の警察から警戒され、徴集を断念させられている。それは関東や東北の警察には軍慰安所の設置に関する機密情報が伝えられていなかったからである。

このように、軍＝国家の関与により、犯罪行為が無罪となったところから、軍隊が慰安所を設置した主体であることが実証される（永井、二〇〇七）。逆に解釈すると、いかに軍隊が内務省、警察との協力の下で、性売買業者との密な関係を維持していたかがわかるだろう。

資料に出てくる長崎、大阪、神戸はアジアに直結する性売買市場の中心であり、性売買関連業者が「慰安婦」徴集に向かった地域は東日本の性売買ネットワークに重なる。たとえば山形県最上郡新庄町などは昭和恐慌下で女子の人身売買が盛んだったために、その地名が広く知られたところでもある。一九三二年から三四年の間、山形県から毎年五〇〇人近い娘が東京などの性売買市場に売られていくが、その市場の範囲はほぼ東京以東に限られていた。

上海総領事館警察署の酌婦（慰安婦）募集の依頼状には「既ニ稼業婦女（酌婦）募集ノ為本邦内地並ニ朝鮮方面ニ旅行中ノモノアリ」とあるが、ソウルで申在順という女性が慰安婦募集に従事する仲介人から甘言で騙され、一九三八年三月に南京の皇軍慰安所に送られたことがある。中は慰安所で心身の健康を損ないながらも前借金を返済し、辛うじて一九三九年八月に戻ってきた。騙した仲介人に会い、抗議したところ、逆に流言飛語の嫌疑で京畿道警察に逮捕されてしまった。(19) このような事件は氷山の一角といえようが、一九四〇年の華中・華南地方において、集められた朝鮮人慰安婦の数は二〇〇〇人以上に及んだ（孫、二〇〇一）。

忠清南道出身の河尚淑《ハ・サンスク》（一九二七〜二〇一七）も工場で働けると騙され、一九四四年末に漢口積慶里の慰安所に送られた。帰国できないまま漢口に置き去りにされるが、(20) 一九九二年に中国と韓国が国交を結んだ後に、河尚淑のような慰安婦被害者が武漢に三〇数人もいることが判明した。

このように大量に慰安婦を徴集しながら、その一方で日本政府は一九三七年二月にジャワ島のバンドンで開催された婦人児童売買取り締まりに関する東洋諸国会議に参加している。すでに日本は一九三三年三月に国際連盟を脱退していたが、会議に参加し、条約批准国としての体面を保とうとした。その会議への出席者は、「内地」婦女の海外渡航取締は厳しくしているが、朝鮮人、台湾人の婦女については遺憾な点があり、支那《ママ》各地の実情は相当寒心すべきものがあり、近き将来において何らかの処置が必要だと報告している。(21)

しかしながら日本は「婦人及児童の売買禁止に関する国際条約」（一九二一年）に加入し、二七年には二一歳の年齢制限も受け入れたが、植民地に適用しない方針だったので、朝鮮・台湾・占領地においての女性の徴集は「内地」より容易だった。日本「内地」では一九二〇年代から三〇年代、さらに四一年の間に続々と廃娼を決議する県が出現した。これを人権活動の成果だと手放しで評価することができるだろうか。性売買業者にとっては一師団だけ残す「内地」での不安定な営業より、単身男性の集団である軍隊のあるところで、軍の慰安所として組み込まれた方が安定していた。日中戦争以降は国内での綱紀粛正はもとより、軍備拡張(22)の戦地での急増した需要に見合う慰安婦の確保が急がれた。

総動員体制下にあって、兵士を生む性として期待された「内地」女性と、それ以外の戦地での性的慰安を担う女性が分断されながらも、同性愛とそれにより生じる問題を警戒し異性愛規範を強いる近代軍事主義を支えたのである。

4　帝国の資本と戦争が生んだ性奴隷——からゆきさんと慰安婦をつなぐ視点

(1)　アジアの東から南へ拡大する帝国の性暴力

一九四三年前半まで日本陸軍の総兵力の半分以上は中国に縛られていたが、四一年から「南方」へ配備された兵力は、一九四一年末に総兵力の七パーセント、四二年末には二二パーセント、四三年には三二パーセント、四四年末には三九パーセントと増強された。

一九四二年、シンガポールに日本軍が進駐すると、慰安婦が徴集され、慰安所が開設された。軍の要請を受けて日本料亭・カフェなども日本「内地」、満洲、朝鮮、台湾から移ってくる。マレー半島でもシンガポール同様、同地に残留していたからゆきさんに慰安婦集めと慰安所の管理を手伝わせた（清水・平川、一九九八、一八四～一八九頁：森崎、一九七六、二三三頁）。

慶尚南道出身の朴西年《パクユニョン》（一九二二～二〇一五）は一九四一年、一九歳のときに中国・広東の慰安所に送られ、三年後にシンガポール慰安所に送られた[23]。同じく慶尚南道出身の金福童《キムボクトン》（一九二六～二〇一九）は一九四〇年に台湾・広東を経て、シンガポール、マレー半島、インドネシアなどの南方の慰安所を転々とさせられた[24]（ソウル市女性家族政策室、二〇一八）。

城田すず子（一九二一～九三）は芸者屋の奉公から横浜、台湾・澎湖島の遊廓で娼妓となる。台湾の遊廓は日本軍専用で警察が監視していたが、かろうじてそこから抜け出す。しかし生きるためにやむなく再びサイパン、トラック島、パラオ島と渡り歩いた末に、慰安所の帳簿係を任された（城田、一九七一）。

高梨タカ（一九〇四～二〇一三？）は一四歳で渋谷の芸者屋に出され、そこを振り出しに第一次世界大戦期にサイパンの料理店「徳之屋」の酌婦、日中戦争期には南京で慰安婦、重工業化の朝鮮・平安北道北鎮金鉱で酌婦をし、太平洋戦争期にはインドネシアの慰安婦として生きてきた。インドネシア・セレベスの慰安所「杉野屋」にいた時は三九歳だった。仲居をするつもりでいたタカだが、さらに年上の女性も軍の命令で慰安婦をしていたので、慰安婦をやらざるをえなかったという（玉井、一九八四）。

日本軍が日本人慰安婦を徴集する際に、売春婦の多額の前借金を肩代わりすることが女性たちに応募条件として提示された（小野沢、二〇一四）。その事前調査として、大阪府でも警察部保安課で貸座敷の営業状況から娼妓の前借金残高に至るまで詳しいヒアリングを行っている[25]。

インドネシアでは、日本人経営の料理店が慰安所に転用されると、日本女性や朝鮮女性を慰安婦にしたが、女性を抱えた料理店などがないところでは、現地の女性を騙して集め、慰安所を開設した。

一九四四年九月から敗戦時までセレベス北部メナド地区に駐留した軍医の回想によれば（福岡、二〇〇四）、慰安所の経営は日本語の上手な朝鮮人女性が任され、慰安所の女性集めは出入り御用商人ニコラス兄弟が担当した。慰安所の女性を集めるために必要な物資は部隊の主計からニコラスに与えた。福岡は慰安所設置には、軍の組織上、部隊長（陸軍少佐）、副官からの命令なくして不可能であり、軍医大尉に事前相談があったのかどうかはわからないとしている。

BC級戦犯になった禾《のぎ》晴道の手記（一九七五）には「アンボン島のような小さなケシ粒のような島にも中国大陸の戦線と同じように、男性の生理的欲求を処理するための「慰安所」が設置されていた。（中略）そこには日本人女性も動員されていたし、もちろん現地人女性が多く集め運営されていた。彼女たちは、軍人を慰める目的であることから「慰安婦」と呼ばれていた。国家権力による強姦強要でもあった。（中略）現地司令部では現地人の女性を集めて、慰安所をつくろうという動きが海軍司令部から出されていた。（中略）司令部の方針としては多少の強制があってもできるだけ多く集めること、そのためには宣撫用の物資も用意する。集まって来る女には当分の間、うまい食事を腹いっぱい食べさせて共同生活をさせる。一人一人の女性から自由意志で集まったようにすること」と記されている。

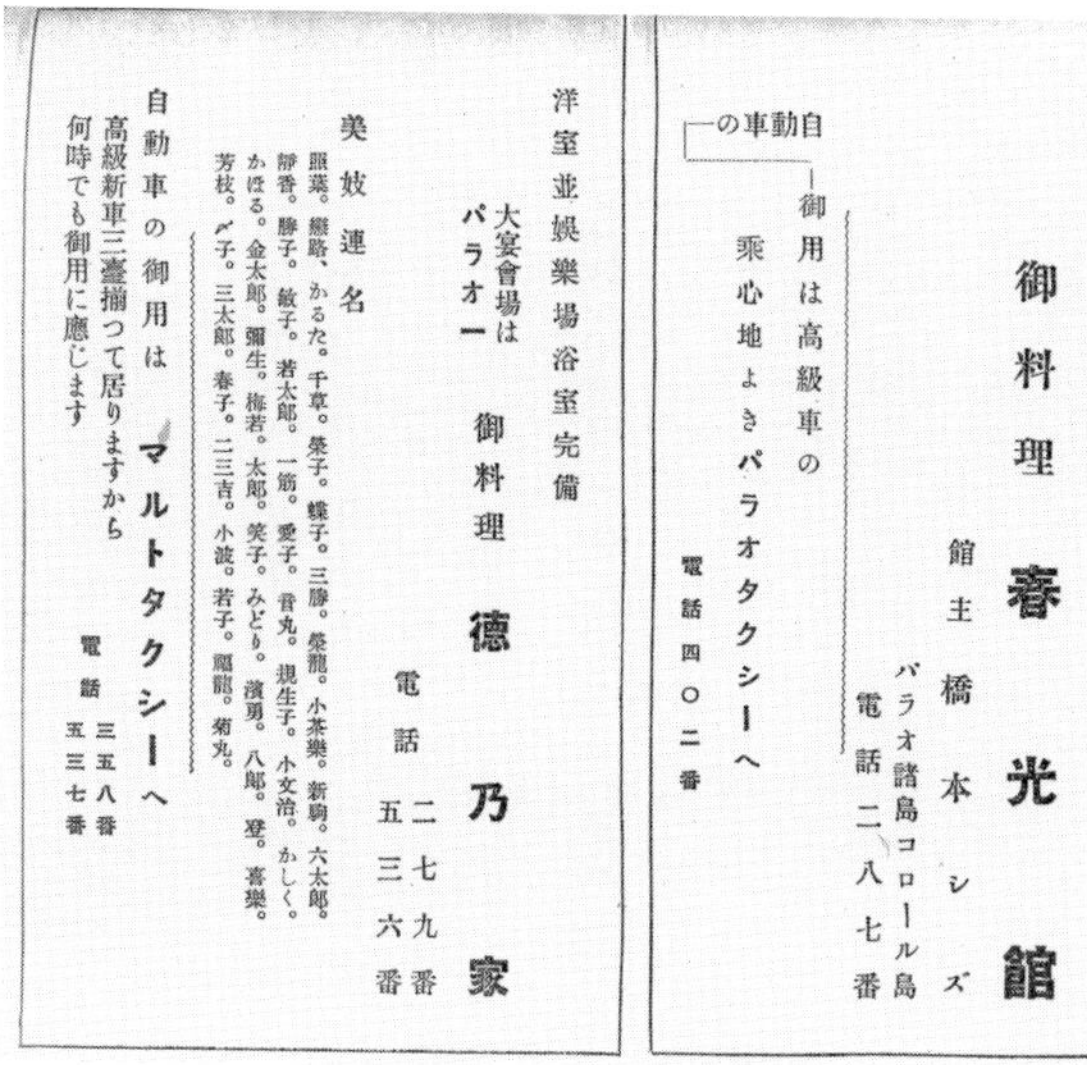

図9－3　徳之屋の広告

出典：『大南洋興信録　第1輯　南洋群島編』同編纂会，1939年。

ここでも相手の窮状につけ込んで、あたかも女性たちが自由意志で集まったかのような演出が金品を使ってなされている。

日本軍慰安婦制度において、日本女性には公娼制が、朝鮮・台湾女性には「植民地公娼制」を背景にした性売買ネットワークを背景に、世間の事情（文字や言葉に通じていないことも含む）に対する無知や経済的窮状につけ込んだ暴力が行使され、中国・山西省の抗日地域の女件とインドネシアの収容所抑留のオランダ女性には敵国への報復としての強姦が、からゆきさんや占領地の女性には地域や人種への蔑視、無知と貧困につけ込んだ巧みな拉致が活用された。

（2）国家的性暴力被害を受けた女性たちの「戦後」

戦争が終結しても、慰安婦の中には原状回復されることなく現地に置き去りにされた女性も少なくない。

上海に置き去りにされた朝鮮人慰安婦に対し、上海在住朝鮮人が一九四五年一一月に組織した韓国婦女共済会を中心に軍政庁派遣諸団体の協力を得て、四六年四月まで一二一四人の女性を送還した。まだ上海に多くの慰安婦が遺されているが救出の方法がないのが痛ましいと関係者は述べている（「朝鮮慰安婦たちの惨状　援護の手掛かりなく中国娼楼で彷徨」『自由新聞』一九四六年七月一六日）。

カンボジアに残された李南伊《イナミ》（通称フン）の場合は、一九九六年に現地で薬剤を商っていた韓国人に偶然に発見されたのだが、その時は自分の本名すら覚えていなかった。彼女は慶尚南道出身で、シンガポールからサイゴンを経てプノンペンの慰安所に連れて行かれたまま現地に捨て置かれたが、ポルポト政権の虐殺で息子を喪っている[26]。

捨て置かれたのは慰安婦だけではない。今村昌平が一九七三年にマレーシアのクランに善道キクヨを訪ねたときに、そこに暮らす別のからゆきさんたちとも出会い、彼女たちの姿をドキュメンタリー「からゆきさん」（一九七三年）に記録している。ある女性は覚えている唯一の日本語が「騙された」だったという。インタビューする過程で、善道キクヨが広島の被差別部落出身だということも判明した。マレーシアに残された女性たちの約七割はインド人の妾や妻になって生きのびてきた。また、女性たちがたとえ故国に帰還しても、その後の人生は平坦でなく、貧困、不妊症、不妊による離婚、過去に対する世間の偏見などから不安定な精神状態に置かれた。

歴史家の秦郁彦は、慰安婦がハイリスクでもハイリターンを期待して自ら望んで慰安所に行ったと言うが[27]、多くの女性にハイリターンなどなく、ＰＴＳＤ（心的外傷後ストレス障害）などに苦しめられた。また、生きていくために故国への帰還後も朴酉年や城田のように米軍相手に性を売るしかなかった女性もいる。

明治日本が推進した富国強兵策を下支えしたのは貧民兵士と「女工」・娼妓たちだが、近代的改編のもとで従来の生活権を失った人々が近代的奴隷労働に編入され、さらにそこから排除された群衆が日本の膨張主義に沿って海外へ押し出されるようになる。

谷川健一（一九六八）は、かつて新大陸をのぞく世界の売春地図は、日本の娼婦とフランスの娼婦とで二分され、その境界線はウラル山脈からスエズ運河を経て、アフリカ東海岸に至る線だと言ったことがある。谷川の文章は誇張に過ぎるとはいえ、日本人娼婦が世界至るところに存在したことへの驚嘆から発せられたものだろう。さらに「娘子軍の発展の地図が、そのまま、大東亜戦争の皇軍が攻撃攻略した地域と重なり」「日本人の娼婦たちは、娘子軍の名をもって、まさしく皇軍の先遣隊の役割をはたしていた」と続ける。

ザンジバルにまで現れたからゆきさんのしたたかさは、しばしば「娘子軍」と呼ばれ、日本人男性によって侮蔑混じりの驚きで語られてきた。しかしザンジバルとは、日本にとって今日の日米関係よりも従属関係にあったイギリスの保護領である。日露戦争期に日本女性がヨハネスブルグにまで送られていたことを勘案すると、女性たちの自発的な行動でアフリカにまで到達したとは思えない。経済的成功を夢見て自らの意志でからゆきさんになったとしても、国家の政治・外交政策、世界資本主義の枠組みの掌にいたのである。

帝国間、あるいは帝国と植民地の序列は、性売買においても序列化と国際分業をもたらした。にもかかわらず女性たちの複雑な存在形態は国家的責任と切り離されたところで、時には軍事物として、時には人情物として歪曲され、矮小化されて語られてきた。

帝国日本の支配の及んだ領域、すなわち朝鮮、台湾、関東州での軍事主義的性管理、東南アジアなどでの「業者主導の自由営業」を装った資本主義的性暴力、帝国のダブルスタンダードを併用しながら、セクシュアリティを国家管理してきた。それにより単身の男性労働者、兵士の労働力を低コストで収奪した。一方で、日本「内地」の周縁から始まったからゆきさんは、国内オリエンタリズムによって、性におおらかな辺境の野蛮性にすりかえる。このすりかえに民族差別が加わった「植民地公娼制」は、その政治的本質がより見えにくくなる。市民法や廃娼規定が実質なかった朝鮮で、「内地」と同じ公娼制という名称が使われたために、逆に売買春の在り方や娼妓の待遇、軍隊との関係が日本内地と同じであるかのような錯覚に囚われる。再言すると、朝鮮で「植民地公娼制」が確立するのは常駐する日本軍が二個師団体制に編成された一九一六年から一九二一年にかけてのことであり、世界的に軍縮が進んだ時期にも朝鮮駐屯日本軍の戦力はむしろ強化されていき、「植民地公娼制」が拡大していく。「植民地公娼制」を見る限りでも、軍事主義と植民地主義は相互に深く関わっている。

第一次世界大戦時にシンガポールなど同盟国の植民地・占領地にまで拡大した日本の性売買業は、欧米諸国との関係性が変わると、帝国日本の支配領域内へと収斂し、アジア・太平洋戦争下で日本軍「慰安婦」制度に再編される。性的奉仕をする相手の男性も多様な人種から日本人へと特化されていく反面、性的奉仕を強いられた女性は多様な人種に広がっていく。「内地」、台湾、朝鮮、関東州といった日本の版図内の遊廓ガイドブック、『全国遊廓案内』が一九三〇年に刊行されるが、ここでも軍事主義は見えず、もっぱら観光資本の色彩が色濃く漂う。しかしこの書物が刊行された別の目的は沈滞する遊廓業を広く宣伝し、景気回復するところにあった。

明治期以降、軍事主義と植民地主義を支えるのに有効だった公娼制は、一九三〇年代になると衰退の兆しを見せた。山本俊一の『日本公娼史』（一九八三年）では世間が人権を無視した公娼制度の矛盾に注目するようになったこと、私娼が増加したこと、軍隊の海外派遣により国内の売春婦の需要が低下したことを挙げている。一九一〇年代の日本社会の通念として「当局の人が遊廓を必要とするのは、軍隊のためになくてはならぬからだ[28]」ったように、三〇年代の公娼制衰微は、廃娼運動の影響もあろうが、それ以上に「内地」の軍隊が戦地に移動したことが要因として大きかった。

性病検査の観点から有効だと見なされた公娼制であるが、三〇年代には世相の変化とともに遊廓人気は落ちはじめ、遊廓経営者の中には利益確保のために性病にかかった娼妓でも接客させるといった弊害も露見し、遊廓は「安全な性器」提供の場としての信用をいっそう失いつつあった。

戦地の軍隊では、公娼制の本来の機能である「安全な性器」を兵士に供給するために、公娼制そのものを立て直しする必要に迫られた。性病検査を徹底しうる運営主体（軍または軍の厳選した業者）と軍拡に見合う女性の確保といった条件を満たすために発案されたのが「慰安婦」制度、すなわち「戦時公娼制」である。「戦時公娼制」だから国家責任をまぬかれるのではなく、「戦時公娼制」だからこそ国家的責任をまぬかれないのである。

しかしながら国家による性管理政策は第二次世界大戦終結の時点で解消されず、内務省は国連軍を「慰撫」するためにRAA（特殊慰安施設協会）を立ち上げ、戦災などで生活に困窮する女性たちを国連軍兵士に差し出した。「民主主義」の時代に見合う性モラルを確立し、深刻な人権侵害である「慰安婦」問題に向き合うチャンスは失われ、「慰安婦」制度は継承された。

「からゆきさんを「慰安婦」や現代の「セックスワーカー」と重ね合わすことには慎重であるべき」（嶽本、二〇一五）という意見には同意するが、島原・天草で「慰安婦」もからゆきさんと呼んだという事実は、生活実感から獲得した歴史の連続性であり、庶民の慧眼から可能だった境界の否定であろう。

地方文化の「野蛮」に閉じ込めようとする帝国のからゆきさん言説を解き、農村から帝国のメガロポリスの遊廓へ売られた女性と、帝国日本の支配領域から戦地の慰安所へと連行された女性たちを、帝国の世界市場をめぐる熾烈な競争・帝国主義戦争下の構造的性暴力の犠牲者として、連続的に見る視点が求められる。帝国の国家機構整備と変化する国際情勢にともない、女性の性の収奪もより「近代化」する。帝国日本が明治期と昭和期で異なるように、国家的性管理のあり方も異なるが、連続する国家暴力の本質を見失ってはならないだろう。

朝鮮戦争の休戦を受けて、一九五七年にはアメリカ陸軍の戦闘部隊は日本からいなくなり、日本にいた第二四歩兵師団は韓国に、第三海兵師団は沖縄に移駐した。

日本では一九五六年に売春防止法が制定されるが、引き続き沖縄、台湾、韓国に性売買システムが移譲されていったこと と、米軍基地の移駐とは決して無関係ではありえない。

（二〇一四年三月三一日脱稿、二〇一八年八月三一日加筆訂正）

注

（1）http://ja.wikipedia.org/wiki/　二〇一四年三月二五日アクセス。

（2）この原稿は一九六〇年に『村岡伊平治自伝』（南方社）として出版されている。自伝の出版は一九三七年ごろから始まったが、日本の南方発展を汚辱するとの理由で軍部が反対（脇田清之 http://www5d.biglobe.ne.jp/makassar/mks/muraoka.html　二〇一四年三月二七日アクセス）。自伝の資料的価値については文章に美化・誇張はあってもマニラ、レガスピー時代の記述は信憑性があると言われる（寺見、一九八九）。村岡は隆盛を誇った事業が海外廃娼令などで不振に陥り、マニラから戦火を逃れて引き揚げ、天草で七七歳の生涯を閉じている。

（3）森（一九五九）によれば、同じ天草でも地域によって「からゆきさん」「からんくにゆき」「新銀とり」と異名が使われていたが、富岡地方で使われていた「からゆきさん」が広く使われるようになる。

（4）大正期に入ると海外の目的地別に「アメリカゆき」「支那ゆき」「シベリアゆき」「朝鮮ゆき」と名称が使い分けされ、「からゆきさん」は「南洋ゆき」を指すようになった（森崎、一九七六）。

（5）中国では海外に売られた娼婦を卑賤視するニュアンスをこめて「豬花」と呼んだ。

（6）一八六七年、海峡植民地はイギリス植民地省の管轄に移された。東インド会社の所管を離れても海峡植民地の名前はそのまま使われ、ロンドンから直接派遣される新知事はシンガポールに駐在した。

（7）日本の廃娼運動がめざした理想は、西欧の近代家族、すなわち異性愛に基づく一夫一妻制度の確立であるが、富国強兵の国家政策からすると公娼制は近代家族を補完するものであり、軍隊内での同性愛を抑圧するためにも公娼制や慰安婦制度は有効であった。

（8）大阪商船は日清戦争の際に、過半数の保有船舶が徴用され、日露戦争の際には日本の保有船舶全てが徴用された。戦争協力により発展した船舶会社は民間会社として航路拡大に成功している。

（9）外務省外交資料館「外務省記録　軍事　戦争　補償及救恤」（B—五—一—一七）。

（10）林葉子は「内地」の「公娼制度」とは別に「植民地公娼制度」があるのではなく、近代公娼制度は、すべて「植民地公娼制度」なのだと捉える方が、より正確」だとする（二〇一七）。その主張の本質的な意味において同意するが、本章では帝国日本のポリティクスを強調したいがために「植民地公娼制」とする。

（11）一九七九年一二月七日。

（12）釜山理事庁『明治四十二年六月三十日現行　釜山理事庁法規類集』明治四十二年九月。

（13）釜山、元山でも一八九〇年以降は貸座敷を特別料理店と称した（宋、二〇一〇、一三六頁）。

（14）一九〇三年の大阪・内国勧業博覧会、一九〇七年の東京勧業博覧会で、朝鮮女性が遊女として「展示」された。大阪ではほかにアイヌ、台湾先住民、沖縄人が「展示」されるが、沖縄人からの抗議を受けたのがいわゆる人類館事件である。大阪での「展示」

を知った朝鮮男性も主催者へ抗議をし、朝鮮女性を帰国させている。日本内務省は一九〇一年に外国人の娼妓登録を認めない規定を設けているが、一九一〇年の調査で釜山出身の芸妓が長野（松本）、群馬、福島、宮城（仙台）を巡業していることが報告されている（「朝鮮人たる芸妓の現在調べ」アジア歴史資料センター・レファレンスコード C05032171200、「台湾人樺太人娼妓登録に関する件及朝鮮人芸妓営業の件」同上レファレンスコード C08020194200）。芸妓たちの住所を見ると、『韓国案内』（一九〇二年）の韓妓貸座敷と同じ場所である。

(15) 戸部良一「朝鮮駐屯日本軍の実像：治安・防衛・帝国」（日韓歴史共同研究委員会編『日韓歴史共同研究報告書』第三分科篇、下巻、二〇〇五年）。

(16) 海軍省『明治四五年～大正一年　公文備考　鎮海永興関係書類二三』。

(17) 東京に適用されたが、これが全国の基準となった。

(18) 「支那事変関係――事変での経済界の諸情勢」『治安状況』京畿道、一九三八年。

(19) 京畿道警察部長「京高秘　第二三〇三号　思想に関する情報綴」一九三九年九月一三日。

(20) 一時、親族を探し当て帰国したが、なじめずに養女の待つ武漢へ戻った。

(21) 一　婦人児童売買取締に関する東洋諸国会議経過報告書送付の件（各庁府県）警保局長決裁書類・昭和一二年（下）、二　婦人児童売買取締に関する東洋諸国会議経過報告書送付の件（庁府県長官）警保局長決裁書類・昭和一三年（下）。

(22) 一九三七年末に三七師団だったのが、四三年末には七〇師団に増強された（山田、一九九七、一六六～一六八頁）。

(23) 『京郷新聞』二〇一五年八月九日。

(24) ソウル市女性家族政策室・ソウル大学人権センター『連行され、捨てられ、私たちの前に立つ』一、プルン歴史、二〇一八年。

(25) 保安課『極秘　貸座敷ニ関スル調査』一九三七年（?）。奥付のない資料のために正確な発行年度が不明だが、一九三六年までの調査結果が記載されているところから一九三七年と推測した。

(26) イ・サンファ「埋められない五二年の歳月」（二〇〇二年七月二日挺身隊ハルモニとともにする市民の集い）。http://www.1945815.or.kr/bbs/board.php?bo_table=mun&wr_id=180　二〇一四年三月三一日アクセス。

(27) 「吉見義明と秦郁彦のＴＢＳラジオ討論」二〇一三年六月一三日（荻上チキ）。www.youtube.com/watch?v=3ANBEo8Ju14

(28) 日向代議士夫人「婦人社会と芸娼妓問題」『廓清』一九一一年九月。

参考文献

浅田進史「植民地における軍事的暴力と社会創造――ドイツ植民地統治の事例から」『歴史学研究』八八五号、二〇一一年、九九～一〇八頁。

荒川章二「軍用地の形成・展開」『静岡県近代史研究』三三号、二〇〇七年。

庵逧由香「朝鮮に常設された第十九師団と第二〇師団」坂本悠一編『植民地帝国支配の最前線』（地域のなかの軍隊七）吉川弘文館、二〇一五年。

石田米子『黄土の村の性暴力』創土社、二〇〇四年。

大江志乃夫『兵士たちの日露戦争』朝日新聞社、一九八八年。

大阪商船株式会社『大阪商船株式会社五〇年史』同社、一九三三年、参照。

大場昇『からゆきさん　おキクの生涯』明石書店、二〇〇一年。

小野沢あかね『近代日本社会と公娼制度――民衆史と国際関係史の視点から』吉川弘文館、二〇一〇年。

小野沢あかね「芸妓・娼妓・酌婦から見た戦時体制――日本人「慰安婦」問題とは何か」『「慰安婦」問題を／から考える』岩波書店、二〇一四年。

香月源太郎『韓国案内』青木嵩山堂、一九〇二年。

桂川光正「上海の日本人社会」『国際都市上海』大阪産業大学産業研究所、一九九五年。

桂川光正「天津租界における売春」『近代社会と売春問題』大阪産業大学産業研究所、二〇〇一年。

可児弘明『近代中国の苦力と「豬花」』岩波書店、一九七九年。

倉橋正直『北のからゆきさん』共栄書房、一九八九年。

今野敏彦・藤崎康夫編著『増補　移民史　Ⅱアジア・オセアニア編』新泉社、一九九六年。

財団法人女性のためのアジア平和国民基金編『政府調査「従軍慰安婦」関係資料集成』第一巻、龍溪書舎、一九九七年。

清水洋・平川均『からゆきさんと経済進出――世界経済のなかのシンガポール―日本関係史』コモンズ、一九九八年。

白石顕二『ザンジバルの娘子軍』冬樹社、一九八一年。

城田すず子『マリヤの賛歌』日本基督教団出版局、一九七一年。

徐民教「韓国駐剳軍の形成から朝鮮軍へ――常設師団の誕生」坂本悠一編『植民地帝国支配の最前線』（地域のなかの軍隊七）吉川弘文

館、二〇一五年。

愼蒼宇『植民地朝鮮の警察と民衆世界一八九四―一九一九』有志舎、二〇〇八年。

辛珠栢「朝鮮軍概史」宋連玉・金栄編『軍隊と性暴力――朝鮮半島の二〇世紀』現代史料出版、二〇一〇年。

鈴木譲二『日本人出稼ぎ移民』平凡社、一九九二年。

『全国遊廓案内』日本遊覧社、一九三〇年。

宋連玉「朝鮮「からゆきさん」――日本人売春業者の朝鮮上陸過程」『女性史学』第四号、一九九四年。

宋連玉「日本の植民地支配と国家的管理売春――朝鮮の公娼を中心にして」『朝鮮史研究会論文集』第三二集、一九九四年。

宋連玉「旅券記録に見る女性人口移動――帝国日本から植民地朝鮮へ」『日本統治下の朝鮮研究の現状と課題』国際日本文化センター、二〇〇二年。

宋連玉『脱帝国のフェミニズムを求めて――朝鮮女性と植民地主義』有志舎、二〇〇九年。

宋連玉「世紀転換期の軍事占領と「売春」管理」宋連玉・金　栄編『軍隊と性暴力――朝鮮半島の二〇世紀』現代史料出版、二〇一〇年。

宋連玉「朝鮮史研究から見た日本軍「慰安婦」問題」『朝鮮史研究会論文集』第五一集、二〇一三年。

宋連玉「「慰安婦」問題から植民地世界の日常へ」『「慰安婦」問題を／から考える』岩波書店、二〇一四年。

ソウル市女性家族政策室・ソウル大学人権センター『連行され、捨てられ、私たちの前に立つ』一・二、プルン歴史、二〇一八年。

孫科志『上海韓人社会史』ハヌル、二〇〇一年。

嶽本新菜『からゆきさん　海外〈出稼ぎ〉女性の近代』共栄書房、二〇一五年。

武重邦夫『愚行の旅――僕と映画と今村昌平』「からゆきさん」http://www.cinemarest.com/imamura/glabo1/gukou_57.html
谷川健一「もうひとつの明治」『娼婦――海外放浪記』三一書房、一九六八年。

玉井紀子『鉄火娼婦・高梨タカ一代記――日の丸を腰に巻いて』徳間書店、一九八四年。

寺見元恵「マニラの初期日本人社会とからゆきさん」池端雪浦・寺見元恵・早瀬晋三編『世紀転換期における日本・フィリピン関係』東京外国語大学アジア・アフリカ文化言語研究所、一九八九年、三七～六五頁。

唐権『海を越えた艶事』新曜社、二〇〇五年。

戸部良一「朝鮮駐屯日本軍の実像――治安・防衛・帝国」日韓歴史共同研究委員会『日韓歴史共同研究報告書　第三分科篇下巻』二〇

〇五年。

永井和『日中戦争から世界戦争へ』思文閣出版、二〇〇七年。

永原陽子「二〇世紀起点の南部アフリカと東アジア」『歴史評論』六九二号、二〇〇七年、一四〜二九頁。

中見里博「ポスト・ジェンダー期の女性の性売買」東京大学社会科学研究所紀要『社会科学研究』第五八巻　第二号、二〇〇七年。

西野瑠美子・金富子『証言　未来への記憶　アジア「慰安婦」証言集Ⅰ・Ⅱ』明石書店、二〇一〇年。

禾晴道「慰安婦狩り」『海軍特別警察隊――アンボン島BC級戦犯の手記』太平出版社、一九七五年。

林博史「シベリア出兵とからゆきさん」笠原十九司・吉田裕編『現代歴史学と南京事件』柏書房、二〇〇六年。

林博史「韓国における米軍の性管理と性暴力」宋連玉・金栄編『軍隊と性暴力――朝鮮半島の二〇世紀』現代史料出版、二〇一〇年。

林葉子『性を管理する帝国――公娼制度下の「衛生」問題と廃娼運動』大阪大学出版会、二〇一七年。

朴廷鎬「近代日本における治安維持政策と国家防衛政策の狭間――朝鮮軍を中心に」『本郷法政紀要』第一四号、二〇〇五年。

福岡良男『軍医の見た大東亜戦争――インドネシアとの邂逅』暁印書館、二〇〇四年。

藤田敏郎『海外在勤四半世紀の回顧』一九三一年。

藤永壮「上海の日本軍慰安所と朝鮮人」『国際都市上海』大阪産業大学産業研究所、一九九五年。

藤永壮「日露戦争と日本による「満州」への公娼制度移植」『快楽と規制〈近代における娯楽の行方〉』大阪産業大学産業研究所、一九九八年。

藤永壮「朝鮮植民地支配と「慰安婦」制度の成立過程」VAWW-NET Japan 編『「慰安婦」・戦時性暴力の実態――日本・台湾・朝鮮編』緑風出版、二〇〇〇年。

藤永壮「植民地台湾における朝鮮人接客業と「慰安婦」の動員――統計値から見た覚え書き」『近代社会と売春問題』大阪産業大学産業研究所、二〇〇一年。

藤永壮「植民地公娼制と日本軍「慰安婦」制度」早川紀代編『戦争・暴力と女性三　植民地と戦争責任』吉川弘文館、二〇〇五年。

藤目ゆき『性の歴史学』不二出版、一九九七年。

宮岡謙三『娼婦――海外放浪記』三一書房、一九六八年。

森克己『人身売買――海外出稼ぎ女』至文堂、一九五九年。

森崎和江『からゆきさん』朝日新聞社、一九七六年。

山崎朋子『サンダカン八番娼館――底辺女性史序章』文芸春秋、一九七二年。

山田朗『軍備拡張の近代史』吉川弘文館、一九九七年。

山本俊一『日本公娼史』中央法規出版、一九八三年。

尹明淑『日本の軍隊慰安所制度と朝鮮人軍隊慰安婦』明石書店、二〇〇三年。

吉見義明『日本軍「慰安婦」制度とは何か』岩波書店、二〇一〇年。

ワレン、ジェームズ・フランシス著、蔡史君・早瀬晋三監訳、藤沢邦子訳『阿姑とからゆきさん　シンガポールの買売春社会　一八七〇―一九四〇』法政大学出版局、二〇一五年。

第10章　ポグロムとユダヤ人のアメリカ移住

黒川知文

1　ロシアにおけるユダヤ人問題

露土戦争（一七六八〜七四年、一七八七〜九一年）の結果、ポーランドは戦勝国ロシア帝国とオーストリアとプロイセンとで三分割された。この一七七二年、一七九三年、一七九五年の三回にわたるポーランド分割により、約一〇〇万人のユダヤ人（西欧中世ではユダヤ教を信じる民）がロシア帝国支配下に入った。その結果ロシア帝国は、当時の世界で最大のユダヤ人人口を有する国となった。ロシアにおけるユダヤ人問題は、ここから生じることになる。

一九世紀後半のロシアは革命運動の進展とともに民族主義が台頭する状況にあった。民族主義に基づく反ユダヤ主義も生起し、南ロシアの定住地域に居住するユダヤ人は、二〇世紀の初めにかけて、大きく三波にわたるポグロム（ユダヤ人に対する暴動）により海外移住を余儀なくされた。その大半はアメリカへと移住した。

ポグロムとはどのようなものであり、東欧とロシアのユダヤ人はアメリカへどのようにして移住して、またどのような社会を形成したのであろうか。

本章は、ユダヤ民衆に視座を置いて、帝政ロシアにおけるユダヤ人政策とポグロム、とりわけ内戦期（ロシア革命後の国内における革命軍と反革命軍等による戦闘の時期）におけるポグロムを概観し、さらにアメリカ移住の過程と移住後のユダヤ社会の性格について考察するのを目的とする。

2　帝政ロシアのユダヤ人政策

革命までの皇帝のロシア人政策を治世順に見ることにしよう(1)。

一〇〇万人のユダヤ人を受け入れたエカチェリーナ二世（在位一七六二～九六）は、ポーランド第一次分割後の一七七二年八月一六日に、ユダヤ人と非ユダヤ人とを区別し、ユダヤ人はポーランド分割以前の定住地から移動することを禁じる勅令を出した。さらに一七九一年には、ユダヤ商人、職人の身分登録地をベラルーシに限定した。その後第二次分割後の一七九三年にはミンスク、ウクライナ、小ロシア、一七九五年にはリトアニアなども登録地となり、ユダヤ人は、これらの地域以外には定住することができなくなった。このようにエカチェリーナ二世は、国内のロシア人商人保護の目的のために約一〇〇万平方キロメートルに及ぶ定住地域を設定することによって、ユダヤ人の居住地を制限した。ウクライナとポーランドを含む地域である（図10－1参照）。だがユダヤ人をロシアに同化させるか否かについては、明確な政策を採らなかった。

アレクサンドル一世（在位一八〇一～二五）は、一八〇二年一一月に、ユダヤ人改善委員会を設立し、皇帝側近者によってユダヤ人問題の解決について討議させた。ユダヤ人を矯正してロシアに同化させるか、まずユダヤ人に権利をあたえるべきか、この問題の解決のために、委員会は助言者としてユダヤ人の代表者の出席を求めた。アレクサンドル一世は、漸進的にユダヤ人を矯正して改宗・同化させようとしたが、この漸進的同化政策はユダヤ人の反対にあい失敗に終わった。

ニコライ一世（在位一八二五～五五）は強制的同化政策をとり、それは兵営学校制度に代表される。一八二七年八月二六日の勅令は、それまで兵役の代償としてユダヤ人から取り立てていた税金を廃止し、その代わりにユダヤ人に強制的に兵役の義務を課すものであった。とくにユダヤ人の場合、最低徴兵年齢は一二歳にされた。兵営学校において軍事教育がなされたが、それとともに強制的な改宗手段が取られた。一八四〇年代初期においては、神聖宗教会議から兵営学校に勤務する司祭にユダヤ人改宗策を強化する命令が出た。しかし、この制度によって改宗したユダヤ人子弟はごく少数であった。また改宗を拒んだユダヤ人子弟の中には、自殺した者も少なくなかった。これらの強制同化の試みは、あるものは廃止され、あるものはユダヤ人の反対にあって実施されず、全体的には失敗に終わったといえる。

クリミア戦争後の農民解放に代表される大改革期において、ユダヤ人政策も変化した。アレクサンドル二世（在位一八五五～八一）は、ニコライ一世の強制的同化政策の失敗を顧み、治世の前半では、自由主義政策を採った。一八五六年に「ユダヤ人の道徳状態が許す限り、ユダヤ人を本来の基本的住民に同化させる一般目的に適応させるため、現存するユダヤ人に関する法令のすべてを再検討するように」と命じた。皇帝は、同年八月二六日に、兵営学校制度を廃止した。その結果、ユダヤ人は徴兵義務に関して一般のロシア人と平等になった。定住地域そのものは廃止されなかったが、再び自由主義的な同化策が取られた。それは、一八五六年に政府職が大学卒業者に、一八六二年には医師、薬剤師に開放されたこと、また、定住地域外の居住権が第一ギルド（同職組合）のユダヤ商人、大学の学位取得者、ユダヤ手工業者などに与えられたこと、などに代表される。

アレクサンドル二世の自由主義的な政策は、一八六一年のポーランド反乱後に変化する。この反乱以後、少数民族に対して厳しい政策が採られ、ユダヤ人に対しても、同様であった。一八七〇年には都市条例が出され、ユダヤ人が市役所職員の三分の一以上を占めることと、市長職に就くことが禁止された。また一八七三年には、一八四一年に設立されたユダヤ人のための公立学校とラビ神学校とが閉鎖された。一方、ロシア国内においては、スラヴ主義者とウクライナ民族主義者が台頭し、反ユダヤ宣伝が繰り広げられた。その最たるものが、ヤコブ・ブラフマンによって一八六九年に出版された『カハルの書』であった。この序文は、ユダヤ人が国家の中に国家を形成し、その目的は一般市民を服従させ、搾取することである、という反ユダヤ宣伝になっている。この書は主として政府高官に好評を得た。また一八八〇年には、新聞『新時代（ノーヴォエ・ヴレーミヤ）』が、自由主義から反動的立場に転じ、「ユダヤ人がやってくる」（жид идёт）という警告文を連載し、ユダヤ人のロシア文化への進出に対する危険性が述べられた。

以上のことを背景にして、一八七一年にはオデッサでポグロムが発生し、また一八七八年には、中央アジアのクタイスで血の中傷事件（ユダヤ人がキリスト教徒の子供を殺してその血を儀式に使用したとする噂によりユダヤ人を迫害する事件。儀式殺人事件とも称される）が起きた。そして、一八八一年には、アレクサンドル二世暗殺事件の直後に、南ウクライナに、ポグロムが発生するのである。

3　一八八一年ポグロムと第二次ポグロム

民衆の参加する反ユダヤ運動として、フメリニツキーによる虐殺、ハイダマク運動（一八世紀にウクライナにおいて開始されたカザークによる一連の蜂起）、そして一八八一年に始まる三波にわたるポグロムをあげることができる。(2)

ボグダン・フメリニツキー（一五九五～一六五七）は、ロシア史においては、カザーク（コサック）と農民の反乱指導者として、ウクライナをポーランドから解放し、ロシア支配に至らせたとして高く評価されている。しかしその反乱において、ユダヤ人を虐殺し、ユダヤ共同体を破壊したために、ユダヤ人の伝承では、「邪悪なフメル」と記され、一〇万人以上のユダヤ人が殺され、三〇〇の共同体が破壊されたことになる。ユダヤ人虐殺は、ガリツィア地方を中心として、ベラルーシ、さらにウクライナにも及んだ。この虐殺と破壊行為により、東欧のユダヤ共同体は崩壊の危機に立たされた。この危機を救ったのがハシディズム（一七世紀後半にウクライナにおいてバアル・シェム・トーヴにより開始されたユダヤ教の神秘的宗教運動）と呼ばれる宗教運動であった。

一八八一年三月のアレクサンドル二世暗殺直後、復活祭の週に「南部の嵐」と呼ばれるポグロムが、南ウクライナを中心に発生した。フメリニツキーの虐殺、ハイダマク運動とほぼ同じ地域にポグロムは広がり、二一二の村と町へと及んだ。エリサヴェトグラードを最初に、ヘルソン、タヴリーダ、エカチェリノスラフ、キエフ、ポルタヴァ、チェルニゴフなどへと、ポグロムはほぼ同時に広がり、警察、軍の介入によって鎮められた。ポグロム参加者は都市下層民、農民、コサックなどが大半を占めた。彼らは、ユダヤ商店、家屋などを破壊したが、ほとんどの場合殺害には至らなかった。

この第一次ポグロムと言われるものの性格は、第一に、それが自然発生的なものであったことである。特定の計画も組織も指導者もなく暴動は生じ、家屋、商店などを破壊すると、いずれも一、二日で終わっている。

第二に、ポグロムは宗教的な暴動であった。発生日が復活祭の週であり、シナゴーグ（ユダヤ教会堂）とロシア正教会のある町の中心部において発生している。さらに、ロシア正教の急進的セクトである分離派（一七世紀のニーコン総主教による典礼改革に反発してロシア化された儀式に固執する信徒）が積極的に参加していた。「ユダヤ人が皇帝を殺したからユダヤ人を打ってもよいという勅令がおりた」という噂がポグロムの起点となった例が多くあった。

原因としては、当時の経済的要因としての急激な穀価騰貴、ユダヤ地方資本家へのロシア資本家の敵対心、ユダヤ人とウクライナ人の都市下層民の職を求める上での敵対感情などがあげられる。しかしこのポグロムの自然発生的性格を説明するためには、日常的生活におけるロシア民衆の宗教に根ざしたユダヤ人に対する嫌悪を考えあわせなければならない。

このポグロムはロシアのユダヤ史の一つの転換点となった。すなわち、この後、政府による「五月法」を代表とする公然としたユダヤ人差別法の採用により、約五〇〇万人いたユダヤ人の四割はアメリカを主な目的地とする大移住を開始した。さらに、シオニズム運動、革命運動への積極的参加も、このポグロム後に展開された。

第二次ポグロムは、一九〇五年の第一革命期に発生した。革命運動を制止する目的で、政府は反動的新聞に、自由に反ユダヤ主義的内容の記事を書かせた。大衆の関心を革命からユダヤ人に向けさせるのがその意図であった。革命をユダヤ人の陰謀とするこの政府の画策は、「黒百人組」と呼ばれる反動集団の活動ともあいまって、しだいに民衆を操作していく。

一九〇三年、定住地域の南西部に位置するキシニョフにおけるポグロムは、地方紙『ベッサラビア』の反ユダヤ的記事を一つのきっかけとして生じた。四五人が殺害され、約一五〇〇のユダヤ商店、家屋が破壊された。この時には、シオニスト社会主義党、ブンド（ユダヤ人労働組合）などから成るユダヤ人の自衛団が形成されている。キシニョフ・ポグロムは、とくに西ヨーロッパ諸国からの非難を受けた。

第二次ポグロムは政府により指示されたものだとされている。以後の調査により、地方当局は政府から、ポグロム参加者を鎮圧しないこと、ユダヤ自衛団から彼らを守ること、などの指示を得ていたことがわかったからだ。そのため地方警察、軍はポグロムが生じてもそれを無視する行動に出た。さらに、政府秘密警察から出されたポグロム画策を命令した文書も発見されている。

一八八一年から一九一四年までに発生したポグロムとユダヤ人差別法のために、すでに約二〇〇万人のユダヤ人がロシアを去った。

第一次世界大戦が始まると、ユダヤ人はその社会的地位を向上させるために、志願兵として積極的に参加した。約八万人のユダヤ人は兵士となり最前線に派遣された。定住地域が戦場となったために、ユダヤ共同体は被害を受けた。戦争のため難民となったユダヤ人は、ポーランド、リトアニアからウクライナへ流れ込んだ。このため、ウクライナにおいてユダヤ人戦争被害者救済機構（ЭКОПО）が設立され、ユダヤ難民に住居、食物、職業等が供給された。

一九一七年革命後の九カ月間は、ユダヤ人にとって解放の時であった。この期にユダヤ人は、政治活動にも参加した。ほとんどすべての民主主義的および社会主義政党へのユダヤ人の参加があった。しかし、こうした政治活動に加わったユダヤ人は青年層に限られ、少数であった。ユダヤ人の大半は、帝政期と同じく定住地域内において生活していた。

4　内戦期のポグロム

（1）　史料批判

革命から一九二一年にかけて続く内戦期、とくに一九一九年から二〇年にかけて、再びウクライナにポグロムが発生した。ペテルブルクにて革命を画策したソヴェト軍が、ウクライナにも自らの政権を樹立しようと、反革命軍等と内戦を展開したのがこの時期であった。この二年間は、ウクライナにとって混乱と破壊の時であった。ソヴェト軍と反革命軍、ウクライナの独立をめざす執政府軍と農民匪団、カザーク軍等による戦闘の中にあって、無政府状態は続いた。政権はめまぐるしく変わり、ウクライナは不安定な状況に置かれた。

この状況下に、ユダヤ人に対する暴動であるポグロムが、かつてないほどの規模で発生した。

内戦期ポグロムに関する史料としては、ポグロム発生直後に発行され、しかも体系的に公的機関によってまとめられたものとして、以下の四史料がある。

A史料：Committee of Jewish Delegations, *The Pogroms in the Ukraine under the Ukrainian Governments 1917-1920*, Paris, 1927.
B史料：E. Heifetz, *The Slaughter of the Jews in the Ukraine in 1919*, New York, 1922.
C史料：С.И.Гусев- Оренбургский, "*Богровая Книга*" *Погромы 1919-20гг.на Украине*, Харбин, 1922.
D史料：Я.Б.Шехтман *Погромы добровольческой арми на Украине*, Берлин, 1932.

一般的にユダヤ人迫害事件を記録した文献は、しばしば死亡者数が一致しない。たとえば、一六四八年に発生したフメリニツキーの虐殺事件のヘブライ語史料においては、死亡者数と被害状況にかなりの差が見られる。これは、著者の誇張によるものである。内戦期のポグロムを扱ったこれらの史料は、ウクライナ人、ロシア人等を含めた複数の者が調査した公的機関によるものである。[3] しかし、それにもかかわらず、死亡者数は一致していない。

C史料では、死亡者は少なくとも二〇万人以上、B史料では一二万人以上、となっている。[4] A史料とD史料にはその言及はない。また、東欧ユダヤ史記録保管所所員であるN・ゲーゲリの調査によると、死亡者は最低五〜六万人となる。[5]

ポグロムを示すことによって反ユダヤ主義者を非難する傾向のあるC史料の死亡者数は、誇張だと考えられる。また、各史料によって調査地域に差があるために、こうした差が生じたとも考えられる。また、ゲーゲリは、最低死亡者数を合計して五〜六万人としたために、実際にはそれ以上の死者がいたと考えられる。したがって、死亡者数は、一〇万人前後とするのが妥当であろう。

以下では、史料として公的機関によるこれら四史料を使用し、総合的に分析する。

内戦期ポグロムを暴力事件と地域と加害者によって分類すると、以下のことがいえる。すなわち、第一に、すべての地域においてペトリューラ軍と農民と匪団とはポグロムを起こしたこと、第二に、その他の加害者によるポグロムは特定地域に限られていることである。

こうした性格をふまえ、加害者を軍隊と軍隊的集団とに一応区分し、軍隊によるポグロムから、すなわち、ペトリューラ

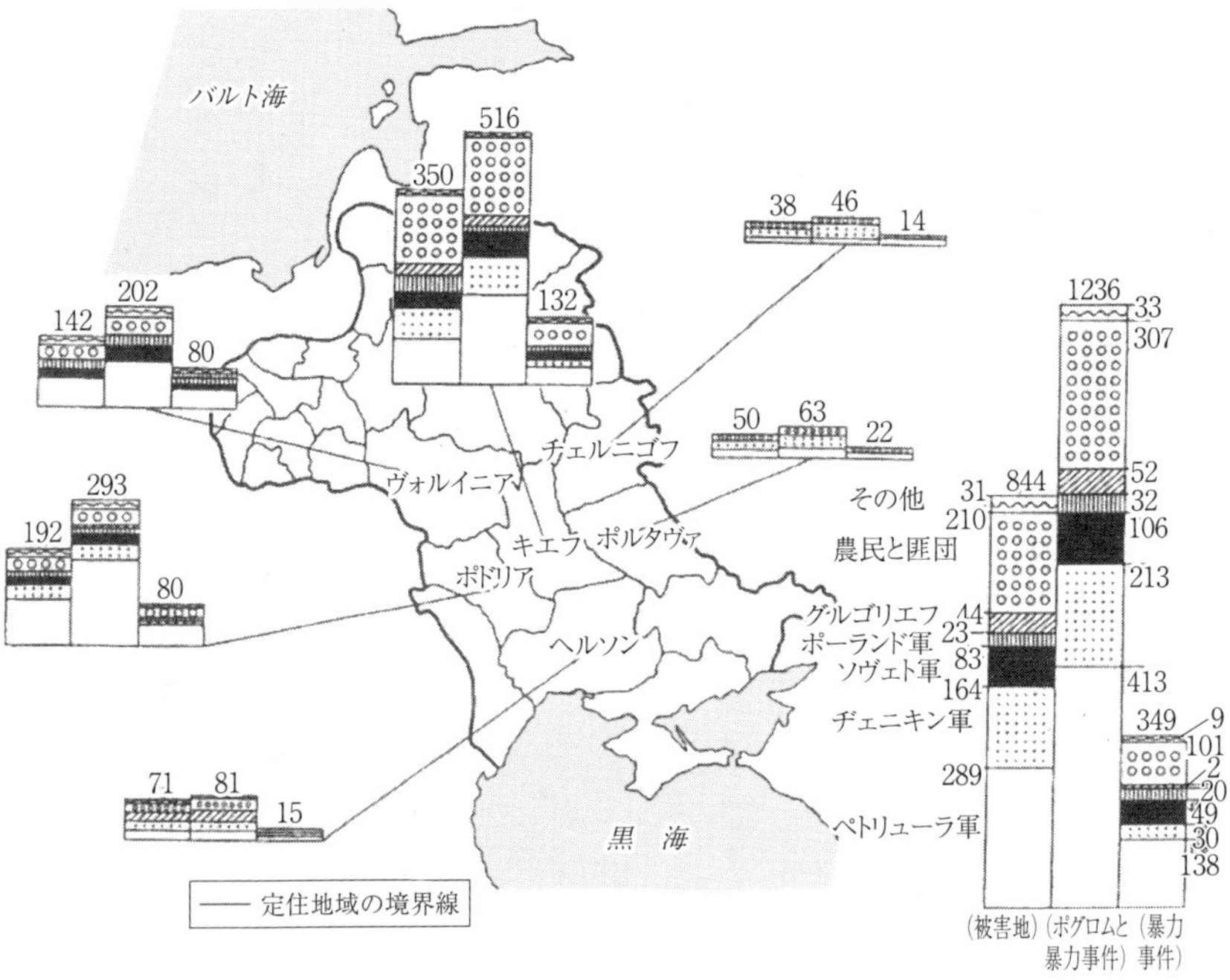

図 10－1　定住地域における内戦期のポグロム

出典：Gergel（1951, p. 245）および黒川（2003，215頁）。

軍（執政府軍）、ヂェニキン軍（「義勇軍」）、ソヴェト軍、農民と匪団の順に見ることにする。なお、グリゴリエフ軍は匪団に含まれるため、また、ポーランド軍によるポグロムはわずかであり、しかも限られた地域に発生したために、これらは分析対象から外した（図10－1）。

（2）執政府軍によるポグロム

ドイツ革命によってドイツ軍がウクライナを去り、ヘトマン体制が崩壊し、一九一八年一一月に成立したウクライナ執政府は、翌月一四日にキエフ市に入城した。当初は少数民族の自由を認めていた執政府ではあったが、しだいに非ウクライナ人への圧迫政策を展開し始めた。一月には、ユダヤ人とロシア人とを執政府の敵とし、とくに前者を「投機家」、「ボリシェヴィキ」と呼ぶ文書が発行された。また、同じ時期に軍部から発行された文書には、匪団にポグロムを起こすよう命令したものもあった。こうした反ユダヤ宣伝活動の後、一二月から一月にかけて、執政府軍によるポグロムが、ヴォルイニア県、キエフ県を中心に発生した。

執政府軍であるペトリューラ軍によるポグロムは、一九一八年一二月から一九二〇年終わりに至るまで発生した。とくに一九一九年一月から四月にかけて、また同年七月と八月には、匪団とともにポグロムを起こした。その後、一九二〇年六月にキエフから撤退する時にもポグロムを起こした。

ゲーゲリによれば、全ポグロム件数の四〇・〇パーセント、全死亡者数の五三・七パーセントは執政府軍によるものであり、彼らのポグロムは、殺害行為を主とした残虐なものであったと考えられる。(6) 地域的に言っても、キエフ県、ポドリア県、ヴォルイニア県を中心にして、ヘルソン県、ポルタヴァ県、チェルニゴフ県においても彼らによるポグロムは発生し、革命期ポグロムの約半分を占めたといってもよい。

彼らによるポグロムの主要発生地をさらに詳しく見ると、そのほとんどが、執政府軍の勢力地域内にあることがわかる。それ以外の地域で生じたポグロムは、匪団と協力してなされたものであった。

この時期のポグロムは、強盗、略奪、暴行をその内容としており、殺害はまれであった。また、ユダヤ人が身代金を払うことによってポグロムを中止した例もあった。したがって規模は小さかったといえる。しかしこの時に、ポグロム参加者が処罰されなかったことから、しだいにポグロムは広がり、また組織的なものへと変わっていった。

キエフ県の西にあるポドリア県においては、キエフ県についでポグロムが多く発生した。ゲーゲリの調査によると、一九一九～二一年に発生したポグロムの二三・七パーセント、死亡者数の二六・一パーセントはこの県においてであった。(7) さらに、ポグロム加害者に関しては、ポドリア県に発生したポグロムと暴力事件の五八・四パーセントは執政府軍によるものであった。(8) この割合は、他県と比較してかなり高い。一九一九年には、この県のガイシン、バルタ、ヴィニツァ、プロスクロフ、カーメネツ・ポドリスクなどを中心にポグロムが発生した。このうち、二月中旬に発生したプロスクロフにおけるポグロムは、革命期において最も多くの犠牲者を出したものであった。

執政府軍によるポグロムの性格をまとめると以下の点があげられる。第一に、軍隊による組織的なポグロムであり、指導者の命令通りに行われた。第二に、略奪行為よりもユダヤ人虐殺に加害者は集中した。第三に、ユダヤ人を、ウクライナに無秩序をもたらした者として、ボリシェヴィキと同一視した。第四に、「ウクライナを救うためにユダヤ人を殺せ」のスローガン下にポグロムが行われた。

(3)　ヂェニキン軍によるポグロム

反革命軍であるヂェニキンの「義勇軍」によるポグロムに関しては、Я・Б・シェフトマンによる史料集『ウクライナにおける義勇軍のポグロム』[9]がある。

シェフトマンによると、一九一九年六月から翌五月までの間、「義勇軍」によるポグロムは、合計二六七の地点において、二九六回発生した[10]。この記録は、ゲーゲリの調査とほぼ一致する[11]。最も多く発生したのは、キエフ県であり、全体の三割以上を占めている。次にポドリア県、ヘルソン県の順に多く発生したことになる。「義勇軍」によるポグロムは、ヴォルイニア県においてはほとんど発生しなかった。その理由は、「義勇軍」の侵入地域を見ることによってわかる。「義勇軍」のうちポグロムを起こしたヂェニキン軍は、キエフ市とヴィニツァ市を結ぶ地点より以東へは侵入しなかった。そのためにヴォルイニア県において同軍によるポグロムはそれほど多くは発生しなかった。発生したポグロムは、同軍敗残兵や匪団に参加した者などによってであった。

ゲーゲリの調査によれば、「義勇軍」の主体となったヂェニキン軍によるポグロムは、一九一九年から二一年にかけて生じた全ポグロムの一七・二パーセントであり、死亡者数では一七・〇パーセントを占めた。さらに、その一ポグロムにおける死亡者数は三七・九人であり、五〇・九人のペトリューラ軍、七七・一人のグリゴリエフ軍によるポグロムほどではないが、それでもかなりの規模であったと考えられる[12]。「義勇軍」は、一九一九年六月にウクライナに侵入し、ボリシェヴィキと戦い、九月にキエフ市を占領した。内戦期のポグロムは、こうしたボリシェヴィキとの戦闘中に発生したものである。

「義勇軍」の主体となったヂェニキン軍によるポグロムを分析した結論として、以下が指摘できる。第一に反ユダヤ宣伝が、ポグロム発生直前に新聞に掲載され、それが噂となって兵士に広まっていた。第二にポグロムは、軍隊による組織的なものであり、ユダヤ人に集中した。第三に虐殺だけでなく、略奪、放火、家屋破壊などがその内容であった。第四にユダヤ人を、革命陰謀家とみなし、「ユダヤ人を殺し、ロシアを救え」のスローガンのもとにポグロムは発生した。これまで見てきた執政府軍と「義勇軍」によるポグロムには、ユダヤ人をボリシェヴィキと見なし、ユダヤ人を殺すことによって、ウクライナを、またロシアを救おうとする理念があった。しかしソヴェト軍によっても、ポグロムは起こされた。そこで、彼らによるポグロムを分析する。

（4）ソヴェト軍によるポグロム

ソヴェト軍によるポグロム件数は五七件であり、全ポグロム発生地の九・八パーセントを占める。また、暴力事件は四九件で、一四・〇パーセントを占めた[13]。また、死亡者のなかったポグロムと暴力事件の四九・一パーセントはソヴェト軍によるものであり、ポーランド軍の五九・四パーセントについで多い。さらに、死亡者のあったポグロムと暴力事件における一ポグロムあたりの死亡者数は、一四・二人であり、平均の四五・五人をはるかに下まわっている[14]。

以上から、ソヴェト軍によるポグロムは小規模であり、殺害例もかなり少なかったことがわかる。発生地は、キエフ県、ヴォルイニア県、ポドリア県に集中しており、執政府軍と「義勇軍」との戦闘があった地といえる。

ゲーゲリは、ポグロムに参加したソヴェト軍を分類した。それによると、タラシチャ連隊、ブデヌィ軍、第一ソヴェト連隊が主な加害者であった。これらの軍隊は、ソヴェト軍による全ポグロムの六七・九パーセントにのぼる割合を占めている。ゲーゲリはタラシチャ連隊と第一ソヴェト連隊は、元執政府軍の兵士、ブデヌィ軍は元デェニキン軍の兵士を主体としており、純粋なソヴェト軍ではなかったと指摘している[15]。Ｅ・ヘイフェツもまた、ポグロムを起こしたソヴェト軍には、匪団として独立して形成された部隊、過去ペトリューラ軍側についた部隊、反ソヴェトでありながらソヴェト軍と称した部隊もあったと述べている[16]。

ソヴェト軍によるポグロムについて、以下の点を指摘できる。第一に、小規模であり、殺害件数は少なかった。第二に、ポグロムに参加したのは、執政府軍や「義勇軍」に過去参加した兵士を主体とするソヴェト軍によるものが多かった。第三に、ソヴェト軍正規軍によるポグロムにおいては、富裕ユダヤ人家庭への略奪が行われた。第四に、ソヴェト正規軍と国際連隊は、ポグロム中止とユダヤ人保護の任にあたった。その際、ユダヤ人がソヴェト軍に参加する例もあった。

(5)　匪団によるポグロム

ポグロムは、軍隊的組織を持つ匪団によっても行われた。軍隊によるポグロムとの間にどのような差があったであろうか。また、どういう階層によって匪団は構成されていたのであろうか。

農民と匪団によるポグロムは一二〇七件発生し、全体の二四・八パーセントを占めた。それは四〇・〇パーセントを占めた執政府軍についで多い。しかし、死亡者数では、一四・八パーセントに過ぎず、ヂェニキン軍によるポグロムの死亡者数よりも少ない。一ポグロムにおける死亡者数も二二・七人であり[17]、軍隊によるポグロムほど残虐ではなかったと考えられる。

農民と匪団によるポグロムは、どの地方においても発生した。これは、発生地が限られていた諸軍隊によるポグロムとは異なる。とくに、キエフ県において、農民と匪団によるポグロムと暴力事件の発生地数は、執政府軍によるものよりも多かった[18]。匪団はカザークの頭、アタマンによって率いられていた。その代表的なポグロムの発生状況を見ると、同じアタマンが何度もポグロムを起こしたことがわかる。また、ポグロム発生地は、アタマンによって一定地域に限られていたこともわかる。たとえば、ヴォルイネツとリァホヴィチはポドリア県、ゼレヌィとストルクはキエフ県でポグロムを起こした。発生日については、一九一九年七月、八月がとくに多い。しかし、一九二〇年八月に至るまで、毎月ポグロムは発生した[19]。

以上から、農民と匪団によるポグロムは、最も広汎な地域に、特定時期をもたずに発生したといえる。

匪団の構成員に関しては、一九一九年一〇月二二日に、ヴィニツァポグロム被害者救済委員会から同委員会本部に送られた報告書の序文に「ボリシェヴィキ支配下で、我々の地方は、ユダヤ人に襲撃を加えた暴動農民の集団が通過したため、我々はひどく苦しんだ[20]」と述べられている。「暴動農民の集団」が匪団であったとわかる。また、リチンのポグロムについての史料には、ポグロム加害者は、「地方町人と近郊の農民[21]」、ピコフのポグロム史料では「地方農民と近村一五の農民[22]」、ポグレビシチェでは「カザーク」によって成っていたと記されている。さらに、ツルチン、ストリエフカ、ミジコフ、ネミロフ、ヤーノフ、ノヴォ、プリロキ、ヴィニツァ、ツルボフ、ペチョラ、ブラツラフでは、加害者は「パルチザン[23]」

（партизн）と記されている。「パルチザン」とは、反ソヴェトの労働者と貧農を意味する。X・クペルシミドの報告によれば、二五人から成る匪団が、ミハイロフカ村、ドズヴィニアツァ村、ドルゴレフカ村などに侵入して四五人となり、チチエフ市にてポグロムを起こした[24]。匪団に加わったのは村の農民であったことがわかる。

以上から、匪団は農民を主体として構成され、下層労働者、カザークも加わっていたといえる。彼らはまた、村々をめぐりさらに大きな集団となったこともわかる。

キエフ県において、一九一九年八月に、四〇の地点でポグロムが発生した。その参加者は、「義勇軍」、執政府軍、ソヴェト軍、匪団であった[25]。一地点に様々な軍隊が到来してポグロムが発生した例がしばしば見られた。たとえば、同県タリノエ小市においては、ボリシェヴィキ軍の撤退後に、チューチューニクの匪団が到来して五三人のユダヤ人を殺した。匪団が去った後、マフノ軍（ウクライナの農民指導者マフノによるパルチザン部隊）が来て三人のユダヤ人を殺した。彼らが農民から食糧を調達したガリツィア方面へ去った後、カザークから成る「義勇軍」が同市を略奪し、放火した[26]。ビェラヤ・ツェリコーフィにおいても、執政府軍、ゼレヌィ匪団、カザーク隊が順に到来して、八月末には三〇〇人が殺された[27]。

匪団によるポグロムには以下の特徴を指摘することができる。第一に、時期と地方に限定されずに発生した。第二に、規模はそれほど大きくなく、略奪と虐殺をその内容とした。第三に、匪団と農民はともに行動したが、前者は略奪と虐殺、後者は略奪を目的にしていた。

（6）軍隊ポグロムと農民ポグロム

これまで分析した加害者別によるポグロムの性格を、組織性、虐殺の有無、略奪の有無、反ユダヤ宣伝の有無によって比較すると、以下のことがいえる。

組織性は、執政府軍、ヂェニキン軍、匪団などの軍隊及び軍隊的集団において見られた。ただし、ソヴェト軍は例外であった。また、虐殺を行ったのも、こうした軍隊及び匪団であった。略奪活動は、すべてに見られた。ただし、ヂェニキン軍においては、略奪よりも虐殺に集中していた。反ユダヤ宣伝に関しては、「ユダヤ人を殺して、ウクライナを救え」とする執政府軍と、「ユダヤ人を殺してロシアを救え」とするヂェニキン軍において見られた。このうち、ヂェニキン軍によるものは、政府公認文書によって宣伝されたために、執政府軍によるものよりも徹底したものだといえる。また、反ユダヤ宣伝によって広がった噂もポグロムの発生に影響を与えた。噂はとくに匪団や農民の間で信じられていた。

こうした比較から、二つの類型を立てることができる。執政府軍、ヂェニキン軍匪団によるポグロムは、その組織性、また虐殺と略奪行動、反ユダヤ宣伝の展開、などの点で共通しており、これらをまとめて「軍隊ポグロム」と呼ぶことにする。一方、組織性を持たず、略奪に集中した「農民ポグロム」を、第二の類型とする。ソヴェト軍によるポグロムは、発生件数も少なく、略奪行為も富裕ユダヤ人に限られたために、これらの類型に含むことができない。

このように類型化すると、一八八一年ポグロムとフメリニツキーのポグロムとの比較もより明確になる。すなわち、民衆の自発性と宗教性との性格を持つ一八八一年ポグロムは、革命期に発生した「農民ポグロム」に類似する。両者とも組織的でなく、虐殺よりも略奪に集中し、しかも噂に影響されたからである。

また、フメリニツキーのポグロムは、革命期の「軍隊ポグロム」と、その組織性、虐殺行為の点で、類似している。ただし、反ユダヤ宣伝は、後者の方がより徹底していた。

さらに、別の観点に立てば、民衆の宗教意識と関係するのが「農民ポグロム」であり、政治状況に影響されたのが「軍隊ポグロム」といえる。しかし、宗教意識と政治状況とは不可分なものではないために、こうした二類型による考察は、あくまでも比較考察の一手段に過ぎない。

(7) ウクライナ農民の状況

一八九七年におけるウクライナ八県の統計によれば、農民の八七・三パーセントはウクライナ人であり、逆に、ウクライナ人の八六・五パーセントは農民であった。[28] したがって、この時期において、ウクライナ人と農民とはほぼ同義語だと考えてもよい。

また、都市人口を見ると、ロシア人が三二・五パーセント、ウクライナ人三二・四パーセント、ユダヤ人が二八・四パーセントであり、農村の人口構成と著しく異なる。すなわち、青木氏の指摘するように、「ウクライナ社会の構造で最も特徴的なのは、都市と農村とが民族的にまったく異なった性格をもっていた点であった[29]」といえる。ポグロムは、こうした三民族が混在する都市よりもむしろ農村を中心に発生した。

ところで、一九二六年のウクライナ県別民族構成に目を通すと、ポグロム発生県には一つの共通点が見られる。それは、ポグロムが多く発生したドニエプル右岸地方のキエフ県、ポドリア県、ヴォルイニア県においてはいずれもウクライナ人がその大半を占め、次にユダヤ人が多く、ロシア人はキエフ県以外においては非常に少数であったことである。ロシア人が比較的多くいたドニエプル左岸地方において、ポグロムはあまり発生しなかった。したがって、ポグロムは、ウクライナ農民によるユダヤ民衆に対する暴動であったといえる。

一九一九年から二〇年にかけて、ウクライナ農民にはソヴェト政権による農業政策に対する反感があった。一九一九年二月、ソヴェト政権は、以前地主地であった大経営地を、ソフホーズ組織化のために国有地とし、砂糖工場、ビート畑なども国有化する布告を発した。しかしそれは広汎な農民大衆と結びついたものではなく、実際に、中農、貧農はごくわずかの土地しか受けとらなかったために、農民側の反対に出会った。これが、一九一九年春以後のウクライナにおける農民反乱を呼び起こしたと指摘される。また、一九一九年に始まるソヴェト権力による農民の食糧徴発活動も、農民の反感を呼んだと考えられる。このような農民の反感がポグロムの背景にあったと考えられる。

5　東欧ユダヤ人の米国移住

(1)　概　況

ウクライナにおける一七世紀以来の反ユダヤ暴動の伝統、そしてとくに一九世紀末以降、三波にわたり生起したポグロムを契機として、東欧系ユダヤ人（主にロシアとポーランドのユダヤ人）は移民活動を展開した。移民先の多くはアメリカであった。

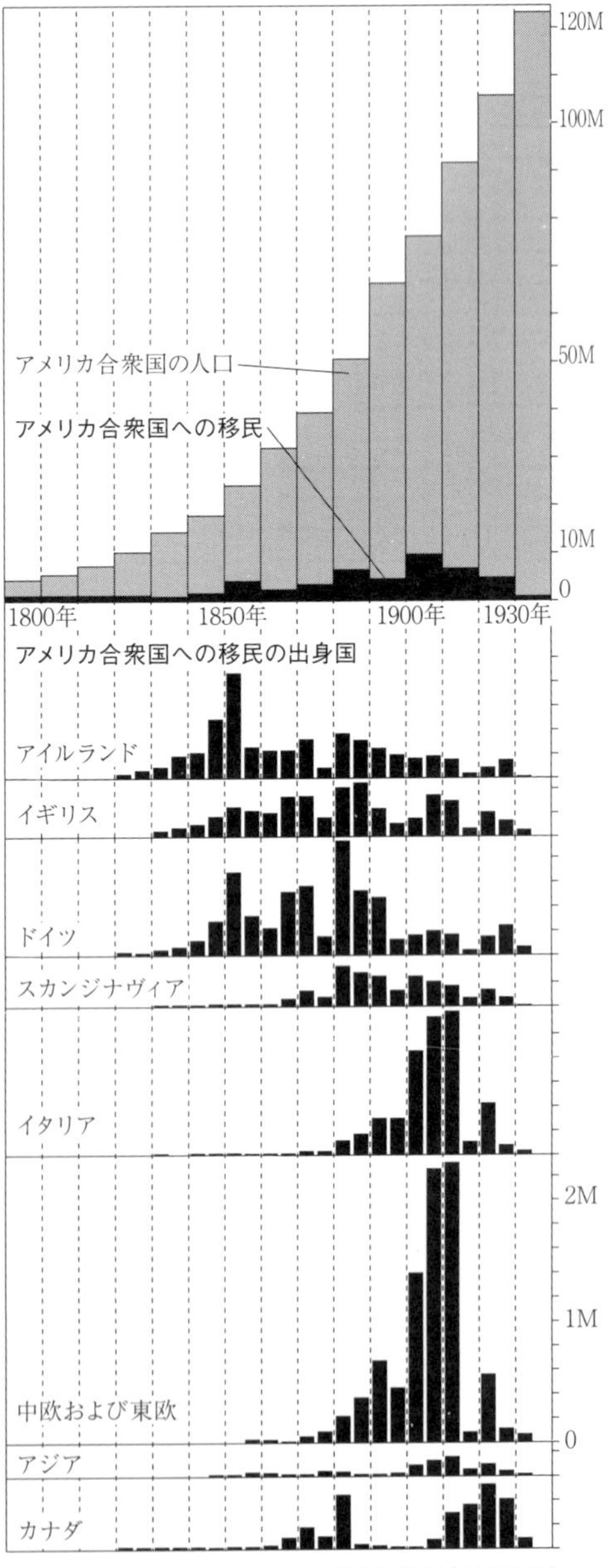

図 10－2　アメリカへの移民（Mは100万人）

出典：ヴィダル＝ナケ編（1995，231頁）；黒川（2018，216頁）。

ところでアメリカへのユダヤ人移民に関しては、大きく四つの波があった（図10－2参照）。

・第一波：一八六〇〜七〇年……約一五万人のドイツとポーランドのユダヤ人
・第二波：一八八〇〜一九一四年……約二〇〇万人のロシアのユダヤ人
・第三波：一九〇〇〜一四年……約一二万五〇〇〇人のルーマニアのユダヤ人
・第四波：一九三三〜四五年……約二四万人のドイツとオーストリアのユダヤ人

とくに一八八〇年から一九二五年までの「大移民期」において、約二三七万八〇〇〇人のロシアのユダヤ人がアメリカに移民した。ロシア国内における三波にわたるポグロムがこの移民の誘因であることが明らかである。

（2）移民の経路

ロシア帝国から国外へ退去するには、非合法の斡旋業者がユダヤ人を導いた[30]。旅券や切符の獲得まで斡旋業者は扱った。移民に必要な費用は、個人の貯金や私財売買金や他国にいる親戚からの金銭援助によって支払われた。さらに定住地域内にあったユダヤ植民協会の相互貸付銀行（Mutual Loan Banks of Jewish Colonial Association）も利用された。一九一四年までには六八〇の同銀行を四五万人のユダヤ人が利用して交通費を捻出した。

西欧において設立されたユダヤ自助団体の中で、一八七三年にウィーンにおいて設立されたイスラエル同盟（Israelitische Allianzha）は、ガリツィアとルーマニアのユダヤ人がアメリカに移民するのを援助した。また一九〇一年にベルリンで設立された援助団体（Hilfsverein）も、ロシアからの難民をアメリカに移民させるのを援助した。

またパリ、ウィーン、アムステルダムには一九一四年までには主要なユダヤ病院があった。乗船する前にユダヤ人はそれを利用した。東欧系ユダヤ人移民は、上記の援助団体や病院のある都市に向けて移動した。

東欧とロシアからのユダヤ人の移民の経路には出身地別に大きく三つの経路があった（図10－3参照）。

・北ロシアのユダヤ人……ウクライナに移動してブロディからオーストリア＝ハンガリー帝国のウィーンへ、そしてドイツの北にあるハンブルクやブレーメンの港から乗船した。
・ウクライナのユダヤ人……ブロディからオーストリア＝ハンガリー帝国のウィーンへ、そしてドイツへ。あるいはオランダやベルギーの港から乗船した。
・ルーマニアのユダヤ人……ウィーンからドイツの港へ行き、乗船した。

このようなロシアからのユダヤ人の大量移民を実現したのは、一九世紀の運輸革命であった。鉄道はヨーロッパ諸国をほ

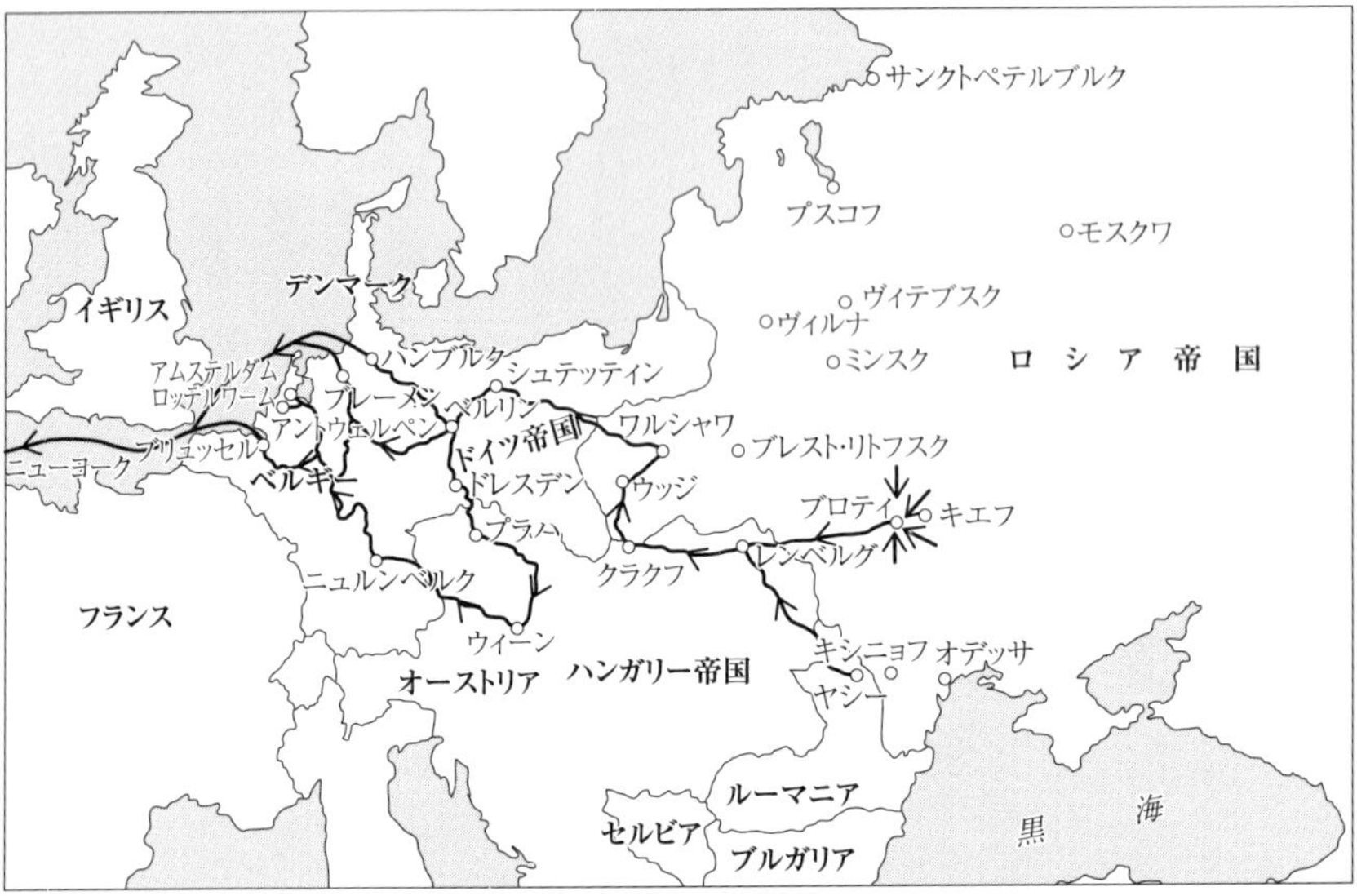

図10－3　ユダヤ人の移動経路

出典：Roth and Dinhobl ed.（2008, p. 35, 53, 98）より作成。および黒川（2018, 217頁）。

ぼ行きめぐり、一八五〇年代には帆船に代わり蒸気船が大西洋航路に登場した。また、ドイツのハパク（Hapag）社はハンブルク・アメリカ・ラインを、新造汽船で北大西洋航路に参入し、一八七〇年代以降は、ドイツのハンブルク南米汽船、オランダのホランド・アメリカ・ライン等が国際競争に参加した。

このように世界の主要定期航路が形成されたのは一九世紀後半であり、ヨーロッパからの移民の多くはこの蒸気船航路を利用した。一九〇五年にドイツの港を出航した外国人二四万人のうち約五万人は東欧系ユダヤ人であった。イギリスからニューヨークまでかかる日数は早くて一〇日であった。したがって、東欧から鉄道と蒸気船を利用してアメリカまでの所要時間は二週間前後であったと推定される。

6　移民援助団体

アメリカにおいてもユダヤ人移民を援助する団体がいくつかあり、積極的に活動した。

主要なユダヤ人自助組織には、一八八四年に設立されたヘブライ移民援助協会（Hebrew Immigrant Aid Society）、一八九三年に設立されたユダヤ人女性国内協会（National

Council of Jewish Woman）があった。また、アメリカに移民するユダヤ人に対する救済機関には、以下があった。

①　ブネイ・ブリス（B'nai B'rith「契約の子ら」）

一八四五年にドイツ系ユダヤ人によって創設された友愛と奉仕を中心とする団体である。ワシントンに本部があり、アメリカのユダヤ人団体の中で最大の組織である。一九一三年には、反ユダヤ主義と闘うＡＤＬ同盟（Anti-Defamation League）を設立した。現在、ニューヨーク国連本部前に全国本部を置き、全米に三一の支部を持ち、あらゆる形態の反ユダヤ主義を監視している。

②　ヘブライ保護移民援助協会（Hebrew Sheltering and Immigration Aid Society）

一九〇九年に、東欧系ユダヤ人移民を救済するために創設された。主な目的は、移民の親族や家族を探し出し、入国および市民権を獲得するための書類を用意し、就職をも斡旋することにあった。東欧系ユダヤ人社会で活動していたHebrew Free Loan Society（一八九二年設立）とBeth Israel Hospital（一八九〇年設立）が合体した協会である。

③　アメリカユダヤ人委員会（American Jewish Committee）

一九〇六年に、ユダヤ教保守派神学校を救済するためにドイツ系ユダヤ人によって設立された。とくに、ロシアのユダヤ人の救済活動に積極的であり、後にはホロコーストのユダヤ人犠牲者に対する補償問題も提起した。

④　アメリカユダヤ人会議（American Jewish Congress）

第一次世界大戦後のユダヤ人問題について、一九一八年一二月にフィラデルフィアで討議した会議が常設機関となった。アメリカユダヤ人委員会よりも広汎な組織となり、世界における反ユダヤ主義との対決を重要な課題にしている。

⑤　アメリカユダヤ人合同分配委員会（American Jewish Joint Distribution Committee）

ヨーロッパのユダヤ人を救済するために設立された委員会である。正統派ユダヤ人によるユダヤ人戦争被災者救済中央委員会（Central Committee for the Relief of Jewish War Sufferers）と、アメリカユダヤ人救済委員会（American Jewish Relief Committee）により集まった募金を一本化して分配するために一九一四年一一月に組織された。一九一四年から二四年にかけて五九〇〇万ドルが海外へ送金された。東欧各地にも被害者救済センターを設立し、資金は病院や学校建設等にも充てられた。

このようにロシアと東欧からのユダヤ移民は、実に恵まれた環境のもとでアメリカへ移住することができた。

7　ニューヨークにおける東欧ユダヤ共同体

（1）シュテットルの形成

東欧系ユダヤ人は、アメリカに移住して、どのような共同体を形成したのであろうか[31]。

一八八一年から九〇年にかけて、ロシアから移民したユダヤ人が農業植民活動に従事したのは、中央以西のオレゴン州、コロラド州、ノースダコタ州、サウスダコタ州、カンサス州、アーカンサス州、ルイジアナ州であった。また一八八〇年から一九一四年にかけて、ロシアからの移民ユダヤ人の数が二〇〇万人を超える都市は、セントルイス市、シカゴ市、フィラデルフィア市、ボストン市、そしてニューヨーク市であった。一九〇〇年以降、ニューヨーク市はアメリカ最大のユダヤ人口を有する都市になった。ニューヨーク市では南東部のロワーイーストサイドに東欧系ユダヤ人は集住した。その人口は、一九一〇年には約五四万人であった。以下ではロワーイーストサイドのユダヤ人共同体を例にして、東欧系ユダヤ人が形成した共同体について考察する。

ところで東欧系ユダヤ人は、一六世紀から一九世紀にかけてシュテットルと呼ばれる独自の共同体をポーランドからウクライナに形成した。シュテットルは、シナゴーグと市場とユダヤ人家庭から成っていた。

ポーランド南部にあったティシェヴィツ・シュテットルの一九世紀後半における構造図を見ると、シュテットルの中心には、市場と馬市場があり、近くに大シナゴーグと小シナゴーグがあることがわかる（図10－4参照）。シュテットルの周りには、ユダヤ人家屋が囲んでいることもわかる。市場は経済の中心であり非ユダヤ人と接触する場であった。シナゴーグは礼拝する場であり、週日はユダヤ学校となり、しばしば政治問題を話し合う場でもあった。ユダヤ人家庭は、家族や親類の生活する場であり、安息日礼拝が行われる場でもあった。このように、市場とシナゴーグと家庭がシュテットルの三要素であることがわかる。同時代に南ウクライナにすでに形成されていたエリサヴェトグラード市も、その構造図から、市場が中心

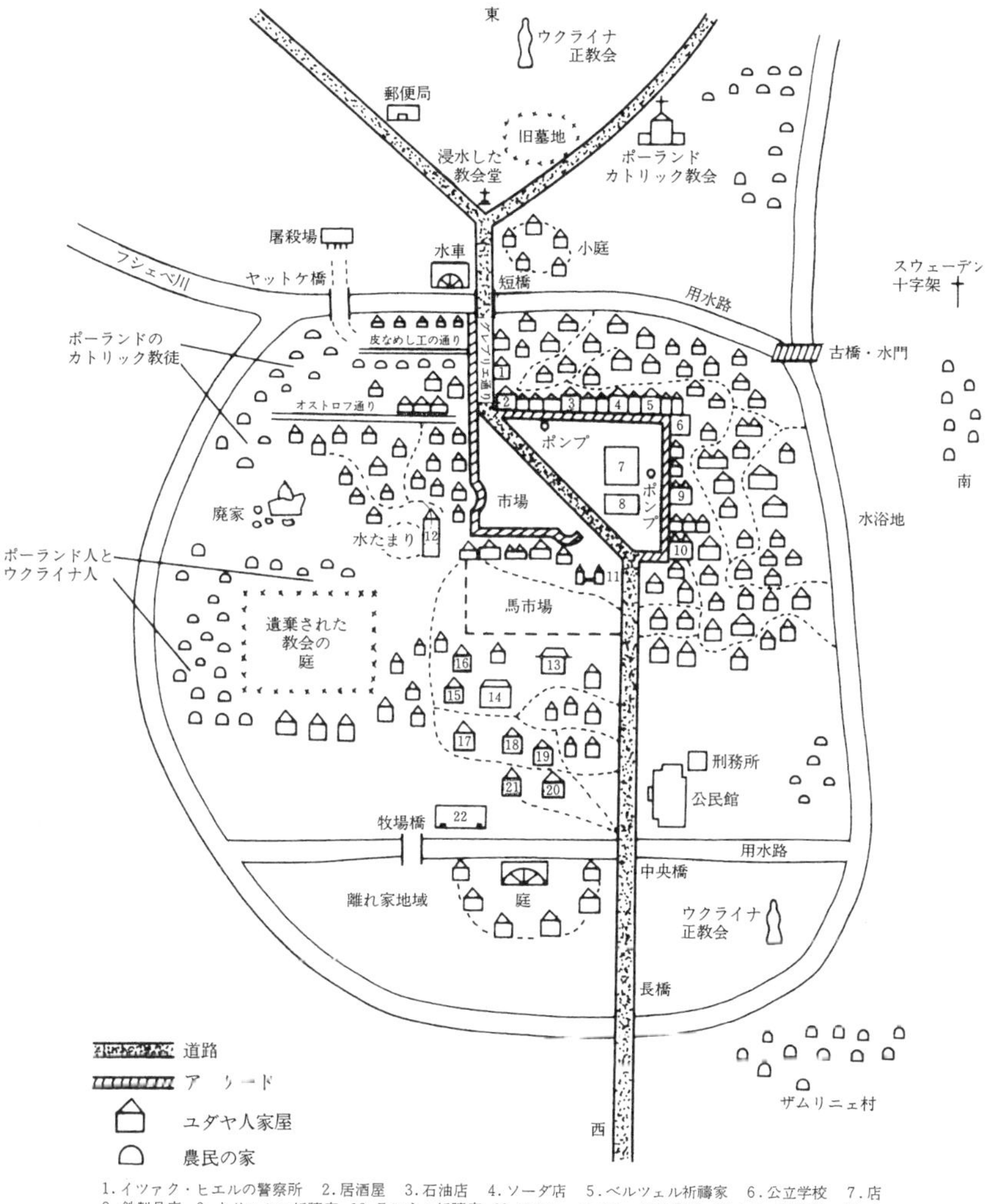

1. イツァク・ヒエルの警察所　2. 居酒屋　3. 石油店　4. ソーダ店　5. ベルツェル祈禱家　6. 公立学校　7. 店　8. 鉄製品店　9. トリスケル祈禱家　10. ラジネル祈禱家　11. アルン・モイシェの警察所　12. レンガの建物　13. 大シナゴーグ　14. 小シナゴーグ　15. リジネル祈禱家　16. スープ接待所　17. ジャメレの家　18. ゲルシン教師の初等学校　19. ヤンケフ・ヨシエの翻訳学校　20. カルメン・ダヴィドの初等学校　21. ペイセフ教師の初等学校　22. 公衆浴場

図 **10－4**　ティシェヴィツ・シュテットルの構造図

出典：D. K. Roskies, *The Shtetl Book*, pp. 2–3. および黒川（1993, 67頁）。

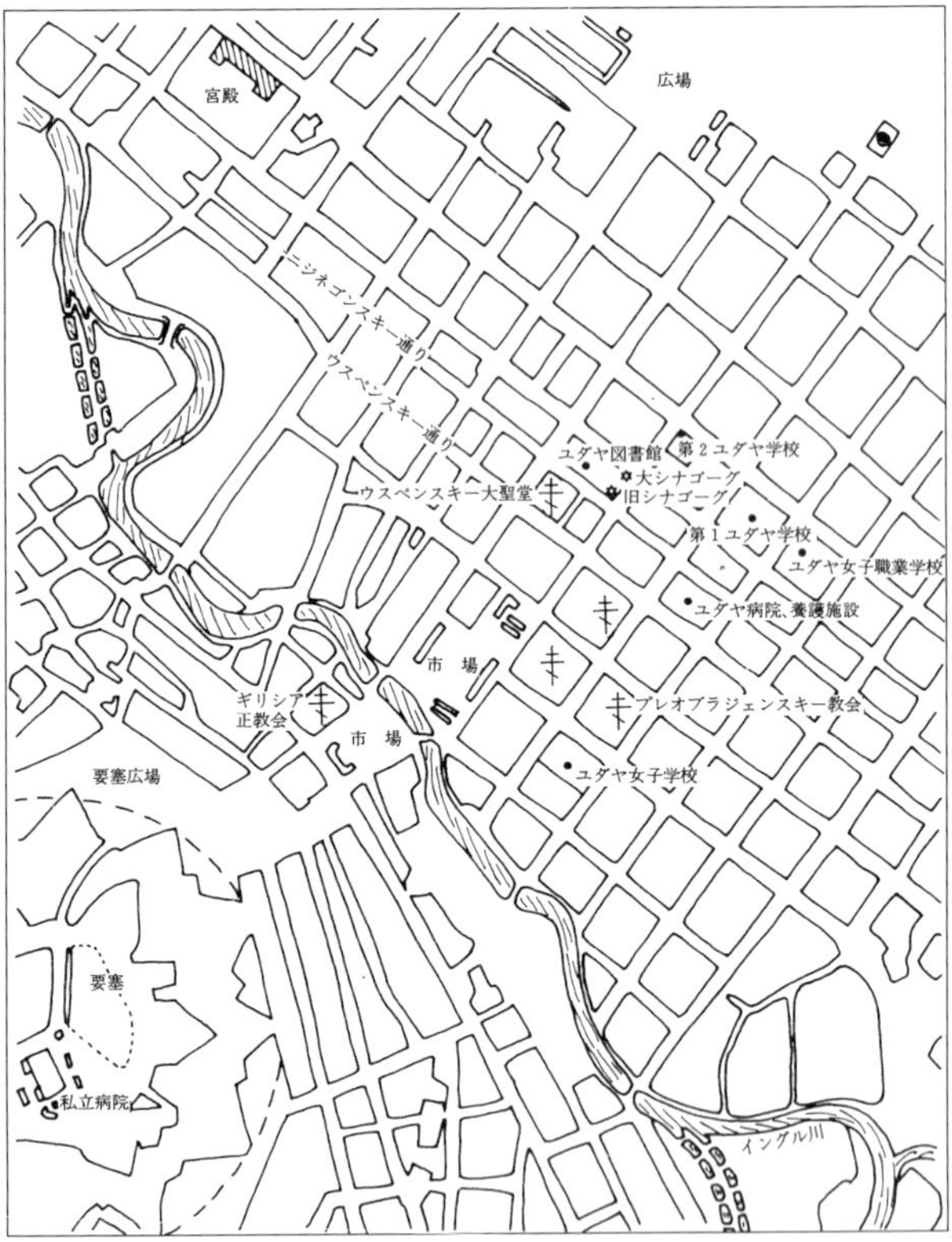

図10－5　19世紀後半におけるエリサヴェトグラード市内図

出典：黒川（1993，224頁）。

にあり、大シナゴーグと旧シナゴーグが近くに位置し、そのまわりにユダヤ人街が広がり、学校、図書館、病院などがあったことがわかる（図10－5参照）。なお、一八八一年ポグロムが最初に開始されたのが同市であった。

　東欧ユダヤ人が主に形成したニューヨークのロワーイーストサイドもまた、シュテットルの構造であったことがわかる（図10－6参照）。中心部のヘクター通りあたりが市場街であり、近くにシナゴーグが複数あり、そして病院、学校、新聞社などのユダヤ人街が広がっている。

　そこでシュテットルの三要素であるシナゴーグ、市場、ユダヤ人家庭の観点から、ロワーイーストサイドのユダヤ人共同体を概観することにする。(32)

　東欧系ユダヤ人の多くは正統派ユダヤ教徒であったので、シナゴーグの周辺に居住した。安息日に移動できる距離規定により、そうならざるをえなかったのである。ロワーイーストサイドにおいても、主要な一二のシナゴーグが中心部に位置している。一九〇四年においてロワーイーストサイドには三〇七のシナゴーグがあった。一九一七年ニューヨーク市全体では七八四の公式シナゴーグと三四三の一時的シナゴーグがあった。同年におけるラビの数は五〇人以下であったので、ラビのいないシナゴーグが大部分であった。ロワーイーストサイドの南東部には教育施設や慈善施設も六カ所見られる。

シュテットルでは市場は経済活動の中心であり、またユダヤ人にとって「異邦人」と交流する場でもあった。市の日には、早朝から荷馬車で市場はいっぱいになった。ロワーイーストサイドにおいても中心部にヘスター通り、ラトガーズ広場、シュアード公園などがあり、そこは出店でにぎわう通りになっている。ヘスター通りの多くの出店と馬車とで混雑する様子は、シュテットルの市場の様子と大差ない（図10－7参照）。

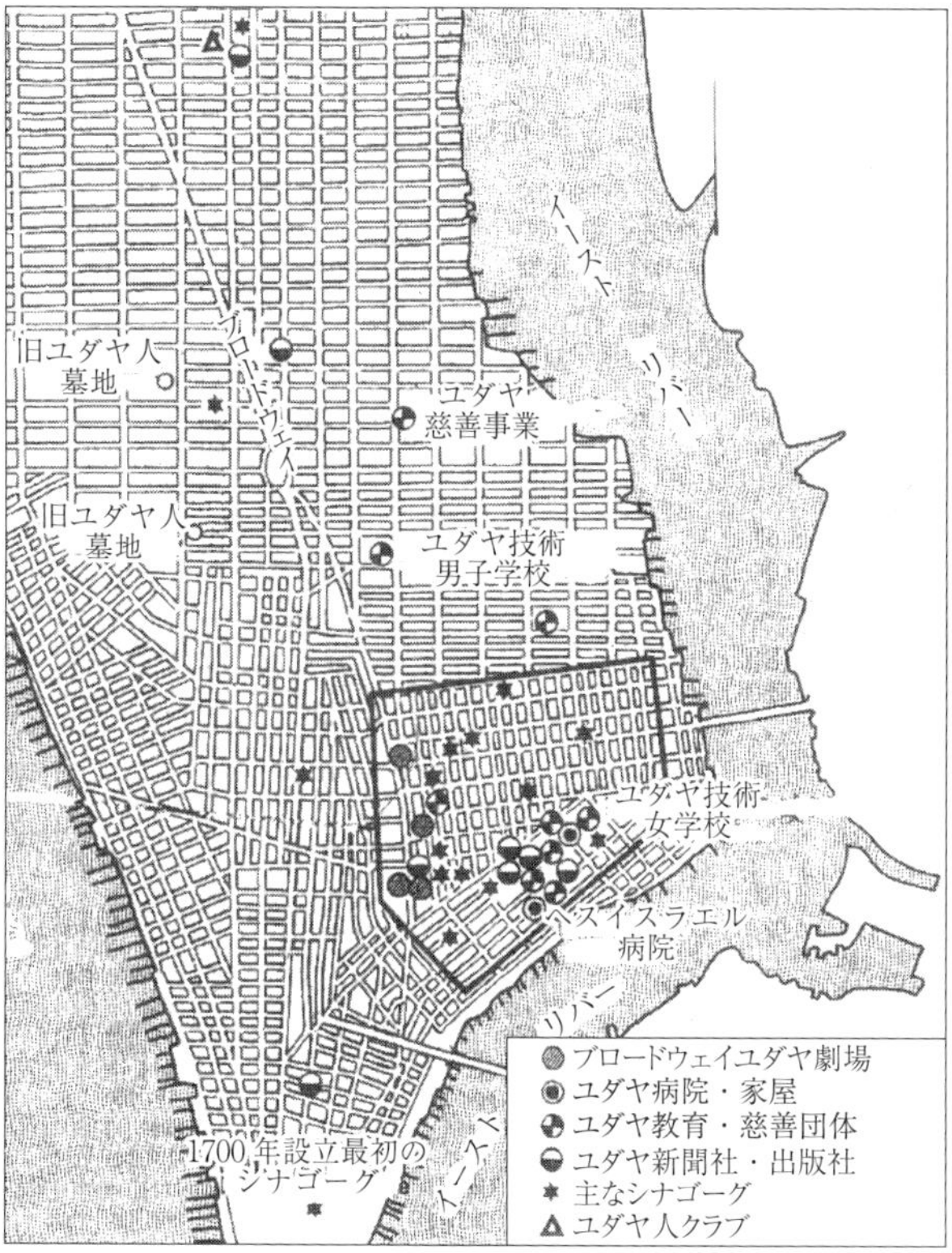

図10－6　1890年のニューヨークのユダヤ人地区

出典：Gilbert（1969, p.82）.

東欧系ユダヤ人にとって家庭は生活の基礎単位であった。とくに安息日には礼拝がもたれる重要な場であった。金曜日の日没後、家族全員は正装して父親が安息日礼拝の司式をする。家族以外の貧者も招待する。ロワーイーストサイドにおいてユダヤ人家庭は集住していた。多くの場合、五階建ビルの二階より上がユダヤ人の居住する安アパート（tenement）で一階はテント付の商店になっていた。一九〇四年には六万四〇〇〇世帯もの多くの家庭が六〇〇〇戸の安アパートに密接して居住していた。ロワーイーストサイドの西側にはユダヤ病院、四つのユダヤ劇場、南東部にはユダヤ新聞社・出版社が五つあった。

一八八一年ポグロムの発端となったエリサヴェトグラード市の中心部の構造とロワーイーストサイドの構造を比較しても、シナゴーグを中心にしてユダヤ人のための病院、学校が集中しており、基本的に共通する構造であることがわかる（図10－5）。

以上のことから、ロワーイーストサイドにおいても東欧系ユダヤ人はかつてのシュテットルを形成していたことがわかる。ただしそれは、アメリカにおいて変化していった。

(2) 生活の変化

アメリカにおいて、宗教状況、経済状況、ユダヤ人家庭は、どのように変化したのであろうか。

図10－7　1898年のニューヨーク，ヘスター通り

出典：Howe and Libo（1979, p. 66）.

二〇世紀初頭のアメリカにおいて、ユダヤ教には正統派、保守派と改革派が存在していた。

正統派は、書かれたトーラー（キリスト教の旧約聖書にあたる）と口伝トーラー（書かれたトーラーの解釈等の集大成）と戒律（書かれたトーラーからの六一三にわたる生活規範）を厳密に遵守する排他的なユダヤ教である。正統派は一七世紀から一八世紀にかけてセファルディム（スペイン系ユダヤ人）によりアメリカにもたらされた。セファルディムの慣習はアシュケナジム（中・東欧系ユダヤ人）の慣習とかなり異なる。礼拝儀式だけでなくて、シナゴーグの装飾、ヘブライ語の発音までも違いがあった。一九世紀にはセファルディムは中流階級に属していた。東欧系ユダヤ人移民は貧困階級に属していたのでセファルディムに融合することはなかった。

一八五二年には、すでにニューヨーク市において東欧系ユダヤ人の会衆が存在していた。アメリカ全土において一八八〇年には二七〇のシナゴーグが設立された。一八八二年以降、東欧系ユダヤ人の移民が激増し、シナゴーグの数は、一八九〇年には五三三に、一九〇六年には一七六九、そして一九一六年には一九〇一へと大幅に増加した(33)（図10－8参照）。

一九世紀前半にすでにアメリカに移民していたドイツ系ユダヤ人の多くはキリスト教に改宗してアメリカに同化するか、改革派ユダヤ教を創設した。しかし東欧とロシアでは伝統的ユダヤ教が一九世紀後半においても根強く信じられていたから東欧系ユダヤ人の多くはキリスト教への改宗を拒否した。

一九二〇年にはアメリカのアシュケナジムの正統派が、正統派ラビ協会と、アメリカとカナダの正統派ユダヤ教同盟（the Orthodox Congregations of America and Canada）を設立した。

一方、一九世紀初頭にドイツに生起した改革派ユダヤ教は、アメリカで進展した。改革派ユダヤ教は、礼拝儀式を刷新し、礼拝に英語を使用し、個人的祈りも取り入れ、キリスト教の礼拝と明確な違いがなくなった。また生活規定も改編された。具体的には、頬髭やかつら着用、食事規定を廃止して、ユダヤ教を近代化し、また魅力あるものにした。一八七五年にはオハイオ州シンシナティに改革派のヘブライユニオン大学（Hebrew Union College）が創設された。改革派ユダヤ教シナゴーグでは礼拝はほとんど英語で行われ、会衆は男女同席であり自由に妻や家族とともに座り、帽子も着用せず、祈りの時にうなずく習慣もなくなった。東欧系ユダヤ人の宗教的習慣の多くは、改革派では除去された。すでに一九世紀末において、ドイツ系ユダヤ富裕階級の多くは改革派に属していた。

図10－8　ロワーイーストサイドのシナゴーグ

以前は教会であった。

出典：Howe and Libo（1979, p. 92）.

保守派ユダヤ教は、正統派と改革派の中間に位置した。一九世紀中葉において、保守派シナゴーグでは、男女別席であり、トーラー朗読は男性のみとされた。礼拝において説教は英語だがヘブライ語も使用され、礼拝時間は短縮された。

正統派、保守派、改革派は互いに対立していたわけではなかった。これら三派は、一九二六年にアメリカシナゴーグ評議会（Synagogue Council of America）を組織し、ユダヤ教に関する限り協力する体制になった。

東欧系ユダヤ人移民の宗教に関する統計資料はないが、アメリカに在住するようになって、改革派は正統派とあまりに異なっているから、正統派から保守派に変わる者が多くいたと推定される。正統派には厳しい安息日規定があり、それを遵守するなら就業時間を守れなくなり仕事ができないからだ。

他方、アメリカに来てキリスト教に改宗する東欧系ユダヤ人も現れた。その多くはユニテリアン信者になった。すでに一八二五年にアメリカ・ユニテリアン協会が成立している。ユニテリアンはキリストの神性を否定して父なる神だけを信仰し、また倫理的行為を強調する。それは、排他的な一神教で律法を遵守して倫理的行為を実施するのを教える伝統的ユダヤ教と大きな違いはない。ユダヤ人にとってユニテリアンは教義上、違和感があまりない宗教だと考えられる。

東欧系ユダヤ人の第二世代になると、プロテスタントに改宗する者が増加するが、カトリックに改宗する者は少数であった。カトリックにはローマ教主観やマリア崇拝等、ユダヤ教と明確に異なる要素があるためだと考えられる。

次にロワーイーストサイドの東欧系ユダヤ人の経済活動をみる(34)。

急激な移民活動の発端となった一八八一年ポグロムにおいて、判明したユダヤ人被害者の身分別分類では地方都市の市民が七二・七パーセント、商人が一二・二パーセントであり、職業別分類では職人、御者、日雇い、雑役人夫などの下層民であった。また、一八九七年にロシアにおいて実施された公的人口調査によれば、ユダヤ人は主として商業・製造業に従事していた。ユダヤ人総人口のうち、商業に従事する者は、その三九・五パーセント、製造業は三四・六三パーセントであった。一九〇一年から〇六年におけるアメリカへのロシア・ユダヤ人移民の職業調査によれば、その六二パーセントが製造業であった。したがって、ポグロムを逃れて移住したロシア・ユダヤ人の多くは、下層の製造業者であることが推定される。

巨視的に見れば、アメリカに移住したロシアのユダヤ人における多くの下層製造業者は、アメリカの資本主義発展期に移住したことになる。彼らはしばらくは貧困と、異なる文化と戦い、厳しい条件下で労働に従事しなければならなかったが、二〇世紀になると経済的にも恵まれた社会階層へと上昇していくのであった。

西欧中世においてアシュケナジムは、土地所有を許されずに商業に従事しなければならなかったので、十字軍運動以降の商業経済の進展という歴史の流れにうまく乗ることができた。それと同様の現象は、一九世紀末から二〇世紀初めのアメリカに移住した東欧系ユダヤ人に関しても見られる。

東欧とロシアにおいて、ユダヤ人家庭はユダヤ教に基づき、父親が権威をもち固い絆で結ばれていた。しかし、そのような家庭はアメリカにおいて変化していった。変化には以下の三つの歴史的状況があると考えられる。

第一に、東欧系ユダヤ人のアメリカ移住の約半分は家族単位ではなかった。たとえば衣服労働者のロシア系ユダヤ人の場合、その四三パーセントは家長が単身移住し、五年後に妻と家族を呼び寄せている。この期間において家族を放棄した者も生じている。そのために家族放棄対策委員会や孤児院が設立された。

第二に、アメリカにおいて、妻も就職して労働した。多くのユダヤ人女性は、物品を供給する八百屋、肉屋などの小売商店や、洗濯、衣服製造などの内職により家計を支えた。ユダヤ人労働者階級の女性が家庭を支え、父親の権威が低下することもあった。

図10－9　テネメントのスウェットショップで食べながら働くイーストサイドの移民ユダヤ人の妻（1890年の新聞の挿絵）

出典：Howe and Libo（1979, p. 155）.

第三に、ロワーイーストサイドにおいて移民ユダヤ人は、五階から七階のビルの安アパートに居住した。一九一〇年には五四万二〇〇〇人が過密の状況で光や空気が十分入らない安アパートで生活した。月に一七ドルの家賃を払うことは難しく、東欧系ユダヤ人の約半分は下宿人をおいて下宿代を家賃にしていた。アパートに帰っても下宿人がいるため、家族の絆は弱まらざるをえなかった。狭い共同住宅（テネメント）の搾取工場（スウェットショップ）で働く家族の姿が、一八九〇年の新聞に描かれている（図10－9参照）。

第四に、ユダヤ教信仰を継承しない子弟が多く生起した。故国においては、ユダヤ人は五歳になるとシュテットルの初等学校（ヘーデル）に通い、ヘブライ語と聖書をしっかりと学んだ。一九〇四年にロワーイーストサイドには三〇七のユダヤ教学校があった。しかし経営難のために減少していった。そこで私的教師が小さな塾（チェダー）で聖書を教えた。多くのユダヤ人子弟が通うアメリカの公立学校では、ユダヤ教を教えなかった。一九〇九年の調査では、ユダヤ人児童の四分の三はユダヤ教教育をまったく受けていなかった。

このようにユダヤ人家庭は、もはや宗教生活の場ではなくなる傾向にあった。それでは、家庭に代わって何がユダヤ人の人的交流の場となったのであろうか。それは、職場における労働組合、そして東欧にはなかった娯楽活動であったと考えられる。

一九〇〇年にニューヨークにおいて国際婦人服労働組合と統一帽子工労働組合が成立し、翌年にはアメリカ社会党が結成された。このような状況において、一九〇二年には食肉価格の暴騰に抗議する食糧暴動がロワーイーストサイドにおいても生起した。また一九〇五年以後、ロシアから移住してきたユダヤ人は第一ロシア革命を経験しており、アメリカにおいても政治活動に積極的であった。

一九〇九年以降数年間のニューヨークにおいて発生した衣服製造業者の大規模なストライキに、ユダヤ人労働者は参加した。その後もユダヤ人労働運動は、一九一二年の毛皮工ゼネストと男子服産業のゼネストと進展していった。そしてユダヤ人社会主義運動となっていくのであった。

他方、ニューヨークに設立されたシナゴーグは同時にクラブハウスとなり、ユダヤ人の交流の場となった。さらにユダヤ人が交流した場は、劇場であった。一九一八年にはニューヨーク市に二〇のイディッシュ劇場があった。ロワーイーストサイドの西部には四つの劇場があった。ユダヤ人労働者は故国の言葉で語る劇場で疲れをいやした。一夜に五〇〇〇人から七〇〇〇人がイディッシュ劇場に集まることもあった。

また映画も娯楽の対象であった。五セントで入場できる映画館は、一九一〇年のニューヨーク市には四五〇あり、一九一三年には八〇〇にもなった。一九〇八年のロワーイーストサイドには四二の映画館があった。やがて映画産業にも東欧系ユダヤ人が参入し、二〇世紀フォックス社、ワーナーブラザーズ社、パラマウント映画社を創設した。

図10－10　「資本主義」とイディッシュ語で記された台の上に座るマモン神に礼拝するユダヤ人の姿

遠くにはこの変化に驚くモーセが十戒を持ち立っている。ロワーイーストサイドの週刊マンガ（1909～27年）の挿絵。

出典：Howe and Libo（1979, p. 159）.

カフェもまた労働者のクラブとして交流の場となった。ロワーイーストサイドには三〇〇近くのカフェがあった。そこではコーヒーよりも茶が好まれた。東欧系ユダヤ人には、故国において茶を飲む習慣があったからである。

（3）信仰から富の世界へ

東欧系ユダヤ人は三波にわたるポグロムを契機にして、その多くはアメリカに移住した。そしてシュテットルに類似する地域をニューヨークに築いた。しかしアメリカの劇場と映画とカフェは、シュテットルにはない新たな娯楽と交流の場であった。東欧系ユダヤ人はアメリカに居住して労働に従事し、家庭に代わるこのような交流の場を築き、宗教的にもアメリカ社会の中に同化していくのであった。東欧系ユダヤ人は、ユダヤ教信仰の世界から経済的富を求める世界へと移り住むことになったのである（図10－10参照）。

注

（1）帝政ロシアにおけるユダヤ史に関しては、黒川（二〇〇三、一五八～一六四頁）を参照。

（2）一八八一年ポグロムに関しては、黒川（二〇〇三、二〇五～二四三頁）を参照。

（3）革命期のポグロムは、一九二〇年一二月に、ユダヤ代表委員会（Committee of Jewish Delegation）が、国際連盟にポグロムに関する覚書を提出して、明らかにされた。その後、ウクライナユダヤ人事務局、諸地方のユダヤ共同体によって収集されたポグロムに関する文書と写真等が、同委員会とベルリンにある東欧ユダヤ史記録保管所（Ostjudisches Historisches Archiv）に送られた。A史料とD史料とは、これらの文献をまとめたものである。とくにA史料は、主としてペトリューラ政府（執政府）支配下において発生したポグロムと東ガリシア地方におけるポグロムとに関する公的文書である命令書、報告書、電報記録等から成っている。それに対してD史料は、反革命的「義勇軍 добровольческий армий」によるポグロムに関する命令書、報告書等を収集して分析したものである。B史料は、ポグロム被害者の援助と調査を目的とする全ウクライナ・ポグロム被災者救済委員会（комитет помощи пострадавшии от погромов）と、これに協力したロシア赤十字社によって収集されたものである。編集者E・ヘイフェツは、この赤十字社の指導者であった。史料には、会見記録、被害者の証言、目撃者の報告等がある。B史料は、ポグロムにおける民衆の行動と意識を探る上で重要である。C史料は、B史料と出所が同じであるが、それはポグロム孤児・被災者救済極東ユダヤ共同体委員会が、ハルビンにおいて発行したものである。第一部が発生地の統計的分析、第二部は、B史料と同様に、被災者の証言等になっているが、証言者名が記録されていない。

（4）C史料、стр. 15.; B史料、стр. 180.

（5）N・ゲーゲリは、ポグロム被災者救済委員会の一員として救済活動に従事し、一九二八年に、東欧ユダヤ史記録保管所のポグロムに関する主としてイディッシュ語文献を整理して、統計学的に分析して論文にした。それが、以下である。Gergel（1951）.

（6）*Ibid.*, p. 248.

（7）*Ibid.*, p. 249.

（8）*Ibid.*, p. 245.

（9）Погромы добовольческой арминна Украине, Верлин, 1932がある。この史料集は、一九一九年以降、キエフの「ウクライナにおけるポグロムに関する史料収集編集協議会」に保管されていた。その後一九二一年にベルリンの東欧ユダヤ史記録保管所に移され、一九三二年に発行された。C・M・ドゥブノフも編集にあたっている。

(10) Там же., стр. 385.
(11) N. Gergel. *op. cit.*, p. 248.
(12) *Ibid.*
(13) *Ibid.*, p. 245.
(14) *Ibid.*, p. 248.
(15) *Ibid.*, p. 246.
(16) Heifetz (1922, pp. 89–90).
(17) Gergel (1951, p. 248).
(18) *Ibid.*, p. 245.
(19) Committee of Jewish Deligations (1929, pp. 110–111).
(20) A史料、p. 233.
(21) *Ibid.*, p. 234.
(22) *Ibid.*, p. 235.
(23) *Ibid.*, p. 233.
(24) *Ibid.*, p. 241.
(25) C史料、стр. 14.
(26) Там же., стр. 11–12.
(27) A史料、pp. 231–233.
(28) 帝政期と革命期におけるウクライナの経済状況と社会状況に関しては、以下を参照した。Зкономическое положение России накануне Великой Октябрьской социолической революции, Ц. Ш. Л. 1967. стр. 456; H. R. Weinstein, "Land Hunger and Nationalism in the Ukraine, 1905–1917," *Journal of Economic History*, Vol. 2, No. 1 (1942), pp. 24, 29–30; В. Скоровстанский, Революция на Украине, Саратов, 1919, стр. 4-5.
(29) 青木節也「「民族革命」の運命――ウクライナにおける民族統一戦線の成立と解体一九一七―一九二〇」菊地昌典編『ロシア革命論』田畑書店、一九七七年、二六一頁。

(30) ロシア帝国からのユダヤ人の移民に関しては、以下を参照した。Berger ed.(1983)、Samuel Joseph, A. B., *Jewish Immigration to the United States From 1881 to 1910*, New York, 1914 ; Kuznets（1975）.

(31) 東欧ユダヤ人のユダヤ共同体に関しては、以下を参照した。Irving Howe, Kenneth Libo, *A Documentary History of Immigrant Jews in America—How We Lived 1880–1930*, New York, 1981 ; Samuel Joseph, A. B., *Jewish Immigration to the United States From 1881 to 1910*, New York, 1914.

(32) 米国における東欧ユダヤ人の生活の変化に関しては、以下を参照した。Berger ed.(1983)、Glazer（1957）、Cowan and Cowan（1989）. また黒川（二〇一八）にも同様の内容がある。

(33) Glazer（1957, p. 62）.

(34) ロワーイーストサイドの移民ユダヤ人の家庭生活と労働生活に関しては、以下を参照。野村（一九九五）。

参考文献

ヴィダル＝ナケ、ピエール編、樺山紘一監訳『世界歴史地図』三省堂、一九九五年。

黒川知文「内戦期ウクライナにおける民衆意識」『西洋史学』第一三九号、一九九五年、一九一～二〇五頁。

黒川知文『ユダヤ人迫害史——繁栄と迫害とメシア運動』教文館、一九九七年。

黒川知文『ロシア社会とユダヤ人——一八八一年ポグロムを中心に』ヨルダン社、二〇〇二年。

黒川知文『ユダヤ人の歴史と思想』ヨベル、二〇一八年。

竹野弘之『タイタニックから飛鳥Ⅱへ——客船からクルーズ船への歴史』成山堂書店、二〇〇八年。

野村達朗『「民族」で読むアメリカ』講談社、一九九二年。

野村達朗『ユダヤ移民のニューヨーク』山川出版社、一九九五年。

松尾弌之『民族から読みとく「アメリカ」』講談社、二〇〇〇年。

丸山直起『アメリカのユダヤ人社会』ジャパンタイムズ、一九九〇年。

宮脇俊三『ヨーロッパ鉄道紀行』日本交通公社出版事業局、一九九六年。

Berger, David ed., *The Legacy of Jewish Migration : 1881 and its Impact*, New York, 1983.

Committee of Jewish Delegations, *The Pogroms in the Ukraine under the Ukrainian Governments 1917–1920*, Paris, 1929.

Cowan, Neil M. and Ruth S. Cowan, *Our Parent's Lives The Americanization of Eastern European Jews*, New York, 1989.

Department of Commerce Bureau of the Census Washington, *Immigrants and their Children 1920*, Washington DC, 1969.

Encyclopaedia Judaica, 16vols, Jerusalem, 1971–72.

Gergel, N., "The Pogroms in the Ukraine in 1918–1921", *YIVO Annuals of Jewish Social Sciences*, Vol.6, 1951.

Gilbert, Martin, *Jewish History Atlas*, London, 1969.

Glazer, Nathan, *American Judaism*, Chicago and London, 1957.

Glenn, Susan A., *Daughters of the Shtetl Life and Labor in the Immigrant Generation*, Ithaca and London, 1990.

Оренбургский, С.И.Гусев, *"Ъогрвая Книга" Погромы 1919–20 г.г. на Украине*, Харбин, 1922.

Heifetz, E., *The Slaughter of the Jews in the Ukraine in 1919*, New York, 1922.

Howe, Irving, *World of Our Fathers*, New York and London, 1976.

Howe, Irving and Kenneth Libo, *How We Lived : A Documentary History of Immigrant Jews in America 1880–1930*, New York, 1979.

Joseph, Samuel A. B., *Jewish Immigration to the United States From 1881 to 1910*, New York, 1914.

Kahan, Arcadius, *Essays in Jewish Social and Economic History*, Chicago and London, 1986.

Kuznets, Simon, "Immigration of Russian Jews to the United States : Background and Structure," *Perspectives in American History* Vol. IX, 1975, Charles Warren Center for Studies in American History Harvard University.

Meltzer, Milton, *Taking Root-Jewish Immigrants in America*, New York, 1976.

Quigley, John, *Flight into the Maelstrom*, Lebanon, 1997.

Rischin, Moses, *The Promised City New York's Jews 1870–1914*, Cambridge and London, 1962, 1977.

Ro'I, Noah Lewin-Epstein Yaakov and Paul Ritterband ed., *Russian Jews on Three Continents Migration and Resettlement*, London, 1997.

Roth, Ralf and Gunter Dinhobl, *Across the Border*, Burlington, 2008.

Roth, Ralf and Henry Jacolin, *Eastern European Railways in Transition*, Burlington, 2013.

Шехтман, Я.Б., *Погромы добровольческой армии на Украине*, Верлин, 1932.

Sorin, Gerald, *The Prophetic Minority American Jewish Immigrant Radicals, 1880–1920*, Bloomington, 1985.

Szajkowski, Zosa, *Jews, Wars, and Communism* Vol.1, New York, 1972.

The Immigration Commission, *Report of the Immigration Commission Immigrants in Cities*, Washington, 1911.

コラム12　セファルディム

宮武志郎

ディアスポラとセファルディム

紀元一世紀と二世紀のユダヤ人によるローマへの反乱を機に、ユダヤ人の離散（ディアスポラ）が開始された。数多くのユダヤ人が各地に移動していったが、とくにユダヤ人の重要な居住地となったのが、ドイツとイベリア半島であった。ドイツを中心に、東ヨーロッパに移住したユダヤ人はアシュケナジム（ドイツを意味するヘブライ語に由来）と呼ばれた。一方、イベリア半島を中心に地中海世界を活躍の場としたユダヤ人は、セファルディム（スペインを意味するヘブライ語に由来）と呼ばれた。

ディアスポラの過程で、各地に移住していったユダヤ人は、ラビを中心とする宗教共同体（ケヒラー）を形成していった。そしてその共同体では、ラビを指導者としてタルムード（口伝律方の学問集成）を規範とするようになり、ユダヤ教の性格も変化したため、ラビ＝ユダヤ教と呼ばれるようになった。これがまさに古代から中世へ移行する五〜六世紀に起こったのである。そして中世はキリスト教の普遍的教義が確立され普及した時代でもあった。それは、ローマ帝国によるキリスト教の国教化であり、同時にキリスト教とユダヤ教との緊張を高めるものであった。一方、ローマ帝国領であったイベリア半島にもユダヤ人の移住はディアスポラ後から始まっており、四世紀には数多くのユダヤ人が半島の主要都市に居住していた。五世紀に西ゴート王国がイベリア半島に建国された後も、セファルディムの人口は増加し半島での経済活動も活発化していった。しかし、五八九年に国王レカルド一世がアリウス派からカトリックに改宗すると反ユダヤ的政策を開始した。政権基盤が弱かった西ゴート王権にとってカトリック教会との連携は必要不可欠なものであったからである。しかし、この状況を大きく変化させる歴史的事件が起こった。ムスリムによる征服である。

イスラーム支配下に入ったイベリア半島（アル＝アンダルス）では、ユダヤ教徒はキリスト教徒とともに、「啓典の民」として庇護（ズィンマ）が与えられた。さらにウマイヤ朝はキリスト教徒と同様に、セファルディムに宗教共同体として法的自治を与え、自由な活動が認められることになった。そして、八世紀にウマイヤ朝が倒されると、ウマイヤ家はコルドバを都として後ウマイヤ朝を建て、一〇世紀にはアブド＝アッラフマーン三世（カリフ在位九一二～九六一）の時代に最盛期を迎えた。後ウマイヤ朝の繁栄とともにセファルディムの活動もさらに活発となり社会・経済的繁栄が現出された。そしてコミュニティの繁栄は、イスラーム諸王朝の宮廷の中で活躍する医師や宰相となる人物まで生み出すほどになった。しかし、この繁栄も長く続くことはなかった。キリスト教徒諸国によるレコンキスタ運動の進展に対抗するため、イベリア半島にアフリカからベルベル人が到来しムラービト朝、ムワッヒド朝を建てたのである。この両王朝は強烈な宗教的情熱をもってレコンキスタに対抗したため、セファルディムにとって大きな災禍となった。とくにムワッヒド朝はセファルディムに対して宗教的不寛容政策を採用し、強制改宗などを行った。そのため、多くのセファルディムが偽装改宗かキリスト教徒諸国への避難の道を選択せざるをえなくなったのである。この苦難の時代の中で、哲学・医学などに多くの業績を残したマイモニデス（一一三五～一二〇四）という人物がいた。彼はムワッヒド朝の迫害によって偽装改宗者となったが、後にイベリア半島を離れ各地を流転しながら最後はアイユーブ朝の都カイロに定住し、サラディンの侍医にまで登りつめた人物である。宗教対立という嵐の中で、イスラーム世界でもセファルディムにとって身分の保障が完全になされていたわけではなかったのである。

　イベリア半島ではその後新たな状況の展開が展開した。カスティリア王国やアラゴン王国の成立とともに、一四世紀前半までにはイベリア半島はナスル朝を除く大部分がキリスト教国の支配下に入った。急速なレコンキスタの進展で、キリスト教諸国は国家建設のために、数多くのセファルディムの協力を必要とし、微妙な緊張状態を保ちながらユダヤ教に対する寛容と共存が見られることとなった。その典型がトレドの翻訳活動である。一二世紀ルネサンスの象徴でもあるアラビア語文献のラテン語への翻訳活動はキリスト教徒知識人が中心となりモサラベ（イスラーム支配下のキリスト教徒）やセファルディムの協力を得ながら進められた。ところが、このような共存は一四世紀になると再び変化していった。ペストの流行、カスティリア王国の王位継承戦争の混乱の中で反ユダヤ感情が高揚し、一三九一年にはついにセビーリャで大規模な反ユダヤ運動が発生し、全国規模でのセファルディム虐殺とシナゴーグ破壊が行われた。そして一五世紀になると、セファルディムのキリスト教への改宗運動が本格化、多くのセファルディムがコンヴェルソ（改宗ユダヤ人）となった。しかし、このコンヴェルソの存在が宗教対立をより複雑化していった。教会や政府はコンヴェルソに対して積極的にキリスト教徒との同化を進めなかったため、数多くのコンヴェルソはセファルディムと同じ地域に住み、セファルディムと密接な関係を保ちながら生活していた。そのために、コンヴェルソの改宗の真偽が疑われることになったのである。いわゆる偽装改宗者（マラーノまたはフダイサンテ）の発生である。その結果、一四六〇年代以降に悪名高い「異端審問制度」が導入された。しかし、このような宗教政策はキリスト教徒の間で、より多くのマラーノ発生への不安を生むこととなった。スペインは一四九二年にナスル朝を滅ぼし、レコンキスタを終了させた。さらにカトリック両王は同年三月にセファルディム追放令を発した。これはセファルディムのキリスト教への改宗とコンヴェルソの真の改宗を促すことが目的であった。その結果、多くのセファルディムがキリスト教に改宗する一方で、一〇万人以上と推定されるセファルディムがヤーヴェ信仰を守ってスペインを離れたのである。

ユダヤ人追放令とセファルディムの拡散

スペインから追放されたセファルディムは、当初ポルトガル、オスマン帝国などに逃れた。だが、ポルトガルでも一四九六年にユダヤ人追放令が出され、さらに一五三六年に異端審問制度が導入されると、セファルディムは地中海からさらにヨーロッパ各地に避難することとなり、彼らの活動範囲が地中海世界から一挙に中東・ヨーロッパ全体にまで拡大したのであった。その範囲はカトリック、プロテスタント、イスラームという相対立する世界の枠を超越していたのである。

セファルディムは帝都コンスタンティノープルをはじめ、アレクサンドリア、サロニカ、サフェドなど様々な都市に移りそこにコミュニティを形成した。また、一部の富裕なセファルディムは商業活動を継続するために、西ヨーロッパでの商業拠点となっていた都市にも移住した。ハプスブルク家領となっていたアントウェルペン、ローマ教皇領となっていたアンコーナ、ヴェネツィアなどである。なお、彼らは商業を行う便宜上、コンヴェルソとしてキリスト教徒名を名乗っていたケースが多かった。これらの都市を流転した富裕なコンヴェルソの代表として、ナスィ一族が挙げられる。ナスィ一族は一五二〇年代からリスボンとアントウェルペンを拠点としたポルトガルの富商である。彼らは迫害が激しくなってからはキリスト教に改宗しコンヴェルソとなっていた。しかし、実際には後にユダヤ教に再改宗していることから、彼らはマラーノであった。ナスィ一族は自らへの迫害や資産没収などの危機のたびにより安全な都市へ避難しており、滞在した各都市に一族のエージェントを置き主要都市間に一族のネットワークを形成していった。そしてナスィ一族が最終的にコンスタンティノープルに定住した後、彼らはユダヤ教徒名を名乗り商業活動を再開した。その成功は、ナスィ一族が各地のコンヴェルソへの支援を積極的に行い、迫害を受けていたあるいは受けるであろうコンヴェルソに救いの手を差し伸べており、強固なコンヴェルソあるいはマラーノのネットワーク形成に成功したことに負っていた。しかしながら、ナスィ一族も二代にわたる繁栄の後、各地からのユダヤ教徒流入が減少し、ユダヤ教徒コミュニティの勢いが失われていくのに比例してナスィ一族も衰退していくことになった。

一七世紀の危機の中で、停滞あるいは衰退していった地中海周域のセファルディムのコミュニティとは異なり、隆盛を誇ったセファルディムのコミュニティが存在していた。一七世紀の経済発展に邁進していたオランダの首都アムステルダムに生まれたコミュニティである。国際商業用語であるスペイン語とオランダ語に堪能であるセファルディムは、宗教的にも寛容なアムステルダムに集まり有力なコミュニティを形成した。さらに、オランダの海外進出にともない、大西洋三角貿易の担い手にもなり、ブラジルのレシフェに南アメリカ大陸最初のセファルディムのコミュニティを設立した。レシフェがポルトガルに支配されると、セファルディムはオランダ領ニュー＝アムステルダム（現在のニューヨーク）に移動、北アメリカ大陸最初のユダヤ人コミュニティを形成したのであった。アメリカ合衆国でのユダヤ人の第一歩はセファルディムによるものであったが、一八四八年の二月革命とその後の三月革命をきっかけにドイツ系ユダヤ人が、さらに一九世紀末にロシアで起こったポグロムを機にロシア系ユダヤ人の移住が増加し、現在のアメリカのユダヤ系人口の中ではセファルディムの比率はきわめて低いものとなっている。

コミュニティの衰退と万国イスラエル連合の登場

一方、地中海地域、とくにイスラーム世界にあったセファルディムのコミュニティはどのようになっていたのであろうか。オスマン帝国の都コンスタンティノープルを例に挙げてみる。前述のように、一七世紀以降コミュニティの勢いは停滞し始めた。また、一七世紀の後半にはメシアを名乗るシャブタイ＝ツヴィの出現でセファルディム世界は一時的に混乱することもあった。さらに、一九世紀には、コミュニティの指導者が国政改革のあおりを受けて処刑されてしまい、コミュニティは大きな打撃を受けてしまう。また、経済活動もギリシア人やアルメニア人に圧倒され、コミュニティは危機的状況に陥っていた。このような状況に大きな転機が訪れる。一八六〇年にパリで設立された万国イスラエル連合（Alliance Israélite Universelle）が、中東・東ヨーロッパのユダヤ人の救済と啓蒙活動を開始したのである。フランスの優れたユダヤ人が遅れた中東などのセファルディムを救うというのが主目的であった。とくに、連合はオスマン帝国領内では、多くの学校を設立してセファルディムの子弟にフランス式教育を施し、大きな成果を上げた。その結果、オスマン帝国内にいるセファルディム子弟の教育レベルの向上は著しく、それにともなって主要都市のセファルディムの生活レベルも向上していった。しかし、同時にセファルディムの間から万国イスラエル連合の強圧的態度に不満の声が出始めた矢先、一九世紀末に東ヨーロッパからシオニズム運動がオスマン領内に入ってきた。そのため、コミュニティは反シオニズム派（連合派）と親シオニズム派（反連合派）に分裂し、激しい対立を惹起するまでに至った。その後、第一次世界大戦の敗北でオスマン帝国がパレスティナ地方を失ったことで、シオニズム支持派が勢いを失い対立は収束に向かった。しかしながらコミュニティ内での対立の影響は少なからず残り、イスラエル共和国建国後、多くのセファルディムがトルコ共和国を離れてイスラエルに向かうことになったのである。

ローマ帝国による追放によってディアスポラが本格的に始まり、東ヨーロッパに移住したアシュケナジムは、ウクライナからポーランドにまたがる地域に居住し、一部は西ヨーロッパにまで広がった。彼らは中世からキリスト教世界で多くの迫害を受けることも多く、近現代ではロシアのポグロム、ナチス・ドイツによるホロコーストが知られている。一方、セファルディムと呼ばれたユダヤ人はイベリア半島に定住し、一時的にではあるが、経済・社会的な繁栄を達成したこともあった。彼らはキリスト教とイスラームという宗教的対立の中で、多くの改宗者を出しながらも寛容と不寛容の時代を生き抜いていった。イベリア半島追放後も、セファルディムとして、コンヴェルソあるいはマラーノとして地中海世界を超えた広大な地域を活躍の場とした。しかしながら、彼らは再度の離散の結果、共同体的意識を失い、各地で同化する者、あるいはコミュニティと自らのアイデンティティを維持する者など複雑な諸相を見せることになった。イスラエル建国後はアシュケナジムとセファルディムがイスラエル国内でユダヤ人の二大主流となっている。

参考文献

関哲行『スペインのユダヤ人』山川出版社、二〇〇三年。

宮武志郎「オスマン朝へのユダヤ教徒移民」『地中海世界史五』青木書店、一九九九年。

宮武志郎「ユダヤ教徒ネットワークとオスマン朝」『岩波講座　世界歴史一四　イスラーム・環インド洋世界』岩波書店、二〇〇〇年。

コラム13　ナチス・ドイツの強制的移住・強制労働と戦後の労働移民

矢野　久

追放・強制的移住

強制連行を狭く捉えて強制労働と関連させるのではなく、強制連行を広く人の移動という観点から「強制的移住」をとらえてみよう。ここではナチス・ドイツに関わらせ、かつ労働移民による人の移動という現代的問題を展望して考察する。

一九三三年一月に政権を掌握したナチスは三八年にはオーストリアを併合した。ミュンヘン会議でズデーテン地方のドイツへの割譲を承認されたナチス・ドイツは、三九年にはチェコスロヴァキアに侵攻した。すでにヨーロッパにおける第二次世界大戦が始まる以前に、ヨーロッパにおける国境が変更され、住民移動の始まりの契機となっていた。三九年九月一日ドイツ軍はポーランドに侵攻し領土を拡大した。

こうしたナチス・ドイツによる領土拡大は、ポーランド人、チェコ人、ユダヤ人など現地住民の追放と、強制的移住による人種的世界秩序の改変を意味するものであった。約九〇〇万人が追放と強制的移住の対象となり、そこに一九三九年から四四年までの間にドイツ・ライヒの外の東欧・中東欧・南東欧地域からドイツ人少数派（民族ドイツ人）がライヒ編入地域に植民されることとなった。

ナチス・ドイツによる支配地域における現地住民の追放・強制的移住、そこへの民族ドイツ人の移動、このいわゆる再定住化は、新しい国境に民族的な状況を適応させるものであったが、これは全ヨーロッパを包括することになり、東欧・中東欧・南東欧の民族的新秩序の大規模な変更の始まりを意味するものでもあった。一九四一年に入ってドイツ軍は南欧へ侵攻し、六月にはソ連に侵攻した。ここでは軍ではなく「特別行動部隊」がユダヤ人・共産党員の殺害を実行した。

ユダヤ人虐殺

とくにユダヤ人に対してナチス・ドイツは徹底的な追放・強制的移住を実行した。それは殺害に至るものであった。ポーランド総督府においては、ドイツ編入地域から追放されたユダヤ人を収容するためにゲットーを建設し始めた。一九四一年以降、ドイツ・ライヒから大量のユダヤ人追放が始まる。同年一二月にはヘウムノ「絶滅収容所」において、ガス自動車によるユダヤ人殺害が開始された。さらに翌年春以降、西ヨーロッパ占領地域ユダヤ人が追放の対象となり、直接、ベウジェツ、トレブリンカの絶滅収容所へ移送された。これらの絶滅収容所で三〇〇万人のユダヤ人が殺害された。さらに、アウシュヴィッツ「強制収容所」でもユダヤ人は虐待を受け、奴隷労働を強いられ、またソ連の戦闘地域では特別行動部隊による大量射殺が実行された。ゲットーでの死者を含め三〇〇万人のユダヤ人が犠牲となっている。

強制労働

ドイツがポーランドに侵攻して以降、戦時捕虜、民間人問わず一八〇万人から二〇〇万人のポーランド人がドイツ経済、主として農業部門に投入された。一九四〇年五月以降、オランダ、ベルギー、フランスに侵攻して以降は、主としてフランス人戦時捕虜一〇〇万人が労働動員された。彼らの大半は非農業部門に投入されている。四一年に入って南欧、東欧に侵攻すると、三〇〇万人が新たに労働を強いられた。同年六月にはドイツ軍はソ連に侵攻を開始した。当初、ソ連の戦時捕虜と民間人の強制労働は禁止していた。しかし電撃戦構想による短期的勝利が困難となり、戦争が長期戦化し、さらに労働力が不足すると、四一年一〇月末、ナチス・ドイツはソ連人をライヒで労働力利用する方針へと転換した。まさに絶滅収容所の建設を決定した時期である。

しかしソ連人の労働力利用の方針にもかかわらず、一九四一年に三三〇万人にのぼったソ連人戦時捕虜のうち半数以上は最初の一年で死亡している。四一年から四五年の全体で五七〇万人を数えるソ連人戦時捕虜のうち、三五〇万人が死んだ。四二年春から四四年九月までに二五〇万人のソ連民間人がライヒでの強制労働に投入された。ここには、ソ連人をドイツで大量に労働動員し、ドイツ戦争経済に必要な労働力を確保する経済的観点と、残忍に扱う人種主義（民族差別主義）的・イデオロギー的観点とが同時存在する構造が確認できる。

戦況の悪化、労働力不足状況の激化に直面し、外国人労働力調達が困難となり、ドイツでのソ連人労働者政策の変更を余儀なくされた。待遇の部分的改善である。しかしそれには一九四二年秋の強制収容所の機能変化が対応していた。強制収容所囚人が強制労働者として軍需生産に投入されることになったのである。

この強制収容所の機能変化に対応して、SSは強制収容所システムの拡大と囚人数の増大に重点を置くようになった。ゲットー・絶滅収容所の解体はこの機能変化と密接な関係にあった。強制収容所囚人数は一九四五年初頭には七五万人にまで増加し、彼らはとりわけ航空機産業など軍需工業に外国人労働者とならんで強制労働を強いられた。地下壕工場の移転や土木作業などにも投入された。

ユダヤ人や強制収容所囚人だけではなく、外国人労働者も強制労働と殺害の脅威の中で生活せざるをえなかった。一九四四年には工業部門の就業者のほぼ三人に一人が外国人労働者となる。四四年八月時点で、七六〇万人の外国人がドイツ・ライヒで強制労働を強いられていた。そのうち、ソ連人が二七六万人、ポーランド人が一六九万人、続いてフランス人が一二五万人であった。

戦後の追放

オーダー・ナイセ線より東のドイツ・ライヒ地域ならびに東欧・東中欧・南東欧には、一九三九年に約一八〇〇万人のライヒ・ドイツ人と「民族ドイツ人」がいた。そのうち一四〇〇万人が戦争末期に西へ向かって避難した。少なくとも六〇万人は避難と追放を生き延びることができなかった。また約一〇〇万人はソ連の領土に追放されている。

連合諸国はすでに戦時の段階で、戦後ヨーロッパ秩序を構想していた。暴力的に領土拡大を行ったドイツに関連して、ソ連の西側（カーゾン線以東の地域）への領土拡張を認め、その分をポーランドにオーダー・ナイセ線以東のドイツ領土を提供すること、この国境設定によってポーランド西部になった旧ドイツ領土においては、ドイツ人の追放と強制的移住によって民族的な住民浄化を行うことが意図された。

この構想は歴史的には、民族的に同質的な社会をめざす、一八世紀末以降の近代的ヨーロッパ国民国家の形成と関連している。この構想はポーランドに留まらず、東中欧、南東欧からの民族ドイツ人の追放と強制的移住、ドイツから分離されたかつてのドイツ領土からのドイツ人住民の強制的移住に拡大した。追放がそのための手段とされたが、一九四五年夏のポツダム協定までは「野蛮な追放」が実行されていた。ポツダム協定において、ポーランド、チェコスロヴァキア、ハンガリーからの民族ドイツ人の追放は「秩序のある人間的な」ものであるべきとされた。

ドイツ人を追放する側の諸国にとっては民族浄化を意味するものであり、戦前に比してポーランドでは民族的少数派の比率は三二パーセントから三パーセント、チェコスロヴァキアでは三三パーセントから一五パーセント、ルーマニアでは二八パーセントから一二パーセントに低下している。

戦後ドイツの被追放民

一九五〇年に一二五〇万人の避難民を含む被追放民が東西両ドイツにいた。そのうち三分の二はライヒの東部地域出身者であり、残る三分の一はライヒ国境の外からのドイツ人少数派（チェコスロヴァキア、ハンガリー、ユーゴスラヴィア、ルーマニアの民族ドイツ人）である。西ドイツに八〇〇万人、東ドイツに四五〇万人の被追放民が住んでいた。

一九四〇年代末、組織的な追放は終わった。それ以降、東ドイツからの避難民が急増し、西ドイツにおける被追放民の割合は、五〇年時点で一六・五パーセントであったのが、六一年現在で二一・五パーセントとなっている。被追放民の社会的統合化は困難をきわめ、被追放民問題が西ドイツにおける最大の問題となっていた。しかし東西対立の先鋭化と経済の奇跡により、被追放民を統合する政治的・社会経済的前提が形成されるようになり、旧市民と被追放民の「新市民」との存在のあり方は併存から共生へと展開した。

戦後労働移民

それに代わって南欧からの外国人労働者の労働移民が始まった。西ドイツ政府は一九五五年のイタリアから始まり、六〇年のスペイン、ギリシア、さらに六一年にはトルコと相次いで労働力募集協定を締結して、外国人労働者の組織的受け入れを図っていった。六〇年代半ばにはとりわけトルコ人労働者の家族呼び寄せ問題に関連して、労働を目的とする長期滞在が可能となった。そこには熟練工の比率の高いトルコ人労働者を確保したいドイツ企業の利害が確認できる。しかし移民として認められることはなく、あくまで外国人としての地位しか付与されなかった。その後、七〇年代に入ると、トルコ人をはじめとして外国人問題が社会問題化することとなった。

先の戦後に追放の対象とされず、東欧の社会主義諸国、とくにロシアに残っていたドイツ系の人々は、統一ドイツ成立前後には大量に（西）ドイツへと戻ってきた。彼らはアウスジードラーと呼ばれ、外国人ではなくドイツ人として受け入れられたが、あまりにも数が多くなったため、ドイツ連邦政府は受け入れを制限する方向へと政策を変更した。

その後、二一世紀に入って、ドイツは移民受け入れ国となり、新たな展望に向かって歩み始めた。二〇世紀前半期の人の移動は暴力と強制によって特徴づけられるとすれば、それを歴史的な反省の材料にして自国の政策を策定するのに半世紀を必要としたともいえる。その反面、難民問題をはじめとする近年のドイツの動向は、こうした動きが社会的合意を獲得することについて、それほど簡単ではないことをも示している。

参考文献

矢野久『ナチス・ドイツの外国人――強制労働の社会史』現代書館、二〇〇四年。

矢野久『労働移民の社会史――戦後ドイツの経験』現代書館、二〇一〇年。

Beer, Mathias, *Flucht und Vertreibung der Deutschen. Voraussetzungen, Verlauf, Folgen*, München, 2011.

コラム14　女性人身売買のグローバルネットワーク
――「白人奴隷」を越えて――

永原陽子

「白人奴隷取引」スキャンダル

一九世紀末から二〇世紀初めのヨーロッパ諸国で広く議論を呼んだ問題に「白人奴隷取引」(White Slave Traffic)がある。女性たちが「売春」目的で、ヨーロッパ内で国境を越え、また海を渡って他の大陸へと連れて行かれることを指している。二〇世紀に入る頃には各国政府がその規制に乗り出し、一九〇四年にパリで最初の国際協定が結ばれた。それは一九一〇年の新たな協定を経て、第一次世界大戦後、国際連盟の主導による「女性・児童の売買撲滅のための国際協定」(一九二一年)へと発展する。同時代の各国議会での議論や識者による著作からは、若い女性たちが詐欺や暴力によって「いかがわしい」目的で国外へ連れ出されることへの道徳的非難の論調が伝わってくる。しかし、斡旋業者と連れ出される女性たちの双方に、ポグロムを背景とする東欧出身者が多かったことから、議論には女性・少女の犠牲への悲憤以上のものが含まれていた。今日の研究は、同時代の言説に潜む反ユダヤ主義や「白人女性」の表象をめぐるレイシズムとジェンダーの問題を指摘している。一方、国際関係論的な関心からは、国際連盟主導下でのこの問題での各国の連携が、実質的な「国際社会」成立の契機となったとされている。しかし、これらの研究では、取引の対象になったのがどのような女性たちであったのか、彼女らはどこからどこへどのように移動し、移動先でどのように生きたのか、といったことについては驚くほど関心が払われていない。ここでは取引そのものの内容、つまり移動した女性たちについて考えてみたい。

国際連盟の介入

「取引」は、誘拐や恐喝などむき出しの暴力のほか、パスポートの偽造や偽装結婚などの巧妙な手段を駆使し、各国間の法体制の齟齬をも利用して実行された。たとえば女性の送り出し地として中心的な位置を占めた第一次世界大戦後のポーランドの場合、直近までの分割の歴史を背負い、しかも「回廊」を通じて「自由の都市」とつながるという特殊な条件下で、書類の偽造とそれによる出国が容易であったことが取引に「活用」された。しかし、こうした闇ルートでの取引については、事柄の性質上、記録が残されないので、実態を知ることがむずかしい。警察や移民審査官に摘発されたり裁判沙汰になったりして初めて公的な記録に載るが、その場合にも、国境を越えて転々と移動する人の動きの全体像を見渡すのは簡単ではない。

そのような中で興味深いのが、国際連盟が二度にわたって実施した大規模な調査である。最初の調査は、一九二四～二六年にヨーロッパ、地中海地域、南北アメリカを対象に、二度目はアジアを対象に一九三〇～三二年に行われ、報告が公表された。(League of Nations, *Report of the Special Body of Experts on Traffic in Women and Children*, pt. 1, 2, 1927; *Commission of Enquiry into Traffic in Women and Children in the East. Report to the Council*, 1933)

調査は一九二一年の国際協定を受けて実施されたもので、その協定は、一九一〇年の協定（女性・児童を性売買の目的で国境をまたいで誘拐・略取することの禁止、未成年の場合に暴力や脅迫、詐欺行為をともなわなくとも処罰の対象とすること、各国が国内での監督体制を整備し、情報を提供し合うこと）に実効性をもたせるために、「成年」を二〇歳から二一歳に引き上げ、また取引に関与した業者を訴追し、出身国に送還することなどを定めた。この協定には、欧米諸国のほか、ブラジル、チリ、キューバなどの中南米諸国、中国、日本、タイなど三三カ国が参加した。注目すべきは、イギリス、オランダ、スペインが調印にあたり、協定の対象から植民地を除外したこと、しかし同時に「植民地においても協定の内容に準拠する」としたことである。女性・子供の人身取引の禁止という建前を受け入れつつ、植民地を舞台とする取引については本気で規制する意思を欠いていたことがわかる。一方、植民地への適用をいっそう明確に「留保」、すなわち除外したのが日本だった。一九〇四年の協定で先頭に立ったフランスは、この協定には加わらなかった。公娼制をもつ国として、規制に向けた国内法の変更を期待する協定に加わるのは困難であったろう。

このように、規制の機運が高まったとはいえ、植民地領有国の場合には植民地での実施には消極的で、またそうでなくとも多くの国家が「兵士の健康」と「国民の健康」の維持の観点から性売買の管理・監督と無縁でなかったため、連盟の調査には総じて及び腰であった。それでも、連盟の調査委員は各国政府への照会のみでなく、自ら各国に赴いて女性団体や場合によっては「娼婦」自身との面談を行ったりもしている。委員がヨーロッパ人であり現地の言葉を理解せず、男性も多かったことから予想される限界を差し引いても、調査の報告からは当時の女性取引の状況をある程度知ることができる。

多くが貧困に押し出された農村出身者である女性たちは、ヨーロッパ内の主要都市を経て、ヨーロッパ外、たとえばベイルートやハイファ、カイロ、ポート・サイード、またチュニスやカサブランカなど中東から北アフリカ地域、ケープタウン、ヨハネスブルクなどの南部アフリカ、さらにブエノスアイレスやリオデジャネイロなど南米の港湾都市にまで送られた。言葉も通じず、文化や習慣になじみのないそのような場所で、女性たちは業者や業者によって仲介された「将来の夫」に絶対的に依存する立場に置かれていた。業者たちはあえてその状況を作り出したのである。おおよそ性売買において、女性が土地の者ではなく「外来者」であること、すなわち「移動」は国内的なものであれ国際的なものであれ、核心をなす要素だった。

「買春」の需要がとくに高まるのは戦時であるが、一九世紀後半から二〇世紀の大量移民の時代には、「一般人」による恒常的な需要も増大した。たとえば、多くの移民を受け入れたブエノスアイレスは、女性取引の重要な舞台の一つだった。海外からの到来者の入り口となる港においては、移入民管理と公衆衛生が国家にとって深刻な課題となる。そのブエノスアイレスにおいて公娼制が導入され二〇世紀に入っても維持されていたのは偶然ではない。当局にとって「娼婦」は「性病の元凶」であり、それを登録して管理することは、外来者の管理一般と不可分の関係にあった。この時期にアルゼンチンで独自に開発された指紋による人身管理法は、出入国管理に利用されるにとどまらず、世界で初めて、都市空間の全住民の登録管理に適用された。単身男性を中心とする一般移民と性売買にからむ女性とを大量に迎えた国家で、国民の人身管理の最先端の方法が編み出されたのである。それはまた、移入者と先住の人々の間の「人種」の選別序列化とも連動していた。

「白人奴隷」と「原住民女性」

各地での「白人奴隷取引」の様相をたどっていくと、そこからは「非白人」に関わる性売買の状況および両者の関係も見えてくる。ここでは「取引」の一大中心地であった南アフリカの行政文書の調査からわかることを紹介する。

一九世紀末に鉱山都市として発達した南アフリカのヨハネスブルクの場合、欧米各地から鉱山師が殺到するのとともに初めて性売買という現象が出現した。それは当初「白人」間の関係であった。しかし、鉱山開発の進展とともに国内および周辺国の農村地域からの出稼ぎ労働者が増えると、それらの男たちを追うようにしてアフリカ人女性たちが鉱山地帯に現れ、労働現場での「売春婦」や「現地妻」として一時的な関係を結ぶようになる。欧米の鉱山資本がひき起こした産業化の進展とともに、農村と都市との間の、また植民地の境界を越えた人の移動が、「性」を介して促進されたのだった。鉱山に投入された中国人労働者を相手とする中国人・日本人女性の存在も記録されている。その結果、二〇世紀に入る頃まではもっぱら「白人」社会の問題であった性病が、一九二〇年代には農村部に深く浸透し、「原住民統治」の重要な課題となる。「買う」側と「売る」側の間で錯綜する「人種」の境界を統制することが、当局にとって大きな関心事となっていった。

一方、ヨハネスブルクに送り込まれた「白人奴隷」女性たちは、次なる目的地へも「輸出」された。多くが送り出されたのが、隣接するポルトガル領植民地モザンビークの港町、ロレンソマルケスとベイラであった。当局は、そのような女性の移動について、「白人女性に対する需要が多い」と説明している。しかし、南アフリカの鉱物資源の積み出し港としても重要な場所であったこれらの港湾都市は、大西洋をまたぎ南米への人の移動の出口でもあった。女性たちの移動は、そうした遠隔地からの「需要」にも呼応して広がったのである。

　こうして、性売買の対象とされた女性たちの動きは、農村から都市へ、そして都市から海外へという、産業化時代の人の移動の大きな流れと軸を一にしつつ、しかし、一般移民のように定住して「市民」となることのない存在として、常に「外来者」となるべき場所へと向かった。

　ここでは立ち入って紹介する余裕がないが、国際連盟によるアジア関係の調査からは、連盟から批判をおそれる日本政府が東南アジア各地の「からゆきさん」を引き揚げさせ、そのことが香港をはじめとするアジア諸地域で中国人女性の新たな性売買市場への流入を惹起したこと、満洲での取引業者の活動が各地への女性の送り出しを進めていたこと、とくにロシア革命にともなう亡命女性の「輸出」が、『白人女性」への需要に応える形で進められたことなども知られる。「規制」のための調査からうかがえるのは、グローバルな「女性取引」と植民地主義との絡まり合った展開である。

参考文献

Harris, Wilson H., *Human Merchandise*, London : Benn, 1928.

Kozma, Kiat, *Global Women, Colonial Ports : Prostitution in the Interwar Middle East*, Albany : State University of New York Press, 2017.

Rodriguez, Julia, *Civilizing Argentina : Science, Medicine and the Modern State*, Chapel Hill : The University of North Caroline Press, 2006.

Ruggiero, Kristin, *Modernity in the Flesh : Medicine, Law, and Society in Turn-of-the-Century Argentine*, Stanford : Stanford University Press, 2004.

《責任編集者紹介》

永原陽子（ながはら・ようこ）

1955年　生まれ。

1984年　東京大学大学院人文科学研究科博士課程中退。

1980年　文学修士（東京大学）。

現　在　京都大学大学院文学研究科教授。

主　著　『「植民地責任」論——脱植民地化の比較史』（編著）青木書店，2009年。

『生まれる歴史，創られる歴史——アジア・アフリカ史研究の最前線から』（編著）刀水書房，2011年。

「「慰安婦」の比較史に向けて」歴史学研究会・日本史研究会編『「慰安婦」問題を／から考える』岩波書店，2014年。

MINERVA 世界史叢書④

人々がつなぐ世界史

2019年8月31日　初版第1刷発行　〈検印省略〉

定価はカバーに
表示しています

責任編集者　永　原　陽　子

発　行　者　杉　田　啓　三

印　刷　者　藤　森　英　夫

発行所　株式会社　ミネルヴァ書房

607-8494 京都市山科区日ノ岡堤谷町1
電話代表（075）581-5191
振替口座　01020-0-8076

亜細亜印刷

ISBN978-4-623-08636-8

Printed in Japan

《**執筆者紹介**》（執筆順，＊印は責任編集者）

＊永原陽子（ながはら・ようこ）　**序章，コラム14**

責任編集者紹介欄参照。

荒川正晴（あらかわ・まさはる）　**第1章**

1955年　生まれ。
1986年　早稲田大学大学院文学研究科東洋史学専攻博士課程単位取得退学。
2008年　文学博士（大阪大学）。
現　在　大阪大学大学院文学研究科教授。
主　著　『オアシス国家とキャラヴァン交易』山川出版社，2003年。
『ユーラシアの交通・交易と唐帝国』名古屋大学出版会，2010年。
『中央ユーラシア史研究入門』（共編著）山川出版社，2018年。

橋本　雄（はしもと・ゆう）　**第2章**

1972年　生まれ。
2000年　東京大学大学院人文社会系研究科日本文化研究専攻（日本史学専門分野）博士課程単位取得退学。
2004年　博士（文学）（東京大学）。
現　在　北海道大学大学院文学研究院准教授。
主　著　『中世日本の国際関係――東アジア通交圏と偽使問題』吉川弘文館，2005年。
『中華幻想――唐物と外交の室町時代史』勉誠出版，2011年。
『日明関係史研究入門――アジアのなかの遣明船』（共編著）勉誠出版，2015年。

堀井　優（ほりい・ゆたか）　**コラム1**

1965年　生まれ。
2002年　東京大学大学院人文社会系研究科アジア文化研究専攻博士課程修了，博士（文学）。
現　在　同志社大学文学部教授。
主　著　「16世紀オスマン帝国の条約体制の規範構造――ドゥブロヴニク，ヴェネツィア，フランスの場合」『東洋文化』91，2011年。
『オスマン帝国史の諸相』（共著）東京大学東洋文化研究所，2012年。
『商業と異文化の接触――中世後期から近代におけるヨーロッパ国際商業の生成と展開』（共著）吉田書店，2017年。

伏見岳志（ふしみ・たけし）　**コラム2**

1972年　生まれ。
2001年　東京大学大学院総合文化研究科地域文化研究専攻博士課程単位取得退学。
2004年　博士（学術）（東京大学）。
現　在　慶應義塾大学商学部教授。
主　著　「スペイン領アメリカにおける逃亡者コミュニティの生成」『歴史学研究』924，2014年。
La economía marítima en España y las Indias（共著）Ayuntamiento de San Fernando, 2015.
『世界史のなかの女性たち』（共編著）勉誠出版，2015年。

三島禎子（みしま・ていこ）**コラム3**

1963年　生まれ。

1993年　パリ第5大学大学院社会科学研究科第3課程修了（DEA）。

現　在　国立民族学博物館グローバル現象研究部准教授。

主　著　『朝倉世界地理講座——大地と人間の物語11　アフリカⅠ』（共著）朝倉書店，2007年。

『グローバル・ディアスポラ』（共著）明石書店，2011年。

CHARBIT, Yves et Teiko MISHIMA（éds.）, *Question de migrations et de santé en Afrique sub-saharienne*. Paris, L' Harmattan, 2014.

苅谷康太（かりや・こうた）**第3章**

1979年　生まれ。

2010年　東京大学大学院総合文化研究科地域文化研究専攻博士課程単位取得満期退学，博士（学術）（東京大学）。

現　在　東京外国語大学アジア・アフリカ言語文化研究所准教授。

主　著　“*Muwālāt* and Apostasy in the Early Sokoto Caliphate”, *Islamic Africa*, vol. 9, no. 2（2018）, pp. 179–208.

“A Revolt in the Early Sokoto Caliphate : Muḥammad Bello's *Sard al-Kalām*”, *Journal of Asian and African Studies*, no. 95（2018）, pp. 221–303.

『イスラームの宗教的・知的連関網——アラビア語著作から読み解く西アフリカ』東京大学出版会，2012年。

大澤広晃（おおさわ・ひろあき）**第4章**

1980年　生まれ。

2009年　ロンドン大学キングスコレッジ大学院歴史学研究科博士課程修了，Ph. D.（History, University of London）

現　在　南山大学外国語学部英米学科准教授。

主　著　“Wesleyan Methodists, Humanitarianism and the Zulu Question, 1878–87”, *Journal of Imperial and Commonwealth History* 43 : 3, Taylor & Francis, 2015.

「宗教・帝国・「人道主義」——ウェズリアン・メソディスト宣教団と南部ベチュアナランド植民地化」『史学雑誌』第122編第1号，山川出版社，2013年。

「宣教師と植民地政治批判——19世紀ケープ植民地東部境界地帯におけるウェズリアン・メソディスト宣教団の動向を中心に」『歴史学研究』890号，青木書店，2012年。

中田美絵（なかた・みえ）**コラム4**

1974年　生まれ。

2007年　博士（文学）（大阪大学）。

現　在　京都産業大学文化学部准教授。

主　著　「不空の長安仏教界台頭とソグド人」『東洋学報』89（3），東洋文庫，2007年。

「八世紀後半における中央ユーラシアの動向と長安仏教界」『関西大学東西学術研究所紀要』44，関西大学東西学術研究所，2011年。

「唐代中国におけるソグド人の仏教改宗をめぐって」『東洋史研究』75（3），東洋史研究会，2016年。

坂野正則（さかの・まさのり）　**コラム5**

1976年　生まれ。

2010年　東京大学大学院人文社会系研究科欧米系文化研究専攻博士課程単位取得退学。

2012年　博士（文学）（東京大学）。

現　在　上智大学文学部史学科准教授。

主　著　「17世紀中葉におけるカトリック宣教戦略の再編――パリ外国宣教会と亡命スコットランド人聖職者」『史学雑誌』第120編第10号，2011年。

『ヨーロッパ中近世の兄弟会』（共著）東京大学出版会，2014年。

『商業と異文化の接触――中世後期から近代におけるヨーロッパ国際商業の生成と展開』（共著）吉田書店，2017年。

榎本　渉（えのもと・わたる）　**第5章**

1974年　生まれ。

2003年　東京大学大学院人文社会系研究科日本文化研究専攻博士課程単位取得退学。

2006年　博士（文学）（東京大学）。

現　在　国際日本文化研究センター准教授。

主　著　『東アジア海域と日中交流――9～14世紀』吉川弘文館，2007年。

『僧侶と海商たちの東シナ海』講談社選書メチエ，2010年。

『南宋・元代日中渡航僧伝記集成　附　江戸時代における僧伝集積過程の研究』勉誠出版，2013年。

長谷部圭彦（はせべ・きよひこ）　**第6章**

1975年　生まれ。

2009年　東京大学大学院人文社会系研究科アジア文化研究専攻博士課程単位取得退学。

2011年　博士（文学）（東京大学）。

現　在　早稲田大学他非常勤講師。

主　著　『オスマン帝国史の諸相』（共著）山川出版社，2012年。

『就学告諭と近代教育の形成――勧奨の論理と学校創設』（共著）東京大学出版会，2016年。

“The 1869 Ottoman Public Education Act: Proceedings and Participants”, *The Journal of Ottoman Studies* 51, İSAM, 2018.

髙橋裕子（たかはし・ゆうこ）　**コラム6**

1957年　生まれ。

1989年　カンザス大学大学院教育学研究科博士課程修了，Ph.D.（Education）

現　在　津田塾大学学長，学芸学部英語英文学科教授。

主　著　『津田梅子の社会史』玉川大学出版部，2002年（アメリカ学会清水博賞）。

『津田梅子を支えた人びと』（共編著）有斐閣，2000年。

『家族と教育』（ジェンダー史叢書　第2巻）（共編著）明石書店，2011年。

栗原浩英（くりはら・ひろひで） **コラム7**

1957年　生まれ。
1987年　東京大学大学院総合文化研究科国際関係論専攻博士課程中退。
2004年　学術博士（東京大学）。
現　在　東京外国語大学アジア・アフリカ言語文化研究所教授。
主　著　『コミンテルン・システムとインドシナ共産党』東京大学出版会，2005年。
『ニクソン訪中と冷戦構造の変容』（共著）慶應義塾大学出版会，2006年。
『新自由主義下のアジア』（共著）ミネルヴァ書房，2016年。

守川知子（もりかわ・ともこ） **コラム8**

1972年　生まれ。
2002年　京都大学大学院文学研究科博士後期課程研究指導認定退学。
2005年　博士（文学）（京都大学）。
現　在　東京大学大学院人文社会系研究科准教授。
主　著　『シーア派聖地参詣の研究』京都大学学術出版会，2007年。
『移動と交流の近世アジア史』（編著）北海道大学出版会，2016年。
Vestiges of the Razavi Shrine, Āthār al-Rażavīya : a Catalogue of Endowments and Deeds to the Shrine of Imam Riza in Mashhad（共編著）The Toyo Bunko, 2017.

園田節子（そのだ・せつこ） **第7章**

1970年　生まれ。
2005年　東京大学大学院総合文化研究科地域文化研究専攻博士課程修了。
2007年　博士（学術）（東京大学）。
現　在　兵庫県立大学国際商経学部教授。
主　著　『南北アメリカ華民と近代中国』東京大学出版会，2009年。
「ミクロ・リージョンとしての移民社会と「本国」」『地域研究』10（1）昭和堂，2010年。
"History of Raising Self-Awareness and Historiography for Strengthening Connectedness", *Senri Ethnological Studies*, No. 93. 2016.

黒木英充（くろき・ひでみつ） **第8章**

1961年　生まれ。
1987年　東京大学大学院総合文化研究科地域文化研究専攻修士課程修了（学術修士）。
現　在　東京外国語大学アジア・アフリカ言語文化研究所教授。
主　著　『シリア・レバノンを知るための64章』（編著）明石書店，2013年。
Religious Interaction in Europe and the Mediterranean World : Coexistence and Dialogue from the Twelfth to the Twentieth Centuries（共著）London : Routledge, 2017.
Human Mobility and Multiethnic Coexistence in Middle Eastern Urban Societies 1, 2（編著）Tokyo : ILCAA, Tokyo University of Foreign Studies, 2015, 2018.

新井和広（あらい・かずひろ）**コラム9**

1968年　生まれ。

2004年　ミシガン大学大学院近東研究科，Ph.D.

現　在　慶應義塾大学商学部教授。

主　著『消費するインドネシア』（共著）慶應義塾大学出版会，2013年。

『〈断〉と〈続〉の中東——非境界的世界を游ぐ』（共著）悠書館，2015年。

Hadhramaut and its Diaspora : Yemeni Politics, Identity and Migration（共著）London : I. B. Tauris, March 2017.

嘉本伊都子（かもと・いつこ）**コラム10**

1966年　生まれ。

1997年　総合研究大学院大学文化科学研究科国際日本研究専攻博士後期課程修了，博士（学術）（総合研究大学院大学）。

現　在　京都女子大学現代社会学部現代社会学科教授。

主　著『国際結婚の誕生——〈文明国日本〉への道』新曜社，2001年。

『国際結婚論!?　歴史編・現代編』法律文化社，2008年。

"Japanese International Marriages (*Kokusai Kekkon*) : A Longue Durée History, from Early Modern Japan To Imperial Japan", Williams, Duncan eds., *Hapa Japan : History*. Vol. 1., Kaya Press, 2017.

古屋博子（ふるや・ひろこ）**コラム11**

1971年　生まれ。

2003年　東京大学大学院総合文化研究科地域文化研究専攻博士課程単位取得退学。

2006年　学術博士（東京大学）。

現　在　Gallup シニアコンサルタント。

主　著『アメリカのベトナム人——祖国との絆とベトナム政府の政策転換』明石書店，2009年。

『はじめての東南アジア政治』（共著）有斐閣，2018年。

宋　連玉（ソン・ヨノク）**第9章**

1947年　生まれ。

1998年　ソウル大学大学院韓国史専攻修士課程修了。

現　在　青山学院大学名誉教授。

主　著『脱帝国のフェミニズムを求めて』有志舎，2009年。

『軍隊と性暴力——朝鮮半島の20世紀』（共編著）現代史料出版，2010年。

『戦後日本の〈帝国〉経験』（共著）青弓社，2018年。

黒川知文（くろかわ・ともぶみ）**第10章**

1954年　生まれ。

1993年　東京大学大学院人文科学研究科宗教学・宗教史学専攻博士課程修了。

1995年　博士（文学）（東京大学）。

現　在　愛知教育大学名誉教授，中央学院大学現代教養学部教授。

主　著『西洋史とキリスト教』教文館，2010年。

『日本史におけるキリスト教宣教』教文館，2014年。

『ユダヤ人の歴史と思想』ヨベル，2018年。

宮武志郎（みやたけ・しろう）　**コラム12**

1956年　生まれ。

1987年　早稲田大学大学院文学研究科史学専攻博士課程単位取得退学。

現　在　普連土学園中学校・高等学校専任教諭。

主　著　『イスラーム・環インド洋世界』（岩波講座世界歴史第14巻）（共著）岩波書店，2000年。

『地中海世界史５　人的結合関係と民衆運動』（共著）青木書店，1999年。

「16世紀地中海世界におけるマラーノの足跡——ドナ・グラフィア・ナフィ」『地中海学研究』第20号，地中海学会，1997年。

矢野　久（やの・ひさし）　**コラム13**

1950年　生まれ。

1983年　Dr. rer. soc（ボーフム・ルール大学）。

現　在　慶應義塾大学名誉教授。

主　著　*Hüttenarbeiter im Dritten Reich.* Franz Steiner Verlag, 1986.

『ナチス・ドイツの外国人』現代書館，2004年。

『労働移民の社会史』現代書館，2010年。

人名索引

ア　行

カ　行

サ　行

タ　行

ナ　行

ハ　行

マ　行

ヤ・ラ行

事項索引

ア　行

カ　行

サ　行

タ　行

ナ　行

ハ　行

ワ　行